全國高校古籍整理研究委員會項目：《〈字書〉輯考》（批準號：教古字［2008］0841）

國家社科基金項目（《〈字書〉研究》，批準號：10BYY056）

湖南科技大學學術著作出版基金資助

徐前師 ◎ 著

『字書』輯佚與研究

中國社會科學出版社

圖書在版編目（CIP）數據

《字書》輯佚與研究 / 徐前師著 . —北京：中國社會科學出版社，
2017.5

ISBN 978 - 7 - 5203 - 0528 - 0

Ⅰ.①字…　Ⅱ.①徐…　Ⅲ①漢字－古文字學－研究　Ⅳ.①H121

中國版本圖書館 CIP 數據核字（2017）第 120718 號

出 版 人	趙劍英
責任編輯	任　明
責任校對	王佳玉
責任印製	李寡寡

出　　　版	中國社會科學出版社
社　　　址	北京鼓樓西大街甲 158 號
郵　　　編	100720
網　　　址	http：//www.csspw.cn
發 行 部	010 - 84083685
門 市 部	010 - 84029450
經　　　銷	新華書店及其他書店

印刷裝訂	北京君昇印刷有限公司
版　　次	2017 年 5 月第 1 版
印　　次	2017 年 5 月第 1 次印刷

開　　本	710×1000　1/16
印　　張	22.5
插　　頁	2
字　　數	322 千字
定　　價	85.00 圓

凡　例

1. 《字書》輯佚已有數家，本書對前賢所輯加以介紹和吸收，並擴大輯佚範圍，共輯《字書》佚文 1993 個，分佈於 246 部。

2. 以"字頭"爲單位，依《説文》"分別部居"體例排列《字書》佚文，各部用"示部"、"玉部"等標明。

3. 《字書》佚文多異體，同部的異體，上下相屬；不同部的異體，各歸其部。

4. 雙音詞佚文一般析爲兩個字頭。

5. 個別佚文於《説文》無相應之部，則采取變通辦法：或視該字結構歸入相應之部。如"槑"、"縪"、"殼"等字，輯自《玉篇》的《槑部》、《索部》、《磬部》，而《説文》無此三部，參照形體，分別歸入《品部》、《市部》、《殳部》；或置於異體所在之部末，如"互"爲"笠"之異體，"互"置於《竹部》末。

6. 因鈔寫等原因致字跡模糊、結構不明而難定其部屬的字，或據形體相近特點歸部，或置於其異體所在之部末。

7. 同一佚文被不同文獻引用，或被同一文獻多次引用：若各處訓釋內容相同（文字稍異、意思無別），則舉一處訓釋內容而逐一註明出處；若訓釋內容不同，則備舉各處訓釋內容，並逐一註明出處。上下佚文出處相同，下一佚文出處標"（同上）"。

8. 輯佚時迻録的內容往往不限於《字書》：或因《字書》內容起訖難定，或因相關資料可資比勘，故盡量完整的迻録《字書》所處語境的文字。

9. 龍璋所輯《字書》最富，凡見於龍輯的佚文加"＊"。

10. 每條佚文用一個段落，校勘、補充、存疑等内容以“師按”標示。

11. “《字書》佚文匯編”出現過的佚文，其後章節中再引用時，出處標注從簡。如“琛”在“匯編”中的出處爲“慧琳《音義卷第八十三·大唐三藏玄奘法師本傳卷第七》，T54/0847b”，若其他章節使用該材料，只標注“慧琳《音義》（T54/0847b）”。

12. 輯佚文獻如有奪文，且不知所奪字數，用“△△”表示。

目　　録

一 《字書》的輯佚與研究現狀

（一）關於《字書》

我國古代文獻中的"字書"有泛指和特指之分。《顏氏家訓·書證》："《蒼》、《雅》及近世字書，皆無別字。""世間小學者，不通古今，必依小篆，是正書記；凡《爾雅》、《三蒼》、《説文》，豈能悉得蒼頡本指哉？亦是隨代損益，互有同異。西晉已往字書，何可全非？"① 宋元照《四分律刪補隨機羯磨疏濟緣記》（X41/0183a）："《蒼頡篇》、《爾雅》、《玉篇》、《字統》，四皆古賢字書。"這些文獻中的"字書"均屬泛指。所以，有學者指出，"字書"有時就是《爾雅》、《説文》等"古代辭書的通名"。②

我們要輯佚、整理的是特指的《字書》。《隋書·經籍志》曰："《字林》七卷，晉弦令呂忱撰。……《古今字書》十卷，《字書》三卷，《字書》十卷。"③《舊唐書·經籍志》："《字林》十卷，呂忱撰……《字書》十卷。"④《新唐書·藝文志》："《字書》十卷。"⑤ 鄭樵《通誌》卷六十四《藝文略》第二："《字林》七卷，晉弦令呂忱；《字林音義》五卷，宋揚州督護吳恭，《古今字書》十卷，《字書》十

---

① 王利器：《顏氏家訓集解》，中華書局 1993 年版，第 432、515 頁。
② 許啓峰：《一部失傳的古辭書——〈字書〉考探》，《辭書研究》2011 年第 5 期。
③ 魏徵、令狐德棻：《隋書》，中華書局 1973 年版，第 943 頁。
④ 劉昫等：《舊唐書》，中華書局 1975 年版，第 1984—1985 頁。
⑤ 歐陽修、宋祁：《新唐書》，中華書局 1975 年版，第 1449 頁。

卷。"① 史志所載《字書》，無撰者姓名，無成書時間，但無疑是特指。另一方面，在南北朝至宋元時代的多種古籍中，《字書》被大量引用，充分顯示其爲特指字書的存在和廣泛影響。目前掌握的資料顯示，《字書》最早被大量引用的文獻是梁代顧野王的《玉篇》。此後，多種小學著作和古籍注釋包括佛經音義著作也都引用了《字書》，如蕭該《漢書音義》、陸德明《經典釋文》、《切韻》（殘卷）、《文選注》、玄應和慧琳《音義》、希麟《續音義》、徐鍇《説文繫傳》、《廣韻》等，可以説，從梁代至宋代的數百年時間裏，《字書》曾經有過廣泛的影響，是我國古代的一部重要字書。

　　特指的《字書》早已亡佚。它雖著録於史志，又被多種文獻大量引用，然其撰人姓名、成書時間、内容、體例、流傳狀況和亡佚時間等問題仍然有待研究。後世學者對《字書》既生興趣，又懷疑意。生興趣者致力於輯佚，於是有多種輯佚成果問世；懷疑意者以爲"字書"乃"鈔諸家字學之書以便日用"的識字讀物，或以爲就是與《説文》齊名的《字林》，因而詳考者不多。我們注意到，近幾十年裏出現的幾種較有影響的中國語言學史著作，在敘述魏晉南北朝語言學史或介紹這一時期字典辭書的情況時，一般也很少提及《字書》，就辭書史和漢語言文字研究而言，這種現狀應該有所改觀。

（二）《字書》的輯佚

　　《字書》的輯佚始於清代。任大椿、黄奭、顧震福、龍璋等學者都有輯佚成果問世，而龍璋所輯最富。我們吸收前賢輯佚成果，並就其中的一些問題加以介紹。

　　1. 任輯《字書》。任大椿（1738—1789），字幼植，一字子田，江蘇興化人。任大椿是較早輯佚《字書》的學者，所輯《字書》兩卷，見其所撰《小學鉤沈》卷十七、十八，佚文共 302 條。《小學鉤

---

① 鄭樵：《通誌》，中華書局 1987 年版，第 768 頁。

沈》有刻本、鈔本和叢書收録本三個系統：刻本：清嘉慶二十二年汪廷珍刻本，其中又分：四川圖書館藏莫友芝批點本；北京圖書館藏清王念孫校、本衙藏本（《續修四庫》影印底本）、南京圖書館藏清光緒十年龍氏刻本；復旦大學圖書館藏曹元忠校補本。鈔本：南京圖書館藏光緒三十三年薛壽鈔本。叢書收録本：馮北年輯翠琅玕館叢書（第二集）；民國黃肇沂輯《芋園叢書》（經部）南海黃氏印本。① 我們見到的有汪刻王校即《續修四庫》本、莫友芝批點本、薛壽鈔本和黃氏《芋園叢書》本。用所見之本互勘，各本差異不大，個別有異的地方，在相應佚文條目中指出。

據《續修四庫》本，任輯《字書》有以下問題：

（1）查無其實或出處有誤。第 732 頁 "饞餗，貪食也"，② 出處註明爲《廣韻》。考《廣韻》（文淵閣本）平聲東韻："饞餗，貪食。"《廣韻》平聲東韻："餗，饞餗，貪食也，出《古今字音》。"均未見《字書》。第 734 頁 "竹，從到艸，竹，艸也，而冬不死。故從到草"，出處註明爲《釋木釋文》。③ 考《釋木釋文》，未見《字書》。"薐，與萮同，蘭也"，出處註明爲《釋木釋文》，而《釋木釋文》亦未見《字書》，該條見於玄應《音義》（C056/0845b）。

（2）漏輯義項。同一條《字書》材料往往被多種文獻引用，或被同一文獻多次引用，如果不作窮盡性輯佚，《字書》的義項就可能漏輯。如第 730 頁 "瞎，一目合也"，標明輯自《大智度論六十七》、《雜寶藏經》、《四分律十一》、《十誦律二十一》、《陀羅尼雜集三》，重新檢索發現，"瞎" 還有 "目不見物也"、"一眼無睛也" 等義項。

（3）字頭重複。任氏所輯，無論單字還是雙音詞，都以被釋字頭出現，每個字或詞及其解釋爲一條。但有的字頭重複出現，如 "偋"、"膁" 等字在第 728 頁和第 735 頁重複出現；"誓" 見於卷十七、十八，出現兩次；第 733 頁 "少汁煮曰焦，火熟曰煮。《出曜論》十七。

---

① 《小學鉤沈》版本信息是董志翹先生爲我提供的。

② 所標頁碼爲《續修四庫》（第 201 冊）頁碼，下同。黃奭、龍璋輯此條。

③ 黃奭、龍璋輯此條。

焦，蒸也。《韓弈正義》過熟曰胹。宣二年《左傳正義》"與第 731
頁 "少汁煮曰焦《出曜論》十七" 亦部分重複。所以，按 "字頭"
統計時，如忽視重複內容，統計結果可能與實際所輯字數有出入。

　　（4）列字方法不當。粗略地看，任氏大致按輯佚文獻排列所輯佚
文，如輯自《玉篇》的列在一起，輯自《釋文》的列在一起，等等。
實際上，同一條《字書》材料往往輯自多種文獻，內容往往也不一
致。因此，同一條《字書》材料有時需要標注多種文獻。所以，根據
輯佚文獻排列所輯之字，既不便於檢索，體例也難以貫徹始終。如第
728 頁 "塔" 至 "膓" 諸字和第 735 頁 "觡羉" 至 "輪" 兩組字均輯
自《玉篇》，彼此卻並不相屬，其中偁、膓等字重出，而儽、儸等同部
異體又前後遠隔。

　　任輯《字書》成果被後來輯佚者吸收，存在的問題往往也被承
襲。任輯存在的問題，可能緣於未及校勘、整理。汪廷珍識語云：
"《小學鈎沈》十九卷，先子任子田先生所纂輯也。前十二卷高郵王懷
祖先生手校付梓，後七卷未及校。……謹以原本繕寫，屬懷祖先生令
子伯申侍郎刊其訛誤，授之剞劂，以質世之君子。"① 伯申刊誤之詳，
不得而知。

　　2. 黃輯《字書》。黃奭（1809—1853②），字右原，江蘇甘泉
（今揚州市）人，著名輯佚家。黃輯《字書》301 條，見《黃氏逸書
考》。我們所據爲清道光黃氏刻、民國二十三年朱長圻補刊本，即
《續修四庫》（第 1208 冊）所據影印本。黃奭的《字書》輯佚明顯受
任大椿的影響，在數量、內容、列字方式等方面，都與任輯基本相
同。需要說明的是：

　　（1）更正任氏個別錯誤，也承襲其部分錯誤。如任輯第 731 頁
"少汁" 條與第 733 頁 "少汁" 條重複，黃輯不重複。任輯第 731 頁
"及曰踔。《五分律二十九》"，玄應《音義》（T54/0698b）"蹋腳"：
"他末反，《字林》：足跌曰蹋，取其義者也。"任氏之誤，黃氏照樣

---

　① "先子"，薛壽鈔本涂改作 "先師"。

　② 曹書杰：《黃奭生卒考》，《東北師大學報》（哲學社會科學版），1989 年第 6 期。

繼承（第 24 頁）。任輯"誓"字重出（第 736 頁、第 729 頁），黃氏亦重出（第 22 頁、第 29 頁）。前舉任輯存在的問題，黃輯大多沿襲。

（2）個別字頭與任輯不同。任輯"綮"（第 733 頁），黃氏輯作"棬"（第 26 頁）；任輯"旒"（第 734 頁），黃輯作"統"（第 27 頁）。

（3）補遺。在任輯基礎上，黃氏增補了姐、嚳、傲、跌、犍、鷺、袞襆等八條爲"補遺"。但是，黃氏增補之字已見於任氏所輯，也見於其本人所輯，增補了一些字的義項。如任輯"傲，倨也"（第730 頁），黃輯相同，但黃氏增補"傲，倨見傷也"（第 30 頁）。

黃奭在其"補遺"後説："案任本引《婦人遇辛經》'棬，牛拘也'，檢莊刻本，有目無書。又引《出曜論三》'屯，亦村也'，《大智度論十八》'淳，水滯也'，檢莊刻本無此二條，今俱仍之。"説明了對任輯的承襲，包括那些查無其實的條目。

3. 顧輯《字書》。顧震福（1869—1935），字竹侯，江蘇淮安人，著名學者。顧輯《字書》三卷，共 1091 條，見其所撰《小學鉤沈續編》。我們依據的是復旦大學圖書館藏清光緒十八年（1892）刻本，即《續修四庫》（第 201 冊）所据影印本。據書名即知顧書與任書的聯繫。羅振玉説："任子田先生……爲《小學鉤沈》，其裒殘守缺之功不讓二徐之於許祭酒。顧其撮拾不能無遺漏。"（《小學鉤沈續編序》）所以，顧震福對任輯進行增補和修正。他在《自序》中説："興化任氏《小學鉤沈》……最精博。但任書成於晚歲，採撮不能無遺，比來日本所出諸逸書，多引古籍遺文，任氏亦未之見。"其《凡例》又説，"是編所輯，有足補任氏已引之未備者"，"有足正任氏已引之誤者"。在內容方面，顧輯《字書》佚文是任輯的數倍；佚文排列方面，部分同偏旁之字排在一起，但大部分又無規律可循。顧輯有兩點需要説明：

（1）查無其實。如顧輯"敏：敬也。慧琳《音義》（五）"。考慧琳《音義卷第五·大般若波羅蜜多經第四百五十四卷》（T54/0338c）"聰敏"條："下眉殞反，《考聲》云：聰，聆也，孔注《尚書》云：敏，明達於事也。杜注《左傳》云：敏，達也。又云：審也。《聲類》云：敏，敬也。《説文》云：敏，疾也。”其中無《字書》。顧輯“崎嶇，不安也。慧琳《音義》十二”。考慧琳《音義卷第十一·大寶積經卷第九》（T54/0375a）“崎嶇”條：“丘基反，下曲隅反。《廣雅》：崎嶇，傾側也。《埤蒼》云：不安也。”慧琳《音義卷第八十·開元釋教録第九卷》（T54/0827c）“崎嶇”：“《爾雅》云：崎嶇，傾側也。《埤蒼》云：崎嶇，不安也。”慧琳《音義》（T54/0895c）“崎嶇”：“《埤蒼》云：崎嶇，不安也。《博雅》云：傾側也。”均未見《字書》。

（2）輯佚所據文獻時代較晚。顧輯補任氏之未備，拓寬輯佚文獻範圍，這是非常可貴的。不過，從我們瞭解到的情況來看，宋元及以後文獻所引《字書》有不少是轉引自前代文獻。也就是説，元代甚至宋代部分文獻所稱“字書”，如果不能證明其爲特指，就不應在輯佚之列。本書吸收了顧輯中可信的部分，而對顧氏輯自元、明以後文獻的資料則一概不取。

4. 龍輯《字書》。龍璋（1854—1918），字硯仙，號甓勤齋主人，晚號潛叟，湖南攸縣人。龍璋所輯《字書》兩卷，見所撰《甓勤齋遺書·小學蒐逸》，我們所據爲《甓勤齋遺書》民國攸縣龍氏鉛印本。龍輯《字書》佚文共1254條，是所見《字書》輯佚最完備的一種，以“字頭”爲單位排列《字書》佚文，大致按《説文》部首順序排列，其列字方式優於前述諸家。龍輯也存在一些問題，歸納起來，有以下數端：

（1）漏輯。指龍璋據以輯佚的文獻中仍有《字書》資料未被采輯的情況。如：

蔗：之夜反。《字書》：蔗藷也。（慧琳《音義》，T54/0323a）此條顧震福已輯，龍璋未輯，[①] 而玄應《音義》和慧琳《音義》都是龍氏據以輯佚的主要文獻。

垺：壻音細，《字書》作埧。（《釋文》第251頁）此條龍氏未輯。

---

① 《字書》見於《一切經音義》而龍璋未輯的情況，許啓峰做了系統考察，共43例。許啓峰《〈字書〉研究》，碩士學位論文，上海師範大學，2008年。本文所輯娷、鎔、捶、桘、桘、謟諸條即據許文補充。

（2）誤輯。龍輯"鮝𩨄，《廣韻》"。師案：《廣韻》去聲願韻："𩨄，去願切，曲也。又革中辨也。《說文》又九萬切。"① 上聲獮韵："《爾雅》曰：'革中辨謂之𩨄。'車上所用皮也。"上聲養韵："鮝，息兩切，干魚臘也。"均未見《字書》，未知龍氏所據。上舉任輯"饞餟"條龍輯亦同，亦未見《字書》。

（3）出處有誤。龍輯"薐與蕳同，蘭也。《爾雅·釋木釋文》"。此條不見於《爾雅·釋木釋文》，而見於玄應《大般涅槃經音義》。龍輯"羸：疲也。希麟《金剛頂瑜伽分別聖位經音義》，……《大寶積經（三百）音義》"，其中"《大寶積經（三百）音義》"之"三百"當作"一百三"。《字書》佚文"脊"，見慧琳《大般若波羅蜜多經音義》第五十三卷（T54/0318c），"五十三"，龍璋作"七十六"；"癥"見慧琳《大般若波羅蜜多經音義》第三百三十七卷（T54/0326c），"第三百三十七"，龍璋作"第二百三十七"；"磁"見慧琳《續高僧傳音義》第十九卷（T54/0896c），"十九"，龍璋作"十六"；"蛇"見慧琳《大般若波羅蜜多經音義》第五百一十卷（T54/0344a），"五百一十卷"，龍璋作"五百十六"等，這些情況"《匯編》"中一一指出。

（4）字頭不當。列爲字頭，即被視爲《字書》佚文。字頭錯誤，影響所輯資料的可靠性。如：

慧琳《音義卷第七十四·佛本行贊傳第四》（T54/0786c）："吒：陟稼反。《考聲》曰：吒，彈舌作聲也。《漢書》：叱也。《字書》：恨怒也。"此條龍輯作"恨，怒也"。據語境，《音義》此條引《字書》釋"吒"，"恨怒"乃解釋語，龍璋將其分解爲字頭和解釋語，誤。②

字頭錯誤道致歸部失當。龍璋排列《字書》佚文大致和《說文》部序一致，由於字頭錯誤，導致佚文歸部失當。如龍輯"猋，《詩·

---

① 《說文·韋部》："𩨄，革中辨謂之𩨄。""九萬切"是徐鉉據孫愐《唐韵》所加反切，不當歸之《說文》。

② 龍璋所輯字頭不當的問題，許啓峰此前已注意到，除"恨，怒也"條外，他還列舉了其他5條"不當"的例子。許啓峰《〈字書〉研究》，碩士學位論文，上海師範大學，2008年。

節南山釋文》",考《詩·節南山釋文》"如惔"條:"惔:徒藍反,又音炎。燔也。《韓詩》作炎。《字書》作焱。"《字書》佚文爲"焱",因焱、焱形近,龍氏誤作"森",入《犬部》。龍輯"沐,爲𣏌字,在《木部》。《卷子本玉篇》",龍輯"沐"字與《水部》字爲伍,據《原本玉篇·水部》"沐,莫縠反。……《字書》爲𣏌字,在《木部》",所輯當爲"𣏌"字,入《木部》。又如"𦩍"從水朕聲,當入《水部》,龍輯入《舟部》。《説文·土部》:"瘞,幽薶也。"龍輯"瘞"入《疒部》,此類錯誤乃因誤解佚文部首所致。

(5)文字鈔録有誤。龍璋所輯,有所據原文不誤而輯録文字錯誤的情況。如龍輯"浹,合也。顔延年《應詔觀北湖詩注》"。"合"當爲"洽"之誤。《文選》卷二二"溫渥浹輿隸"注:"《字書》曰:'浹,洽也。'"《玉篇·臣部》:"𦣞:與之切。廣臣也,長也。《字書》云:美也。""美也"龍輯作"羊也"。龍輯"驈,《詩·駉釋文》"。師按:《詩·駉釋文》"有驈":"如字,《字書》作驈,《字林》作𩥄,音並同。"字頭當作"驈",龍氏誤作"驈"。①

上述問題,有的可能是所據文獻版本不同所致,② 有的可能是刊刻所致,我們利用前人所輯《字書》資料時,需要特別注意。

(三)《字書》的研究現狀

《字書》的輯佚始於清代,研究亦始於清代。錢大昕、陳鱣、姚振宗等學者都有關於《字書》的討論。

錢大昕《十駕齋養新録》卷三"陸氏釋文多俗字"條説:"陸氏所稱《字書》,不審何人作,以《爾雅釋文》証之,蓋呂忱《字林》

---

① 王先謙引《釋文》:"魚,本又作'𩥄'。《字林》作'驈'。"王先謙:《詩三家義集疏》,中華書局 1987 年版,第 1067 頁。

② 許啓峰説,"龍氏輯録時所依據音義版本"不同是導致其漏輯的原因之一。許啓峰:《〈字書〉研究》,碩士學位論文,上海師範大學,2008 年。

也。"① 錢氏的懷疑或與史志著録狀況有關。

　　姚振宗（1842—1906）説："（《古今字書》十卷、《字書》三卷、《字書》十卷）皆不著撰人。唐《日本國見在書目》：《字書》廿卷，冷泉院。……《唐書經籍》、《藝文志》：《字書》十卷。海甯陳鱣輯本《敘録》曰：'《隋志》列《字書》之目凡三：一曰《古今字書》十卷，二曰《字書》三卷，三曰《字書》十卷，不言何人《字書》，亦不知何時《字書》也。嘗考《顏氏家訓》引《字書》云云，知六朝間人固所常用，今一無所存，唯見於群籍所引而陸氏《釋文》、李氏《文選注》、釋氏《一切經音義》引之尤多。鱣於暇日集爲是編，用資考據。各書所引，語有不同，知其不出於一家矣。'按此大抵鈔諸家字學之書以便日用，猶漢時閭里書師并合《倉頡》《爰歷》《博學》三篇，章爲一帙也。諸家字學，遞有所出，故其本亦各有所存，以其薈粹一編，又所據皆有原本，故撰述家亦喜用之。近所傳《大藏音義》、《唐本玉篇》、《玉燭寶典》，其中引《字書》至多，皆爲任氏、陳氏所未見，輯之猶可數卷。此數種書傳入內地已閲十年，必有人起而爲之者。"② 按《舊唐書·經籍志》和《新唐書·藝文志》所載《字書》均爲十卷，姚氏謂《日本國見在書目》之"《字書》廿卷"蓋冷泉院本"並合"之數，如果指兩唐書而言，則是對同一文獻卷數的合併；如果指《隋志》之《古今字書》（十卷）、《字書》（三卷）、《字書》（十卷）三書而言，其數又不爲廿卷。所以，《見在書目》所謂"《字書》廿卷"或有誤，或另有所指。上述學者的論述或過於簡略，或帶有推測性質，還不是系統的研究，但他們對《字書》的著録、價值、性質等問題提出了各自的看法，對我們認識《字書》、

---

　　① 陳文和主編：《嘉定錢大昕全集》（柒），江蘇古籍出版社 1997 年版，第 77 頁。

　　② 姚振宗：《隋書經籍志考證》，《續修四庫》（915），上海古籍出版社 2002 年版，第 174—175 頁。姚氏於"冷泉院"下曰："謂其國之冷泉院本也。冷泉院，蓋並合爲廿卷。唐時冷泉院火，國籍盡然，其後國人佐世在奥，故有此《見在書目》之作，其時爲唐僖宗乾符二年云。""家矣"下陳氏注語："任氏《小學鉤沉》中亦輯存上下二卷，凡二百九十餘條。"

進一步研究《字書》都具啓發意義。①

　　《字書》的系統研究成果是近年才出現的。2008 年，上海師範大學徐時儀教授指導的研究生許啓峰和河南大學張生漢教授指導的研究生王燕，同時提交並通過答辯的同名碩士學位論文——《字書研究》，表明《字書》重新受到學界關注，系統、深入的研究由此開始。

　　許啓峰的《字書研究》（以下稱"許文"），以龍璋所輯爲對象，同時參考任、黃、顧諸氏輯佚成果，對《字書》的成書時間、性質、體例等問題進行了討論。許文指出："《字書》大致撰成於三國魏之後南朝梁之前的魏晉南北朝時期。"② "就目前現存《字書》的條目來考察，《字書》當是繼《説文》之後産生的，以收錄名詞、動詞、形容詞爲主，兼收有虛詞，收詞範圍較爲廣泛的一部綜合性辭典。"③ "從龍氏所輯《字書》來看，《字書》當屬《説文》一係的辭書。"④ 又說："綜上所述，可見《字書》原書的條目應由字頭、音注、字形分析、釋義四個部分組成。采用直音、反切共存；聲訓、形訓、義訓並用的注釋方法。……全書編排也似以《説文》540 部首的順序編排。"⑤ 可以說，許文涉及的問題比較全面，分析也比較細緻深入。但是，在研究思路和方法上，許文也有值得商榷的地方。比如，許文說："本文以清代學者龍璋《小學蒐逸》所輯《字書》佚文材料爲主，……並通過《玄應音義》、《慧琳音義》、《希麟音義》中所引《字書》與龍璋《小學蒐逸》中所輯《字書》的比較，整理出《字書》的大致內容，恢復《字書》的原貌，探討《字書》的編纂體例。"⑥ 這一表述的問題在於：龍璋所輯《字書》

---

　　① 我們通覽了隋杜臺卿《玉燭寶典》，該書引用了《爾雅》、《方言》、《説文》、《釋名》、《蒼頡篇》、《廣雅》、《字林》、《韻集》、《字苑》、《字訓》等多種字書韻書而未見引《字書》，未知姚氏所據。杜臺卿撰、楊守敬校訂《玉燭寶典》（《古逸叢書》本），《續修四庫》（第885 冊）。

　　② 許啓峰：《〈字書〉研究》，碩士學位論文，上海師範大學，2008 年。

　　③ 同上。

　　④ 同上。

　　⑤ 同上。

　　⑥ 同上。

本來主要輯自《玄應音義》、《慧琳音義》和《希麟音義》，現在，許文又以龍璋所輯與二種《音義》所引《字書》比較來看"《字書》的原貌"，從某種意義來説，這是拿同一文獻做比較。此後，許啓峰發表了《龍璋輯〈字書〉所據〈玄應音義〉版本考》①、《一部失傳的古辭書——〈字書〉考探》② 等文章，從不同角度繼續對《字書》進行研究。

王燕的《字書研究》（以下稱"王文"）對《字書》的作者、內容、體例、性質、流傳情況以及成書和亡佚時間等問題進行了研究。關於《字書》作者，王文列舉了幾種説法，並逐一進行了討論，但沒有給出明確的結論。根據史志著錄和引用情況，王文指出："《字書》的成書時間大約就在公元510—527年間。"③ "《字書》大致的情況可能是：共計十卷，按許慎540部依次編排。釋詞，以形義爲主，兼及字音的説明"，④ "《字書》順應時代發展的需要，收詞全面，廣泛收錄了在當時流行的俗語、常用俗字和方言口語。……確係六朝時期文字學著作"、"《字書》在北宋以後逐漸佚失"、"大約在元代已經完全佚失"。⑤ 王文主要以顧野王《玉篇殘卷》、慧琳《音義》和陸德明《釋文》所引《字書》爲討論對象，沒有注意到龍璋所輯《字書》資料，在資料的佔有方面明顯存在不足。所以，王文的有關結論或觀點有待進一步討論。許、王二文名稱雖同，研究的內容卻各有側重，對我們的研究頗有參考意義。

我們的主要工作是，整理前代學者的《字書》輯佚成果，包括核對原文，指出其失誤，並吸收其可信資料；擴大輯佚範圍，盡可能輯到更多《字書》佚文，按《説文》"分別部居"體例排列《字書》佚文；對引用《字書》較集中的系列文獻進行個案討論，以考察《字書》的內容、體例、影響、存佚等情況；以《字書》和《説文》、

---

① 許啓峰：《西華大學學報》2010年第4期。

② 許啓峰：《辭書研究》2011年第5期。

③ 王燕：《〈字書〉研究》，碩士學位論文，河南大學，2008年。

④ 同上。

⑤ 同上。

《説文》"新附"、《字林》、《切韻》係韻書等進行比較，瞭解《字書》的收字情況和它在傳統語言學著作中的作用；從詞彙角度對《字書》部分佚文進行研究，説明其在漢語言文字研究方面的作用和價值。

二 《字書》佚文匯編

（一）《字書》輯佚文獻

本書輯佚所據主要文獻（包括前人輯佚成果）及簡稱：

龍璋《霋勤齋遺書·小學蒐逸》，民國攸縣龍氏鉛印本。簡稱"龍輯"。

顧野王《原本玉篇殘卷》，中華書局 1985 年版。簡稱"《原本玉篇》"。

顧野王《大廣益會玉篇》，中華書局 1987 年版。簡稱"今本《玉篇》"或"《玉篇》"。

阮元《十三經注疏》，中華書局 1980 年版。

蕭該《漢書音義》，徐蜀《兩漢書訂補文獻匯編》，北京圖書館出版社 2004 年版。簡稱"《兩漢書匯編》"。

陸德明《經典釋文》，上海古籍出版社 1985 年版。簡稱"《釋文》"。

蕭統《文選》，中華書局 1977 年版。

《唐鈔文選集注彙存》，上海古籍出版社 2000 年版。簡稱"《文選集注》"。

徐鍇《説文解字繫傳》，中華書局 1987 年版。簡稱"《説文繫傳》"、"《繫傳》"。

陳彭年《鉅宋廣韻》，上海古籍出版社 1983 年版。簡稱"《廣韻》"。

周祖謨《唐五代韻書集存》，中華書局 1983 年版。簡稱"《韻書集存》"。

日·梋齋狩谷望之《箋注倭名類聚抄》，曙社出版部出版，昭和六年（1931）。簡稱“《倭名類聚抄》”。

《日本宮內廳書陵部藏宋元版漢籍選刊》編委會《日本宮內廳書陵部藏宋元版漢籍選刊》，上海古籍出版社 2012 年版。簡稱“《漢籍選刊》”或“日藏《文選》”（贛州本）。

行均《龍龕手鏡》，中華書局 1985 年版。

司馬遷《史記》，中華書局 1982 年版。

班固《漢書》，中華書局 1962 年版。

范曄《後漢書》，中華書局 1965 年版。

司馬光編著、元胡三省音注《資治通鑒》，中華書局 1997 年版。

楊伯峻《列子集釋》，中華書局 1979 年版。

王先謙《漢書補注》，廣陵書社 2006 年版。

《四庫全書》，上海古籍出版社 1987 年版。或稱“文淵閣本”。

《四庫全書》（電子版），上海人民出版社、迪志文化出版有限公司 1999 年版。

續修四庫編纂委員會《續修四庫全書》，上海古籍出版社 2002 年版。簡稱“《續修四庫》”。

任大椿《小學鉤沈·字書》，《續修四庫》（201）。簡稱“任輯”。

黃奭《黃氏逸書考》，《續修四庫》（1208）。簡稱“黃輯”。

顧震福《小學鉤沈續編》，《續修四庫》（201）。簡稱“顧輯”。

何超《晉書音義》，《四庫全書》（256）。

洪興祖《楚辭補注》，中華書局 1983 年版。

郭知達《九家集注杜詩》，《四庫全書》（1068）。

胡三省《通鑑釋文辯誤》，《四庫全書》（312）。

羅泌《路史》，《四庫全書》（383）。

羅願《爾雅翼》，《四庫全書》（222）。

呂祖謙《呂氏家塾讀詩記》，《四庫全書》（73）。

呂祖謙《古易音訓》（《周易會通》），《四庫全書》（26）。

戴侗《六書故》，《四庫全書》（226）。

黃公紹編、熊忠舉要《古今韻會舉要》，《四庫全書》（238）。簡稱“《韻會》”。

許謙《詩集傳名物鈔》，《四庫全書》（76）。

韓道昭《五音集韻》，《四庫全書》（238）。

韓孝彥、韓道昭《改併五音類聚四聲篇海》，《續修四庫》（229）。簡稱"《四聲篇海》"。

邢準《新修累音引證群籍玉篇》，《續修四庫》（229）。簡稱"《新修玉篇》"。

日本大正一切經刊行會《大正新脩大藏經》，（臺灣）新文豐出版公司1996年版。簡稱"《大正藏》"。

中華電子佛典協會（CBETA）《大正新脩大藏經》（T），2007年。簡稱"《大正藏》（T）"。

中華電子佛典協會（CBETA）《中華大藏經》（C），2011年。簡稱"《中華藏》（C）"。

中華電子佛典協會（CBETA）《卍新纂大日本續藏經》（X），2007年。簡稱"《續藏經》（X）"。

慧琳、希麟《正續一切經音義》，上海古籍出版社1986年版。簡稱"獅本《音義》"或"獅本《續音義》"。

（二）《字書》佚文匯編

示部

祚*：在故反。杜注《左傳》云：祚，報也。《字書》：祚，福也。（慧琳《音義卷第七十五·禪要經呵欲品第一卷》，T54/0797a）、① （李密《陳情表》注，《文選》第523頁）

---

① 完整的標注應是"慧琳《一切經音義》卷第七十五《禪要經呵欲品》第一卷"，爲節省篇幅而用此標注方式。佛經《音義》用"卷第幾"、"第幾卷"等標注卷數，慧琳亦作惠琳，本書據原文迻録，不作改變。"/"前、後的數字分別代表冊數和頁碼，"a"代表上欄，下文相同位置出現的b或c分別代表中欄或下欄。

祧*：（庹）① 吐堯反，《字書》或祧字也，遷主所藏之廣也，在《示部》。（《原本玉篇·廣部》第 459 頁）《字書》云：祧，遠祖廟也。（希麟《續音義卷第十·續開元釋教録卷下》，T54/0979c）師按：廣，當爲 "廟" 之誤。

禱*：都皓反。《切韻》：請也。《字書》云：祈於天神也。（希麟《續音義卷第六·最勝無比大威德金輪佛頂熾盛光陀羅尼經》，T54/0962c）師按：顧輯將 "祈於天神" 義歸 "禰"，誤。

禰*：（厭）於艷、於琰二反。《字書》作禰，謂禰穣也。《考聲》云：厭，魅也，又著也。《説文》作猒，從犬甘肉也。②（同上 T54/0962c）

祕*：陂媚反。《字書》云：秘，密也。鄭箋《毛詩》云：秘，神也。（慧琳《音義卷第三十·入定不定印經》，T54/0507c）《字書》云：一曰密也。（慧琳《音義卷第五十·攝大乘論釋第一卷》，T54/0639b）《字書》曰：祕，密。（王延壽《魯靈光殿賦》注，《文選》第 170 頁，日藏《文選》154/411③）、（潘岳《閒居賦》注，《文選》第 225 頁，日藏《文選》155/12）《字書》曰：祕者，謂蘭芳之幽密。（顏延年《應詔讌曲水》注，《文選》第 289 頁，日藏《文選》155/467）師按：《説文·示部》："祕，神也。"

祅：（詃）於驕反。《字書》亦祅字也，祅，災也。地反物爲祅字，在《示部》。（《原本玉篇·言部》第 38 頁）師按：《説文·示部》："祆，地反物爲祆也。"

薛：（孽）魚羯反。《左傳》曰：天反時爲災，地反物爲祆。音芙。《考聲》云：薛，祆災也。……《字書》正體從示作薛，薛聲也。（慧琳《音義卷第十一·大寶積經序》，T54/0370b）師按：《説文·子部》："孽，庶子也。" 既 "從示"，則當作 "薛"。

---

① "庹" 用括弧提示，表示《原本玉篇》在 "庹" 字説解中引《字書》釋 "祧"。雙音詞亦作相同處理，如 "菌：（菌苢）……《字書》作菌菌"。

② 《説文》"從某從某"、"從某某"、"從某某聲" 之 "從"，一般作 "从"，而小徐本一般作 "從"，本書不論直接引《説文》還是轉引《説文》，均作 "從"。

③ 日藏《文選》後的 "/" 前後數字分別代表册數和頁碼。

祟*：雖翠反。《字書》云：神鬼爲害也。（慧琳《音義卷第四十二・大樂义女歡喜母並愛于成就法》，T54/0590b）

禩*：（繹）音亦，《字書》作禩。（《書・高宗肜日釋文》第170頁、《詩・絲衣釋文》第404頁①、《周禮・籥師釋文》第464頁）師按：《原本玉篇・食部》："饎，餘石反，《公羊傳》：饎者，祭之明日也。……或爲禩字，在《示部》。"

祱：（帨）始鋭、始垂二反。《説文》：小餟也。《蒼頡篇》：門祭名也。《字書》或爲祱字，在《示部》。（《原本玉篇・食部》第93頁）師按：《説文》："餟，小餟也。"段注："《方言》：'饡，饋也。'《玉篇》云：'饡同餟。'《廣雅》：'祱，祭也。'祱亦同餟。"

魖：同魖，出《字書》。（《廣韻》平聲魚部、《五音集韻》卷二，《四庫全書》238/34②）師按：《説文・鬼部》："魖，耗神也。""耗神"，段注本改作"耗鬼"："耗者，乏無之言。"《廣韻》魖、魖相屬："魖，魖耗鬼。"

玉部

珤*：（寶）保音。《字書》正從缶作珤，云珍也。（慧琳《音義卷第三十七・無垢淨光大陀羅尼經》，T54/0551a）

寶：《字書》正從缶作珤，云珍也。（同上）

琛*：恥林反。《字書》：琛，寶也。（慧琳《音義卷第八十三・大唐三藏玄奘法師本傳卷第七》，T54/0847b）

瑰：繪回反。《毛詩傳》云：瑰，石之次玉者也。杜預注《左傳》云：瑰，珠也。《埤蒼》云：瑰瑋，珍奇也。……《字書》又作傀。（慧琳《音義卷第八十・開元釋教録第七卷》，T54/0827a）師按：《説文・玉部》："玫，火齊玫瑰也，一曰石之美者，從玉文聲。""瑰，玫瑰。從玉鬼聲。一曰圜好。"《人部》："傀，偉也。……瓌，傀或從玉裹聲。"《説文》瓌、傀同字，《字書》瑰、傀同字。

---

① 禩，《釋文》左從木，當爲刻寫之誤。《十三經注疏》（第603頁）本作"釋"，阮元《校勘記》："〔補〕通誌堂本同，盧本作禩，云：'舊作釋，今改正。'"

② 《四庫全書》後的"/"前後數字分別代表冊數和頁碼。

璵*：巨於反。《字書》：玉名也，耳璵也。（玄應《音義卷第二十二·瑜伽師地論第四十四卷》，C057/0087c、T54/0630b①）、（清素、澄淨《瑜伽師地論義演卷第十七》，A120/0520a）

璙：（鐐）音遼。《爾雅》云：白金謂之銀，其美者謂之鐐。……本又作璙，亦音遼，又力小反，《説文》云：玉也。《字書》力召反。（《詩·瞻彼洛矣釋文》第330頁）師按：《説文》："璙，玉也。"據語境確定"璙"爲《字書》佚文，龍璋輯作"鐐"。

玖*：音久。玉名。《字書》云：玉黑色。（《詩·木瓜釋文》第243頁）《釋文》曰：玖，《字書》云：玉黑色。（《吕氏家塾讀詩記》卷六，《四庫全書》73/408）

瑵：鍇曰：圭上有物冒之也。犛冠即犛鑱也，今《字書》作犛錧，音義同。（《説文繫傳》第7頁）徐曰：圭上有物冒之也。犛冠即犛鑱也。今《字書》作犛錧，音義同。（《韻會》卷二十二，《四庫全書》238/725）師按：《説文繫傳》所引《字書》已見於顧氏所輯，我們采録，不一一註明。

瑪*：（瑪瑙）《字書》云：石之次玉者也。其字或作碼磝，石類也。（慧琳《音義卷第二十五·大般涅槃經音義卷上》，T54/0463c）

瑙*：《字書》云：石之次玉者也。（同上）

瑎*：駭皆反。《字書》云：瑎，黑玉也。（慧琳《音義卷第九十四·續高僧傳第二十六卷》，T54/0898c）

珠*：《字書》云：蚌中之精也。（希麟《續音義卷第十·續開元釋教録卷上》，T54/0978c）

璣*：居衣反，《説文》：珠之不圓者也。《字書》：一曰小珠也。（玄應《音義卷第三·放光般若經第一卷》，C056/0854c、T54/0357a）、（玄應《音義卷第五·阿閦佛國經上卷》，C056/0894a、T54/0406a）、（玄應《音義卷第十六·大愛道比丘尼經卷下》，C057/0009c、T54/0736c）、（慧琳《音義卷第七十七·釋迦氏略譜》，T54/

---

① 標注《中華藏》（C），又標注《大正藏》（T），表示玄應《音義》所引《字書》亦見於慧琳《音義》。

0808a）、（《長楊賦注》，《文選》第 137 頁，日藏《文選》154/
187）、（《尚書·禹貢釋文》第 157 頁）師按：慧琳《音義卷第四十
六·大智度論第三十二卷》（T54/0614b）"珠璣"條："居沂、渠氣
二反，《說文》：珠之不圓者也。《字林》：小珠也。"《字書》、《字
林》相同。

瓸*：骨迴反。《字書》云：瓸，石次玉也。（慧琳《音義卷第七
十五·修行道地經卷第四》，T54/0794a）

瑣*：《廣雅》云：瑣，連也。《字書》，連環也。（慧琳《音義卷
第二·大般若波羅蜜多經第五十三卷》，T54/0318c）、（慧琳《音義
卷第四十·觀自在多羅菩薩唸誦法》，T54/0570c）《廣雅》：瑣，連
也。《字書》：亦連環也。《說文》：玉聲也，從玉巢聲。（慧琳《音義
卷第十三·大寶積經第四十七卷》，T54/0386a）、（惠琳《音義卷第
五十四·佛說兜調經》，T54/0665c）

瓛：今《字書》瓛又音鑯。（《說文繫傳》第 7 頁）瓛，《說文》：
桓圭，公所執，從玉獻聲。徐按今《字書》瓛①又音鑯。（《韻會》卷
五，《四庫全書》238/473）師按：《說文·玉部》："瓛，桓圭，公
所執。"

璘*：（璘瑌）該案《字畫》：瞵瑌，采色也。當從玉旁粦。（蕭
該《漢書音義》，《四庫全書》251/71）②、（《兩漢書匯編》，第 454
頁）師按：此條據"當從玉旁粦"作"璘"。"字畫"當爲"字書"
之誤。

瑌：該案《字畫》：瞵瑌，采色也。（同上）

瑩*：縈迥反。《韻英》云：摩拭也。《字書》：細磨曰瑩。（慧琳
《音義卷第三·大般若波羅蜜多經第三百二十六卷》，T54/0324c）師
按：《漢語大詞典》（4/627）③"瑩"字條第 8 個義項爲"磨治"，又

---

①　文淵閣本《韻會》引《字書》"瓛"無右邊"犬"，當誤，此據《繫傳》作
"瓛"。

②　不見於通行本《漢書》注。據《漢書音義》，以"璘"爲字頭。

③　漢語大詞典編輯委員會、漢語大詞典編纂處：《漢語大詞典》，漢語大詞典出版社
1995 年。"/"前後數字分別代表冊數和頁碼。

有"瑩拂"條："磨拭，使光潔。比喻闡明事理，去惑顯真"和"瑩磨"條："謂磨治使光潔。"

珧*：餘招反。……《字書》云：王珧，肉不可食，唯柹可食耳。（《爾雅·釋魚釋文》第 1695 頁）師按：王珧、唯柹，郝疏作玉珧、唯柱。①

理*：良始反。《字書》云：通也。《切韻》：料理也。（希麟《續音義卷第二·新花嚴經卷第七》，T54/0940c）《字書》理字訓正、訓治。（了然《釋門歸敬儀通真記卷上》，X59/0464a）師按：《說文·玉部》："理，治玉也。"

珂*：苦何反。《說文》：貝屬也，從玉可聲也。《字書》：以白貝飾馬腦也。（希麟《續音義卷第六·金剛頂勝初瑜伽普賢菩薩唸誦法》，T54/0961c）

璟*：鬼永反。案唐錄太府卿蕭璟準，《字書》、《玉篇》璟字，音影。（慧琳《音義卷第八十·大唐內典錄第五卷》，T54/0824b）

士部

埍：（壻）壻音細，《字書》作埍。（《詩·有女同車釋文》第 251 頁）師按：阮元《校勘記》"《字書》作埍"條："〔補〕《釋文校勘》埍作壻，壻是壻之別體。小字本作埍，乃字有壞而改之。"

屮部

屯*：徒昆反，《字書》：屯亦村也，《廣雅》：屯，聚也。（玄應《音義卷第一·大方等大集經第九卷》，C056/0819b、T54/0413a）師按："第九卷"，《大正藏》本作"第十一卷"。玄應《大方等大集經音義》第九卷與第十二卷相連，中間沒有第十卷、第十一卷，《大正藏》本有第十卷、第十一卷。

熏*：《字書》曰：熏，火煙上出也。（陸機《演連珠》注，《文選》第 764 頁，日藏《文選》160/152）師按：《說文·屮部》："熏，火煙上出也。"《草部》："薰，香草也。"《演連珠》："臣聞尋煙染芬，薰息猶芳。""火煙上出"義，字當作"熏"，日藏《文選》作

---

① 郝懿行：《爾雅義疏》，上海古籍出版社 1983 年版，第 1194 頁。

"薰"。

艸部

芒*：武方反。《字書》云：刃末也，草葉峯也。（慧琳《音義卷第十四·大寶積經第五十六卷》，T54/0389c）

蔗：之夜反。《字書》：蔗，藷也。（慧琳《音義卷第二·大般若波羅蜜多經第一百九十一卷》，T54/0323a）師按：字頭"蔗"《音義》本從辵蔗。《說文·艸部》："蔗，藷蔗也。"此據《說文》作蔗。

芍：《字書》：芍，陟畧翻，芍藥，香草也。（《通鑑釋文辯誤》，《四庫全書》312/360）

薦*：皮表反。郭注《尒雅》云：薦即苺也。《字書》云：蒯之屬也。（慧琳《音義卷第六十六·集異門足論卷第九》，T54/0746b）

薄*：傍莫反。《字書》云：不厚也。《說文》從草溥聲也。（慧琳《音義卷第六·大般若波羅蜜多經第五百六卷》，T54/0343a）

荷*：音何，又音賀。《字書》：荷，擔負也。（慧琳《音義卷第十·金剛般若波羅蜜經》，T54/0368b）《字書》云：荷，負物於背也。（慧琳《音義卷第三十二·觀彌勒菩薩上生經》，T54/0523c）

蒜*：蘇貫反。《字書》云：葷菜也。（希麟《續音義卷第五·菩提場所說一字頂輪王經卷第五》，T54/0957b）師按：《說文·艸部》："蒜，葷菜。"

莘：鍇按：《字書》：辛菜也。（《說文繫傳》第21頁）師按：《說文》："莘，羹菜也。"

荔：郎計反。《字書》云：香草名也。（希麟《續音義卷第十·琳法師別傳卷下》，T54/0978b）

蕈*：尋荏反。《字書》云：蕈，菌也，又地菌也。《說文》云：蕈，桑菌也，從草覃聲。（慧琳《音義卷第九十四·續高僧傳第十七卷》，T54/0895c）

葳*：藥佳反。《字書》：葳，草也，本草有葳蕤草也。《考聲》：苑垂貌也。《說文》：草木華盛貌也。（慧琳《音義卷第六十四·四分律刪補隨機羯磨卷中》，T54/0735a）師按：大徐本《說文》作"草木華垂兒"。

芥*：皆邁反。……《字書》云：菜也，從草介聲。（慧琳《音義卷第四十九·攝大乘論序》，T54/0638a）

菡：（菡萏）《說文》曰：芙渠，花未發者爲菡萏，已發者爲芙蓉也。《漢書音義》曰：菡萏，豐盛之貌也。菡萏二字，……《字書》作菡菌。（惠苑《音義卷第二十三·新譯大方廣佛花嚴經音義卷下》，T54/0450b）師按：菡菌，當爲“菡萏”之誤。

萏：《字書》作菡菌。（同上）

蓏*：郎果反。《字書》云：草果也。《說文》云：在木曰果，在地曰蓏。（慧琳《音義卷第七十五·道地經》，T54/0791c）

蘿*：（蘿菔）音羅。……《尒雅》云：葵蘆菔也。郭璞注云：無菁屬也，紫華大根也。《字書》云：蘿菔，即菜名蘆菔是也。（慧琳《音義卷第六十三·根本說一切有部律攝卷第十一》，T54/0727a）

菔*：（蘿菔）朋比反。……《字書》云：蘿菔，即菜名蘆菔是也。（同上）

薋：《字書》曰：薋亦蘋字也。（陸士衡《擬青青陵上栢》注，《文選》第436頁，日藏《文選》156/711）

蘋：《字書》曰：薋亦蘋字也。（同上）

堇：鍇按：《字書》：朔藋草，一名堇也。（《說文繫傳》第13頁）

菩：鍇按：《字書》：黃菩草。又漢有菩陽，天子更衣之別館也，因地爲名，菩山之陽也。（《說文繫傳》第14頁）

藏：（藏莨）鍇按《字書》：藏莨，草名也。（《說文繫傳》第18頁）

莨：鍇按《字書》：藏莨，草名也。（同上）

蔓：鍇按《字書》：狗尾草也。（《說文繫傳》，第18頁）徐按《字書》云：狗尾草也。（《韻會》卷六，《四庫全書》238/489）

莪：《字書》云：草名，似斜蒿。（元照《盂蘭盆經疏新記卷下》，X21/0471c）

蓨：《爾雅注》：芧音獮。今《字書》以此字當之，營跬反。（《說文繫傳》第19頁）師按：《說文》：“蓨，藍蓼秀。從草隋聲。”

《廣韻》（文淵閣）上聲紙韵：“蘼，草木華初出皃。”

芿：鍇按：《字書》：芿，草陳新相積也。（《說文繫傳》第22頁）《說文》：草也，從草乃。徐按《字書》：陳新相積也。《廣韻》：舊草不芟，新草又生曰芿。（《韻會》卷九，《四庫全書》238/541）

䔊*：（封）《字書》作䔊。（《詩·谷風釋文》第225頁）

蓄*：（蓄陸）舒羊切，《字書》：蓄陸，遂蕩也。（《玉篇·艸部》第65頁）

蔕*：《字書》曰：蔕，蒲草也。丈尤切。（枚乘《七發》注，《文選》第481頁，日藏《文選》157/297）

藤*：徒登反。《字書》云：藤，似葛而蔓生。《玉篇》云：藟也音壘。（希麟《續音義卷第四·守護國界主陀羅尼經卷第七》，T54/0950b）

菝*：《字書》曰：菝，茱萸也。（張衡《南都賦》注，《文選》第71頁；日藏《漢籍》153/436）

藋：史炤《釋文》曰：藋，徒栗切。餘按《字書》：藋，徒吊翻。（《通鑑釋文辯誤》，《四庫全書》312/275）

菅*：（菅）古顏反，《尒疋》：菅，茅屬也。詩傳曰：白華，野菅也。經文作菅，《字書》與簡字同，菅，蘭也。《說文》：菅，香草也。（玄應《音義卷第二·大般涅槃經第三十一卷》，C056/0845b①）

蒕：（氳氲）冝作蒕蒕，扶云反。《字書》作榲，同於云反，蒕蒕，盛皃也，亦香也。（玄應《音義卷第五·力莊嚴三昧經上卷》，C056/0890c、T54/0596b）

薺*：（卺）巾隱反。《字書》從草作薺。《儀禮》云：四爵而合薺。（慧琳《音義卷第九十四·續高僧傳第二十卷》，T54/0897a）師按：《說文·艸部》無“薺”，《己部》有“卺”。

葆*：襃道反。《字書》：葆，五彩羽也。顧野王云：各聚五色羽名爲葆也。（慧琳《音義卷第九十八·廣弘明集第十九》，T54/

---

① 任輯“菝，與蔄同，蘭也”，《續修四庫》（201/734），出處爲《釋木釋文》，黃奭、龍璋亦輯此條，然《釋木釋文》未見《字書》釋“菝”，未知其所本。

0918a）

　　著：（堅著）馳畧反，《字書》：堅謂堅牢，著，相附著也。（玄應《音義卷第三·摩訶般若波羅蜜經第三十五卷》，C056/0853a、T54/0360b）

　　萎*：委爲反。《集訓》云：草木黃死曰萎。《字書》云：蔫煙也。（慧琳《音義卷第三十七·大摩尼廣博樓閣善住祕密經上卷》，T54/0550c）、（慧琳《音義卷第六十八·阿毘達磨大毘婆沙論第五卷》，T54/0751b）《字書》：萎，黃病也，弱也。（慧琳《音義卷第八·大般若波羅蜜多經卷第五百九十卷》，T54/0355c）

　　蕉：（縒）子堯反，《字書》亦蕉字也，蕉，生枲未漚也，在《艸部》。（《原本玉篇·糸部》第179頁）

　　蔭：（廕）猗禁反。《埤蒼》：廕，庇也。《字書》蔭字，在《艸部》。或爲禬字，在《示部》。（《原本玉篇》第459頁）

　　菁*：即盈反。……《字書》云：菁，美也。（希麟《續音義卷第十·琳法師別傳卷中》，T54/0977b）《學林新編》云：按青菜爲虀謂之菁虀。《字書》：菁，虀菁也。（《九家集注杜詩》卷一，《四庫全書》1068/7）師按：《說文·艸部》：“菁，韭華也。”《廣韻》平聲清韻：“菁，蕪菁，菜也。”

　　薳*：《字書》：薳，遠。（《廣韻》上聲小韻，第202頁）、（《五音集韻》卷八，《四庫全書》238/179）

　　芟*：所銜反。《字書》云：伐草也。《考聲》云：剪也。（希麟《續音義卷第十·續開元釋教録卷上》，T54/0979a）

　　蓊*：（蓊鬱）上烏孔反，下蘊勿反。《字書》云：草木盛貌。（希麟《續音義卷第二·新花嚴經卷第十三》，T54/0942b）

　　蘂*：《字書》曰：蘂，垂也。（左思《魏都賦》注，《文選》第109頁、盧諶《時興》注，《文選》第424頁，日藏《文選》156/624）《字書》曰：蘂，垂也。謂垂下也。（《文選·左思·魏都賦》注，日藏《文選》153/708）師按：今本《時興》注引《字書》“蘂”作“蘂”，《文選集注》（一·467）李善注引《字書》亦作“蘂”。蘂、蘂同訓，未知誰是，龍輯作“蘂”。

蓁＊：士臻反。《字書》：木叢生也。《考聲》：草木雜生也。（希麟《續音義卷第八·一切如來寶篋印陀羅尼經》，T54/0959b）

茼：《字書》茼或作薗。然則蔱、蔨、茼、裛、穎、薗一物也。（《爾雅翼》卷八，《四庫全書》222/323）

薗：《字書》蔱或作薗。（同上）

葛：《字書》云：小曰葛，大曰絺。（大覺《四分律行事鈔批卷第六本·自恣宗要篇第十二》，X42/0771a）

苴：水中浮草。《釋文》：士加反。《字書》與楂同音。（《詩集傳名物鈔》① 卷七，《四庫全書》76/229）

菽：鍇按《字書》：菽即蒯額，頭惡也。（《說文繫傳》，第178頁）

蕙：（萌）《字書》作蕙，《說文》云作蕄。（《爾雅·釋訓疏》，《十三經注疏》第2589頁）

莖＊：杏耕反。《字書》云：草木榦也。（慧琳《音義卷第三十九·不空羂索經第十九卷》，T54/0564a）

薜＊：古案反。《字書》云：莖干也。（希麟《續音義卷第八·根本說一切有部毘奈耶藥事卷第四》，T54/0968a）

蒧＊：（鍼）執任反。《說文》：鍼，刺也，從金咸聲。《字書》亦作蒧，謂綴衣也。（慧琳《音義卷第八十·開元釋教錄第一卷》，T54/0825a）

蓄＊：（稸）《字書》作蓄，同勑六反。積也，聚也。② （玄應《音義卷第四·賢劫經第一卷》，C056/0871b、T54/0538b）、（玄應《音義卷第八·無量清淨平等覺經下卷》，C056/0943c）稸：《字書》曰：稸，積也。與畜同。（日藏《文選·宋玉·高唐賦》155/305）

薉：於噦反。《字書》亦正從禾作穢，穢，蕪也，亦不清潔也，

---

① 《詩集傳名物鈔》，元許謙撰，顧震福《小學鉤沈續編》稱作《毛詩名物鈔》。《四庫提要》曰：“《詩集傳名物鈔》八卷，元許謙撰。謙有《讀書叢說》已著錄，謙雖受學王柏而醇正過之，研究諸經，亦多明古義，故是書所考名物音訓頗有根據，足以補《集傳》之闕遺。”

② 聚，《大正藏》本作“眾”。

又惡也。（慧琳《音義卷第九十四·續高僧傳第二十一卷》，T54/0897b）

藪[*]：蘇走反。《字書》云：草澤也。鄭注《禮記》云：澤無水曰藪也。（慧琳《音義卷第十五·大寶積經第一百二十卷》，T54/0402a）

藝[*]：魚世反。……野王案：藝猶材也。……《字書》：藝，能也。（《原本玉篇·云部》第55頁）霓計反。……顧野王曰：藝猶材也。杜預云：藝，法制也。《字書》云：藝，能也。從云埶聲也。（慧琳《音義卷第三·大般若波羅蜜多經第三百二十七卷》，T54/0325a）、（慧琳《音義卷第七·大般若波羅蜜多經第五百四十九卷》，T54/0348b）師按：《説文》無"藝"字，亦無《云部》，而《原本玉篇》"藝"歸《云部》。

八部

尚[*]：《字書》：尚，猶也。（慧琳《音義卷第十·仁王般若經下卷》，T54/0365b）

牛部

牥[*]：冲燭反。……《字書》：抵誤也。或作牾，從牛角。（慧琳《音義卷第十二·大寶積經第二十七卷》，T54/0378c）師按："抵誤"，龍氏作"抵渓"。

犍：居言反，《字書》：犍，割也。《通俗文》：以刀去陰曰犍。（玄應《音義卷第十四·四分律第三十五卷》，C056/1032a）、（慧琳《音義卷第五十九·四分律第三十五卷》，T54/0703a）師按：龍輯："㸬，㸬也。玄應《餓鬼報應經音義》，又《四分律（三十五）音義》。"獅本《音義》（五四、21）題惠琳撰，[①] 未見引《字書》，龍氏或另有所本。《説文·牛部》無"犍"，"新附"曰："犍，犗牛也。從牛，建聲。"今湖南常德謂閹割公猪爲"犍"，音堅。

犛部

犛：（綵）力之、力才二反。《字書》亦犛字，犛，強毛也。在

---

① 獅本《音義》的卷次、頁碼用"（A，a）"表示，如獅本《音義》（五四、21），指獅本《音義》卷第五四，第21頁。

《氂部》。（《原本玉篇·糸部》第180頁、第389頁）師按：《説文·氂部》："氂，彊曲毛可以箸起衣。"人徐洛哀切。

氂：《字書》：氂，莫支反。氂，氂牛尾也，裏之反。氂，彊曲尾可以箸起衣也，洛哀反。（《爾雅翼》卷二十一，《四庫全書》（222/429）師按：《説文·氂部》："氂，西南夷長髦牛也。"大徐莫交切。顧輯作"氂，氂牛尾也"。據《爾雅翼》輯氂、氂、氂。

氂：（氂）《字書》：氂，莫支反。氂，氂牛尾也。裏之反。（同上）師按：《説文·氂部》："氂，氂牛尾也。"大徐裏之切。《玉篇·氂部》："氂，力之切，強曲毛也。千豪也。"

口部

嚼*：（脣）食倫反。《切韻》：口脣也。《字書》亦作嚼字也。（希麟《續音義卷第四·守護國界主陀羅尼經卷第十》，T54/0951a）《字書》亦作嚼。（希麟《續音義卷第二·新花嚴經卷第十五》，T54/0943a）

吻*：武粉反。……吻，口也。象鳥喙也。《字書》云：以壓天大喙，音籲衛反。（慧琳《音義卷第十五·大寶積經第一百二十卷》，T54/0402c）

嗚：屋孤反。……《字書》亦從欠作歍。（慧琳《音義卷第九十三·續高僧傳第十五卷》，T54/0894a）《字書》云：從欠烏聲也。（希麟《續音義卷第九·根本説一切有部毘奈耶破僧事卷第十三》，T54/0973c）

嗃：（詨）詡教反。《山海經》：鵲鳥鳴自詨。郭璞曰：今吳人謂叫嚆爲詨。《字書》嗃字，在《口部》。（《原本玉篇·言部》第40頁）

映：（映咽）《字書》曰：映咽，流不通也。（《文選·左思·魏都賦》注，日藏《文選》153/701）師按：《文選·左思·魏都賦》"泉流迸集而映咽"，善曰："《字書》曰：迸，散走也。映咽，流不通也。映，烏朗反。"

咽：《字書》曰：映咽，流不通也。（同上）咽：煙結反。《字書》、《考聲》亦從壹作噎。《聲類》云：不平聲也，亦氣逆也。（慧

琳《音義卷第九十三·續高僧傳第十五卷》，T54/0894a）

噎*：煙結反。《説文》：飯窒。《字書》：氣塞胸喉，食不下也。
（慧琳《音義卷第十三·大寶積經第四十四卷》，T54/0385b）（咽）
《字書》、《考聲》亦從壹作噎。（同上，T54/0894a）

嘲：《字書》曰：嘲，亦啁也。（任彥昇《出郡傳舍哭範僕射詩》
注，《文選》第334頁，日藏《文選》155/770）師按：《口部》"新
附"："嘲，謔也。從口朝聲。《漢書》通用啁。"

唐*：《玉篇》云：唐，徒也。《字書》云：唐，虛也。《説文》
云：唐，大言也。（慧琳《音義卷第五·大般若波羅蜜多經第四百四
十九卷》，T54/0338a）、（慧琳《音義卷第三·大般若波羅蜜多經第
三百二十七卷》，T54/0325a）　《字書》云：唐，虛。……《考聲》
云：言而不當也。（慧琳《音義卷第六·大般若波羅蜜多經第五百一
十八卷》，T54/0345a）

嚬*：（嚬蹙）毘寅反。《考聲》云：嚬，蹙也，音悶。《字書》
云：嚬蹙，聚眉也。《説文》：涉水者則嚬蹙也。（慧琳《音義卷第十
一·大寶積經第二卷》，T54/0372c）師按：《説文·口部》及其"新
附"無"嚬"，《瀕部》："瀕，水厓，人所賓附，頻蹙不前而止。"
"顰，涉水頻蹙，從頻，卑聲。"

蹙*：《字書》云：嚬蹙，聚眉也。（同上）

唱：（誯）充向反。《字書》或唱字也，唱，道也，發歌句也，先
也，在《口部》。爲誯字，在《龠部》也。（《原本玉篇·言部》第38
頁）《字書》：倡亦唱字也。（《文選·左太沖·魏都賦》注，日藏
《文選》153/646）

唯*：惟癸反。《字書》云：唯，恭於諾，乃各反，尊者命而應辭
也。（慧琳《音義卷第十二·大寶積經第二十九卷》，T54/0379a）

嚼*：匠爵反。顧野王云：嚼即噍也。《字書》云：咀也。《説
文》云：以爲噍字也，從口爵聲。（《爾雅·釋獸釋文》第1711頁）、
（慧琳《音義卷第三十二·藥師瑠璃光七佛本願功德經下卷》，T54/
0520a）、（慧琳《音義卷第五十一·寶生論卷第二》，T54/0645a）、
（玄應《音義卷第十六·薩婆多毘尼婆沙第九卷》，C057/0008c、

T54/0741c)、（慧琳《音義卷第六十六・集異門足論卷第四》，T54/0745b)、（慧琳《音義卷第十四・大寶積經第五十七卷》，T54/0390a)、（慧琳《音義卷第六十・根本説一切有部毘奈耶律第十二卷》，T54/0709a)《字書》云：嚼猶咀也。（慧琳《音義卷第八十・開元釋教録第四卷》，T54/0826a)、（慧琳《音義卷第九十四・續高僧傳第二十五卷》，T54/0898c)

嘿：傍北反。《字書》正體字，論文從黑作嘿俗字也。《考聲》云：嘿，不言也。……《文字典説》云：嘿，無言也。（慧琳《音義卷第六十六・阿毘達磨發智論卷第十一》，T54/0742c)師按：此條疑鈔寫有誤，慧琳《音義》字頭本作“嘿”，據語境及《文字典説》作“嘿”。

嘿：（避）顧野王云：默，靜不言也。《説文》從犬黑聲。《字書》亦從日作嘿，音同。（慧琳《音義卷第九十二・續高僧傳第十卷》，T54/0890b)師按：《字書》“從日”疑當“從口”，故輯“嘿”。

哈*：呼來反。《字書》：蟲笑也。楚人謂相調笑爲哈。（玄應《音義卷第十六・大愛道比丘尼經上卷》，C057/0009a、T54/0736a)師按：楚人，任輯《芊園叢書》本作“古人”。

吲：（哂）《字書》作吲，或作吹，同式忍反。《三蒼》：小笑也。（玄應《音義卷第四・十住斷結經第九卷》，C056/0876c、T54/0537c)師按：“吹”當爲“欨”之誤。《説文・口部》：“吹，噓也。”《欠部》：“吹，出氣也。”徐鉉等案：“《口部》已有‘吹，噓’，此重出。”《欠部》：“欨，笑不壞顏曰欨，從欠，引省聲。”

嗤*：赤之反。……《考聲》云：嗤笑也。《字書》云：嗤，戲笑也。《説文》作欨。（慧琳《音義卷第七・大般若波羅蜜多經第五百四十六卷》，T54/0347c)《字書》：嗤，戲笑兒。（慧琳《音義卷第四十五・優婆塞戒經第十卷》，T54/0607a)《字書》云：嗤，戲笑兒也。（慧琳《音義卷第六十二・根本毘奈耶雜事律第二十一卷》，T54/0722b)、（慧琳《音義卷第六十九・阿毘達磨大毘婆沙論第一百八十六卷》，T54/0760a)《字書》：嗤，小笑兒也。（慧琳《音義卷第六十八·阿毘達磨大毘婆沙論第十三卷》，T54/0752a）《博疋》云：輕也。《字書》云：笑也。（大覺《四分律鈔批卷第一》，X42/0618b）、（大覺《四分律鈔批卷第二》，X42/0647b）

唉[*]：於來反，《説文》：廱聲也。《蒼頡篇》：唉，吟也。《字書》：慢廱也。（玄應《音義卷第十二·生經第五卷》，C056/0999c、T54/0675b）

喝[*]：《字書》或作嗑，或作歈，皆古字也。（慧琳《音義卷第八·大般若波羅蜜多經卷第五百六十七》，T54/0350b）

哈：（歃）所唅反。……《蒼頡篇》：小嘬也。《字書》爲唅字，在《口部》。（《原本玉篇·欠部》第69頁）師按：歃，徐鉉音山洽切，《原本玉篇》“所唅反”疑當作“所哈反”。《玉篇·欠部》：“歃，所洽切，歃血也。”《口部》：“哈，所洽切，以口歃飲。”“《字書》爲唅字”疑當作“《字書》或爲哈字”，故於《欠部》輯“歃”，顧輯“哈”，龍輯作“歃爲哈字，在《口部》”。

咄[*]：《字林》：咄，相謂也。《字書》：咄，叱也。（玄應《音義卷第二十四·阿毘達磨俱舍論第七卷》，C057/0113b、T54/0764b）、（玄應《音義卷第十四·四分律第二卷》，C056/1023c、T54/0699b①）《説文》：咄，相謂也，《字書》：咄，叱也。（玄應《音義卷第六·妙法蓮華經第二卷》，C056/0912b05）、（玄應《音義卷第二·大般涅槃經第九卷》，C056/0838b）、（慧琳《音義卷第九十四·續高僧傳第十七卷》，T54/0895b）、（慧琳《音義卷第二十七·妙法蓮花經序品第一》，T54/0488c）、（慧琳《音義卷第七十八·經律異相第十七卷》，54/0816a）、（宋仁岳《首楞嚴經集解熏聞記卷第一》，X11/0717a）、（從義《法華經三大部補注卷第八》，X28/0275c）、（守倫《科注妙法蓮華經卷第四》，X30/0720b）《字書》之咄，吒也。（慧暉《俱舍論釋頌疏義鈔卷中本·論本第七》，X53/0158b）《字書》：吐也。《説文》：相謂也。（窺基《妙法蓮華經玄贊》，T34/0775b）

---

① 此條《大正藏》本標注爲慧琳《音義》。

吒：陟稼反。《考聲》曰：吒，彈舌作聲也。《漢書》：叱也。
《字書》：恨怒也。（慧琳《音義卷第七十四·佛本行贊傳第四》，
T54/0786c）師按：龍輯作“恨，怒也”。

咋：（諎）壯百反。……《説文》：大聲也。或爲唶字，在《口
部》。《字書》或爲咋字，在《口部》之。（《原本玉篇·言部》第10
頁）師按：“《口部》之”之“之”疑爲“也”之誤。

呵：（訶）呼多反。……《字書》或爲呵字，在《口部》。（《原
本玉篇·言部》第26頁）

唊：（詇）古恊反。《字書》或唊字也，唊，妄語也，在《口部》
也。（《原本玉篇·言部》第38頁）

哇：（欽）於往、居攜二反。《字書》或哇字也，哇，聲也，嘔
也，邪也，在《口部》。（《原本玉篇·欠部》第77頁）師按：“於
往”當作“於佳”。《玉篇》“欽”字有於佳切，“書”上本無“字”，
黎本補“字”，故作“字書”。

啉*：（惏）《字書》或作啉。今亦作婪同。力南反。惏亦貪也。
（玄應《音義卷第一·法炬陁羅尼經第十卷》，C056/0826b、T54/
0584a）

售*：《字書》：售，猶買也，人買售持去也。（慧琳《音義卷第
三十五·蘇悉地經》，T54/0543c）《字書》：售，賣物得售也。顧野
王云：售，賣物去也。《説文》從口從隹省聲。（慧琳《音義卷第五
十七·普達王經》，T54/0689c）師按：《説文》“新附”：“售，賣去
手也。從口，隹省聲。”

嗹：（謰）旅剪反。《方言》：謰謱，拏也，南楚曰謰謱。郭璞
曰：言諸拏也。《字書》或爲嗹字，在《口部》也。（《原本玉篇·言
部》第12頁）

嘍：（謱）洛口反。《廣雅》：謱謰，嚂哗也。《字書》：謰謱，不
解也，一曰重也。或爲嘍字，在《口部》也。（《原本玉篇·言部》
第13頁）師按：“謰謱”聯緜詞，據“《字書》或爲嗹字”、“或爲嘍
字”，知《字書》有“謰謱”，亦有“嗹嘍”。故謰、謱、嗹、嘍輯爲
《字書》之字。《玉篇·口部》嗹、嘍相次：“嗹，閭前切，嗹嘍，多

言也。”“嘍，力口切，㗰嘍。”

　　嘕：（讙）胡圭反。《説文》：言疾皃也，一曰相數讙也。《字書》或爲嘕字，在《口部》也。（《原本玉篇·言部》第 18 頁）師按：《玉篇》：“嘕，於白切，自是皃。或作讙，言疾皃。”

　　嚇*：呼格反。《玉篇》云：嚇，怒也。《字書》云：呼怒聲也，從口赫聲也。（希麟《續音義卷第九·根本説一切有部毘奈耶破僧事卷第五》，T54/0972a）

　　呼：（歊）虎胡反。《説文》：溫吹也。《聲類》：出氣息也。《字書》或呼字也。（《原本玉篇·欠部》第 113 頁）師按：《説文》“歊”下段注：“與呼音同義異。”

　　喊：（歈）呼麥、於陸二反。《説文》：吹氣也。《字書》亦喊字也，喊，聲也，在《口部》。（《原本玉篇·欠部》第 113 頁）師按：《説文·欠部》：“歈，吹氣也。”

　　呻：（欯）舒臣反。《字書》古文呻字也，呻，吟也，讀書也，在《口部》。（《原本玉篇·欠部》第 77 頁）

　　唸：（欸）丁念反。《字書》或唸字也，唸㕧，呻吟也，在《口部》。（《原本玉篇·欠部》第 280 頁）師按：欸，羅本作歋，唸㕧，羅本作吟㕧，此據黎本。

　　嚥：（餇）於縣反。《説文》：餇，猒也。……《字書》或爲嚥字，在《口部》。（《原本玉篇·食部》第 89 頁）師按：“餇”下段注：“《吕覽》曰：‘甘而不嚥。’《玉篇》、《集韻》引同。嚥即餇字。《廣韻》曰：‘嚥，甘而猒也。’”

　　嗤*：（饎）似離反，《蒼頡篇》：饎，嫌也。《聲類》：饡也，《字書》或爲嗤字，在《口部》。（《原本玉篇·食部》第 97 頁）

　　啗*：又作啖，同徒濫反。或作噉，音徒敢反。《字書》皆訓食物也。又嚼啗也。（希麟《續音義卷第二·新花嚴經卷第十三》，T54/0942c）（欱）呼合反。《説文》：欱，歠也，欱合也。文中作哈，土合反，哈然失所也。《字書》：此與啗字同，徒濫反。（玄應《音義卷第十六·毗尼母律第六卷》，C057/0007c、T54/0741a）師按：龍氏未輯“嚼啖”義，顧氏輯有。《説文·口部》：“啖，食也。……讀與

含同。"《音義》中的"合"疑爲"含"之誤。(《原本玉篇·欠部》第 70 頁)

啖：(啗) 又作啖，同徒濫反。或作噉，音徒敢反。《字書》皆訓食物也。又嚼啗也。(同上，T54/0942c)

噉：(啗) 或作噉，音徒敢反。《字書》皆訓食物也。又嚼啗也。(同上)

唼*：又作喋，同所甲反。《埤蒼》、《聲類》皆作喋，鴨食也。……《字書》：唼，喋也。(玄應《音義卷第八·大莊嚴法門經上卷》，C056/0940c) 師按：龍輯作"噬，喋也"，《大正藏》本玄應《大莊嚴法門經音義》(T54/0521b)"唯唼"條："又作喋，同所甲反。《埤蒼》、《聲類》皆作喋，鴨食也。"未見引《字書》。

啐：且準《字書》解，嘗入口名啐。① 今嘗至齒名嚌，準此即淺取名嚌。(棲復《妙法蓮華經玄贊要集》，X34/0706b) 師按：《玉篇·口部》："啐，倉快、倉慣二切，嘗也，又子律切，吮聲。"《廣韻》去聲夬韵："啐，啗也，蒼夬切。"又去聲隊："啐，七內切，嘗入口。又先對切。"

吽*：(吼) 詬狗反。《字書》正作吽，又作咆也。《論文》作吼，俗用字也。《考聲》云：牛虎鳴曰吼也。(慧琳《音義卷第六十六·阿毘達磨發智論卷第十九》，T54/0743a) 師按："咆"當作"呴"，獅本《音義》(六六、6) 作"呴"。

呴*：(吼) 《字書》正作吽，又作呴也。(同上) 師按：龍輯字頭作"吽呴"。

牢*：(矛) 傳文作牟，《字書》從口作牢，牛聲也。(慧琳《音義卷第九十四·續高僧傳第二十卷》，T54/0897b)

卟*：《字書》云：問卜也。(《廣韻》平聲齊韵，第 49 頁)、(《五音集韻》卷二，《四庫全書》238/44)

---

① "啐"後附注："七內反，嘗入口也。"

叫*：（訆）《字書》或叫字也，叫，嘘[①]也，在《口部》。（《原本玉篇》第21頁）《字書》：呼也。《説文》：吼也。（慧琳《音義卷第十五・大寶積經第九十七卷》，T54/0396a）

嗑：（評）胡臈反。《字書》或嗑字也，嗑，多言也，在《口部》。（《原本玉篇・言部》第38頁）師按：《玉篇》亦"或作嗑"，然不言出《字書》。

嗜：（餢）視利反。《字書》亦嗜字也，欲也，貪也，在《口部》。或爲膳字，在《肉部》，或爲醋字，在《酉部》。（《原本玉篇・食部》第301頁）

㗅*：（㗅㗅）先檑切。《字書》云：㗅㗅，醜也。（《玉篇・口部》第26頁）

嘶*：（斯）先妻反。《説文》：病聲散也，又作嘶，悲聲也。《字書》云：馬鳴嘶也。（希麟《續音義卷第四・守護國界主陀羅尼經卷第六》，T54/0950a）

吶*：（訥）《字書》云：訥或作吶，乃骨反。《字詁》云：訥，遲於言也。（《穀梁傳序・釋文》第1272頁）

嗺*：《字書》云：嗺，口嗺頹。（《廣韻》平聲灰韵，第56頁）、（《五音集韻》卷二，《四庫全書》238/51）師按："嗺"在《五音集韻》十二灰。

呹*：（呹喭）《字書》：呹喭，失容也。（《論語・先進疏》，《十三經注疏》第2499頁）師按：《先進》"由也喭"，[②]《集解》引鄭曰："子路之行失於呹喭。"阮元《校勘記》曰："'由也喭'，《書・無逸》正義引作諺。案《説文》有諺無喭，喭乃諺之俗。'失於畔喭'，皇本畔作呹，喭下有也字。《釋文》出呹字，云：本今作畔。案《廣韻》二十九換：呹，呹喭，失容。據此，則字不當作畔。"

喭*：《字書》：呹喭，失容也。（《十三經注疏》第2499頁）

---

① "嘘"當爲"嘑"之誤，《説文・言部》："訆，大呼也。"段注作"大嘑"。《口部》："叫，嘑也。"《説文・口部》："嘘，吹也。"與"叫"義不同。

② 由也喭，定州漢墓竹簡《論語》作"由也獻"。河北省文物研究所、定州漢墓竹簡整理小組：《論語》，文物出版社1997年版，第51頁。

喤：（鍠）《説文》：鐘聲也。《字書》爲鍠字，或爲喤字，皆一也。（慧琳《音義卷第八十八·法琳法師本傳卷第一》，T54/0868c）

倈：遵累反。《字書》云：倈，鳥喙也。……或從此作㿧。（慧琳《音義卷第八十四·集古今佛道論衡第四卷》，T54/0854b）

咮*：《字書》曰：咮，鳥口也。（潘岳《射雉賦》注，《文選》第142頁，日藏《文選》154/220）

啄：陟角反。《字書》正體字也。……《説文》：鳥食也，從口豖聲也。（慧琳《音義卷第六十七·阿毘達磨集異門足論卷第十八》，T54/0747b）師按："啄聲"之"啄"當誤。

咮：（喌）之六反。《説苑》：張弓喌雞也。《説文》：呼雞重言之也。《字書》或爲咮字，在《口部》。（《原本玉篇·吅部》第62頁）師按：《説苑·尊賢》作"張弓而祝雞"，向宗魯據《説文》、唐本《玉篇》引《説苑》，曰："'祝'與'喌'同。"[①]《玉篇·口部》"咮"下曰："或作喌，呼雞聲也。"

噋*：（噋噋）達昆切。《字書》云：噋噋，不了。（《玉篇·口部》第26頁）師按："《字書》云"，文淵閣本作"《字書》去"。

喆*：（勇喆）古文嚞，《字書》作喆，今作哲，同知列反。（玄應《音義卷第二十·陁羅尼雜集經第三卷》，C057/0052a）、（慧琳《音義卷第四十三·陀羅尼雜集第三卷》，T54/0591b）知烈反。……《説文》作哲，知也，從口折聲。……《字書》哲字也。（慧琳《音義卷第九十五·弘明集第一卷》，T54/0901c）《字書》作嚞。（慧琳《音義卷第三十·持人菩薩經第一卷》，T54/0508c）

嚞：（喆）《字書》作嚞。（同上，T54/0508c）

唁：（讇）宜箭反。……《字書》或唁字也，訕，吊失國也，在《口部》。（《原本玉篇·言部》第40頁）師按：訕當爲唁之誤。

吅部

咢*：（諤）魚各反。……《廣雅》：諤諤，語也。《字書》咢字也。野王案：咢亦驚也，在《吅部》。（《原本玉篇·言部》第39頁）

① 劉向撰、向宗魯校証：《説苑》，中華書局1987年版，第191頁。

（愕）昂各反。《字書》作咢，猶驚也。（慧琳《音義卷第八十·開元釋教録第一卷》，T54/0825b）《字書》或作咢，同五各反，愕，驚也。（玄應《音義卷第五·太子須大拏經》，C056/0896c、T54/0528a）《字書》：咢，驚也。（慧琳《音義卷第三十四·采蓮違王上佛受決號妙華經》，T54/0533c）《字書》作咢字也，咢，驚也，亦訟譁也。（慧琳《音義卷第五十七卷·黑氏梵志經》，T54/0687a）

𡚄*：女耕反。《説文》：𡚄，亂也。《字書》：一曰窒也。（《原本玉篇·叩部》第264頁）師按：窒，羅本作"室"。《説文》："𡚄，亂也。……一曰窒𡚄。"段注："𡚄，《玉篇》作穰，蓋誤。窒𡚄，蓋充塞之意，周、漢人語也。"《説文》二義，《原本玉篇》分屬《説文》和《字書》。

𠰔*：之六反。《説苑》：張弓𠰔雞也。《説文》：呼雞重言之也。《字書》或爲咮字，在《口部》。（《原本玉篇·叩部》第62頁）

單*：丁安反。……《説文》：單，大也。《字書》亦只字也。（《原本玉篇·叩部》第63頁）師按："亦只字"當指"單"有"只"義而非"只"爲"單"之異體。《玉篇》："單，丁安切，大也，一也，隻也。"

哭部

喪*：（亴）思唐反。《字書》古文喪字也，喪，亡也，在《叩部》。（《原本玉篇·品部》第110頁）師按：《玉篇》"喪"入《叩部》，與《説文》异。

走部

趦*：渠御反。《考聲》云：有所持而走曰趦。《韻詮》云：忽也。《字書》云：畏懼也，驛馬車也。（慧琳《音義卷第七十五·道地經一卷》，T54/0791c）師按："驛馬車"一義龍璋未輯。

趨：賓蜜反。《説文》：正行也。或從足作蹕。《字書》或爲譚字。（慧琳《音義卷第九十八·廣弘明集卷第二十》，T54/0918c）（譚）卑謐反。《字書》或趨字也，趨，止行也，在《走部》。（《原本玉篇·言部》第41頁）師按：《説文》："趨，止行也。一曰竈上祭名。""正行"或爲"止行"之誤。

　　趒*：（踶）《説文》作踶。《字書》作趒。（慧琳《音義卷第二·大般若波羅蜜多經第七十六卷》，T54/0320a）

　　趏*：（越）音活，注同。《字書》作趏。（《禮記·禮運釋文》第715頁）

　　赴*：（訃）匹付反。……《字書》亦赴字，在《走部》。或爲趴字，在《足部》。或爲辻，在《辵部》。（《原本玉篇·言部》第40頁）鄭注《禮記》云：訃，至也。《古今正字》從言卜聲。《字書》亦從走作赴，又從足作趴，或從辵作辻。（慧琳《音義卷第九十二·續高僧傳第九卷》，T54/0889c）師按：趴，當爲趴之誤。

止部

　　距：（詎）渠據反。……《字書》或距字也，距，至，止也，格也，搶也，在《巾部》，音渠舉反。（《原本玉篇·言部》第39頁）師按："至"下當奪"也"。搶，黎本（第239頁）作"搶"；"巾部"當作"止部"。《玉篇·止部》："距，渠呂切，違也，戾也，至也。《説文》云：'止也，一曰搶也。一曰超距。'"顧輯作"拒，或爲距字。《原本玉篇》"。

辵部

　　道：史炤《釋文》曰：道，徒浩切，道，引也。余按《字書》道字從徒浩切者，理也，路也，直也。（《通鑑釋文辯誤》，《四庫全書》312/245）

　　迮*：爭革反。……《字書》正從竹笮，《説文》云：迮，從竹乍聲。（慧琳《音義卷第九十二·續高僧傳第十卷》，T54/0890c）《字書》：迮亦迫也。（慧琳《音義卷第六·大般若波羅蜜多經第四百九十卷》，T54/0341b）師按：《説文·辵部》："迮，迮迮，起也。"（依段注）。《竹部》："笮，迫也，在瓦之下，棼之上。從竹乍聲。"

　　邀*：《字書》作徼，同古堯反。求也，遮也，亦要也。（玄應《音義卷第十一·正法唸經第三十九卷》，C056/0977c、T54/0677b①）

――――――――――

　　① 《中華藏》"第三十九卷"，《大正藏》作"第四十四卷"。《中華藏》第三十九卷與第四十五卷之間未標明其他卷次，故有此出入。

《字書》：邀，循也，求也，或從彳作徼，訓釋亦同。（慧琳《音義卷
第七·大般若波羅蜜多經第五百六十二卷》，T54/0349b）《字書》
云：遮也。（慧琳《音義卷第四十一·六波羅蜜多經卷第三》，T54/
0578c）

邐*：羅馱反。《字書》：邐，遮也。《韻略》云：游兵傏寇險徑
鎮戍之所也。（慧琳《音義卷第十六·大方廣三戒經卷中》，T54/
0404b）

进*：又作趹，同補諍反。《字書》：进，散走也。（玄應《音義
卷第四·金光明經第五卷》，C056/0881b）、（惠琳《音義卷第五十
四·治禪病祕要法經》，T54/0669b）、（左思《魏都賦》注，《文選》
第109頁、潘岳《寡婦賦》注，《文選》第234頁，日藏《文選》
155/70）《字書》云：亦散走也。（慧琳《音義卷第六十九·阿毘達
磨大毘婆沙論第一百七十三卷》，T54/0759c）《字書》亦從足作趹，
趹猶散也。（慧琳《音義卷第九十二·續高僧傳第十卷》，T54/
0890a）（絣）方莖、方幸二反，《説文》：氐人疏屢布也。《字書》：
一曰無文綺也。或爲进字，在《辵部》。①（《原本玉篇·糸部》第
380頁）、（慧琳《音義卷第四十一·大乘理趣六波羅蜜多經卷第三音
義》，T54/0578a07）伯萠反，《集訓》云：振黑繩也。《字書》作
进。②（慧琳《音義卷第四十一·六波羅蜜多經卷第三》，T54/0578a）
《字書》謂进散也。（宗曉《金光明經照解卷下》，X20/0518c）《字
書》曰：进，散也。（木華《海賦》注，《文選》第180頁，日藏
《文選》154/490）

遞*：亭禮反。或作遞亦通。……《字書》：遞，交也。（慧琳
《音義卷第十一·大寶積經第二卷》，T54/0372b）

這*：言件反。《字書》：這，迎也。（慧琳《音義卷第十五·大
寶積經第一百一十七卷》，T54/0401b）、（慧琳《音義卷第七十四·
僧伽羅刹集上卷》，T54/0790b）

---

① 此依黎本。"説文"，羅本作"記文"，"氐人"作"立人"。

② 獅本《音義》本從辵從絲，絲當爲並之誤。

遍*：博見反。《字書》：遍，匝也。（慧琳《音義卷第十六·大聖文殊師利佛利功德經上卷》，T54/0407b）師按：匝，《音義》作"市"，據文義改。

逾*：（踰）《字書》作逾，同庾俱反，《字林》：踰，越也。（玄應《音義卷第一·大方廣佛華嚴經第一卷》，C056/0814a、T54/0431a）《字書》：逾，越也。亦作踰，訓用同也。（慧琳《音義卷第十五·大寶積經第一百一十九卷》，T54/0402a）

逗*：徒闘反，《字書》：逗，留也。《説文》：逗，止也。《方言》：逗，住也。（玄應《音義卷第六·妙法蓮華經第四卷》，C056/0914a）徒鬥反。《字書》：逗，遛也。《説文》：逗，止也。（慧琳《音義卷第二十七·妙法蓮花經第四卷》，T54/0489c）、（慧琳《音義卷第八十三·大唐慈恩寺三藏法師玄奘傳序》，T54/0842b）、（希麟《續音義卷第十·琳法師別傳卷中》，T54/0977b）追留也。（慧琳《音義卷第八十九·高僧傳第六卷》，T54/0877b）逗者，《字書》云：逗，留也。《説文》：上也。《方言》：住也。①（樓復《妙法蓮華經玄贊要集卷第十五》，X34/0515b）

逃*：唐勞反。鄭注《禮記》云：逃，去也。王逸注《楚辭》云：竄也。《廣雅》：避也。《字書》云：走也。（慧琳《音義卷第六十二·根本毘奈耶雜事律第七卷》，T54/0719b）《字書》云：走也，避也。《切韻》：亡也，亦竄也。（希麟《續音義卷第四·守護國界主陀羅尼經卷第十》，T54/0951a）

遁*：（遯）肫混反。鄭注《禮記》、《考聲》並云：遁，逃也。……《字書》作遁。（慧琳《音義卷第八十六·辯正論卷第七》，T54/0862c）

遯：又作遁，《説文》：逃也。《字書》云：隱也，從辵豚聲。（希麟《續音義卷第十·琳法師別傳卷中》，T54/0977b）師按：《説

_____

①　《説文·辵部》："逗，止也。""上"爲"止"之誤。唐道暹《法華天臺文句輔正記卷第一》（X28/0633c）："句逗者，逗，留也，《説文》云：逗，止也。《方言》：逗，住也。即以句止之處名爲逗也。"《説文·田部》："留，止也。"慧琳《音義》"逗，遛也"之"遛"當作"留"。

文·辵部》："遁，遷也，一曰逃也。""遁，逃也。"龍輯作"遁，隱也"。

遣：（觖）七到反。《字書》古文造也。造，造舟爲梁也，至也，在《辵部》。古文或爲膥字，在《肉部》也。（《原本玉篇·舟部》第348頁）師按："字書"，《原本玉篇》本作"書字"，今據其説解常用表述方式改作"字書"。"肉部"當爲"月部"（舟部）之誤，"膥"當即"艁"。《説文·辵部》"造"之古文作"艁"。《龍龕手鏡·舟部》艁、艁同字。"觖"疑即"艁"。古文，龍氏作"古古"。

遽*：其倨反。《字書》云：急疾也。《切韻》云：戰慄也。《説文》云：從辵豦聲也。（希麟《續音義卷第二·新花嚴經卷第五》，T54/0940b）《字書》云：戰慄也，又窘也，從辵豦聲作遽。（希麟《續音義卷第九·根本説一切有部毘奈耶破僧事卷第四》，T54/0972a）

違*：雨非反。《字書》云：背也，亦逆也。《説文》：離也，從辵韋聲。（希麟《續音義卷第二·新花嚴經卷第二》，T54/0939b）

迡*：（郤）去逆反。《字書》作𨓈。《廣雅》云：𨓈，曲也。（《莊子·人間世釋文》第1438頁）師按：《釋文》本作"𨓈"，從反切及釋義當作"迡"。郭慶藩曰："郤，《釋文》引字書作迡，是也。《説文》：迡，曲行也。從辵，只聲。《廣雅》：迡，曲也。《集韻》作迡，云：物曲也。一曰曲受也。《玉篇》音丘戟反。《説文》又云：乚，（讀若隱）匿也，象迡曲隱蔽形。字本從乚作𨓈，今作迡。"①

赴：（訃）芙務反。鄭注《禮記》云：訃，至也。《古今正字》從言卜聲。《字書》亦從走作赴，又從足作趴，或從辵作赴。（慧琳《音義卷第九十二·續高僧傳第九卷》，T54/0889c）訃，……《字書》亦赴字，在《走部》。（《原本玉篇·言部》第40頁）師按：趴，當爲赴之誤。

彳部

循*：夕遵反。《廣雅》：循，從也。《字書》云：循，環也。《考聲》云：循，述也，善也，順也。（慧琳《音義卷第五·大般若波羅

---

① 郭慶藩：《莊子集釋》，中華書局1961年版，第185頁。

蜜多經第四百一十四卷》，T54/0334a）

徼*：（邀）《字書》作徼，同古堯反，求也，遮也，亦要也。（玄應《音義卷第十一·正法唸經第三十九卷》，C056/0977c、T54/0677b）《字書》：邀，循也，求也，或從彳作徼。（慧琳《音義卷第七·大般若波羅蜜多經第五百六十二卷》，T54/0349b）

微*：尾非反。《左氏傳》：微，無也。《字書》：微，細也。《説文》云：隱行也。（慧琳《音義卷第二·大般若波羅蜜多經第一百八十一卷》，T54/0322b）師按：《音義》"稍微"條下釋"微，細也"，顧輯作"稍，微細也"。

徹*：纏列反。《字書》云：徹，去也，除也。《考聲》：抽也。《説文》：通也，從彳攴育聲也。（希麟《續音義卷五·新譯仁王護國般若波羅蜜多經卷上》，T54/0952c）

復*：（復）案《字書》又復之復作復，從勹夊，不行也。（《五經文字》卷上，《四庫全書》224/258）師按：被釋字不清楚，龍輯作"復，從勹夊不行也"，今據之作"復"。《説文·彳部》："復，往來也。"

行部

衖*：（巷）戶絳反。《説文》云：里中道也。《廣雅》云：居也。《字書》作衖。（《易·睽釋文》第101頁）呂《音訓》：巷，陸氏曰：戶絳反。《説文》云：里中道也。《廣雅》云：居也。《字書》作衖。（《周易會通》卷八，《四庫全書》26/376）師按：呂祖謙《古易音訓》原書已佚。其引《字書》內容見於元人董真卿《周易會通》。《四庫提要》："《周易會通》十四卷，元董真卿撰，真卿字季真，鄱陽人。"丁賦生《〈古易音訓〉"宋咸熙刊本"考》引宋慈抱《兩浙著述考》説："《古周易》一卷，《考》一卷，《音訓》二卷，《東萊易説》二卷，（宋）金華呂祖謙撰。是書《四庫》著録。原書不可見。仁和宋咸熙從《周易會通》中采録校刊。"又説："《古易音訓》則是宋咸熙於嘉慶三年（1798）冬開始綴録的。"① 輯自《周易會通》的

---

① 丁賦生：《〈古易音訓〉"宋咸熙刊本"考》，《杭州大學學報》1996年第4期。

《字書》原本來自呂祖謙《古易音訓》。

衛：（邶）紂都城北曰邶，南曰鄘，東曰衛。（《説文繫傳》第129頁）師按：據"邶"字説解輯鄘、衛二字。

齒部

齶*：（腭）我各反。《考聲》：齗齶也。《説文》闕，《字書》或從齒作齶。（惠琳《音義卷第七十五·道地經一卷》，T54/0792b）

齯*：（兒）五分反。齒落更生細者也。《字書》作齯，音同。（《詩·閟宮釋文》第413頁）

齧*：五結反。《考聲》：齧，噬也。《字書》云：淺齘也，從齒契省聲。（希麟《續音義卷第五·大威力烏樞瑟摩明王經卷上》，T54/0954b）

齝*：醜之、初其二反。《字書》以爲古齝字。（《爾雅·釋獸釋文》第1712頁）師按：《釋獸》："牛曰齝。"阮元《校勘記》："《釋文》：齝，郭音笞。《一切經音義》卷一、卷七皆引《爾雅》'牛曰齝'。按下注齝字，《釋文》作齝，是齝、齝同字，然郭氏音笞，則此經郭本作齝也。"

齝：（齝)《字書》以爲古齝字。（同上）

足部

踹*：端兗反。《字書》云：踹，謂腓腸也。《古今正字》：從足耑聲，或作腨字。（慧琳《音義卷第七十四·僧伽羅刹集中卷》，T54/0790c）《字書》云：踹，腓腸也。《説文》：從足專聲。（慧琳《音義卷第八十六·辯正論卷第八》，T54/0863b）《字書》：踹，足踹腸也，從足專聲也。（慧琳《音義卷第十四·大寶積經第七十三卷》，T54/0393a）

躁*：則奧反。《玉篇》：躁，動也。……《字書》：急性也。從足喿，桑到反。（慧琳《音義卷第十二·大寶積經第十九卷》，T54/0378a）、（慧琳《音義卷第七·大般若波羅蜜多經第五百四十六卷》，T54/0347c）

趴：（訃）《字書》亦赴字，在《走部》；或爲趴字，在《足部》。（《原本玉篇·言部》第40頁）鄭注《禮記》云：訃，至也。《古今正字》從言卜聲。《字書》亦從走作赴，又從足作趴，或從辵作辻。（慧琳《音義卷第九十二·續高僧傳第九卷》，T54/0889c）帥按：趴當爲趴。

跨*：誇化反。《字書》：跨，越也，度也，從足誇聲。（慧琳《音義卷第八十五·辯正論卷第三》，T54/0858b）

蹻：《鈔》曰：蹻捷，《字書》：渠略反，健也。（曹子建《七啟》注，《集注彙存》二·155）師按：《七啟》："蹻捷若飛，蹈虛遠躡。"今本《文選》李善注未見《字書》。《廣韻》入聲藥韻："蹻，居勺切，走蹻蹻兒。"又曰："蹻，其虐切，舉足高。"

蹉*：倉何反。相切蹉也。《字書》：蹉也。（慧琳《音義卷第十四·大寶積經第六十八卷》，T54/0392b）

跌*：徒結反，《廣雅》：跌，差也。《字書》：跌，失蹠也。跌，蹪也。（玄應《音義卷第十·大莊嚴經論第二卷》，C056/0964c、T54/0636b）《廣雅》：跌，差也。《字書》：失蹠也，《方言》：跌，蹪也。（玄應《音義卷第十七·俱舍論第十八卷》，C057/0021c、T54/0762b）《字書》曰：跌，失蹠也。（傅毅《舞賦》注，《文選》第248頁）《字書》曰：跌，足趾也。[1]（日藏《文選·傅毅·舞賦》155/184）

跰*：（迸）《字書》亦從足作跰，跰猶散也。（慧琳《音義卷第九十二·續高僧傳第十卷》，T54/0890a）

躄*：（攣躄）力緣反。《考聲》：足病也，足筋不展也。笄覓反，《字書》：足跛也，亦足病也。（慧琳《音義卷第六十一·苾芻尼律第十二卷》，T54/0716a）（攣躄）《字書》：手足屈弱病也。（慧琳《音義卷第十三·大寶積經第五十五卷》，T54/0388a）師按：《大寶積經音義》"攣躄"條："上力傳反，下卑亦反，《字書》：手足屈弱病也。"《字書》所釋當爲雙音詞"攣躄"，故《手部》輯"攣"。

蹬*：（隥）都鄧反。……《字書》或爲蹬字，在《足部》。（《原本玉篇·阜部》第491頁）登鄧反。《字書》云：蹬，仰也。

---

① 足趾，疑爲"失蹠"之誤。

《文字典説》云：蹬，昇也，從足登聲，亦作隥也。（慧琳《音義卷第六十六·集異門足論卷第九》，T54/0746a）隥，登鄧反。……《字書》亦通作蹬。（慧琳《音義卷第六十八·阿毘達磨大毘婆沙論第二十九卷》，T54/0752c）

距：（詎）渠據反。……《字書》或爲距字，在《足部》。（《原本玉篇·言部》第 39 頁）

疏：（綎）《字書》亦疏字也，疏，書所記也，在《土部》。（《原本玉篇·糸部》第 185 頁）《字書》曰：疏，遠也。（揚雄《長楊賦》注，《文選》第 138 頁）師按："土部"當爲"云部"之誤，《玉篇·云部》有"疏"。

蹢*：（躑）程戟反。《字書》正蹢也。《論文》作躑，俗字。（慧琳《音義卷第六十七·阿毘達磨集異門足論卷第十六》，T54/0747a）

蹈*：（蹈蹈）徒到、自亦反，《廣疋》：蹈，行也。《字書》：蹈，踐也。（玄應《音義卷第九·大智度論第七卷》，C056/0952b）自亦反。……《字書》：蹈，踐也。（慧琳《音義卷第四十六·大智度論第七卷》（T54/0611a）師按：此依《中華藏》字頭作"蹈"，龍輯作"蹈"，蹈、蹈誰是，待考。

踡*：（踡跼）巨圓反。《切韻》：屈手也，從手卷省聲。《經文》從足作踡。《字書》云：踡跼，行不進也。（希麟《續音義卷第四·守護國界主陀羅尼經卷第十》，T54/0951a）《字書》：奇行曲背也。（慧琳《音義卷第九十·高僧傳第十三卷》，T54/0882a）師按：《文選·赭白馬賦》"局鑣彎之牽制"注："《字林》曰：跼踡，行不申也。"《玉篇·足部》："踡，踡跼，不伸也。"

跼*：《字書》云：踡跼，行不進也。（同上，T54/0951a）《字書》：奇行曲背也。（同上，T54/0882a）

躓*：陟利反。《説文》云：礙也。《字書》云：躓，頓也，從足質聲。（希麟《續音義卷第九·根本説一切有部毘奈耶破僧事卷第九》，T54/0972c）

踞*：《字書》：踞，蹲也，已恕反。顥，《字林》曰：顥，白貌也，音昊。（蕭該《漢書敘傳音義》，《兩漢書匯編》第 467 頁）師按：《説文·足部》："踞，蹲也。"

跰：（踄）《字書》云：亦跰字也。（《玉篇·足部》第 33 頁）師按：《玉篇》跰、踄相屬。

踄*：《字書》云：亦跰字也。（同上）

跤*：（骹）苦交反。《字書》作跤，同。脛也。（《爾雅·釋畜釋文》第 1713 頁）師按："釋畜"，龍氏作"釋獸"，誤。跤，當作"跤"。《玉篇·足部》："跤，苦交切，脛也。亦作骹。"

跲*：（酊）《字書》：跲酊，行遲兒。（《廣韻》平聲庚韵，第 121 頁）《字書》：跲酊，行遲貌。（《五音集韻》卷五，《四庫全書》238/107）師按："十二庚"，龍氏誤作"十一庚"。《廣韻》平聲耕韵："跲酊，腳之細長也。"清韵："跲酊，行不正。"《五音集韻》卷五："酊，跲酊，腳細長也。"令、丁在《廣韻》屬青韵，跲、酊當爲疊韻字，"今"屬侵韻，又據《五音集韻》，字頭作"跲"，《廣韻》作"跲"當誤。

酊：《字書》：跲酊，行遲兒。（同上）

趺*：《字書》云：加趺者，大坐也。（湛然《止觀輔行傳弘決卷第二之一》，T46/0182b）、（從義《天臺三大部補注卷第六》，X28/0239a）、（守倫《科注妙法蓮華經卷第一》，X30/0664b）《字書》：以趺坐謂之大坐。（宗曉《金光明經照解卷下》，X20/0519c）

跦*：直良反。《字書》云：東郡謂只膝跪地曰跦，跪也。（慧琳《音義卷第十六·阿閦佛國經上卷》，T54/0406a）師按：跦，龍璋作從定作跦。

䠗：撿諸《字書》：䠗，即天竺國屈膝之相也。（道宣《釋門歸敬儀卷下·威容有儀篇第八》，T45/0864a）師按：上舉"跦"字，慧琳《阿閦佛國經音義》（T54/0406a）本爲"跦䠗"條，則跦、䠗義近。

品部

喿*：先到反。《説文》：鳥群明也。……《廣雅》：喿，峊也。《字書》一曰峊屬也。（《原本玉篇·喿部》第 66 頁）師按：明，黎本、《玉篇》作鳴。《玉篇》"喿"有"鳥群鳴"、"舌屬"二義。《廣雅·釋器》："臭，舀也。""峜屬"當即"舀屬"，顧輯作"舀屬"。

匏*：部巧反。《埤蒼》：堀地也。《字書》：銑地也。（《原本玉篇·臭部》第66頁）師按：銑地，黎本作"鈂字"，"鈂"當爲"鈙"之異體。《玉篇》："匏，部巧切，匏地也，鈍刀也。"

鈙*：才心反。《埤蒼》：堀地也。《字書》或馱字也，鈂，舀屬也，在《金部》。（《原本玉篇·臭部》第66頁）師按："馱"當爲"鈂"之誤。

龠部①

龢*：胡戈。《説文》：龢，調也。《字書》：龢，龤也。（《原本玉篇·龠部》第67頁）師按："戈"下當奪"反"。

龠*：思修反。《蒼頡篇》：龠韶九弌也。樂器曰龠也。《字書》或簫字也。簫，參差管也，在《竹部》。（《原本玉篇·龠部》第68頁）師按：弌，黎本作"成"。

龣*：充尚反。《字書》古文唱，先道也，發歌勾也，爲謂②字也，在《言部》。（《原本玉篇·龠部》第68頁）（謂）《字書》或唱字也，唱，道也，發歌句也，先也，在《口部》，爲龣字，在《龠部》也。（《原本玉篇·言部》第38頁）師按：據"謂"字説解，"龣"下之"先道也"疑當作"先也，道也"。

冊部

冊：楚責反，……《説文》：符命也。蔡雍《獨斷》曰：冊者，簡也。不滿百文不書於冊。……《字書》或爲冊字，在《冂部》。（《原本玉篇·冊部》第68、109、270、417頁）（冊）楚革反，《説文》：冊，告也。《字書》或冊字也，冊，冊書、符命，在《冊部》。古文爲箾字，在《竹部》也。（《原本玉篇·曰部》第46頁）師按：《原本玉篇·冊部》殘損，綜合相關殘頁以確定"冊"字説解。《原本玉篇·冊部》"冊"字説解中之"冊"與《冂部》"冊"同形，今據"在《冂部》"而作"冊"。《玉篇·冂部》："冊，音宗，冊，孔

---

① "龠"，《原本玉篇》作"龠"，今改作"龠"。

② "勾"即"句"，"謂"當爲"謂"之誤。黎本"勾也"下補"亦"字。

也。"與《冊部》"冊"不同字。

㗊部

㗊*：彥陳反，……《説文》：語聲也。《蒼頡篇》：惡也。《字書》：頑也。①（《原本玉篇·㗊部》第 110 頁）魚巾反，《蒼頡篇》：㗊，惡也。《字書》：㗊亦頑也。（慧琳《音義卷第九十五·弘明集第一卷》，T54/0901c）《字書》：亦頑也。（慧琳《音義卷第三十九·不空羂索經第三卷》，T54/0561a）

嚻：許驕反。《字書》：嚻，聲也。與自得之意不類。（《詩集傳名物鈔》卷七，《四庫全書》76/212）師按：《説文》："嚻，聲也。氣出頭上。"

嚚：《字書》亦器字也。（《原本玉篇·㗊部》第 111 頁）師按：今本《玉篇》"嚚"爲"器"之俗。

器：（嚚）《字書》亦器字也。（同上）

𠱧：思唐反，《字書》古文喪字也，喪，亡也，在《㗊部》。（《原本玉篇·㗊部》第 110 頁）師按：《原本玉篇·㗊部》："喪，思唐反，……古文爲𠱧字，在《㗊部》。"今本《玉篇》作"䘮"。《説文》"喪"在《哭部》。

舌部

舚*：神舌反。《字書》云：舌取物也。又作舑。（希麟《續音義卷第五·十一面觀自在菩薩祕密儀軌經》，T54/0957b）

舑：（舚）《字書》云：舌取物也，又作舑。（同上）

舐：食尒反，誤用字也。《説文》云：以舌取物也。正從易作䑛，或作舓，並正體字也。《字書》或作㖸、猻、咶，皆俗字也，或古字也。（惠琳《音義卷第七十五·道地經一卷》，T54/0792b）

㖸*：（舐）《字書》或作㖸、猻、咶，皆俗字也，或古字也。（同上）

猻：（舐）《字書》或作㖸、猻、咶，皆俗字也，或古字也。（同上）

咶：（舐）《字書》或作㖸、猻、咶，皆俗字也，或古字也。

---

① 字頭本作"㗊"，據説解及《説文》作"㗊"。

（同上）

舙*：（誩）《説文》籀文話字也。……《字書》古文爲舙字，在《舌部》也。（《原本玉篇·言部》第3頁）（話）胡快反。……《説文》：善言也。《字書》作舙。籀文作誩。（慧琳《音義卷第十六·發覺淨心經上卷》，T54/0408b）師按：《原本玉篇》"話"之古文從三舌作"舙"，《音義》從言作舙。此依《原本玉篇》作舙入《舌部》。顧輯作舙。

干部

干*：哥旱反。《字書》云：干，枝也。謂麤也。（慧苑《音義卷第二十一·新譯大方廣佛花嚴經音義卷上》，T54/0434b）師按：《説文·木部》"榦"下段注："榦俗作干。"慧菀《新譯大方廣佛華嚴經音義》卷上（A091/0316a）："干者，《字書》云：干，枝也，謂麁枝也。"文字略有出入。

言部

譓*：胡桂反。《字書》或慧字也，慧，才智也，儇也，察也，在《心部》也。（《原本玉篇·言部》第40頁）

譓*：《字書》亦譓字也。司馬相如《封禪書》：義征不譓。《漢書音義》曰：譓，從也。（同上）

諭*：有言理，出《字書》。（《廣韻》平聲諄韻，第63頁）、（《五音集韻》卷三，《四庫全書》238/59）師按：《五音集韻》"理"下有"也"。

詖：險也，佞也，諂也。《字書》：辨慧也。（《正字本刊謬補缺切韻》去聲寘韻，《韻書集存》第584頁）師按：《廣韻》去聲寘韻："詖：譣詖，又慧也，佞也。"與裴氏《切韻》區別較大。《廣韻》"慧也"下一字從人宀女，當即佞字。

詞：蕭該《音義》曰：詞，《字書》曰：古辭字。（《漢書敘傳音義》，《兩漢書匯編》第467頁）

詮*：取全反。《考聲》云：敘也，明也。杜注《左傳》云：次也。《字書》：平也，證也。（慧琳《音義卷第二·大般若波羅蜜多經第五十三卷》，T54/0319c）

該：鍇按《字書》：又備也。（《説文繫傳》第49頁）《説文》：軍中約也，從言亥聲。徐案《字書》：備也。《增韻》又載也。（《韻會》卷四，《四庫全書》238/446）

譮*：《説文》籒文話字也。……《字書》古文爲䛡字，在《舌部》也。（《原本玉篇・言部》第3頁）師按：今本《説文》"話"下無重文"䛡"。

詷*：徒貢反。《説文》：共同也，一曰譀也。……《字書》：謥詷也。（《原本玉篇・言部》第5頁）師按：詷，羅本作"調"，據反切及黎本作"詷"。《韻書字義抄（二）》（伯三〇一六）："詷，謥詷，至。"張涌泉《校記》："'謥'同'謥'（䜋），'至'字有誤。《王二》千弄反：'謥，謥詷，言急。'"①

訝*：魚嫁反。……鄭玄曰：訝，迎也。……《聲類》亦爲迓字，在《辵部》，《字書》或爲悟字，在《手部》。（《原本玉篇・言部》第8頁）師按："悟"當作"捂"。《玉篇》"訝"下未見或體"捂"。

謰*：旅剪反。《方言》：謰謱，拏也，南楚曰謰謱。郭璞曰：言諸拏也。《字書》或爲嗹字。在《口部》也。（《原本玉篇・言部》第12頁）

謱*：（謰謱）洛口反。《廣雅》：謱謰，囒哰也。《字書》：謰謱，不解也，一曰重也。或爲嘍字，在《口部》也。（《原本玉篇・言部》第13頁）

詒*：與之反。……《説文》：一曰相喜也。《字書》或爲貽字，在《貝部》也。（《原本玉篇・言部》第13頁）師按：《説文・言部》："詒，相欺詒也，一曰遺也。""相喜"疑爲"相遺"之誤。

誀*：胡内反。《説文》：膽滿氣也。《蒼頡篇》：胡市也，《聲類》：在人上也。《字書》：一曰市决後悔也。（《原本玉篇・言部》第17頁）師按："胡市也"疑爲"胡市反"之誤，今本《玉篇》有胡内、胡市二切。而"一曰市决後悔"疑有奪誤，"市"或爲切語字。

---

① 張涌泉主編、審訂：《敦煌經部文獻合集》（八），中華書局2008年版，第4330、4346頁。

　　謷*：《字書》或訾字也。（《原本玉篇·言部》第 17 頁）

　　訾：（謷）《字書》或訾字也。（同上）師按：《原本玉篇》訛、訾、謷相次，今本《玉篇》訛、訾相次而未見"謷"。

　　譭*：治遂反。《字書》亦對①字也。憝，怨也，在《心部》。（《原本玉篇·言部》第 41 頁）（憝）直類反。……《字書》亦從言作譭也。（慧琳《音義卷第三十九·不空羂索經第四卷》，T54/0561a）

　　譈*：徒對反。《字書》或憝字也，憝，怨也，惡也，在《心部》。（《原本玉篇·言部》第 41 頁）

　　讎：《字書》：仇、讎，皆匹也。《説文》：仇，讎也。讎，猶應也。（《通鑒秦昭襄王紀音注》，《資治通鑒》第 67 頁）

　　註*：（誤）五故反。《字書》云：註，公賣反，誤也。……《説文》：誤，謬也，從言吳聲。（慧琳《音義卷第七·大般若波羅蜜多經第五百二十卷》，T54/0345c）

　　詭*：居委反。《字書》：詭，詐也。《廣雅》：詭，隨惡也。《説文》：詭，責也。（慧琳《音義卷第八·大般若波羅蜜多經卷第五百六十七》，T54/0350b）

　　詐*：莊亞反。《字書》：詐，僞也，妄也，不實也。（慧琳《音義卷第十三·大寶積經第五十二卷》，T54/0387a）

　　課*：科臥反。陸機云：課課虛無以責有。《字書》云：並制責功也。《説文》從言果聲。（慧琳《音義卷第三十一·新翻密嚴經三卷》，T54/0514b）

　　詫*：（諑）《字書》亦詫宅②也。（《原本玉篇·言部》第 45 頁）托，……《字書》從言作託。《方言》云：託，寄也，又依也。（慧琳《音義卷第九十三·續高僧傳第十六卷》，T54/0894c）

　　諑*：《字書》亦詫宅也。（《原本玉篇·言部》第 45 頁）師按：諑，龍輯作"諀"，《原本玉篇》（第 12 頁）"諀"下未見《字書》。

──────────

　　① "對"當爲"憝"之誤。

　　② "宅"當爲"字"之誤。

讙*：（誼）俗作喧。《説文》作讙，三形同，況袁反。《韻英》：誼，譁語聲也。《字書》：誼小火也。（希麟《續音義卷第六·大寶廣博樓閣善住祕密陀羅尼經卷下》，T54/0960b）《字書》正作讙。（慧琳《音義卷第九十四·續高僧傳第二十卷》，T54/0897a）《字書》云：從蓳作讙。（慧琳《音義卷第八十九·高僧傳第二卷》，T54/0874c）

誼*：俗作喧。……《字書》：誼亦吏也。（同上）

詧*：鑯劄反。《字書》云：與察字義同。衛宏：從言作詧，音義並同。（慧琳《音義卷第九十四·續高僧傳第二十卷》，T54/0897a）

諍*：賈更反。顧野王云：諍者今以爲爭也。《字書》云：爭諫也。《考聲》云：諍，猶爭言也。《説文》云：爭止也，從言爭聲也。（慧琳《音義卷第七十二·阿毘達磨顯宗論第十七卷》，T54/0775b）師按：《説文》："諍，止也。"

譌*：（訛）《字書》亦譌①字也。（《原本玉篇·言部》第22頁）臥戈反。孔注《尚書》云：訛，化也。……《字書》正從言作爲譌。（慧琳《音義卷第八十·開元釋教録第十八卷》，T54/0829a）《字書》或作譌。（慧琳《音義卷第八十五·辯正論卷第二》，T54/0857a）師按："從言作爲譌"疑當作"從言爲作譌"。

訛*：《字書》亦譌字也。（《原本玉篇·言部》第22頁）《毛詩》：訛，偽也。《字書》或作譌。（同上，T54/0857a）

諎*：壯百反。……《説文》：大聲也。或爲喈字，在《口部》。《字書》或爲咋字，《口部》之。（《原本玉篇·言部》第10頁）師按：據《原本玉篇》的表述方式，"口部"上當奪"在"，其下"之"當爲"也"之誤。

詨*：訽教反。《山海經》：鵲鳥鳴自詨。郭璞曰：今吳人謂叫嘑爲詨。《字書》嚆字，在《口部》。（《原本玉篇·言部》第40頁）

謟*：道刀反。《説文》：往來言也，一曰視也，一曰小兒未能正語也。《字書》：詖謟也。（《原本玉篇·言部》第18頁）師按：視，

---

① "譌"龍氏作"偽"。

今本《説文》作"祝"，《原本玉篇》該字右旁不甚清晰。祝、視形近易混，未知誰是。"正語"，《説文》作"正言"。

　　詍*：（詍誂）他勞反。《埤蒼》誂字。《字書》：詍誂，往來言，一曰視也。詍健，往來見皃，爲夅字，在《夅部》。（《原本玉篇·言部》第45頁）師按：《玉篇》："詍，他刀切，詍誂，言不節也。"

　　誻*：（誻諮）達答反。《説文》：誻諮也。《字書》：誻諮，語相及也。（《原本玉篇·言部》第18頁）師按：羅本無"語"字，據黎本補。《説文》："誻，語相反誻也。"段注據《玉篇》作"誻，誻諮，語相及也"。

　　諮*：他荅、徒荅二反。《字書》：誻諮，語相及也。（同上）

　　講*：胡圭反。《説文》：言疾皃也，一曰相數講也。……《字書》或爲嘴字，在《口部》也。（《原本玉篇·言部》第18頁）

　　譁：《字書》或講字也。（《原本玉篇·言部》第20頁）

　　講：（譁）《字書》或講字也。（同上）師按：《原本玉篇》："講：莫芥反，《説文》：譏也。"

　　訆：公吊反。《説文》：訆，忌言也。……《字書》或叫字也，叫，嘘也，在《口部》。（《原本玉篇·言部》第21頁）師按：《説文》："訆，大呼也。從言，丩聲。"段注本作"大嘑"。《玉篇·言部》："訆，公吊反，妄言也。"妄、忌形近，"忌"疑爲"妄"之誤。

　　諰*：《字書》亦諰字也。（《原本玉篇·言部》第24頁）師按："亦諰字"當作"亦啚字"。

　　啚：（諰）《字書》亦諰字也。（同上）

　　訶*：《説文》：大言也而怒。《字書》或爲呵字，在《口部》。古文爲䇂字，在《止部》也。（《原本玉篇·言部》第26頁）

　　詘：《爾雅》：詘，聚也。《説文》：詰詘。《廣雅》：詘曲，詘折也。《字書》或爲屈字，在《出部》。（《原本玉篇·言部》第29頁）

　　譁*：柯橙反。……《説文》：一曰餝也。《蒼頡篇》：一曰或也。《聲類》：謹也。《字書》或愕字，在《心部》。（《原本玉篇·言部》第30頁）（愕）公翻反，《字書》亦譁字，譁，更也，變也，餝也，謹也，戒也，在《言部》。（《原本玉篇·心部》第1頁）

誓*：先奚反。《説文》：悲聲也。野王案：此亦㽄字，㽄，聲散也，在《疒部》。《字書》一曰善音。或爲嘶字，在《口部》。（《原本玉篇·言部》第31頁）（鮮）息淺反，又音仙。本或作誓。……《字書》：誓，先奚反，亦訓善。（《爾雅·釋詁釋文》第1595頁）師按："一曰善音"疑當作"一曰善也，音……"之誤。《説文》誓作"𧩁"，從言斯省聲。任輯"誓"見於卷十七、十八，出現兩次。

諵*：女函反。《埤蒼》：諵，語聲也。《字書》亦詀也。（《原本玉篇·言部》第43頁）

詀*：託兼反。《方言》：南楚或謂謰謱，口詀謕，轉語也，《字書》：語聲也。（《原本玉篇·言部》第35頁）師按：《方言》卷十三："囒哰、謰謱，拏也。……南楚曰謰謱，或謂之支注，或謂之詀謕，轉語也。"據《方言》，《原本玉篇》"口"字上下疑有奪誤。

讚*：子旦反。……《釋名》：稱人之美曰讚。……《字書》或爲攢字，在《手部》也。（《原本玉篇·言部》第36頁）

譚*：《聲類》：譚，訑也。《字書》：譚，誕。①（《原本玉篇·言部》第36頁）師按：《説文·言部》無"譚"，《邑部》"鄿"下段注："鄿、譚古今字也。"

誒*：似慄反。《廣雅》：誒、毒、苦也。《字書》或爲㤟字，在《心部》。（《原本玉篇·言部》第37頁）師按：《玉篇》："誒，自栗切，毒苦也。又作㤟。"

譝*：視陵反。《左氏傳》：故譝息嬀。杜預曰：譝，譽也。《字書》或爲憴字，在《心部》。今或繩字，在《糸部》。（《原本玉篇·言部》第38頁）《字書》繩作譝，字從言，訓爲譽。（《左傳·莊公十四年疏》，《十三經注疏》第1771頁）師按：《左傳》"繩息嬀"，杜注："繩，譽也。"阮元《校勘記》："《釋文》：'繩，《説文》作譝。'《廣雅》云：'譝，譽也。'"然《説文·言部》未見"譝"。

評*：皮柄反。《字書》：評，訂也。（《原本玉篇·言部》第38頁）《字書》：評，訂也。訂，平議也。（玄應《音義卷第二十五·阿

---

① 顧輯作"誕也"，《原本玉篇》"誕"下有缺損，疑所缺即"也"字。

毗達磨順正理論第三十五卷》,① C057/0129c、T54/0771a)、（玄應
《音義卷第十二·那先比丘經下卷》, C056/1002b、T54/0798b)、
（玄應《音義卷第一·大威德陁羅尼經第十六卷》, C056/0825a、
T54/0583a)、（玄應《音義卷第十九·佛本行集經第四十八卷》,
C057/0049a、T54/0682c)、（玄應《音義卷第十七·阿毗曇毗婆沙論
第一卷》, C057/0013a、T54/0749a）師按：玄應《那先比丘經音義》
下卷（C056/1002b),《大正藏》（T54/0798b）作"上卷", 因《大
正藏》該經《音義》只標注"上卷", 未標注"下卷"。

　　訂：《字書》曰：訂, 評議也。音亭。《字林》曰：筳, 維絲管
也, 大丁反。(蕭該《漢書王莽傳音義》,《兩漢書匯編》第 464 頁)、
（玄應《音義卷第二十五·阿毗達磨順正理論第三十五卷》, C057/
0129c、T54/0771a）師按：據玄應《阿毗達磨順正理論》等, "訂,
平議也"當屬《字書》, 龍璋未輯"訂, 平議也"。

　　誣*：胡膡反。《字書》或嗑字也, 嗑, 多言也, 在《口部》。
(《原本玉篇·言部》第 38 頁)

　　諊*：居陸反。《字書》或籟字也, 籟, 治罪也, 讀書用法也, 窮
也, 在《幸部》。或爲趜字, 在《走部》, 或爲窢字, 在《穴部》。
(《原本玉篇·言部》第 38 頁）師按："籟"當作"簕", 見該書《夲
部》。

　　諙*：《字書》或唱字也, 唱, 道也, 發歌句也, 先也, 在《口
部》, 爲䧹字, 在《龠部》也。(《原本玉篇·言部》第 38 頁)（䧹）
充尚反。《字書》古文唱, 先道也, 發歌勾也, 爲諙②字也, 在《言
部》。(《原本玉篇·龠部》第 68 頁)

　　誺*：於驕反。《字書》亦袄字也。(《原本玉篇·言部》第 38
頁)

　　誺*：古恊反。《字書》或唊字也, 唊, 妄語也, 在《口部》也。
(同上)

-----

① 三十五, 任輯《芋園叢書》本作"四十五"。

② "勾"即"句", "謂"當爲"諙"之誤。

魂*：嫣媚反。《字書》亦愧字也，慚也，恥也，在《心部》。或爲媿字，在《女部》，或爲聭字，在《耳部》。（《原本圡篇·言部》第 38 頁）師按：龍輯至"在《心部》"，以下是否屬《字書》，待考。

譖*：弋恚反。《字書》亦賢字也，賢字，媕也，在《貝部》。（《原本玉篇·言部》第 39 頁）師按："媕"上之"字"當衍。今本《玉篇》："譖，以醉反，恨言也。"《貝部》："賢，羊閉切，媕挈也，或作譖。"

詎*：渠據反。……《字書》或距字也，距，至止也，格也，搶也，在《手部》，音渠舉反。《字書》或爲距字，在《足部》。（《原本玉篇·言部》第 39 頁）師按：搶，羅本作槍，此依黎本（第 239 頁）；"手部"當作"止部"。

響*：虛向反。《字書》或曏字。……在《日部》。（《原本玉篇·言部》第 39 頁）

詝*：竹與反。《廣雅》：詝，智也。《字書》書亦云忴字也，在《心部》。（《原本玉篇·言部》第 39 頁）師按：詝、忴，黎本（第 239 頁）作詝、忙，今本《玉篇》作"詝"。"書亦"之"書"疑衍。

諀：補奚反。《字書》或絒字也，絒、纀並也，在《糸部》。或爲悑字，悑，誤也，謬也，在《心部》。（《原本玉篇·言部》第 39 頁）

諣*：公核反。《廣雅》：諣，慧也。《埤蒼》：諣，黠也。《字書》亦愲字，愲，智也，在《心部》。（《原本玉篇·言部》第 40 頁）

譎*：宜箭反。《聲類》：不遜也。《字書》或唁字也，訓，弔失國也，在《口部》。或爲這字，在《辵部》。（《原本玉篇·言部》第 40 頁）

詶*：居宥反。《字書》或救字也，救，止也，禁也，助也，在《支部》。（《原本玉篇·言部》第 41 頁）師按：《玉篇·言部》："詶，居宥切，《文字音義》云：止也，禁也，助也。"《支部》："救，居又切，助也。"[1]《言部》："詶：居宥切，《文字音義》云：止也，禁也，助也。"今本《玉篇》詶、救同字異體資訊已失，二者義項多

---

[1] 《説文·攴部》："救，止也。"

少亦頗有出入，"詠"字義項雖同《原本玉篇》，但文獻已由《字書》變成了《文字音義》。

誏*：旅黨反。《字書》亦朖字也，朖，明也，在《月部》。古文爲睰字，在《目部》也。（《原本玉篇·言部》第41頁）師按："睰"，黎本作"睰"，與"在目部"合。《玉篇·目部》："睰，力蕩切，古朗字。"

譯*：卑謐反。《字書》或趨字也。趨，止行也，在《走部》。（《原本玉篇·言部》第41頁）（趨）《字書》或爲譯字。（慧琳《音義卷第九十八·廣弘明集卷第二十》，T54/0918c）

諑*：力足反。《字書》亦諑，譴也。（《原本玉篇·言部》第42頁）師按：《説文·言部》："譴婒也。"段注："《廣雅》曰：'譴，諑也。'《篇》《韻》皆曰：'譴，諑也。''諑，譴也。'按許書有婒無諑，……'譴婒'當是古語，許當是三字句。"

諮：（諮）《字書》亦諮字也。（《原本玉篇·言部》第42頁）

譖*：《字書》亦諮字也。（同上）

詉*：狃牙反。《字書》或挐字也，挐，持也，把也，在《手部》。（《原本玉篇·言部》第41頁）師按：《玉篇·言部》未見"詉"。"詉"當即"詉"，參張涌泉《漢語俗字叢考·前言》。

詉*：《廣雅》：詉，挐也。《字書》亦挐字也。（《原本玉篇·言部》第41頁）

譫*：之閻反。《埤蒼》：多言兒也，《字書》：讘也。（《原本玉篇·言部》第42頁）師按：《説文·言部》無"譫"，《八部》："詹，多言也。"

詆*：（詆）他鹿反。《字書》：詆詆也。（《原本玉篇·言部》第43頁）師按：《玉篇·言部》："詆，都禮切，訶也，法也，砦也。"下隔數字又曰："詆，他狄切，詆詆，狡猾也。又音底，訶也。"兩處同形作"詆"，當有一誤。

詆*：他鹿反。《字書》：詆詆也。（同上）

譔*：蕭該《音義》曰：《字林》：譔，專教也。音論。惟《禮記》音撰。《字書》並音詮。（蕭該《揚雄傳音義》，《兩漢書匯編》

第 460 頁）師按：《説文》："譔，專教也。"《廣韻》上聲獮韻："譔，士免切，專教也。又音詮。"

諤*：尤朱反。《字書》：妄言也。（《原本玉篇·言部》第 44 頁）

訛*：匹爾反。《廣雅》：訛，具也。《字書》古文爲庀字，在《广部》。（《原本玉篇·言部》第 44 頁）

訑：戈支反。……野王案：《毛詩傳》：訑訑，淺意也。爲蛇字，在《它部》。《字書》：言皃。（《原本玉篇·言部》第 45 頁）師按："戈支"當作"弋支"。

訄*：渠留反。《字書》：訄，安也，一曰謀。（《原本玉篇·言部》第 45 頁）師按：訄，龍輯作"訙"，且未輯"一曰謀也"。

諫*：千吏反。《字書》：謀也。（《原本玉篇·言部》第 45 頁）師按：諫，《原本玉篇》本作"諫"，據反切當作"諫"。《説文》："諫，數諫也。"《玉篇》："諫，七賜切，數諫也。"

詼*：口回反。……文穎曰：啁戲也。《字書》：詼，啁也。（《原本玉篇·言部》第 45 頁）、（夏侯湛《東方朔畫贊》注，《文選》第 668 頁）、（《集注彙存》三·202）

諤*：魚各反。……《廣雅》：諤諤，語也。《字書》咢字也。（《原本玉篇·言部》第 39 頁）（咢）《字書》或爲諤字，在《言部》。（《原本玉篇·叩部》第 62 頁）（諤諤）五各反。……《字書》云：直臣言也，從言咢聲。（希麟《續音義卷第十·琳法師別傳卷中》，T54/0977c）

詻：《字書》：詻，音魚格切。（《通鑑釋文辯誤》，《四庫全書》312/275）師按：《廣韻》入聲陌韻："詻，五陌切，鄭云：詻詻，教令嚴。"

謔*：卿約反。……《字書》：謔弄也。（慧琳《音義卷第四十九·菩提資糧論第二卷》，T54/0635a）

誚：《字書》正從言作譙，與樵同音。（慧琳《音義卷第八十·開元釋教録第八卷》，T54/0827b）《字書》正從焦作譙。《蒼頡篇》云：訶責也。（慧琳《音義卷第九十四·續高僧傳第十七卷》，T54/0895c）師按：《原本玉篇》："誚，《聲類》亦譙字也。"

譙：（誚）《字書》正從言作譙，與樵同音。（同上）

諫*：《字書》云：以道訓人名之爲諫。又云：諫有五，謂諷順闚指陷。（湛然《止觀輔行傳弘決卷第八之三》，T46/0405a）師按：任輯作"以道訓人爲諫"，且無"又云：諫有五，謂諷順闚指陷"。任輯《芋園叢書》本無"又云：諫有五，謂諷順闚指陷"，"八之三"作"八之一"。

警*：居影反。《考聲》云：警戒也。《說文》云：痞也。《字書》云：覺察也。（希麟《續音義卷第九·根本説一切有部毘奈耶破僧事卷第八》，T54/0972b）《字書》云：痞也。（希麟《續音義卷第五·金剛頂瑜伽分別聖位經一》，T54/0957b）師按：《說文·言部》："警，戒也。"與希麟《續音義》所引不同。

訥*：奴骨反。《字書》：亦謇也。（希麟《續音義卷第四·守護國界主陀羅尼經卷第八》，T54/0950b）《字書》云：訥或作吶，乃骨反。《字詁》云：訥，遲於言也。（《穀梁傳序釋文》第 1272 頁）

誓*：符仲反。《字書》云：理也。《考聲》云：明也，亦皮變反。《切韻》云：訓也。今案，空誓二字，僧名也。（希麟《續音義卷第一·大乘理趣六波羅蜜多經卷第一》，T54/0934c）

誕*：徒旦反。《字書》云：大也。《切韻》：信也。顧野王云：欺也，從言延聲也。（希麟《續音義卷第七·甘露軍茶利菩薩供養唸誦儀一卷》，T54/0964a）

誑*：居況反。欺也。《字書》從言狂聲。（希麟《續音義卷第二·新華嚴經卷第十三》，T54/0942c）

譖*：側讖反。……《字書》云：讒也。（希麟《續音義卷第十·護法沙門法琳別傳卷上》，T54/0976c）

諂：敕斂反。鄭注《禮記》：諂者，傾身以就前人、曲隨其意而言曰諂。《字書》云：心不眞，詐妄也。《説文》：諂，諛也。（慧琳《音義卷二十九·金光明最勝王經音義第二卷》）師按：此條據許啓峰《〈字書〉研究》補。① 獅本《音義》卷二十九《金光明最勝王經音

---

① 許啓峰：《〈字書〉研究》，碩士學位論文，上海師範大學，2008 年。

義》第一卷有缺損，第二卷標題及部分内容缺失，中間注曰："此中間原本素脱四柒，建仁及緣山本並同。"

諂*：醜琰反。《字書》云：諂，詐，從言臽。（希麟《續音義卷第九·根本説一切有部毘奈耶破僧事卷第四》，T54/0971c）

誇：《字書》云：華言無實曰誇。（大覺《四分律行事鈔批》，X42/0868b）師按：《玉篇·言部》："誇，口瓜切，逞也。"《廣韻》平聲麻韻："誇，大言。"

愬：《字書》正作愬，亦過也。（慧琳《音義卷第九十四·續高僧傳第二十卷》，T54/0897b）

讘*：《聲類》亦謇字也。《字書》爲切字，在《力部》。（《原本玉篇·言部》第36頁）師按：《玉篇·力部》："劥，居偃切，難也，吃也。或作讘。"據此，疑《原本玉篇》本當作"《字書》或（亦）爲劥字"。

訃*：匹付反。……《字書》亦赴字，在《走部》。（《原本玉篇·言部》第40頁）鄭注《禮記》云：訃，至也。《字書》亦從走作赴。（慧琳《音義卷第九十二·續高僧傳第九卷》，T54/0889c）

譶：（譶澀）色立反。《字書》云：譶偑，語不正也。[1]（希麟《續音義卷第四·守護國界主陀羅尼經卷第六》，T54/0950a）師按：《説文·言部》："譶，疾言也。"段注："《文選·琴賦》：'紛澀譶以流漫。'注：'澀譶，多聲也。'徒合切。《吳都賦》：'澀譶泉㴉，交貿相競。'注引《倉頡篇》：'譶，言不止也。'"澀，通行本《文選》作偑。據《文選》，"譶偑"當作"偑譶"，"語不正"疑爲"語（言）不止"之誤。

誩部

讟*：徒木反。《左氏傳》：民無謗讟。杜預曰：讟，誹也。《方言》：讟，痛。郭璞曰：謗讟怨痛也。《廣雅》：讟，惡也。《字書》或爲癪字，在《疒部》。（《原本玉篇·誩部》第247頁）

音部

護*：（護）胡故反。《史記》：本調護太子。如淳曰：調護猶營

---

① 偑，《大正藏》（T）作"澀"，此據《文選》及注作"偑"。

護也。……《廣雅》：護，助也。樂名大護，《字書》爲護字，在《音部》。（《原本玉篇·言部》第 5 頁）《字書》云：大護，殷湯樂名也。（希麟《續音義卷第十·續開元釋教録卷上》，T54/0978c）

韹*：胡觥反。《字書》或鍠字也，鑠聲也，亦鼓聲也，在《金部》。（《原本玉篇·音部》第 59 頁）（韹韹）《字書》云：鍠，樂之聲也。又作鍠，一音胡光反。（《爾雅·釋訓釋文》第 1621 頁）師按：據語境，《字書》"樂"上"鍠"當爲"韹"。

韺*：於迎反。《字書》：五英也。野王案：《白虎通》：帝嚳樂曰五韺也。（《原本玉篇·音部》第 59 頁）師按："五英"龍輯作"六韺"。且以"韺"字義訓誤作"韺"字義訓，當據《原本玉篇》正。《玉篇》："韺，於迎切，帝嚳樂名六韺，亦作英。"

韺：駭耕反。《廣雅》：韺，形也。《字書》：六韺也。野王案：《白虎通》：顓頊樂曰六韺也。（《原本玉篇·音部》第 59 頁）師按："駭耕"，黎本（第 261 頁）作"駭耕"。"六韺"，《玉篇》作"五韺"。

鬱*：乙熒反。《字書》：聲也。（《原本玉篇·音部》第 60 頁）師按：鬱，龍輯作簹，從竹。

䫻*：才而反。《字書》：斷聲也。（《原本玉篇·音部》第 60 頁）

丵部

叢*：徂紅反。孔注《尚書》云：叢，聚也。《書》① 云：凡物之聚曰叢也。《説文》云：以草聚生曰叢也，從丵取聲。（慧琳《音義卷第六十三·根本説一切有部毘奈耶攝頌第二卷》，T54/0729b）徂紅反。孔注《尚書》云：叢聚也。《字書》云：凡物之聚曰叢也。《説文》：草木聚生曰叢，從丵取聲。（希麟《續音義卷第四·守護國界主陀羅尼經卷第三》，T54/0949c）師按：《説文·丵部》："叢，聚也。"

廾部

戒*：皆隘反。鄭注《儀禮》云：戒驚也。《考聲》：備也。《字

---

① 據釋義方式和希麟《續音義》（T54/0949c），"書"當爲"字書"之奪誤。

書》：謹慎也。（慧琳《音義卷第二·大般若波羅蜜多經第一百六十八卷》，T54/0322a）

弅*：（擎）競京反。《廣雅》云：擎，舉也。《字書》從廾，音拱，作弅，又作撽。① 皆古字也。（惠琳《音義卷第五十四·治禪病祕要法經》，T54/0668c）

弆*：去即藏也，《字書》去作弅，羌莒反，謂掌物也。（《左傳·昭公十九年疏》，《十三經注疏》第 2087 頁）

異部

戴*：當愛反。《字書》云：在首曰戴，亦云舉之於首也。（慧琳《音義卷第二十·寶星陀羅尼經第八卷》，T54/0430c）《字書》云：在首曰戴。（慧琳《音義卷第三十九·不空羂索經第八卷》，T54/0562b）、（慧琳《音義卷第四十·金剛頂瑜伽祕密三摩地唸誦法》，T54/0570b）師按：顧輯以“舉之於首也”屬《字書》，並以“一曰”標明。

革部

革*：古核反。改也。《字書》云：獸皮去毛也，又更也。《説文》云：三十年一世可更革也。（希麟《續音義卷第九·根本説一切有部毘奈耶皮革事卷下》，T54/0975a）師按：《説文·革部》（段注本）：“革，獸皮治去其毛曰革。革，更也。象古文革形。……𩁹，古文革從卅，卅年爲一世而道更也。”

鞥：（緷）如用反。《字書》亦鞥字也。鞥，鞍毳飾也，在《革部》。（《原本玉篇·糸部》第 179 頁）（䩨）《字書》：亦鞥字，音而用反，鞍毳飾也。（玄應《音義卷第十四·四分律第四十一卷》，C056/1033c）、（慧琳《音義卷第五十九·四分律第四十一卷》，T54/0703c）師按：《説文·革部》：“鞥，𨤲毳飾也。”

鞭*：必綿反。顧野王曰：用革以撲罪人謂之鞭。《字書》云，撾馬杖也。《説文》從革便聲也。（慧琳《音義卷第一·大般若波羅蜜多經卷第四十九卷》，T54/0317a）、（希麟《續音義卷第二·新花嚴

---

① 撽、擎以同字處理，不另出“撽”。

經卷第十二》，T54/0942b）擊也，撻也。（慧琳《音義卷第十四·大寶積經第六十八卷》，T54/0392b）捶馬杖，又策也。（希麟《續音義卷第六·金剛頂經一字頂輪王唸誦儀》，T54/0962a）馬策也。（希麟《續音義卷第九·根本説一切有部毘奈耶破僧事卷第八》，T54/0972c）

鞕*：五更反，《字書》：牢固也，從革更聲。（慧琳《音義卷第十五·大寶積經第一百九卷》，T54/0399a）《字書》：鞕，牢也。（慧琳《音義卷第五十·攝大乘論釋第五卷》，T54/0639c）、（慧琳《音義卷第二十·寶星陀羅尼經第五卷》，T54/0430b）、（慧琳《音義卷第六十八·阿毘達磨大毘婆沙論第十四卷》，T54/0752a）、（玄應《音義卷第五·普門品經》，C056/0898b、54/0406b）、（慧琳《音義卷第六十三·根本説一切有部百一羯磨第五卷》，54/0728a）額更反。《字書》又作硬也。（慧琳《音義卷第六十七·阿毘達磨集異門足論卷第十二》，T54/0746c）師按：《大寶積經音義》"牢鞕"條："下五更反，《字書》：牢固也，從革，更聲"，釋"鞕"而龍輯作"牢，固也"，誤。

鞕*：（鞕）牙更反。《古今正字》正從革從更，堅牢也。……《字書》云：鞕，鞅屬。（慧琳《音義卷第九十四·續高僧傳第二十七卷》，54/0899b）師按：《説文·革部》："鞕，鞕角，鞅屬。"

鞾*：暉迦反。《韻詮》云：有頸履也。《字書》云：胡屬也。（慧琳《音義卷第十四·大寶積經第六十二卷》，T54/0391b）鞾，履靸也。（慧琳《音義卷第八十九·高僧傳第五卷》，T54/0877a）師按：鞾，見《説文·革部》"新附"。

靶*：巴罵反。《字書》云：靶，柄也。（慧琳《音義卷第六十二·根本毘奈耶雜事律第三卷》，T54/0718b）

鞞*：《字書》陛奚反。（玄應《音義卷第三·摩訶般若波羅蜜經第一卷》，C056/0851a、T54/0359a）（鼙）陛迷反。……《字書》亦作鞞也。（慧琳《音義卷第九十五·弘明集第一卷》，T54/0902b）

鞀：（鼗）徒勞反。《字書》籀文或鞀字。鞀，小鼓也，在《革

部》。（《原本玉篇·磬部》第 484 頁）師按：《説文·革部》："鞉，
遼也，……磬，擂义鞉。"《玉篇·革部》："鞉，徒刀切，如鼓而小，
有柄，賓主播之以節樂也。"

鞈*：《字書》曰：鞈，鼓聲。（司馬相如《上林賦》注，《文選》
第 128 頁，日藏《文選》154/127）。（《北堂書鈔》一百五，《四庫全
書》889/517）

鞲*：《字書》：臂鞲之鞲從革。此褠從衣，釋單衣也，皆音古侯
翻。（《通鑒漢章帝紀音注》，《資治通鑒》第 391 頁）師按：龍輯
"褠，單衣也"，從《音注》語境看，"此褠"至"衣也"似不屬
《字書》，故本文不輯"褠"。

鬻部

鬻*：融宿反。《字書》正從毓作鬻，猶賣也。《説文》從䰜毓
聲。（慧琳《音義卷第八十·大唐内典録第五卷》，T54/0823c）今俗
作鬻，同餘六反。《字書》云：賣也。（希麟《續音義卷第二·新花
嚴經卷第十四》，T54/0942c）師按：顧輯以"鬻"爲字頭。

鬻：（餑）蒲突反。《廣雅》：長也。《埤蒼》：餾也。《字書》亦
鬻字也。鬻，炊釜溢也，在《鬻部》。（《原本玉篇·食部》第 97 頁）
師按："鬻"當作"鬻"，"鬻部"當作"鬻部"。

粥*：《字書》曰：粥，賣也。（潘岳《閒居賦》注，《文選》第
225 頁，日藏《文選》155/9）《説文·鬻部》："鬻，鍵也。"段注：
"鬻作粥者，俗字也。"

爪部

甌*：莊虢反。此音見《字書》。甌，抓破也。（慧琳《音義卷第
五十三·起世因本經卷第二》，T54/0660a）《字書》云：爪持也。
（惠琳《音義卷第七十五·修行道地經卷第六》，T54/0794b）俱簒
反。王約反。[1]《字書》云：攫搏，音博也。《文字音義》云：鳥窮則
啄，獸窮則攫。俱簒反，爪持曰甌。（慧琳《音義卷第五·大般若波
羅蜜多經第四百一十四卷》，T54/0334c）師按：慧琳《音義卷第

---

[1]　王約反，獅本《音義》（五、3）作"五約反"。

二·大般若波羅蜜多經第五十三卷》（T54/0318c）"或攫"："歸簠反，又音歸碧反。亦通。《淮南子》曰：鳥窮則搏，獸窮則攫。《蒼頡篇》：攫，搏也。……經文作毆，音同。《字書》並無毆字，未詳所出也。"玄應《音義卷第九·摩訶般若波羅蜜經第八卷》（T54/0359b）"毆裂"條："字宜作攫，同九縛、居碧二反。《説文》：攫，爪持也。"惠琳《音義卷第七十二·阿毘達磨顯宗論第十六卷》（T54/0775a）"毆腹"："上歸碧反，撿經史及諸字書，並無此毆字。"各處表述互有出入。

斦部：

斮*：（斮）竹角反。《集訓》云：削也。《説文》云：斮亦斫也。從斤㫚聲。《字書》作斮，音訓同。（希麟《續音義卷第九·根本説一切有部毘奈耶破僧事卷第五》，T54/0972b）《字書》作斮，從斤㫚聲。（慧琳《音義卷第五十一·止觀門論頌》，T54/0647c）師按：顧輯作"斮"。《説文·斤部》："斮，斫也。從斤㫚，斮，斮或從畫從斦。""從畫從斦"，段注本依《玉篇》作"從斦畫聲"。

又部

度：（庹）直格反。……《字書》或右文度字也。度，法制也，樸也，音徒故、直落二反，在《又部》。（《原本玉篇·广部》第458頁）師按："右文"當爲"古文"之誤，"樸"爲"揆"之誤。《説文·手部》："揆，度也。"（段注本）段注："度者，法制也。因以爲揆度之度。"

支部

攱*：（歧）拒羈反。兩股間也。案《字書》作攱，謂樹枝橫首也。（慧苑《音義卷第二十一·新譯大方廣佛花嚴經卷上》，T54/0436b）師按：《説文·木部》："枝，木別生條也。"《大正藏》（2011年版，A091/0324a）慧苑《新譯大方廣佛華嚴經音義卷上·妙嚴品之五》"樹歧"："歧，矩羈反，兩股間也，枺，《字書》作攱，謂枝橫首也。今經本有從山邊作攱，及《切韻》音爲歧，並誤。""橫首"，龍璋作"橫出"。本條"字頭"形體和歸部存疑。

聿部

肅*：星育反。《禮記》云：肅，戒也。《尚書》孔安國注云：肅，敬也。《韻英》云：肅，恭也。《字書》云：嚴整也。（慧琳《音義卷第五·大般若波羅蜜多經第四百二十七卷》，T54/0336a）師按：《説文·聿部》："肅，持事振敬也。"

聿部

聿：聿者，筆也。楚謂之聿。秦謂之筆。出《字書》注。（元照《四分律行事鈔資持記上》，T40/0158b）、（守一《律宗會元卷第一·戒律木又翻名略釋》，X60/0008a）師按：《説文·聿部》："聿，所以書也。楚謂之聿，吳謂之不律，燕謂之弗。"

臤部

堅*：（堅著）馳略反，《字書》：堅謂堅牢，著，相附著也。（玄應《音義卷第三·摩訶般若波羅蜜經第三十五卷》，C056/0853a、T54/0360b）師按：《説文·臤部》："堅，剛也。"

殳部

殼*：宅耕反。《字書》云：殼，橦也。（慧琳《音義卷第三十九·不空羂索經第十一卷》，T54/0562c）、（《龍龕手鏡·殳部》第193頁）《字書》云：殼，猶橦也。《考聲》：亦橦也。（惠琳《音義卷第五十五·禪祕要法經卷下》，T54/0674c）《字書》：殼，橦也。或作樗，亦作根。（慧琳《音義卷第三十二·觀彌勒菩薩上生經》，T54/0523b）師按："或作樗"疑爲"或作掙"之誤。

殼*：（觳）《字書》作殼，同口角反。吳會閑音口角反，卵外堅也，案凡物皮皆曰殼是也。（玄應《音義卷第二·大般涅槃經第三十三卷》，C056/0846a）師按：《大正藏》本玄應《大般涅盤經音義第三十三卷》（T54/0479c）未見《字書》。

毅*：（潔）鄭注《禮記》云：潔，清也。……《字書》云：煞敵曰果，致果曰毅。（慧琳《音義卷第三十五·一字奇特佛頂經上卷》，T54/0539b）

殽：（崤）胡交反。……《字書》或爲骰字，在《殳部》。（《原本玉篇·山部》第436頁）

段：（叚）徒換反。《字書》古文段字也。段椎檑物也，在《殳部》。（《原本玉篇·厂部》第 466 頁）師按：《説文·殳部》："段，椎物也。""段椎檑物"疑當作"段，椎物也"。

殸①：《説文》籀文磬字也，一曰磬，聲也。……《禮記》"石聲殸殸以丘志"是也。《字書》：殸殸也。（《原本玉篇·磬部》，第 484 頁）師按：《説文·石部》"磬"之籀文作"殸"，古文作㲈。段注："《論語》：'子擊磬於衛。'……要之，《論語》非不可作'鄙哉，磬磬也'，《釋名》曰：'磬者，磬也。其聲磬磬然堅致也。'"《禮記·樂記》："石聲磬磬以立辨。"②"丘"爲"立"之誤。

磬*：輕徑反。《字書》正從石作磬。顧野王云：以石爲樂磬也。《説文》云：樂石也。（慧琳《音義卷第八十一·三寶感通録下卷》，T54/0831b）

鼛：徒勞反。《字書》籀文或鞀字。鞀，小鼓也，在《革部》。（《原本玉篇·磬部》第 484 頁）師按：《玉篇·磬部》無"鼛"。

䃂：除隆反。《字書》：䃂，鼓聲。（同上）師按：《玉篇·磬部》未見"䃂"。

鏊：（鏊鏊）力宗反。《字書》：鏊鏊，鼓聲也。（同上）師按：《玉篇·磬部》䃂、鏊相次："䃂，力冬切，聲也。""鏊，同上。"《原本玉篇·磬部》無"鏊"。

䃟：他登反。《字書》：鏊聲鼓也。（同上）師按：《玉篇》："䃟，他曾切，鼓聲。"《原本玉篇》引《字書》疑當作"䃟，鼓聲也"。

磬：口庭反。《字書》：不可近也。（同上）師按：《玉篇》："磬，口西切。不可近也。"

九部

鳬*：輔無反。……《字書》從鳥，九聲也。（慧琳《音義卷第八·大般若波羅蜜多經卷第五百七十一》，T54/0351c）《字書》云：

---

① 《説文》無"殸部"，"磬"入《石部》，其籀文作"殸"。《原本玉篇·磬部》及他書引《字書》從"殸"諸字姑入《殳部》。

② 阮元校刻：《十三經注疏》，中華書局 1980 年版，第 1541 頁。

從鳥從九。九音殊聲也。（希麟《續音義卷第二·新花嚴經卷第七》，
T54/0940c）《字書》：從鳥從九，九音殊。九者，鳥之短羽飛九九然
也。（慧琳《音義卷第四·大般若波羅蜜多經第三百九十八卷》，
T54/0331a）師按：九當作九。《説文》："䲿，舒䲿，鶩也。從鳥，
九聲。"

寸部

將*：旌樣反。《字書》云：軍主也。《説文》：率也，從寸從醬
省聲也。（慧琳《音義卷第三·大般若波羅蜜多經第三百一十四卷》，
T54/0324a）《字書》云：軍主也，兵帥也。（慧琳《音義卷第六·大
般若波羅蜜多經第五百一十二卷》，T54/0344a）

尋*：徐林反。《字書》：常也。《考聲》：覓也，逐也，字從彐音
手，從口工寸，會意也。（希麟《續音義卷第五·新譯仁王護國般若
波羅蜜多經卷上》，T54/0952c）

皮部

皺*：側救反。《字書》：皺，皮聚也。《文字典説》：皮寬聚也。
（慧琳《音義卷第五十三·阿那律八唸經一卷》，T54/0663b）師按：
《説文·皮部》無"皺"。

支部

徹①：纏列反，《字書》：徹，去也，除也。《考聲》：徹，抽也。
《説文》：通也，從彳從攴育聲也。（慧琳《音義卷第十·新譯仁王經
序》，T54/0365b）《字書》云：徹，去也，除也。《考聲》：抽也。
《説文》：通也，從彳攴育聲也。（希麟《續音義卷第五·新譯仁王護
國般若波羅蜜多經卷上》，T54/0952c）《切韻》：徹，通也，明也。
《字書》云：道也，達也。（希麟《續音義卷第五·金剛頂瑜伽文殊
師利菩薩經一卷》，T54/0956b）

敵*：亭歷反。杜注《左傳》云：敵，猶對也。《爾雅》云：匹
也。《字書》正從商從攴。（慧琳《音義卷第八十·開元釋教録第四
卷》，T54/0826a）師按：《説文·攴部》："敵，仇也。"

---

① 此條字頭"徹"，《大藏經》作"微"，據義項與反切當作"徹"。

寇*：口構反。《考聲》：寇賊也。《説文》：暴也。《字書》：寇字從攴完。（希麟《續音義卷第五·新譯仁王護國般若波羅蜜多經卷上》，T54/0952c）

敆*：（碪）繫金反。《蒼頡篇》作椹，椹謂之鈇。《考聲》云：幾屬也。《字書》亦從攴作敆，亦質也。（慧琳《音義卷第八十·開元釋教録第二卷》，T54/0825c）（砧）繫林反。……《蒼頡篇》云：鈇也。《字書》又從攴作敆，或作枯，音訓並同。（慧琳《音義卷第八十九·高僧傳第一卷》，T54/0874b）師按："謂之鈇"之"鈇"當作"鈇"。

救：（捄）《字書》或救字也，救，止也，禁也，助也，在《攴部》。（《原本玉篇·言部》第 41 頁）

畋：徒年反。正作畋。《白虎通》云：畋爲田，除害故曰畋獵。案《字書》作畋。古者肉食，取禽獸曰畋。（希麟《續音義卷第四·大乘瑜伽千鉢文殊大教王經卷第一》，T54/0951a）

卜部

貞*：征京反。《周易》：貞者事之幹也，君子貞謂之幹事。又曰：貞，正也。……《廣雅》：貞，當也。《字書》：卦下體也。（《原本玉篇·卜部》第 318 頁）李善曰：《字書》曰：貞，卦下體也。（陸士衡《挽歌注》，《集注彙存》一·424）

爻部

希：虛衣反。《廣雅》：希，摩也，希，施也，希，止也，希，散也。《字書》：希，疏也。（《原本玉篇·爻部》第 324 頁）師按：《説文·禾部》："稀，疏也。"段注："許書無希字，而希聲字多有，與由聲字正同，不得云無希字、由字也。許時奪之，今不得其説解耳。"

焱部

爾*：《字書》曰：爾，辭之終耳。（《古詩十九首》注，《文選》第 412 頁，日藏《文選》156/533）《字書》曰：爾，詞也。（謝朓《和王主簿怨情詩》注，《文選》第 433 頁）

目部

皀*：《字書》眼字。（《玉篇·目部》第 21 頁）

瞼*：音檢。《字書》云：目上下皮也。《文字典説》云：瞼，目

瞯也。（慧琳《音義卷第九十四・續高僧傳第十七卷》，T54/0895c）

睡*：垂偽反。《集訓》云：坐寐也。《字書》云：睡熟也。《說文》：從目垂聲也。（慧琳《音義卷第三・大般若波羅蜜多經第三百四卷》，T54/0323b）師按：《說文》："睡，坐寐也。"

瞎*：正字作瞎，同火鎋反，《字書》：一目合也。（玄應《音義卷第九・大智度論第六十七卷》，C056/0960a）、（玄應《音義卷第十五・十誦律第二十一卷》，C056/1042a）瞎，又作瞎，同呼鎋反，《字書》：一目合也。（玄應《音義卷第十二・雜寶藏經第六卷》，C056/0995c、T54/0797c）、（玄應《音義卷第二十・陁羅尼雜集經第三卷》，C057/0052a）瞎，今作瞎，同呼鎋反。《字書》：一目合也。（玄應《音義卷第十四・四分律第十一卷》，C056/1027a）、（慧琳《音義卷第四十三・陀羅尼雜集第三卷》，T54/0591b）、（慧琳《音義卷第四十六・大智度論第六十七卷》，T54/0615b）、（慧琳《音義卷第五十八・十誦律第二十一卷》，T54/0695a）、（慧琳《音義卷第五十九・四分律第十一卷》，T54/0701a）呼八反。《字書》云：目不見物也。又云：一眼無睛也。（慧琳《音義卷第六・大般若波羅蜜多經第五百六卷》，T54/0343a）、（希麟《續音義卷第六・大寶廣博樓閣善住祕密陀羅尼經卷上》，T54/0959c）

瞎：（瞎）正字作瞎，同火鎋反，《字書》：一目合也。（同上）呼八反。《字書》云：目不見物也。又云：一眼無睛也。（同上）

瞖*：（塵瞖）伊計反。《考聲》云：目中病也。《字書》云：塵瞖，瘴目也。《字林》：亦目病也。（慧琳《音義卷第六十六・阿毘達磨發智論卷第八》，T54/0742c）目障瞙也，從目殹聲也。（慧琳《音義卷第八・大般若波羅蜜多經卷第五百六十六》，T54/0350a）師按：據盧巧琴的研究，"瞖"是"一種眼病"，《大字典》首例舉宋梅堯臣《別張景嵩》"猶能洗君目，病瞖云銷芩"，書証可提前：北涼浮陀跋摩共道泰等譯《阿毗曇婆沙論》卷八（T28/0051b）："壞者，若瞟瞖，若赤膜，若眼云，若生白膜。"①

---

① 盧巧琴：《東漢魏晉南北朝譯經語料的鑒別》，浙江大學出版社 2011 年版，第 61 頁。

督*：《字書》今作督，同都木反。《爾雅》：督，正也。《方言》：督，理也。《說文》：督，察也。（玄應《音義卷第十六·舍利弗問經》，C057/0011a、T54/0733a）《字書》曰：督，察也。（潘岳《借田賦》注，《文選》第 117 頁，日藏《文選》154/52；嵇康《琴賦》注，《文選》第 256 頁，日藏《文選》155/241）

睥*：（睥睨）紕計反。……《廣雅》云：睥，視也。《字書》云：邪視也。《淮南子》云：左睥右睨也。（慧琳《音義卷第五十三·佛說頂生王故事經》，T54/0663a）

睨*：倪計反。《廣雅》云：睥，視也。《字書》云：邪視也。（同上）

盼*：《廣雅》：盼，視也。《字書》：美目也，目白黑分也。《說文》：親，內視也。（玄應《音義卷第十·發菩提心論卷上》，C056/0971c、T54/0647b）①《字書》：美目也，有白黑分也。（玄應《音義卷第五十一·發菩提心論卷上》，T54/0647b）《字書》云：盼，美目兒也。（慧琳《音義卷第七十七·釋迦譜序卷第三》，T54/0806b）《字書》：盼，邪視也。《說文》云：《詩》曰：美目盼兮。從目分聲。（慧琳《音義卷第一百·惠超往五天竺國傳上卷》，T54/0926c）《字書》云：盼，動目貌也。（慧琳《音義卷第六十二·根本毘奈耶雜事律第二十七卷》，T54/0723c）師按：盼，龍輯作昐，誤。

瞬*：脣閏反。俗字也，正從寅作瞚。《說文》：開合目而數搖也。《字書》云：一毀目也。（慧琳《音義卷第四十九·菩提資糧論第五卷》，T54/0635b）

睠：厥倦反。《字書》正作睠。……《說文》亦顧也，從目卷省聲。（慧琳《音義卷第九十四·續高僧傳第二十四卷》，T54/0898a）

睠*：（睠）厥倦反。《字書》正作睠。……《說文》亦顧也，從目卷省聲。（慧琳《音義卷第九十四·續高僧傳第二十四卷》，T54/0898a）

———————————

① 《大正藏》本玄應《發菩提心論音義卷上》（T54/0647b）作“《字書》：美目也，有白黑分也。”

睞：借葉反。《字書》正作睫。……《文字典説》云：睞，目傍毛也，從目夾聲。（慧琳《音義卷第九十四·續高僧傳第二十五卷》，T54/0898b）

睫*：（睞）《字書》正作睫。（同上）

眣*：徒結反。《字書》：目出也。（玄應《音義卷第一·大威德陁羅尼經第一卷》，C056/0823c、T54/0582b）眣，音舜，本又作眣，丑乙反，又大結反，以目通指曰眣。……《字書》云：眣，瞋也。（《公羊傳·文公七年釋文》第1235頁）師按：《十三經注疏》引《字書》作“眣，瞋也”。①“瞋”爲“瞋”之誤。《校勘記》：“段玉裁云：成二年作‘卻克眣魯衞之使’，字從目從矢。《釋文》‘眣，音舜，本又作眣，丑乙反，本又作眣，音同’，今《釋文》眣亦誤眣，眣誤眣。”②

瞰*：堪濫反。《考聲》云：視也。《字書》：望也。（慧琳《音義卷第九十五·弘明集第二卷》，T54/0903a）《字書》云：瞰，望也，視也。（慧琳《音義卷第八十八·釋法琳本傳卷第四》，T54/0870c）《字書》曰：瞰：望也。（班固《東都賦》注，《文選》第33頁；日藏《漢籍》153/188）

眡*：時指反。《説文》云：視貌也，亦古視字也。《字書》云：瞻也，從目氏聲。（慧琳《音義卷第九十五·弘明集第一卷》，T54/0901a）

眵：（疼）動紅反。……《説文》從疒冬聲。《字書》亦作疼，又作眵，訓釋並同。（慧琳《音義卷第五十五·佛説八師經》，T54/0671b）師按：眵，《大正藏》本從日作眵，《音義》本似從耳，疼痛義似與從日無關，“日”疑爲“目”之誤，故作眵。

貼：（閃）《字書》或作貼，同式冉反。③《説文》：閃，窺頭兒也。（玄應《音義卷第十一·正法唸經第三十九卷》，C056/0977c、T54/

① 阮元校刻：《十三經注疏》，中華書局1980年版，第2269頁。
② 同上書，第2271頁。
③ 貼，本從“月”，切語本作“式舟反”，《出曜經音義》（C057/0022a）貼作貼，切語亦式舟反，今據語境作貼、式冉反。

0677b）、（玄應《音義卷第十七·出曜論第一卷》，C057/0022a、①
T54/0787b）

眇*：《字書》云：盲也。《説文》云：小目。（《易·履釋文》第
82頁）呂《音訓》：眇，陸氏曰：妙小反，《字書》云：盲也。《説
文》云：小日。（《周易會通》卷三，《四庫全書》26/233）師按：
"日"當爲"目"之誤。

盲*：武庚反。《切韻》：無目也。《文子》曰：師曠瞽盲也。《字
書》云：盲，無所見也。（希麟《續音義卷第四·大乘本生心地觀經
卷第一》，T54/0948b）

眶*：《字書》曰：眶，牛懈翻，怒視也。（《通鑒漢順帝紀音
注》，《資治通鑒》第436頁）

睟*：雖遂反。《玉篇》：深視也。《字書》云：潤澤也，從目醉
省聲。（希麟《續音義卷第七·大聖文殊師利佛刹功德莊嚴經卷上》，
T54/0964b）師按：睟，顧輯作"睟"。

膜*：音莫。《字書》云：目不明也。《釋名》云：膜，幕也，如
隔障幕也。（希麟《續音義卷第六·能除一切眼疾陀羅尼經一卷》，
T54/0960c）

眯：《字書》：眯一作寐。《説文》曰：寐而米厭。米即眯字。
（《通鑑釋文辯誤》，《四庫全書》312/254）師按：《説文·寢
部》："癘，寐而厭也。從寢省，米聲。"（段注本）段注："鉉本
作'未厭'，誤甚。胡身之《通鑑釋文辯誤》引作'米厭'，米
即寐之譌。蓋古本作寐，而寐厭一譌作米，再譌作未，要不若小
徐本爲長。"

鼻部

鷈：（涕）體計反。《周易》云：齎咨涕洟。《説文》：涕，鼻液
也。從水弟聲。《字書》作鷈。（慧琳《音義卷第三十·大乘方廣總持
經一卷》，T54/0509a）《字書》雖有替音，本是夷字。（慧琳《音義
卷第十五·大寶積經第九十七卷》，T54/0396b）

---

① "出曜論"，《大正藏》本作"出曜經"。

齅*：宋祁曰：齅，《字書》火又反。（蕭該《漢書敘傳音義》，《兩漢書匯編》第 464 頁）師接：《說文》："齅，以鼻就臭也。"

羽部

翳*：一計反。《字書》：翳，蔽薆也。郭注《方言》：翳，謂奄覆也。《廣雅》：障也。《說文》從羽殹聲。（慧琳《音義卷第五十·攝大乘論釋第四卷》，T54/0639c）

翕*：歆邑反。《字書》云：翕，合也。《考聲》云：火炙物氣勿起也。（慧琳《音義卷第八十二·大唐西域記卷第六》，T54/0840c）

翿：（纛）徒到反。……《字書》亦翿字也。翿，舞者所持羽翳也，在《羽部》。（《原本玉篇·係部》第 188 頁）

羿：《字書》有羿，云：古之射人。《廣韻》云：羿，古諸侯，一云射官。而《說文》乃云：羿，佸時射官，少康滅之。（《路史後紀注》，《四庫全書》383/158）

翩：《字書》、《集韻》舉音爲篇。說云：頭妍。從翩，誣矣。（《路史後紀注》，《四庫全書》383/171）師按：顧輯作"翩，音篇。《路史後紀注》"。

翦：（剸）《字書》曰：翦，刀剸也。（《說文繫傳》第 83 頁）師按：《說文·羽部》："翦，羽生也，一曰矢羽。從羽，前聲。"

隹部

雉*：池履反。《字書》云：雉，陳也。《公羊傳》曰：五板爲堵，五堵爲雉，百雉爲城。（慧琳《音義卷第四·大般若波羅蜜多經第三百九十八卷》，T54/0330c）池履反。《字書》云：雉，阬也。（希麟《續音義卷第二·新花嚴經卷第十一》，T54/0941c）

隼：音筍。《字書》云：鷙鳥，謂猛鳥也。（元照《觀無量壽佛經義疏卷之中》，T37/0287c）

奞部

奮*：《說文》：翬也。《字書》云，大鳥在田欲飛曰奮。（慧琳《音義卷第一·大般若波羅蜜多經卷第三十六卷》，T54/0316a）《字書》云：大鳥在田，張毛羽欲飛曰奮。（慧琳《音義卷第七·大般若波羅蜜多經第五百四十卷》，T54/0347a）《字書》：飛也。《說文》：

奮也，從奪在田。① （慧琳《音義卷第三十八·佛説師子奮迅菩薩所
問經》，T54/0559c）《字書》云：動也。《韻集》云：揚舉也。《説
文》：奮也，從大，鳥在田奪奮其羽也。（希麟《續音義卷第十·續開
元釋教録卷中》，T54/0979b）

奪*：徒活反。……《字書》：手持一鳥失之曰奪，從大隹又。
（慧琳《音義卷第三·大般若波羅蜜多經第三百二十六卷》，T54/
0325a）

奪：（奪）徒活反。《字書》云：奪，失也。《考聲》云：《毛
詩》：一鳥失之曰奪。（慧琳《音義卷第五·大般若波羅蜜多經第四百
五十二卷》，T54/0338b）

丫部

乖：古壞反。《字書》：乖，背也。《説文》：戾也。（慧琳《音義
卷第六十四·四分僧羯磨上卷》，T54/0735b）

羊部

羺*：（羺）於間反。《字書》：黑羊也。（玄應《音義卷第十二·
起世經第三卷》，C056/0994c、T54/0658c）

羱：完羱，野羊也。臣賢案：《字書》作羱。音戶官反，與完通。
（《後漢書·馬融列傳注》，第1962頁）師按：顧輯作"完，作羱。
《馬融傳注》"。

羸*：累追反。杜注《左傳》云：羸，弱也。《廣雅》：極也。
《字書》：疲也。（慧琳《音義卷第四十·救面燃餓鬼陀羅尼神呪經》，
T54/0574a）、（慧琳《音義卷第四十二·金剛頂瑜伽分別聖位修證法
門序》，T54/0584b）、（慧琳《音義卷第六十三·根本説一切有部大
苾芻戒經一卷》，T54/0730a）、（惠琳《音義卷第七十二·阿毗達磨
顯宗論第十一卷》，T54/0774b）、（慧琳《音義卷第三十二·藥師瑠
璃光如來本願功德經》，T54/0519c）、（希麟《續音義卷第五·金剛
頂瑜伽分別聖位經一卷》，T54/0957b）《字書》：劣也，弱也。（慧琳
《音義卷第十五·大寶積經第一百三卷》，T54/0397a）師按："第一

---

① 《説文》"田"下有"上"字。下文希麟引《説文》曰"從大"，與《説文》異。

百三卷"，龍璋作"三百"。

鳥部

鷲*：音就。……《字書》從鳥，就聲也。（慧琳《音義卷第二·大般若波羅蜜多經第五十三卷》，T54/0318b）師按：《說文·鳥部》："鷨，鷨鳥，黑色，多子"，段注引《李將軍傳》服虔注"雕一名鷲"。

鸖*：何各反。《說文》：鴻鵠也。《玉篇》：黃鵠形如鸖，色蒼黃，故知非是鸖也。鸖色白而長喙。壽滿千歲者頂皆朱色。《字書》：鸖似鵠而觜長，神仙鳥也，見則為祥瑞也。（慧琳《音義卷第四·大般若波羅蜜多經第三百九十八卷》，T54/0331b）師按：《說文·鳥部》："鵠，鴻鵠也。"未見"鸖"。

鶴*：何各反。《字書》云：仙鳥名也，一舉則千里。（慧琳《音義卷第八十六·辯正論卷第六》，T54/0860c）《字書》云：神仙鳥也，見則為祥瑞也。（希麟《續音義卷第二·新花嚴經卷第七》，T54/0940c）師按：從釋義來看，鸖、鶴義同，《玉篇》："鶴，何各切，水鳥。"

鶤：音昆。顧野王曰：鶤，似鸖而大。《字書》或作鶤，同。（慧琳《音義卷第四·大般若波羅蜜多經第三百九十八卷》，T54/0331c）師按：《玉篇·鳥部》鶤、鶤不相連屬："鶤，似鷄而大也。""鶤，鷄三尺。或作鶤。"

鶤*：（鶤）《字書》或作鶤。（同上）

鷊*：《說文》作鷊。……《埤蒼》作鷁，《字書》作鷊，同五歷反，水鳥也，善高飛也。（玄應《音義卷第十九·佛本行集經第二十六卷》，C057/0046a、T54/0681a）師按：《說文·鳥部》："鷊，鷊鳥也。從鳥，兒聲。《春秋傳》曰：'六鷊退飛。'……"（段注本）段注："水鳥也，《博物志》曰：鷊雄雌相視則孕，或曰：雄鳴上風，雌鳴下風。……按今字多作鷁……今皆左兒右鳥。"張華《博物志》（文淵閣本）卷四作"鷊雄雌相視則孕，或曰：雄鳴上風則雌孕"。

鶋：鍇按《字書》：鶋，水鳥，一曰鶋，一身九頭。（《說文繫傳》第73頁）徐按《字書》本鳥頁，九頭。（《韻會》卷二十九，

《四庫全書》238/816）師按：《説文》："鶃，鳥也。……《春秋傳》曰：六鶃退飛。"

　　鷦*：（鷦鷯）《字書》：鷦鷯，鈎鶬也。（玄應《音義卷第一·法炬陁羅尼經第十七卷》，C056/0826c、T54/0584a）、（玄應《音義卷第二十三·廣百論第七卷》，C057/0105c、T54/0634a）鷦，朽尤反。《字書》云：鷦鷯，袄鳥也。一名鶬，夜飛晝伏。（慧琳《音義卷第五十三·起世因本經卷第五》，T54/0660c）（訓狐）《字書》：鷦鶬，鈎鶬也，亦名怪鳥。（慧琳《音義卷第四十三·陀羅尼雜集第四卷》，T54/0591c）

　　鷯*：《字書》：鷦鷯，鈎鶬也。（同上）

　　鷺*：（鷺）《字書》作鷥，同來故反，白鳥也，頭翅背上皆有長翰毛也。（玄應《音義卷第十七·出曜論第二卷》，C057/0022c、T54/0787c）《字書》作鷥，同來素反。白鳥也，頭翅背上有長翰毛。江東取爲睫䍦曰白鷺。（玄應《音義卷第十九·佛本行集經第五卷》，C057/0040c、T54/0678c）

　　鷗*：齒之反。《字書》云：鷗，鳶屬也。《字林》、《字統》並云：鷗鳥也，鷗謂鵁鷗也。……《字書》又從至作鷙，音義皆同。（惠琳《音義卷第七十二·阿毘達磨顯宗論第二卷》，T54/0773b）

　　鷙*：（鷗）《字書》云：鷗，鳶屬也。……《字書》又從至作鷙。（惠琳《音義卷第七十二·阿毘達磨顯宗論第二卷》，T54/0773b）（鷙吻）《字書》云：以壓天大㖤。（慧琳《音義卷第十五·大寶積經第一百二十卷》，T54/0402c）

　　鶍：（鷗）齒之反。《字書》正鶍字。（慧琳《音義卷第九十三·續高僧傳第十六卷》，T54/0895a）師按：鶍，獅本《音義》（九三、10）作"鶍"，據反切及上（T54/0773b），鶍、鶍疑即"鷙"字之誤。鶍，龍輯作"鶍"，曰："鷗，《字書》正作鶍字。"

　　鶵*：（鶵鶬）上具俱反，下容燭反。《字書》正作鶵。……《考工記》云：鶵鶬不踰濟。（慧琳《音義卷第六十六·集異門足論卷第八》，T54/0745c）鶵鶬，似鴇而有幘，飛輒成羣多聲。《字書》謂之唰。唰鳥，一作雛雞。或曰：身首皆黑，惟兩翼皆有白點，飛則見。

如《字書》之八云：性好淫，其行欲則以足相勾，往往墮者相連而下，故從勾從欲。《字説》云：尾而足勾焉，是也。（《爾雅翼》卷十四，《四庫全書》222/371）師按：顧輯作“鴝鵒，性好淫，其行欲則以足相句，往往墮者相連而下”。

鵒*：容燭反。《字書》正作鴝。（同上）

鸛：（鸛鵒）似鵙而有幘，飛輙成羣多聲。《字書》謂之㖞。（《爾雅翼》卷十四，《四庫全書》222/371）

鶪：鍇曰△△按《字書》：鳧屬也。（《説文繫傳》第73頁）師按：鶪，大徐本作鷞。

鷛：鍇按《字書》：鷛渠，似鳧，一名水雞。（《説文繫傳》第73頁）師按：《説文》：“鷛，鷛鳥也。”段注：“《上林賦》説水鳥有庸渠。”

鴭：《補》曰：……按《字書》：鴭音堆，雀屬也。（《楚辭·天問補注》，《楚辭補注》第96頁）

朋：蒲弘反。……《考聲》云：同師門也。《字書》云：朋，類也，古人數法名也。《説文》作倗，倗，輔也，從人朋聲也。（慧琳《音義卷第七·大般若波羅蜜多經第五百四十六卷》，T54/0347c）師按：朋，《説文》本“鳳”字，故“朋”入此部。

冓部

冓：（構）音遘，《字書》云：亦作冓。（慧琳《音義卷第八十一·三寶感通傳下卷》，T54/0832a）

么部

麼*：莫可反。……《字書》：麼，小也。《論文》作尛，此猶俗字也。（慧琳《音義卷第四十六·大智度論一百卷第五十三卷》，T54/0615a）、（《列子·湯問釋文》，《列子集釋》第157頁）師按：《説文·么部》“新附”：“麼，細也。”

玄部

玄*：《字書》曰：玄，幽遠也。（陸機《文賦》注，《文選》第240頁）師按：“玄”，任氏汪廷珍本作“元”，當屬避諱。

放部

放*：甫望反。……《説文》：放，逐也。《廣雅》：放，去也，

放，散也。《字書》：出遊也。（《原本玉篇·放部》第 310 頁）

　　攴部

　　叡*：營惠反。《字書》云：叡，聖也。賈注《國語》：明也。（慧琳《音義卷第二十四·大唐新譯方廣大莊嚴經三藏聖教序》，T54/0461b）

　　歺部

　　殖*：承力反。杜注《左傳》云：殖，長也。《蒼頡篇》：殖，息也。《字書》：樹也。《説文》從歺直聲。（慧琳《音義卷第四十五·佛説法滅盡經》，T54/0604c）

　　殆*：郎各反。《字書》云：殆，零也，亦死也，隨也。今通作落，義同。（慧琳《音義卷第四十二·大佛頂經第二卷》，T54/0585c）

　　殟*：烏賄反。《字書》云：殟，不智人也。（慧琳《音義卷第九十六·弘明集第六卷》，T54/0905a）師按：慧琳《弘明集音義》卷六“殟壘”條：“《字書》云：殟，不智人也。……集作殟，通。”《左傳·哀公二七年》：“鄭人俘酄魁壘。”《玉篇·歺部》：“殟，於罪切，殟殊，不知人也。”

　　殬*：（數）丁故反。《字書》作殬，敗也。（《穀梁傳序釋文》第1271 頁）

　　殞：（殞濩）《廣雅》云：濩落，寬廣無涯濟也。《字書》云：殞濩、落萍，失志兒也。（希麟《續音義卷第十·續開元釋教録卷下》，T54/0979c）師按：“落萍”疑爲“落擇”之誤，龍輯作“落澤”。

　　殭*：居良反。《字書》云：死而不朽。本或作僵。《説文》云：僵，偃也。又作橿。（《爾雅·釋木釋文》第1685 頁）師按：文淵閣本作“橿，居良反，《字書》云：死而不朽”。《釋木》“棧木，干木”郭注：“橿木也。江東呼木觡。”阮元《校勘記》：“單疏本、注疏本同，雪牕本橿字闕。《釋文》：‘殭，《字書》云……字當從陸本作殭，宋鄭樵注本作僵，今本從木，非。’”

　　死部

　　薨：呼弘反。……《字書》云：天子曰崩，諸侯曰薨。《説文》

云：從死憒省聲。（希麟《續音義卷第十·續開元釋教録卷上》，T54/0978b）

骨部

髑*：（髑髏）《説文》云：髑髏，頂骨也。《埤蒼》云：頭骨也。《字書》云：腦蓋也。或作髑髏，或名頭顱，或名顖。（慧琳《音義卷第五·大般若波羅蜜多經第四百一十四卷》，T54/0334c）師按：《説文》：“髑髏，頂也。”段注：“《頁部》：顅顱，頭骨也。”

髏*：《説文》云：髑髏，頂骨也。《埤蒼》云：頭骨也。《字書》云：腦蓋也。（同上）

髀*：卑米反。《字書》：股外也。《説文》從骨卑聲也。（慧琳《音義卷第十二·大寶積經第三十二卷》，T54/0379b）

髓：雖觜反。《字書》正從隋作隨。《説文》云：骨中脂也，從骨隋省聲也。（慧琳《音義卷第三十七·佛説雨寶陀羅尼經》，T54/0551b）

隋*：（髓）雖觜反。《字書》正從隋作隨。（慧琳《音義卷第三十七·佛説雨寶陀羅尼經》，T54/0551b）師按：《説文·骨部》：“髓，骨中脂也。從骨隓聲。”段注：“隸作髓。”

骸*：（腿）退餒反。俗字，非也。正體從骨作骸。《考聲》：骸，骺也，股也。《字書》：髖也。（慧琳《音義卷第一四·大寶積經第五十七卷》，T54/0390b）師按：《字書》原本釋俗字“腿”還是釋正體“骸”，存疑。

肉部

股：賢曰：股肱謂手臂也。……餘按《字書》：股，髀干，肱，臂干。（《通鑒漢章帝紀音注》，《資治通鑒》第401頁）師按：《説文·肉部》：“股，髀也。”

肱：餘按《字書》：股，髀干，肱，臂干。（同上）

肌*：几宜反。《考聲》：皮内肉也。《字書》：肉中脂也，從肉，几聲也。（慧琳《音義卷第十一·大寶積經第八卷》，T54/0374c）

肎：勗恭反。《字書》肎即膺也。或作匂，亦通古字也。（慧琳《音義卷第二十九·金光明最勝王經卷第十》，T54/0503c）

肺*：孚廢反。……《字書》云：言火藏。今以爲金藏也。（慧琳《音義卷第七十七·釋迦譜序卷第一》，T54/0806a）

臍*：情奚反。《字書》云，當腹之中曰臍。《說文》：腦臍也，從肉齊聲也。（慧琳《音義卷第一·大般若波羅蜜多經卷第一》，T54/0314a）、（希麟《續音義卷第二·新花嚴經卷第六》，T54/0940b）師按：《說文》：“臍，肶臍也。”段注：“各本肶作肶，誤。”肶，大徐本作“肶”。

腓：董氏曰：按《字書》：腓，脛腨也。（《呂氏家塾讀詩記》卷十七，《四庫全書》73/526）師按：《說文》、《玉篇》同。《廣韻》平聲微韻：“腓，腳腨腸也。”

胆：七餘反。《字書》云：蠅，以蒸反，乳肉中蟲也。《說文》云：胆字從肉且聲也。（慧琳《音義卷第五·大般若波羅蜜多經第四百一十四卷》，T54/0334c）師按：獅本《音義》（二、4）“蟲胆”條：“七餘反，《說文》云：‘蠅乳肉中蟲也。’……經中作蛆，俗字也。”《說文·肉部》：“胆，蠅乳肉中也，從肉，且聲。”

膾*：古外反。《廣雅》：膾，割也。《字書》云：切肉也。（慧琳《音義卷第五·大般若波羅蜜多經第四百二十九卷》，T54/0336b）

肥*：費微反。《字書》：肥，肉盛也。從肉從妃省聲。（慧琳《音義卷第十五·大寶積經第一百一十三卷》，T54/0400b）師按：《說文》：“肥，多肉也。從肉卩。”（段注本）段注：“鉉等曰：肉不可過多，故從卩。……按各本此篆在部末，蓋因奪落而補之也。今考定文理，必當厠此，與下文‘少肉’反對。”

腭*：我各反。《字書》云：喉上也。《說文》：齦也。又作腭齶。（希麟《續音義卷第五·金剛頂修習毘盧遮那三摩地法一卷》，T54/0955a）

腭：我各反。……《字書》或從齒作齶。（惠琳《音義卷第七十五·道地經一卷》，T54/0792b）

肭*：奴骨反。《字書》：膃肭也。（慧琳《音義卷第七十五·法觀經一卷》，T54/0797a）

臊*：掃遭反。《字書》：腥臊，臭穢也，腋臭也。《說文》從肉

梟音。（慧琳《音義卷第七十九・經律異相卷第三十九》，T54/
0819c）《字書》或從魚作鰈。（慧琳《音義卷第五十五・貧窮老翁
經》，T54/0672c）

脅＊：力雕反。《字書》：脅，脂膏也，謂腸間脂也。今中國言脂，
江南言脅。（玄應《音義卷第三十七・孔雀王神呪經下卷》，T54/
0554a）

脸：（餁）如甚反。……《説文》：大孰也。《字書》或爲脸字，
在《肉部》。或爲恁字，在《火部》。（《原本玉篇・食部》第282頁）
師按："肉部"、"火部"，羅本（第80頁）作"内部"、"大部"。

腜：（溂）俎立反。《説文》：溂，和也。《埤蒼》：溂，汗出也。
《字書》或爲腜，在《肉部》。（《原本玉篇・水部》第375頁）師按：
《玉篇・水部》："溂，壯立切，和也，汗出也。"《肉部》："腜，俎立
切，和也。"不言溂、腜同字。

屑＊：《字書》亦作嚼字也。（希麟《續音義卷第四・守護國界主
陀羅尼經卷第十》，T54/0951a）《字書》亦作嚼。（希麟《續音義卷
第二・新花嚴經卷第十五》，T54/0943a）

膬：（脆）七歲反。舊作脺，誤。劉清劣反，或倉沒反，《字書》
無此字，但有膬字，音千劣反。……沈云：《字林》有脺，音卒。
（《周禮・小宗伯釋文》第468頁）

腐＊：房武反。《切韻》：敗也。《字書》：臭也。《考聲》：朽也。
（希麟《續音義卷第四・大乘瑜伽千鉢文殊大教王經卷第四》，T54/
0951b）

臕＊：《字書》同膞。（《玉篇・肉部》第36頁）（臕）《字書》音
膞，義同。（《四聲篇海・肉部》，《續修四庫》229/526）師按：臕，
《四聲篇海・肉部》作臕，此依《玉篇》，不另輯"臕"。

膞：（臕）《字書》同膞。（《玉篇・肉部》第36頁）《字書》音
膞，義同。（《四聲篇海・肉部》，《續修四庫》229/526）

胞＊：庖皃反。……《説文》：婦人懷妊兒生衣也。《字書》正體
作包。或有作皰。（慧琳《音義卷第八・大般若波羅蜜多經卷第五百
七十五卷》，T54/0353a）

膠*：《字書》云：膠，聲也。（《廣韻》平聲肴韻，第96頁）、（《五音集韻》卷四，《四庫全書》238/87）師按：《説文·肉部》無"膠"，《玉篇》："膠，下交切，骹也。""骹，胡木切，足跗也。"似非其義。訓"聲"之"膠"疑爲"詨"之假借，表示發聲、呼叫。《原本玉篇》："詨：詡教反，《山海經》：'鵲鳥鳴自詨。'郭璞曰：'今吳人謂叫嘑爲詨。'《字書》嘂字，在《口部》。以此爲或交字也。"《重修玉篇》卷九："詨，許教切，大嘷也，呼也，喚也，又呼交切。"《集韻》三十六效："詨，叫也。"又曰："詨，呼也。"李延壽《北史·爾朱榮傳》（文淵閣本）："初，世隆曾與吏部尚書元世儁握槊，忽聞局上詨然有聲。"

膃*：《字書》云：膃，脯也。（《廣韻》去聲宥韻，第349頁）、（《五音集韻》卷十二，《四庫全書》238/274）

脊*：精亦反。《考聲》云：脊，理也。《集訓》：脊，膂也。《字書》云：背骨也。（慧琳《音義卷第二·大般若波羅蜜多經第五十三卷》，T54/0318c）師按："五十三"，龍輯作"七十六"。

膗：《補》曰：……膗，《字書》作膗，呼各切。又音霍，肉羹也。（《楚辭·招魂補注》，《楚辭補注》第208頁）

脹：豬亮反。《左氏傳》：將食，脹，如厠。脹，痛也。《字書》亦作痕。（《玉篇·肉部》第36頁）、（《四聲篇海·肉部》，《續修四庫》229/523）

胹*：《字書》：過孰曰胹。（《左傳·宣公二年疏》，《十三經注疏》第1867頁）胹，《説文》：爛也，從肉而聲。……《字書》：過熟曰胹。或作臑。《史記》：臑熊蹯，《集韻》亦作腰。（《韻會》卷二，《四庫全書》238/406）

膿：奴東反。《字書》正從血作衄。《説文》云：衄，腫血也，從血農省聲。（慧琳《音義卷第八十一·三寶感通録中卷》，T54/0831a）師按：《説文·血部》"衄"爲"衄"之俗體。

刀部

劑*：（齊）情曳反。假借字也。《字書》分齊之劑或作劑。（慧琳《音義卷第八·大般若波羅蜜多經卷第五百九十二卷》，T54/

0355c)《字書》云：劑，分段也。（慧琳《音義卷第二十・寶星陀羅尼經第二卷》，T54/0429a）

㓼*：（剔）汀歷反。《廣雅》云：剔，屠也。《字書》正作㓼，義與剔同。（慧琳《音義卷第九十四・續高僧傳第二十七卷》，T54/0899c）

剔：《字書》正作㓼，義與剔同。（同上）

剻*：丁盍反。《字書》：剻，著也。（玄應《音義卷第十九・佛本行集經第十一卷》，C057/0042b、T54/0679b）、（玄應《音義卷第十九・佛本行集經第十六卷》，C057/0044c、T54/0680b）

劓：（劓）冝器反。孔注《尚書》云：劓，截鼻也。《説文》云：劓，肶鼻也，從刀臬聲。肶音決，臬音藝。《字書》與《尚書》皆臬聲，劓，俗通用，音同上。（慧琳《音義卷第九十四・續高僧傳第二十七卷》，T54/0899c）師按：《説文》"劓"爲"劓"之重文："劓，刑鼻也。"與《音義》所引異。

劓：《字書》與《尚書》皆臬聲，劓，俗通用。（同上）

刺*：清亦反。《考聲》云：以刀撞也，又音此恣反。《字書》：殺也，傷也，箴也。從刀束聲。（慧琳《音義卷第十五・大寶積經第一百八卷》，T54/0398a）

刷*：栓刮反。《字書》云：刷亦刮也，從刀從㕚省聲。（慧琳《音義卷第七十五・道地經一卷》，T54/0791c）

剎*：瘡爽反。《字書》云：剎，剴也。《古今正字》從刀爽聲。（慧琳《音義卷第九十六・弘明集第十二卷》，T54/0907c）

刏*：音機。《字書》云：劃也。一曰斷也。（《周禮・小子釋文》第498頁）師按：龍氏未輯"一曰斷也"。《説文・刀部》："刏：劃傷也。從刀，乞聲，一曰斷也。……一曰刀不利，於瓦石上刉之。"

剝*：邦角反。《字書》：剝，落也，傷害也。（希麟《續音義卷第一・大乘理趣六波羅蜜多經卷第三》，T54/0936c）

刕*：姓也。出蜀刀逵之後，避難改爲刕氏也。出《字書》。（《廣韻》平聲脂韻，第24頁）、（《五音集韻》卷一，《四庫全書》238/27）人姓，出《字書》。（《佩觿》卷中，《四庫全書》224/399）

師按：刀逺，《廣韻》作"力逺"、"劦氏"作"劦逺"，今據字頭、反切改。韓氏引"劦氏"下有"也"。

刃部

剏*：（創）初亮反。《字書》作剏。（《左傳序釋文》第 868 頁）

刧部

挈*：（略）利也，《字書》作挈。（《詩·載芟釋文》第 402 頁）、（《十三經注疏》第 602 頁）

角部

觥：董氏曰：《字書》作"兕觥其觩"，説曰：兕角可以爲飲者也。許慎《説文》作'兕觵其觩'。（《吕氏家塾讀詩記》卷二十三，《四庫全書》73/632）師按：《説文》："觵，兕牛角可以飲者也。……觥，俗觵從光。"

觜：醉髓反。《字書》云：觜，鳥口也。正作紫。《説文》從此束聲。（慧琳《音義卷第三十九·不空羂索經第八卷》，T54/0562b）師按：《説文》："觜，鴟舊頭上角觜也。一曰觜，觿也。"

羞：（垜）羈篆切。曲也。《字書》亦作羞、聱。（《玉篇·土部》第 8 頁）

竹部

竹*：張六切。……徐曰：箈箈者，竹皮籜之屬。《字書》云：竹從倒草，竹，草也，而冬不死，故從倒草，一曰竹倒種。（《韻會》卷二十五，《四庫全書》238/760）師按：《説文》："竹，冬生草也。象形。下垂者箈箈也。"《説文繫傳》"竹"下徐鍇曰："冬生者冬不死，箈箈，竹皮籜之屬。"龍輯有"竹，從到草，竹，草也，而冬不死。故從到草。《爾雅·釋木釋文》"，然《爾雅·釋木釋文》未見《字書》釋"竹"，未知龍氏所據。

笏*：呼骨切。《字書》云：斑也。（《玉篇·竹部》第 71 頁）

簙*：（博）戲名也。《字書》作簙。（《公羊傳·莊公十二年釋文》第 1216 頁）師按：簙，《釋文》作薄，任輯汪廷珍本、龍輯作簙，任輯《芋園叢書》本作蒪。《説文·竹部》："簙，局戲也。六箸十二棋也。從竹，博聲。"

笠*：上音立，下音宅。《字書》云：笠澤，吳地澤名也。此澤無樹木，常張蓋笠而行，因以名焉。（慧琳《音義卷第九十二·續高僧傳第十四卷》，T54/0894a）

篋*：謙頰反。《考聲》云：篋，械也，音咸。《字書》云：箱屬也。《説文》云：篋，笥也，從匚聲也。（慧琳《音義卷第七·大般若波羅蜜多經第五百四十一卷》，T54/0347b）《字書》云：篋，箱類也。（慧琳《音義卷第五·大般若波羅蜜多經第四百三十卷》，T54/0336c）

簞：《字書》曰：簞，笥也，一曰小筐，丁安反。瓢，蠡也，父麼反。（蕭該《漢書敘傳音義》，《兩漢書匯編》第467頁）師按：《説文·竹部》："簞，笥也。從竹單聲。"《廣韻》平聲寒韻："簞，笥，小篋。"

策*：《字書》云：策，謀筭也。《説文》從竹束音。（希麟《續音義卷第三·新花嚴經卷第二十二》，T54/0943c）《字書》：籌也。《説文》：馬箠也。（慧琳《音義卷第十三·大寶積經第五十三卷》，T54/0387a）趙云：《吳越春秋》云：太王杖策而去邠。《字書》注：細木杖曰策。（《九家集注杜詩》卷二十七《別常徵君》詩注，《四庫全書》1068/466）

筴：（策）楚革反。或作筴。《聲類》：筴，籌也。《字書》：筴，謀算也。《説文》從竹從束。（慧琳《音義卷第十八·大乘大集地藏十輪經第二卷》，T54/0418b）

籭*：篩同。《字書》：籭，羅也，竹器羅藥也，從竹徙也。（慧琳《音義卷第十八·大乘大集地藏十輪經第三卷》，T54/0419c）

笮*：爭格反。……《字書》：笮，迫也。（慧琳《音義卷第三十五·最勝佛頂陀羅尼淨除業障經》，T54/0544a）（迮）《字書》正從竹笮。《説文》云：迮，從竹乍聲。（慧琳《音義卷第九十二·續高僧傳第十卷》，T54/0890c）

筰：（緒）俎各反。……《字書》亦筰字也，筰，竹繩也，在《竹部》。（《原本玉篇·糸部》第180頁）師按：《玉篇》"緒"下曰"亦筰字"，而《竹部》"笮"、"筰"不同字。《釋名·釋船》："引舟

者曰筰。"畢阮："《説文》：'筰，筊也。''筊，竹索也。'"王先謙
《補》引皮錫瑞曰："《詩·采菽》：'紼纚維之。'《釋文》：'纚，《韓
詩》云：筰也。"①　"筰"下段注："《廣韻》曰：筭、筰二同，竹
索也。"

篅*：述緣反。《字書》云：以竹葦編如甕形，貯穀麥曰篅。《韻
英》云：穿地爲匱，盛米麥曰窌。《説文》篅字從竹耑聲。（慧琳
《音義卷第六十一·苾芻尼律第三卷》，T54/0715a）

簫：（龡）思修反。……《字書》或簫字也。簫，參差管也，在
《竹部》。（《原本玉篇·龠部》第 68 頁）

笶：（阹）斯於反。《上林賦》：河江爲阹。郭璞曰：因山谷遮禽
獸曰阹。……《字書》或笶字，在《竹部》也。（《原本玉篇·阜部》
第 504 頁）師按：笶，《玉篇·阜部》"阹"下曰"亦作笶"。

箭*：子賤反。郭璞注《爾雅》云：竹箭篠也。《字書》云：竹
高一丈，節間三尺，可爲矢也。（希麟《續音義卷第三·新譯十地經
卷第四》，T54/0946c）

第*：《字書》云：第，訓次也。（《春秋經傳集解隱第一正義》，
《十三經注疏》第 1712 頁）

筃*：《字書》云：單席。（《廣韻》上聲寑韻，第 224 頁）、（《五
音集韻》卷九，《四庫全書》238/201）

篷：（筄）《字書》：篷篷，帆也。（《説文繫傳》第 88 頁）師按：
《説文》："筄：桺雙也。"段注："桺雙見《木部》，《廣雅》：'篷篷謂
之筄。'《廣韻》平聲四江：'桺雙者，帆未張也。'又曰：'篷者帆
也。'按：以篷席爲帆曰桺雙，故字或皆從竹。今大船之帆多用篷席
是也。"

篷：《字書》：篷篷，帆也。（同上）

箅：（楷）《字書》：箅，所以漉米者也。（《説文繫傳》第 115
頁）

箠：（捶）佳蘂反，《説文》云：捶，擊也。又云：捶，摘也。許

---

① 劉熙撰、畢沅疏証、王先謙補：《釋名疏証補》，中華書局 2008 年版，第 265 頁。

叔重注《淮南子》云：捶，鍛也。從手垂聲也。《字書》或從竹作箠，又從木作棰，拾也。(《慧》卷七大般若波羅蜜多經第五百五十二卷捶打)。① 師按：此條據許啓峰《〈字書〉研究》補，獅本《音義卷七·大般若波羅蜜多經音義》第五百五十卷和第五百五十四卷相屬，中間有缺損，注曰："此間原本脱四葉。"

互：胡固反。《字書》云：互也。《説文》從竹作笷，可以收繩者也。隸書省去竹作互。(慧琳《音義卷第四·大般若波羅蜜多經第三百九十二卷》，T54/0330b) 師按：《説文·竹部》："笷，可以收繩也。……互，笷或省。"段注："唐玄度云：笷，古文互，隸省。誤也。"據此，"笰"當即"互"，"笷"即"笷"。《説文》無"互部"，故"互"居《竹部》末。

丌部

亓*：《字書》古文其字也，《尚書》作其字如此。(《原本玉篇·丌部》第 314 頁)

其：(亓)《字書》古文其字也。(同上)

哭*：助變反。《説文》：哭，具也。《字書》：此本撰字也，撰亦數也，持也，在《手部》。或爲願字，在《頁部》。(《原本玉篇·丌部》第 313 頁)

甘部

甘*：(甘土)《字書》：甘土即黏土也。(慧琳《音義卷第八十一·大唐西域求法高僧傳上卷》，T54/0835a)

猒*：(甚)《字書》古文猒字也。(《原本玉篇·甘部》，第 101 頁) 伊鹽反。《字書》：犬甘肉也。從甘從肉從犬。(慧琳《音義卷第十四·大寶積經第八十一卷》，T54/0393c)《字書》云：猒，苦也。(慧琳《音義卷第五·大般若波羅蜜多經第四百四十九卷》，T54/0337c)

甚*：《字書》古文猒字也。(《原本玉篇·甘部》第 101 頁) 師

---

① 許啓峰："捶，據文意當作'棰'"，故下文據以輯"棰"。許啓峰：《〈字書〉研究》，碩士學位論文，上海師範大學，2008 年。

按:《玉篇·甘部》猒、猒同字相屬,未見"甘"。

甜*:徒兼反。……《説文》:甜,美也。《廣雅》:甜,甘也。《字書》或爲餂字也,在《食部》。(《原本玉篇·甘部》第 100 頁)師按:龍輯作"甜"。

曰部

曶*:楚革反。《説文》:曶,告也。《字書》或冊字也,冊,冊書,符命,在《冊部》。古文爲笏字,在《竹部》也。(《原本玉篇·曰部》第 46 頁)

沓:《字書》爲洪音。(章安頂撰、湛然再治《大般涅槃經疏卷第二十一·德王品之三》,T38/0162a)、(慧嚴、慧觀《南本大般涅槃經會疏卷第二十一》,X36/0632b)

曹*:《字書》今曺字也。(《原本玉篇·曰部》第 48 頁)

曺:(曹)《字書》今曺字也。(《原本玉篇·曰部》,第 48 頁)(棘)鍇按《説文》舊本無音,今《字書》音曺。(《説文繫傳》第 120 頁)

曾*:乃經、乃之二反。《字書》:告也。(《原本玉篇·曰部》第 48 頁)

丂部

寧:奴庭反。《説文》:願辭也。野王案:今亦以爲安寧之寍,或爲寧字,部,《字書》在《穴部》。(《原本玉篇·丂部》第 49 頁)師按:當有奪誤。字頭"寧"從丂,黎本(第 251 頁)作"寍",龍輯作"寍",誤。"安寧"字見《宀部》"寍",《原本玉篇》曰"在穴部",疑爲"在宀部"之誤。《今帛竹書周易古經文字考》"不寍方迷",字似從穴。

可部

奇*:竭知反。《尚書》:珍禽奇獸弗育於國。野王案:《説文》:奇,異也,謂傀異也。……《字書》:一曰不耦也。(《原本玉篇·可部》第 50 頁)師按:《説文》:"奇,異也。一曰不耦。"①

---

① 顧氏引《説文》的兩個義項分屬《説文》和《字書》,是今本《説文》誤,還是《原本玉篇》誤?此《説文》"一曰"可疑之處。

叵：坡麼反。《字書》云：叵，不可者也。（惠琳《音義卷第五十四·治禪病祕要法經》，T54/0669a）、（慧琳《音義第七十七·釋迦譜序卷第五》，T54/0807a）不可也。（惠琳《音義卷第五十四·餓鬼報應經》，T54/0670a）叵，謂不可也。（慧琳《音義卷第九十四·續高僧傳第二十卷》，T54/0897b）叵，不可也。（慧苑《音義卷第二十一·新譯大方廣佛花嚴經音義卷上經卷第三》，T54/0435c）、（謝靈運《道路憶山中》注，《文選》第381頁，日藏《文選》156/307）

兮部

羲*：喜饑反。傳文作曦，俗字也。《字書》正作羲。孔注《尚書》云：羲和，日御也。（慧琳《音義卷第九十四·續高僧傳第二十三卷》，T54/0898a）

亏部①

于：《字書》：今亏字也。（《原本玉篇·亏部》第53頁）

旨部

嘗*：尚章反。《字書》正從旨作嘗。《考聲》云：嘗，美也。顧野王云：嘗，口中味之也。（慧琳《音義卷第六十六·阿毘達磨發智論卷第二》，T54/0742b）《字書》：嘗，正體字也。顧野王云：嘗，試也。《説文》云：口味之也，從甘尚聲也。（慧琳《音義卷第六十七·阿毘達磨集異門足論卷第十七》，T54/0747a）師按：既言"從旨"，字頭定作"嘗"，入《旨部》。《説文·旨部》："嘗，口味之也。從旨，尚聲。"《玉篇·甘部》："嘗，試也，又祭也。"

喜部

喜：（歖）虛紀反。《字書》古文喜字也。喜，樂也，在《喜部》。（《原本玉篇·欠部》第76頁）

豈部

鼛*：乘朗反，《埤蒼》：鼓柭也②，《字書》：鼓材也。（玄應《音義卷第二十四·阿毗達磨俱舍論第二卷》，C057/0111c、T54/0763b）

---

① 亏，《原本玉篇》抄作"亐"。

② 柭，《大正藏》本作"枛"，未知誰是。

《考聲》云：鼓匡也。《字書》：鼓材也。《説文》：從壴桑聲。（慧琳《音義卷第三十三·佛説老女人經》，T54/0529a）《埤蒼》云：鼛，鼓瓦也。《字書》：鼓材也。（慧琳《音義卷第四十二·大佛頂經第四卷》，T54/0586b）、（思坦《大佛頂如來密因修証了義諸菩薩萬行首楞嚴經卷第四》，X11/0396a）《埤蒼》：皷機也。《字書》：皷材也。（玄應《音義卷第十七·俱舍論第二卷》，C057/0019a、T54/0761a）師按：《説文·壴部》無"鼛"。

鼓部

鼙：陛迷反。……《説文》：騎鼓也，從鼓卑聲。《字書》亦作鞞也。（慧琳《音義卷第九十五·弘明集第一卷》，T54/0902b）師按：《説文·革部》："鞞，刀室也。"

鼟：毒冬反。《韻集》及《字書》並云：鼟，謂鼓聲也，或作鼟也。（慧琳《音義卷第九十九·廣弘明集音下卷》，T54/0924b）師按：《説文·鼓部》無鼟有鼟，曰："鼓聲也。"段注："《篇》、《韻》良弓切。其作冬，讀徒東、徒冬二切者，即鼟、鼟之變也。"疑《字書》之"鼟"亦鼟、鼟之變。

豈部

凱*：開改反。《字書》：游歸樂也。《古今正字》：凱，大也，從几豈聲。（慧琳《音義卷第八十三·大唐三藏玄奘法師本傳卷第六》，T54/0846c）

豆部

登：（餽）於物、於月二反。《廣雅》：餳謂之餽。《字書》亦祭登字也，登，豆飴也，在《豆部》。（《原本玉篇·食部》第95頁）師按：登，黎本作"登"不誤，無"祭"字。《玉篇》餽、餐同字。《説文·豆部》："登，豆飴也。"

虎部

虣：《字書》曰：虣，古文暴字。（鮑明遠《蕪城賦》注，《文選》第167頁，日藏《文選》154/394）師按：《説文·虎部》未見"虣"。

虤部

贙*：（泫）玄犬反。《文字典説》云：泫謂露光，從水玄聲。集從貝作賛。《字書》皆云：狩名也。（慧琳《音義卷第九十九·廣弘明集卷第二十四》，T54/0920b）師按：《説文》："賛，分別也。"

皿部

盋[*]：半末反。《字書》正作盋。服虔《通俗文》云：盋，僧應器也。録文作鉢，俗字也。（慧琳《音義卷第八十·大唐内典録第四卷》，T54/0823c）（鉢）《字書》或作盋同，即盂器也。（希麟《續音義卷第六·八大菩薩曼茶羅經一卷》，T54/0961a）師按："茶"，獅本《續音義》（六、11）作"茶"。

盪[*]：（蕩）堂黨反。《字書》正從皿作盪。《考聲》云：蕩猶除也。（慧琳《音義卷第九十二·續高僧傳第九卷》，T54/0889b）

血部

衃[*]：（膿）奴同反。經文作膿，俗字也。《字書》作衃。……《説文》云：衃，腫血也。（慧琳《音義卷第三十七·佛説雨寶陀羅尼經》，T54/0551b）《字書》正從血作衃。《説文》云：衃，腫血也，從血農省聲。（慧琳《音義卷第八十一·三寶感通録中卷》，T54/0831a）

、部

、[*]：（柱）誅縷反。《字書》正以一點爲，今借拄字用之。《説文》云：云有所紀止也。（慧琳《音義卷第三十七·陀羅尼集第一卷》，T54/0551c）師按：《説文》："、，有所絶止，、而識之也。"《音義》引《説文》疑衍一"云"字。

食部

飯[*]：（飯）符晚反。下注《禮》"飯以千"同。依《字書》，食旁作卞，扶萬反；食旁作反，符晚反，二字不同，今則混之，故隨俗而音此字。（《禮記·曲禮釋文》第643頁）師按："飯以千"當作"飯以手"。

飯：依《字書》，食旁作卞，扶萬反；食旁作反，符晚反。（同上）歐陽氏曰：按《禮記注》：飯，符晚切，云：依《字書》，食旁作卞字，扶萬切。（《韻會》卷十三，《四庫全書》238/606）

飰[*]：抹萬反。……《字書》：飰也。野王案：今並爲飯字也。

（《原本玉篇·食部》第 95 頁）

饎*：虛氣反。……《埤蒼》：饎，饋也。《字書》：餉也。或爲
䊠字，在《米部》。（《原本玉篇·食部》第 96 頁）《字書》：饎，餉
也。（玄應《音義卷第七·正法花經第八卷》，C056/0924c、T54/
0495b）、（玄應《音義卷第十三·五百弟子自説本起經》，C056/
1004b、T54/0687b）、（慧琳《音義卷第九十二·續高僧傳第九卷》，
T54/0889b）

餌*：而志反。《蒼頡篇》云：餌，食也。顧野王云：凡所食皆曰
餌。《古今正字》：餅也。《字書》云：糕也。《説文》：從食耳聲也。
（慧琳《音義卷第二十九·金光明最勝王經卷第九》，T54/0503a）
《説文》：餌，餅也。《蒼頡篇》：餌，食也。野王案：凡所食之物
也。……《字書》：餌，餘也。（《原本玉篇·食部》第 94 頁）師按：
黎本引《字書》作“餌，餘也”。《玉篇》：“餌，如志切，食也，餅
也，餘也。”不見野王案語内容。“餘”當爲“餘”之誤。

饙*：又作餴，同府云反。《字書》：蒸米也，《廣雅》：饙謂之
餐，《尒雅》：饙，稔也。（玄應《音義卷第十六·毗尼母律第四卷》，
C057/0007b、T54/0741a）……《字書》云：蒸米也。《説文》云：
餐飯也，從食賁聲也。（慧琳《音義卷第六十三·根本説一切有部律
攝卷第八》，T54/0726b）《字書》：一曰業米也。[1]（《原本玉篇·食
部》第 79 頁）一蒸米也。（《詩·泂酌釋文》第 368 頁）《字書》云：
一蒸米。（《爾雅·釋言釋文》第 1609 頁）師按：《玉篇》作“半蒸
飯”，“一蒸米”疑爲“一曰蒸米”之誤。

飪*：如甚反。……《説文》：大孰也。《字書》或爲腍字，在
《肉部》。或爲焦字，在《火部》。（《原本玉篇·食部》第 282 頁）

飤*：《字書》亦飴字也。（《原本玉篇·食部》第 81 頁）

飴：（飤）《字書》亦飴字也。（同上）

餍*：《字書》古文饜字也。（《原本玉篇·食部》第 83 頁）師
按：餍，今本《玉篇》作餍。

---

[1]　“業米”當爲“蒸米”之誤，黎本作“蒸米”。

　　饡：（屧）《字書》古文饡字也。（同上）師按：《原本玉篇》："饡：子旦反，《說文》：以羹澆飯也。""羹"，羅本原作"義"，此據黎本。

　　餐＊：蘇昆反。……《說文》：餐，餔也。《字書》：飲澆飯也。（《原本玉篇·食部》第84頁）師按："餐"當即"飧"字。《說文》"飧，餔也。"段注："按《伐檀正義》引《說文》：'水澆飯也。'"《釋文》以"飲澆飯也"屬《字林》，《伐檀正義》屬《說文》，而《原本玉篇》屬《字書》。《原本玉篇》餐、飧相屬："飧：《說文》今飧字也。""飧"當即"飧"之或體。龍璋、顧震福以"餐"爲字頭，恐誤。

　　飵＊：《字書》亦糊字也。（《原本玉篇·食部》第88頁）

　　餬：（飵）《字書》亦餬字也。（同上）

　　餕＊：《字書》亦飫字也。（《原本玉篇·食部》第88頁）師按：飫，《說文》作饇。

　　飫：（餕）《字書》亦飫字也。（同上）

　　餇＊：於縣反。《說文》：餇，猒也。……《字書》或爲嚥字，在《口部》。（《原本玉篇·食部》第89頁）

　　餈＊：《字書》古文饐字也。（《原本玉篇·食部》第91頁）師按：《原本玉篇》饐、蔇相次，《玉篇》"餈"亦爲"饐"之古文，蔇當即"餈"。今依《玉篇》作餈。

　　饐：（餈）《字書》古文饐字也。（同上）

　　餧＊：奴猥反。《論語》：耕也，餧在其中矣。鄭玄曰：餧，餓也。……《字書》或鯘字，在《魚部》。（《原本玉篇·食部》第92頁）

　　飴＊：《字書》古文飢字也。（同上）師按：《原本玉篇》飢、飴相次，飴疑當作飴，從食從兮，兮亦聲。幾、兮在段氏古韻十七部之十五、十六部，所謂"合韻最近"。《玉篇》"飢"之古文作"飰"，"乏"在七部，從"乏"之"飰"不應與從"几"之"飢"異體同字。

　　飢：（飴）《字書》古文飢字也。（同上）

鋭*：始鋭、始垂二反。《説文》：小餟也。《蒼頡篇》：門祭名也。《字書》或爲祝字，在《示部》。（《原本玉篇·食部》第 93 頁）師按：《説文》："鋭，小餟也。"段注："《方言》：'饖，餲也。'《玉篇》云：'饖同鋭。'《廣雅》：'祝，祭也。'祝亦同鋭。"

饖*：《方言》：饖，餲也。《字書》亦鋭字也。（同上）

餛*：於物、於月二反。《廣雅》：餚謂之餛。《字書》亦祭登字也，登，豆餳也，在《豆部》。（《原本玉篇·食部》第 95 頁）師按："餚"當作"餚"。[1]"登"當爲"豋"之誤，《説文·豆部》："豋，豆餳也。"

餚*：思累、翼累二反。《方言》：餳或謂之餚。郭璞曰：以豆屑雜糖也。《字書》：餚，登也。[2]（《原本玉篇·食部》第 95 頁）思累、弋累二反，《字書》：餚，登也。《方言》：餳或謂之餚餚。（玄應《音義卷第十五·十誦律第十七卷》，C056/1041c）（餚）思累反。……《字書》：餚，餐也。（慧琳《音義卷第五十八·十誦律第十七卷》，T54/0694c）

餳*：公洽反。《字書》：餳，餅也。（《原本玉篇·食部》第 95 頁）師按：《玉篇》："餳，公洽切，餌也。"

餬*：達奚反。《字書》：餬，糊也。（《原本玉篇·食部》第 96 頁）師按：餬，據切語和今本《玉篇》作"餬"。

餦*：乙景反。《方言》：餦，飽也。《字書》：餦，滿也。（《原本玉篇·食部》第 96 頁）

饟：（饟饟）女江反。《字書》：饟饟，强食也。（《原本玉篇·食部》第 96 頁）

饟*：《字書》：饟饟，强食也。（同上）

餑*：蒲突反。《廣雅》：長也。《埤蒼》：餿也。《字書》亦鬻字也。鬻，炊釜溢也，在《鬻部》。（《原本玉篇·食部》第 97 頁）師按："鬻"當作"鬻"，"鬻部"當作"弼部"。《説文·弼部》："鬻，

---

[1] 王念孫：《廣雅疏證》，江蘇古籍出版社 2000 年版，第 247 頁。

[2] 餚，本作饖，據反切作餚。"登"當作"豋"，黎本作"豋"。

炊釜瀳溢也。"段注："炊，各本作吹，今從《類篇》。……今江蘇俗謂火盛水瀳溢出爲'鋪出'，鬻之轉語也，正當作鬻字。"湘方言、西南官話（常德滄山）仍説"鋪出"。

餈*：似離反。《蒼頡篇》：餈，嫌也。《聲類》：繪也，《字書》或爲呲字，在《口部》。（《原本玉篇·食部》第97頁）師按：呲，龍輯作"呲"。

饘*：胡郭反。《呂氏春秋》：伊尹曰：甘而不餰，肥而不饘。《埤蒼》：無味也。《字書》：餌也。（《原本玉篇·食部》第98頁）師按：羅本"甘而不"下一字缺，據黎本作"餰"。《呂氏春秋·本味》作"甘而不噥"，下隔數句爲"肥而不朕"。畢沅曰："'噥'乃'噦'字之訛。"許維遹曰："'噦'爲'餰'借。《説文》：'餰，厭也。'《集韻》引伊尹曰'甘而不餰'可証。"① 畢沅又曰："'朕'，字書無考。"許維遹曰："《集韻》引伊尹曰'肥而不饘'，《酉陽雜俎》作'肥而不腜'，未知孰是？"②

餂*：達兼反。《字書》古文舔字也，舔，美也，甘也，在《甘部》。（《原本玉篇·食部》第98頁）師按：此參黎本（第301頁）。

餚*：視利反。《字書》亦嗜字也，欲也，貪也，在《口部》。（《原本玉篇·食部》第98頁）師按：羅本缺損，參黎本。

餛：△△鬼反。《埤蒼》：陳太夫子餛也，《字書》或尾字也，尾，微也。鳥獸尾也，在《口部》。（《原本玉篇·食部》第99頁）師按：被釋字作"餛"當即"餛"。《玉篇》："餛，亡鬼切，微也。"《説文》"尾"居《尾部》，"口部"疑"尾部"之誤。龍輯作"在《尸部》"。

飲*：於錦反。《字書》亦食字也，飲，歇也，咽水也，在《欠部》。或爲次字，在《水部》。（《原本玉篇·食部》第99頁）師按：《原本玉篇·欠部》："歙，猗錦反，……《説文》：'飲，歇也。'……或爲飲字，在《食部》。"據此，《原本玉篇》當作"《字

---

① 呂不韋著、陳奇猷校注：《呂氏春秋新校釋》，上海古籍出版社2002年版，第756頁。
② 同上書，第757頁。

書》亦歆字也，歆，歠也，咽水也"。

餩*：於北反。《字書》：噎也。（《原本玉篇·食部》第99頁）

饘：（繿）祛善反。……《字書》亦饘字也，蝕也，黏也，進也，在《食部》。（《原本玉篇·系部》第176頁）師按：《原本玉篇·食部》（第300頁）："饘，去善反，《廣雅》：饘，穟也。《埤蒼》：噍也。《聲類》：黏也。或爲繿字，在《系部》。"

飤*：辭自反。《字書》云：從人仰食也。《説文》作飤，從人食聲。方誌伯：飤，俗字也。（慧琳《音義卷第七十七·釋迦方誌卷下》，T54/0810a）師按："方誌伯"未知何指。

粈：（糅）女救反。《説文》云：糅亦雜也，謂相參雜也。《字書》從丑作粈，又作粈字。（希麟《續音義卷第十·續開元釋教録卷下》，T54/0979c）《古今正字》從米柔聲，《字書》正從丑作粈，亦作粈。（慧琳《音義卷第八十一·南海寄歸內法傳第一卷》，T54/0834a）

釋*：（繹）以石反。五經及《爾雅》皆作此字，本或作襗。《字書》爲釋、釋，二字同。（《爾雅·釋天釋文》第1645頁）師按：龍輯作"釋，襗"。

飼*：（猰）字亦作猰，或作窫，諸詮之烏八反。……案《字書》：飼，音噎。（《爾雅·釋獸釋文》第1708頁）

入部

内*：奴對反。《字書》：内，入也。（玄應《音義卷第七·正法花經第三卷》，C056/0923a、T54/0494c）師按：《説文·入部》："内，入也。"

缶部

缾：薄經反。《字書》云：汲器也，或作瓶。（希麟《續音義卷第四·守護國界主陀羅尼經卷第九》，T54/0950c）師按：龍輯"瓶，似缶而高。李賢《漢書·孔融傳注》汲器也。希麟《守護國界主陀羅尼經（九）音義》"一條，入《瓦部》，此據語境輯缾、瓴二字。

瓴*：（瓶）並冥反。《字書》云：瓴，汲水器也。又云：小缶也。（慧琳《音義卷第七十八·經律異相第十五卷》，T54/0815c）

《説文》曰：瓵，缶也。《字書》曰：瓵，似缶而高。（《後漢書·孔融傳注》，第2279頁）師按：《俊漢書》，龍輯作《漢書》，誤。

罃*：厄衡反。《字書》云：長頸瓶也。《説文》從缶從熒省聲也。（慧琳《音義卷第七十六·阿育王經第三》，T54/0799a）

矢部

躱*：食亦反。《字書》云：發矢前躱。①（慧琳《音義卷第三·大般若波羅蜜多經第三百三十二卷》，T54/0326a）師按：《大正藏》本作“發关前躱”，慧琳曰：“关俗作矢。”此依獅本《音義》（三、10）

矯*：居关反。正作撟。鄭玄注《周禮》云：撟，詐也。《字書》：矯，要也。（慧琳《音義卷第五·大般若波羅蜜多經第四百一十五卷》，T54/0335a）

短*：端卵反。《字書》：短，促也，不長也。《説文》：有所長短以矢爲正，故從矢豆聲。（慧琳《音義卷第六十九·阿毘達磨大毘婆沙論第一百一十三卷》，T54/0756c）

冂部

冊：（冊）楚責反。……《字書》或爲冊字，在《冂部》。（《原本玉篇·冊部》第68、109頁）

字部

覃*：澛南反。……《字書》云：深也。（慧琳《音義卷第四十九·大莊嚴論十三卷李百藥序》，T54/0635c）師按：《説文》：“覃，長味也。”

亩部

亩*：（廩）林錦反。《字書》正作亩。《周禮》：亩人掌九穀之數鮮也。《説文》云：亩，穀所振，從禾作廩。（慧琳《音義卷第九十三·續高僧傳第十六卷》，T54/0894c）師按：《説文》“廩”爲“亩”之或體重文。顧輯作“癛，作亩”。

嗇部

墙*：淨陽反。或作廧，顧野王曰：墙，垣也。《字書》云：築土

曰墻，編竹木塗塗之曰壁。《説文》從嗇，爿聲也。……杜注《左傳》云：壁，壘也。《字書》云：外露曰墻，室内曰壁。亦墻也。（慧琳《音義卷第四·大般若波羅蜜多經第三百五十卷》，T54/0328a）

麥部

麰*：（牟）麥也。《字書》作䴷。（《詩·思文釋文》第395頁）

麩*：丘語反。《字書》：麥甘粥也。《蒼頡篇》：煮麥也。（玄應《音義卷第十三·樓炭經第四卷》，C056/1012c、T54/0662b）

麩*：蠅即反。《字書》云：麩，糠也。《文字典説》云：穀麥皮也。（慧琳《音義卷第六十三·根本説一切有部尼陀律卷第三卷》，T54/0728b）

舛部

舛*：川奭反。《字書》：互也，謂差玄不齊也。或作踳也。（慧琳《音義卷第六十四·四分僧羯磨上卷》，T54/0735b）師按：《説文》：“舛，對臥也。”

鞻*：（轄）閑憂反。《字書》正作牽。車軸頭鍵也。（慧琳《音義卷第八十·大唐内典録第五卷》，T54/0824b）《字書》正作牽。《説文》云：牽，車軸端鍵也，從舛相背。（慧琳《音義卷第九十二·續高僧傳第九卷》，T54/0889c）《字書》：牽，車軸耑鍵。（《詩集傳名物鈔》卷二，《四庫全書》76/41）師按：諸“牽”字爲“鞻”之誤。

舞：（癴）劣員反。《聲類》云：癴，病也。《考聲》云：手足病也。《字書》從手作攣，或從舛作舞，音義並同。（慧琳《音義卷第九十二·續高僧傳第十卷》，T54/0890b）

韋部

鞘*：肖要反。《字書》：刀室也。（慧琳《音義卷第十四·大寶積經第五十六卷》，T54/0389a）

韛：排拜反。《説文》：吹火具也。或從韋作鞴，……《字書》云：無底袋也。（慧琳《音義卷第十六·佛説胞胎經一卷》，T54/0406c）師按：《説文·韋部》無“韛”。慧琳《音義卷第二十四·方廣大莊嚴經序品第七卷》（T54/0462b）：“鞴囊，上排拜反，《蒼頡篇》云：鞴，韋皮也。顧野王曰：所謂吹鑄冶火令熾也。”希麟《續音義·新大方廣佛花嚴經卷第十二》（T54/0942b）：“鞴囊，上排拜反，《蒼頡篇》云：鞴，韋皮也。顧野王曰：謂吹大鑄冶令熾也。”“大”當爲“火”之誤，《玉篇·韋部》：“鞴，皮拜切，韋囊也，可以吹火令熾。”

韝：史炤《釋文》曰：韝，臂衣，即臂韝也。……按《字書》臂韝之韝，旁從韋。（《通鑑釋文辯誤》，《四庫全書》312/241）師按：《説文·韋部》：“韝，臂衣也。”（段注本）段注：“各本作‘射臂決也’，誤甚。決箸於右手大指，不箸於臂。今依《文選·答蘇武書》注正。”大徐古侯切。慧琳《音義卷第十一·大寶積經第三卷》（T54/0373c）“橐囊”條：“上湯洛反，下諾郎反。《考聲》云：無底袋也。”

鞪：（埢）羈篆切。曲也。《字書》亦作觠、鞪。（《玉篇·土部》第8頁）

韐：《字書》：韐，葛合切。韎韐者，茅蒐染韋爲之以蔽膝。（《通鑑釋文辯誤》，《四庫全書》312/264）

木部

柚：餘救反。《字書》云：似橘而大，皮厚。（希麟《續音義卷第十·琳法師別傳卷中》，T54/0977b）

樺：華化反。《考聲》云：樺，木名也。《字書》作檺，又作橪。《説文》云：樺，木也。（慧琳《音義卷第七十二·阿毘達磨顯宗論第四卷》，T54/0773c）

檺*：（樺）《字書》作檺，又作橪。（同上）

橪：（樺）《字書》作檺，又作橪。（同上）

柳*：流酉反。《字書》正作柳，水名也。（慧琳《音義卷第八十·大唐内典録第四卷》，T54/0823c）師按：“水名”當爲“木名”之誤。獅本《音義》（八0.5）“操柳枝”條引《字書》“正作栁”。

楷*：《廣雅》云：楷，拭也。《字書》云：摸也。《説文》從木皆聲也。（慧琳《音義卷第九十二·續高僧傳第六卷》，T54/0887b）

師按：《説文·木部》：“楷，楷木也。孔子冢蓋樹之者。”

模*：莫胡反。《字林》云：模，法也。字從木莫聲。《考聲》云：摸形也，規模也。《字書》云：模，樣也。（慧琳《音義卷第五·大般若波羅蜜多經第四百四十卷》，T54/0337b）師按：《説文·木部》：“模，法也。”

植*：承力反。《考聲》：植，多也。《方言》：植，立也，樹也。《字書》：植，播也。《説文》：戶植也。（慧琳《音義卷第八·大般若波羅蜜多經卷第五百七十八卷》，T54/0354b）

構*：音遘。《字書》云：亦作冓。顧野王云：構，成也。（慧琳《音義卷第八十一·三寶感通録下卷》，T54/0832a）《字書》：結架也。《文字音義》：搆合也。《説文》云：作冓，象對交之形。（慧琳《音義卷第八·大般若波羅蜜多經卷第五百八十卷》，T54/0354c）師按：“結架”字據“從木從冓聲”作“構”。

榦：于岸反。王逸注《楚辭》云：榦，體也。《廣雅》：本也。《字書》亦枝也。（慧琳《音義卷第六十八·阿毘達磨大毘婆沙論第三卷》，T54/0751b）師按：“于”當作“干”，《楚辭》王注“幹”當作“榦”。

梢：所交反。《字書》云：蓊草末也。《玉篇》顧氏云：木末也。（慧琳《音義卷第三十七·襄虧梨童女經》，T54/0554b）《考聲》云：水末也。《字書》：枝末也。（慧琳《音義卷第三十七·廣大寶樓閣善住祕密陀羅尼經上卷》，T54/0550b）師按：“水末”當爲“木末”之誤。梢，龍輯作“稍”。

榮*：永兄反。《字書》：榮，盛也。……《説文》云：屋栢之間頭起著爲榮，從木從熒省聲也。（慧琳《音義卷第八十四·古今譯經圖記卷四》，T54/0850c）師按：《説文·木部》：“榮，桐木也。從木從熒省聲也。一曰屋栢之兩頭起者爲榮。”

杌*：五骨反。《韻英》云：樹無枝曰杌。《字書》：株也。（慧琳《音義卷第三·大般若波羅蜜多經第三百三十卷》，T54/0325b）（株杌）《字書》云：殺樹之餘名爲株杌。《説文》作兀。（慧琳《音義卷第十二·大寶積經卷第三十六》，T54/0381c）師按：“兀”，《大正藏》本誤作“瓦”。

杫：（陁）鸚革反。……《字書》：把頭也。（慧琳《音義卷第十五·大寶積經第一百一丨三卷》，T54/0400b）

果*：（潔）《禮記》又云：靜也，精微也。……《字書》云：煞敵曰果，致果曰毅。（慧琳《音義卷第三十五·一字奇特佛頂經上卷》，T54/0539b）

檟*：（檟桋）《字詁》古文褢、檟二形，今作阿，同烏可反。下古文桋、桋二形，今作郍，同乃可反。《字書》：褢桋，柔弱兒也。亦草木盛也。（玄應《音義卷第十九·佛本行集經第二十八卷》，C057/0046b、T54/0681b）師按：《音義》字頭本爲"檟桋"，《字書》"褢桋"當作"檟桋"，龍輯作"檟桋，柔弱兒也"。

桋*：《字書》：褢桋，柔弱兒也，亦草木盛也。（同上）師按：《說文》："桋，棠棣也。"

械*：古咸反，《說文》：械，篋也。《字書》：木篋也。（玄應《音義卷第十一·中阿含經第十八卷》，C056/0981a、T54/0651c①）胡絨、古咸二反，《說文》：械，篋也。《廣雅》：篋謂之械。《字書》：木篋也。（玄應《音義卷第十三·阿那律八唸經》，C056/1016c、T54/0663b）師按：《大正藏》本《阿那律八唸經音義》（T54/0663b）題惠琳撰。

楔*：先節反。《字書》云：楔，開物具也。鄭注《儀禮》云：楔，齒用角打也。《說文》云：楔，攑也。（慧琳《音義卷第四十九·攝大乘論卷下》，T54/0638a）

榜*：《字書》：榜，棰也。《說文》：笞擊也。（玄應《音義卷第一·大方廣佛華嚴經第五十五卷》，C056/0818b15、T54/0433a）、（惠苑《音義卷第二十三·新譯大方廣佛花嚴經卷第七十三》，T54/0454b②、（慧琳《音義卷第四十六·大智度論第十八卷》，T54/0613b）

楞：勒登反。《字書》正作棱，從木㚄聲也。（慧琳《音義卷第四

---

① 古咸反，《大正藏》本作胡讒反。
② 獅本《音義》（二三、14）："榜字宜從手也。"

十二・大佛頂經第一卷》，T54/0585b)

棱*：(楞)《字書》正作棱，從木夌聲也。(同上)

槍*：鵲羊反。《字書》正從木作槍。《倉頡篇》云：槍，木鋭兩頭也。(慧琳《音義卷第九十四・續高僧傳第十八卷》，T54/0896a)師按：慧琳《音義卷第四十二・大佛頂經第八卷》(T54/0587b)"鎗矟"條："上七羊反，俗字也，正作槍，下雙角反。"

㮐*：拳月反。《字書》作㮐，《廣疋》：橛，杙也。(慧琳《音義卷第三十七・陀羅尼集第三卷》，T54/0552a)師按：字頭顧輯作"橛"。

樘*：澤耕反。《字書》云：樘，柱也。亦作樘。《説文》：亦云柱也。(希麟《續音義卷第六・菩提場莊嚴陀羅尼一卷》，T54/0960c)、(慧琳《音義卷第三十七・無垢淨光大陀羅尼經》，T54/0551a)師按：《大正藏》(T54/0551a)校勘曰：樘＝橖。

框*：麵王反。《字書》云：框，門上下兩旁木也。《禮記》云：士不虞框也。(慧琳《音義卷第六十三・根本説一切有部尼陀律卷第三卷》，T54/0728b)

橋*：渠妖反。《考聲》云：橋，梁也。《字書》云：渡水梁也。從木喬。(慧琳《音義卷第十二・大寶積經卷第三十六》，T54/0381c)

砧：(砧)繫林反。《蒼頡篇》云：鈇也。《字書》又從攴作敁，或作砧，音訓並同。(慧琳《音義卷第八十九・高僧傳第一卷》，T54/0874b)

枯*：(枯頷)《字書》云：枯頷，瘦惡貌。(慧琳《音義卷第二・大般若波羅蜜多經第一百八十一卷》，T54/0322c)師按：《説文》："枯，槁也。"

柄*：兵命反。《字書》：執也，持也，把也。《説文》從木丙聲也。(慧琳《音義卷第八十三・大唐三藏玄奘法師本傳卷第二》，T54/0844b)《字書》云：柄，執也，持也，把也，操也。(慧琳《音義卷第三十三・佛説九色鹿經》，T54/0528a)師按：《説文》："柄，柯也。從木丙聲。棅，或從秉。"

槌*：《字書》：槌胸者，心懷悲恨，自毀其身也。（慧琳《音義卷第四·人般若波羅蜜多經第三百九十八卷》，T54/0330c）師按：《説文》：“槌，關東謂之槌，關西謂之杘。”段注：“郭云：‘槌，縣蠶薄柱也。’”

椎*：（鐘）《字書》從木作椎，與鐘字義同。（慧琳《音義卷第八十·開元釋教録第二卷》，T54/0825c）（椎匈）上墜追反。《字書》或作鐘。《玉篇》云：椎所以擊物也。《説文》從木佳聲。（慧琳《音義卷第八十六·辯正論卷第六》，T54/0860b）（樣）音羊。《廣雅》云：槌也。《字書》引《廣雅》作椎字。（希麟《續音義卷第九·破僧事卷第十》，T54/0973a）（槌曶）上直追反。俗字也，正作椎。……《字書》云：椎曶者，悲恨之極，自毀其身也。（希麟《續音義卷第四·大乘本生心地觀經卷第四》，T54/0949a）

楯：述尹反。楯，大棑也，見《字書》云。（慧琳《音義卷第八十二·大唐西域記卷第二卷》，T54/0838b）師按：顧輯作“盾，大排也”。

桸*：（研）五肩反。……《説文》作研字。《字書》作桸。（慧琳《音義卷第八十八·集沙門不拜俗議卷第三》，T54/0872b）師按：顧輯以“研”爲字頭。

棒*：白項反。俗字也。《字書》：打也。正或作棓。《考聲》：大杖也。《説文》：擊也，從木也。（慧琳《音義卷第十四·大寶積經第五十六卷》，T54/0389a）師按：《説文·木部》及其“新附”未見“棒”，慧琳既曰“俗字”，又引《説文》，疑以他書當《説文》。

槽*：音曹。《字書》云：馬櫪也。（慧琳《音義卷第十五·大寶積經第九十七卷》，T54/0396b）

橃*：煩轢反。《字書》云：海中大船也。《蒼頡篇》：橃，桴也。（慧琳《音義卷第四十五·佛藏經上卷》，T54/0607c）《字書》云：縛竹木浮於水上謂之橃。（慧琳《音義卷第十五·大寶積經第九十九卷》，T54/0396c）師按：《説文·木部》：“橃，海中大船。”《手部》：“撥，治也。”

柁*：陀賀反。《字書》正從它。《考聲》：柁，船尾也。《釋名》

云：正船尾，正船具也。（慧琳《音義卷第八十一・三寶感通録下卷》，T54/0831b）

樽：（尊）《字書》作樽。《説文》：酒器也，尊以奉之。（玄應《音義卷第十四・四分律第四十二卷》，C056/1034a）、（慧琳《音義卷第五十九》，T54/0704a）

横[*]：獲孟反。《考聲》云：不順理也。《字書》云：非理而來曰擴。《説文》從木黄聲。（慧琳《音義卷第二・大般若波羅蜜多經第七十七卷》，T54/0320b）師按：横，經本作“擴”，據反切和《説文》改作“横”。

橃：（艦）力斤反。《字書》或橃字也，橃，小艓也，在《木部》。（《原本玉篇・舟部》第 347 頁）師按：橃，本作艪，據“在《木部》”改作“橃”。

枊：（沐）莫觳反。……《管子》：沐樹之枝，曰中元天蔭。野王案：斬樹之枝也。《字書》爲枊字，在《木部》。（《原本玉篇・水部》第 377 頁）師按：《管子・輕重・戊》：“今吾沐塗樹之枝，日中無尺寸之陰，出入者長時，行者疾走。”[①]《原本玉篇》鈔寫有誤。《玉篇・木部》：“枊，都勞切，木名。”敦煌本《俗務要名林・田農部》：“枊，枊（粜）桑也。莫卜反。”校記：“斯二〇七一號《箋注本切韻》入聲屋韻莫卜反：‘枊，枊桑。’《集韻》同一小韻：‘枊，刀治桑也。’《鉅宋廣韻》‘枊桑’訛作‘初桑’，《彙考》及《郝録》從之，非是。”[②]

櫼：（礛）《字書》亦櫼字也。櫼，櫼楔也。在《木部》。（同上）師按：《原本玉篇》櫼、楔從“牛”，此依“在《木部》”作“楔”。（《原本玉篇・石部》第 481 頁）

槎：史炤《釋文》曰：搓，鉏加切，裹斫木也，又仕雅切。余按：《字書》：槎，音鉏加切者，水中浮木也。搓，音仕雅切者，裹斫木也。（《通鑑釋文辯誤》，《四庫全書》312/270）師按：《説文・木

<hr>

① 馬非百：《管子輕重篇新詮》，中華書局 1979 年版，第 702、703 頁。

② 張涌泉主編：《敦煌經部文獻合集》（第七冊），中華書局 2008 年版，第 3621、3654 頁。

部》："槎，衺斫也。""搓"疑爲"槎"之誤。

格*：《字書》：格，擊也，鬭也。(《通鑒周赧王紀音注》，《資治通鑒》第43頁)

榻*：吐盍反。《字書》云：牀榻也，從木𦐇聲。(希麟《續音義卷第八・根本説一切有部毘奈耶藥事卷第四》，T54/0967c)

梳*：（無梳）本又作梳，辭貲反。《字書》云：無梳，棆也。(《爾雅・釋木釋文》第1681頁）師按：《釋木》："棆，無疵。"郝疏："《説文》：棆，毋杶也。……按此則棆、杶雙聲兼疊韻，毋與無古字通。《説文》疵，《字書》作梳，《玉篇》、《廣韻》並作桃。"①龍輯作"無梳，棆也"。

棆：《字書》：棆：木名也。(《九家集注杜詩》卷十九《奉送郭中丞兼太僕卿充隴右節度使三十韻》注，《四庫全書》1068/342)

橦*：木名，花可爲布，出《字書》。(《廣韻》平聲東韻，第2頁）史炤《釋文》曰：橦，徒紅切，木名，花可爲布，出《字書》。余按：橦，諸容翻，木一截也。唐式，柴長三尺五寸爲一橦。(《通鑑釋文辯誤》卷九，《四庫全書》312/329/）橦，木名，花可爲布，出《字書》。(《五音集韻》卷一，《四庫全書》238/5）師按：今常德謂長條形物"一根"、"一截"爲"一筒"，"筒"疑即"橦"。

槢：《字書》：槢，堅木也。(《説文繫傳》第106頁）徐按《字書》：槢，堅木也，一曰械也。(《韻會》卷三十，《四庫全書》238/827）師按：顧輯有"折，堅木也，一曰械也。《説文繫傳》十一"一條，"折"當爲"槢"之誤，而"一曰械也"不見於今本《繫傳》"槢"。

楈：《字書》：楈亦犁柄也。(《説文繫傳》第107頁)

楑：《字書》：楑，木名也。(同上)

榃：《字書》音與杲同，姦皓反。(同上)

欚：《字書》音與拙同，木名也。(《説文繫傳》第107頁）徐曰：按《字書》音與拙同，木名也。(《韻會》卷二十七，《四庫全

① 郝懿行：《爾雅義疏》，上海古籍出版社1983年版，第1075頁。

書》238/797）

　　杶：《字書》：杶木似橒，中車轅，實不堪食。（《説文繫傳》第
108 頁）杶，敕倫切，音與春同。《説文》：木也，從木屯聲，引《夏
書》：杶榦栝柏。徐案《字書》：杶木似橒，中車轅，實不堪食。
（《韻會》卷四，《四庫全書》238/452）

　　楯：今《字書》或云即桐也。（《説文繫傳》第 108 頁）

　　枋*：《字書》：枋，檀木也。又蜀人以木偃爲枋。晉有地名枋頭。
《周禮》以爲柄字。（《説文繫傳》第 108 頁）音方。《字書》云：木
名也。（慧琳《音義卷第六十二·根本毘奈耶雜事律第二十八卷》，
T54/0724a）枋，《説文》：木，可作車。徐曰：按《字書》：檀木也，
一説蜀人以木偃魚爲枋。又地名，晉有枋頭。（《韻會》卷八，《四庫
全書》238/514）

　　枌：《字書》云：香木也。文皇時有中書舍人令狐德棻。（《説文
繫傳》第 108 頁）

　　槐：《字書》：槐，木名也。（《説文繫傳》第 108 頁）

　　樧：《字書》：又木殞落皃。（《説文繫傳》第 109 頁）

　　桎：（桎杤）《字書》：桎杤，木名。（《説文繫傳》第 110 頁）

　　杤：《字書》：桎杤，木名。（同上）

　　樏：鍇按《字書》：搭樏木，果似李。（同上）

　　搭：鍇按《字書》：搭樏木，果似李。（同上）

　　櫻：《字書》：櫻木，似樅。（同上）

　　欂：（簷邊）《字書》作欂，同以占反，謂屋梠也。（玄應《音義
卷第四·大灌頂經第八卷》，C056/0873b）師按：玄應《音義卷三十
一·大灌頂經第八卷》（T54/0518a）"簷邊" 條引《穀梁傳》劉兆：
"簷，屋梠也。" 未見《字書》。

　　柄：《字書》：小栗爲柄栗。（《説文繫傳》第 113 頁）《字書》：
小栗爲柄。《爾雅》：江淮呼小栗爲柄栗。（《韻會》卷二，《四庫全
書》238/406）

　　杷：《字書》曰：一名渠挐。（《説文繫傳》第 115 頁）《説文》：
收麥器，從木巴聲。徐按：把者所以聚也。《字書》一名渠挐，又枇

杷，栗名。（《韻會》卷七，《四庫全書》238/509）

樧：鍇按《字書》：又小矛也。（《說義繫傳》第115頁）

枓：鍇按《字書》：枓，斗有柄，所以斟水。（《說文繫傳》第115頁）《說文》：勺也，從木斗聲。徐按《字書》：枓，木有柄，所以斟水。（《韻會》卷十二，《四庫全書》238/593）師按："木有柄"疑爲"斗有柄"之誤。

欄：《字書》：絡絲樹也，栐，足也。（《說文繫傳》第116頁）

桻：《字書》：桻雙，帆上木也。（《說文繫傳》第117頁）

柷：《字書》：柷之言始也。（《說文繫傳》第117頁）徐按《字書》：祝之言始也。《書》注：柷以作樂。（《韻會》卷二十五，《四庫全書》238/761）

橇：（欘）《字書》橇音趯，踏摘行。（《說文繫傳》第118頁）

柧：《字書》曰：三稜爲柧木。（《說文繫傳》第119頁）《說文》：稜也。從木瓜聲。徐按《字書》：三稜爲柧木。（《韻會》卷三，《四庫全書》238/430）師按：柧，《韻會》作柧。

柈：一柈，按《字書》乃俗盤字之真者也。（《九家集注杜詩》卷三十二《十月一日》注，《四庫全書》1068/576）

槈：（鎒）《字書》槈字從木，經典相承從耒，久故不可改。（《五經文字》卷中，《四庫全書》224/269）師按：《廣韻》去聲侯韻槈、鎒、槈異體相承："槈，《說文》曰：'薅器也。'""槈，上同。《五經文字》云：'經典相承從耒衣，故不可改。"《說文·木部》："槈，薅器也。從木辱聲。鎒或從金。"《廣韻》之"槈"當爲"槈"之誤。

桒：舉朱切。《說文》曰：茉盂也。從入，眮聲。按《字書》又有欋，齊魯謂四齒杷曰欋。"（《六書故》二十一卷，《四庫全書》226/408）師按：《說文》："桒，茉盂也。從木，入，象形，眮聲。"（段注本）《故書故》引作"茉苗"，"桒"與器物之字相屬，故"桒"訓"茉盂"爲是。《廣韻》平聲虞韻："欋，《釋名》曰：'齊魯間謂四齒杷爲欋。'"

欋：（桒）《說文》曰：茉苗也。從入，眮聲。按《字書》又有

欋，齊魯謂四齒杷曰欋。”（同上）

　　棬：居院反，《字書》：棬，牛狗也，今江淮以北皆呼牛狗，以南皆曰棬。（玄應《音義卷第四·大灌頂經第七卷》，C056/0873b）居院反，《說文》謂牛鼻環也。《字書》：棬，牛拘也。（玄應《音義卷第十三·四自侵經》，C056/1005c）　《字書》云：棬，牛鼻環也。（《倭名類聚抄》第 323 頁）師按：《箋注》曰：“按《說文》云：‘牛棬鼻中環也。’《字書》蓋本之。”今本《說文》：“棬，牛鼻中環也。”玄應《音義卷第十二·別譯阿含經第九卷》（C056/0991c）“拘紉”：“幾愚反，《埤蒼》：棬，牛拘也。”“狗”疑爲“拘”之形誤。

　　箠：（捶）佳蘂反，《說文》云：捶，擊也。又云：捶，摘也。許叔重注《淮南子》云：捶，鍛也。從手垂聲也。《字書》或從竹作箠，又從木作棰①，掊也。（慧琳《音義》卷七《大般若波羅蜜多經音義第五百五十二卷》“捶打”）師按：此條據許啓峰《〈字書〉研究》補，參《竹部》“箠”。

東部

　　棘：鍇按《說文》舊本無音，今《字書》音瞽。（《說文繫傳》第 120 頁）

林部

　　鬱*：《字書》云：草木盛貌。正作欝字。（希麟《續音義卷第二·新花嚴經卷第十三》，T54/0942b）

市部

　　巿：鍇按《字書》：蔽巿，小兒。（《說文繫傳》第 122 頁）師按：《說文·市部》：“巿，止也。從屮盛而一橫止之也。”

　　索*：蘇各反。《字書》：索，大繩也，亦緪也，又盡也，散也。（希麟《續音義卷第二·新花嚴經卷第四》，T54/0940a）師按：“索”下龍璋僅輯“大繩”義。

　　綍：（紼）力出反。《字書》：舉棺索也。或爲綟字，在《素部》。

----

　　① 據許啓峰輯“棰”，許啓峰《〈字書〉研究》，碩士學位論文，上海師範大學，2008 年。

或爲絑字，在《糸部》。（《原本玉篇·索部》第 194 頁）師按："舉
棺"，《玉篇》作"舉船"。《説文》無"索部"，"索"歸《市部》，
故從索之字姑入《市部》。

絡：力各反。　《字説》亦絡字也。絡，纏繞也，在《糸部》。
（《原本玉篇·索部》第 194 頁）

禾部

穧：鍇曰：禾即止也。按《字書》：曲枝果也。（《説文繫傳》第
123 頁）師按：《説文》："穧，穧秋，多小意而止也，從禾從支，只
聲。一曰木也。"顧輯作"穧，枝果也"，無"曲"字。

橐部

囊*：諾當反。……《字書》：有底曰囊。《説文》從橐襄省聲，
橐音託。（慧琳《音義卷第一百·肇論下卷》，T54/0929a）《字書》
云：大曰囊，小曰橐。（慧琳《音義卷第七·大般若波羅蜜多經第五
百六十一卷》，T54/0349b）（橐）有底曰囊，無底曰橐。（《説文繫
傳》第 124 頁）徐曰：按《字書》：有底曰囊，無底曰橐。（《韻會》
卷二十八，《四庫全書》238/802）師按：《説文》："囊，橐也。"

橐*：（囊）《字書》云：大曰囊，小曰橐。（慧琳《音義卷第
七·大般若波羅蜜多經第五百六十一卷》，T54/0349b）（轞橐）上排
拜反。……亦名橐。《字書》云：無底袋也。轉注字也。（慧琳《音
義卷第十六·佛説胞胎經》，T54/0406c）有底曰囊，無底曰橐。
（《説文繫傳》第 124 頁）徐曰：按《字書》：有底曰囊，無底曰橐。
（《韻會》卷二十八，《四庫全書》238/802）

囗部

圊*：請精反。《字書》云：圊，圂也。《考聲》云：圂厠也。
（慧琳《音義卷第七十八·經律異相第十八卷》，T54/0816c）、（慧琳
《音義卷第十五·大寶積經第九十六卷》，T54/0395c）《字書》：圊亦
圂也。（慧琳《音義卷第五十三·佛説恒水經》，T54/0662c）

團：（團圖）上徒官反。《切韻》：團，圓也。下落官反。《切
韻》：團，圖也。《字書》：圖亦團也。……《説文》：似木欄也。（希
麟《續音義卷第五·菩提場所説一字頂輪王經第一》，T54/0956c）

師按：《説文》：“團，圜也。” 無 “似木欄也” 一語。

圖*：《字書》：圖亦團也。 （同上） 師按：龍璋以 “圖” 與 “圓” 列爲一條，不另起行，似與其例相違。

圓：《字書》曰：圓亦圓字也。（張衡《西京賦注》，《文選》第 40 頁；日藏《漢籍》153/240）

貝部

睽*：恥林反。《字書》云：睽，瑤也。（慧琳《音義卷第七十七·釋迦方誌卷上》，T54/0808b） 師按：瑤，龍輯作 “瑎”。

貨*：呼臥反。《切韻》：賄貨也。《字書》云：市財也，亦賣也，從貝化聲。（希麟《續音義卷第四·大乘本生心地觀經卷第四》，T54/0948c）（賹）《字書》云：古貨字。（《説文繫傳》第 126 頁）

賹：《字書》云：古貨字。（《説文繫傳》第 126 頁）

貯*：張呂反。杜注《左傳》云：貯，稸也，勒六反。《字書》：蓄準上藏也。《考聲》：貯，財也。《説文》：貯，積也，從貝宁。（慧琳《音義卷第八·大般若波羅蜜多經卷第五百八十四卷》，T54/0355a） 師按：本條引《字書》和《説文》鈔寫有誤。慧琳《音義卷第十一·大寶積經卷第三》（T54/0373c）“共貯” 條：“張呂反，《左傳》：貯，稸也，音畜，畜，藏之也。《説文》：貯，積也，從貝宁聲也。” 慧琳《音義卷第十五·大寶積經第一百二十卷》（T54/0402b）“糧貯” 條：“……杜注《傳》云：貯，稸也，蓄藏之也。《説文》：貯，積也，從貝宁聲也。” 疑引《字書》當作 “積也，蓄藏之也”。“杜注《傳》” 疑奪 “左” 字。

貽：（詒）與之反。……《字書》或爲貽字，在《貝部》也。（《原本玉篇·言部》第 13 頁） 師按：《説文·貝部》“新附”：“貽，贈遺也。”

贄：（諅）弋悊反。《字書》亦贄字也，贄字，掩也，在《貝部》。（《原本玉篇·言部》第 39 頁）

賈*：《字書》云：坐販曰賈。（慧琳《音義卷第十四·大寶積經第七十九卷》，T54/0393b）

販*：發萬反。《字書》：收賤賣貴曰販，從貝反聲。（慧琳《音

義卷第四十九·菩提資糧論第一卷》，T54/0635a）

贍*：時焰反，贍，助也。《字書》：贍，足也，謂周足也。（玄應《音義卷第五·演道俗經》，C056/0899c、T54/0536c）、（玄應《音義卷第七·慧上菩薩問大善權經上卷》，C056/0933b、T54/0412a）、（玄應《音義卷第十八·立世阿毗曇論第一卷》，C057/0033b、T54/0780b）時焰反，《字書》：贍，足也。音子喻反，供，足也，亦助也。（玄應《音義卷第二十二·瑜伽師地論第三十九卷》，C057/0086c、T54/0630a）、（潘岳《西征賦》注，《文選》第160頁、日藏《文選》154/344，[①] 嵇康《琴賦》注，《文選》第258頁、潘岳《馬汧督誄》，《文選》第787頁，日藏《文選》160/322）

賙*：之由反。……《字書》：贍也。（慧琳《音義卷第九十五·弘明集第三卷》，T54/0904a）

貣*：湯勒反。《字書》云：借物用而後還。（慧琳《音義卷第八十一·三寶感通録下卷》，T54/0831c）

賸*：繩証反。《字書》正從舟作膡。《説文》云：賸，物相贈而如也。[②]（慧琳《音義卷第八十·開元釋教録第十七卷》，T54/0829a）《字書》云：賸，餘也。（慧琳《音義卷第八十一·集神州三寶感通録第一卷》，T54/0830a）

贅*：佳芮反。《博雅》：贅亦疣也。《字書》云：風結病也。《説文》從敖從貝也。（慧琳《音義卷第四·大般若波羅蜜多經第三百八十一卷》，T54/0330a）

貪：（惏）恥南反。《字書》古文貪字也，貪，欲也，惏也，在《貝部》。（《原本玉篇·欠部》第77頁）師按：《玉篇·欠部》："惏，恥南反。欣也，惏也。"《貝部》："貪，他含切，欲也，惏也。"未言惏、貪同字。"欣"當爲"欲"之誤。

貧*：《字書》：窮也，乏也。（希麟《續音義卷第九·根本説一切有部毗奈耶破僧事卷第十》，T54/0973a）師按：《説文》："貧，財

---

① 日藏《文選·潘岳·西征賦》注："《字書》曰：賦，足也。""賦"疑爲"贍"之誤。

② 《説文·貝部》："賸，物相增加也。"

分少也。"

贗：五晏翻，《考異》曰：《宋書》作"應天子"，《宋畧》作
"鴈天子"。按《字書》：贗，僞物也。（《通鑑宋明帝紀音注》，《資
治通鑑》第1042頁）師按：《廣韻》去聲諫韻："贗，五宴切，僞
物。"《龍龕手鏡》卷二："贗，僞物。"（《通鑑宋明帝紀音注》，《資
治通鑑》第1042頁）

邑部

邠*：（豳）鄙瑉反。《字書》亦邠字也。邠，公劉邑也，在《邑
部》也。（《原本玉篇・山部》第435頁）筆岷反。《字書》亦從邑作
邠，即公劉之邑也，與豳字同。（慧琳《音義卷第八十・開元釋教録
第九卷》，T54/0827c）

郲*：《字書》郲從兩人。（《通鑒漢成帝紀音注》，《資治通鑒》
第270頁）

郂：（楂）《字書》以岐爲山名，郂爲邑名。（《說文繫傳》第128
頁）師按：據此，小徐所見《字書》有岐、郂二字。

邶：《字書》：紂都城北曰邶，南曰鄘，東曰衛。（《說文繫傳》
第129頁）

鄘：（邶）紂都城北曰邶，南曰鄘，東曰衛。（《說文繫傳》第
129頁）

鄗：《字書》：常山鄗縣。（《說文繫傳》第129頁）師按：顧輯
"山"下無"鄗"。

鄚：《字書》：河間鄚縣。北齊邢峙，河間鄚人也。（《說文繫傳》
第129頁）師按：顧輯無"北齊……人也"。

酇：鍇按《字書》：酇鄉，在南陽。（《說文繫傳》第130頁）

鄝：鍇按《字書》又邑名。（同上）

郰：鍇按《字書》：鄉，在臨邛。（同上）師按：疑當作"郰鄉，
在臨邛"。

酃：鍇按《字書》：湘東地名。（《說文繫傳》第130頁）《說
文》：長沙縣也。今衡州，從邑霝聲。按《字書》：酃淥，湘東地名，
有酃淥酒。（《韻會》卷九，《四庫全書》238/536）

邦：鍇按《字書》：縣有邦水，下入郴也。（《説文繫傳》第 130
頁）

郜：（蓋）姓，漢有蓋寬饒。《字書》作郜。[《篆注本切韻》（斯
二〇七一）入聲廿一盍，《韻書集存》第 105 頁、第 147 頁]、（《廣
韻》入聲二十八盍，第 434 頁）姓也，《漢書》蓋寬饒，《字書》作
郜。（《正字本刊謬補缺切韻》入聲廿六蹋，《韻書集存》第 619 頁）
姓也，漢蓋寬饒，《字書》作郜。（《唐寫本唐韻》入聲廿三哈，《韻
書集存》第 717 頁）蓋：姓，漢有蓋寬饒。《字書》古作郜。[《王仁
昫刊謬補缺切韻》（伯二〇一一）入聲廿一盍，《韻書集存》第 432
頁]蓋，姓也，漢有蓋寬饒，《字書》作郜。（《五音集韻》卷十五，
《四庫全書》238/346）

日部

曦*：喜猗反。《韻詮》云，赫曦，日光也。《字書》：光明盛也。
（慧琳《音義卷第二·大般若波羅蜜多經第七十七卷》，T54/0320a）

暇*：音夏。《字書》：暇猶閑也。從日假聲。（慧琳《音義卷第
十五·大寶積經第一百一十七卷》，T54/0401a）《字書》云：暇，閑
也。（慧琳《音義卷第六·大般若波羅蜜多經第五百九卷》，T54/
0343c）

暎：英敬反。《韻英》云：傍照也。《字書》云：相掩暎也，正體
從英。（慧琳《音義卷第十一·大寶積經第二卷》，T54/0372c）

映*：《尒雅》曰：庇，蔭也。《字書》曰：映，傍照也，彩間
也。言相庇相映，如五色之綺錯也。（慧苑《音義卷第二十一·新譯
大方廣佛花嚴經卷上》，T54/0436c）師按：《説文·日部》"新附"：
"映，明也，隱也。從日央聲。"

暕*：姦眼反。梁豫章王名。《字書》云：暕，名也。（慧琳《音
義卷第八十·開元釋教録第六卷》，T54/0826b）

昂：我岡反。《説文》云：從曰卬聲。《字書》從卪作昂，卬音，
同上。（慧琳《音義卷第九十三·續高僧傳第十四卷》，T54/0893b）
師按：《説文·日部》"新附"："昂，舉也。從日卬聲。"

暱*：尼窒反。《字書》正體從匿作暱。……杜注《左傳》云：

暱，親也。《説文》曰：近也，從日匿聲也。（慧琳《音義卷第六十七・阿毘達磨集異門足論卷第十一》，T54/0746c）師按：《説文》："暱，日近也。"疑慧琳所引"曰"爲"日"之誤。徐鍇曰："日月相近也。"

曏：（響）虛向反。《字書》或曏字，曏，曩也，不久也，在《日部》。（《原本玉篇・言部》第 39 頁）

昏[*]：呼昆反。孔安國注《尚書》云：昏，暗也。《考聲》云：昏，亂也。《説文》云：昏，旦冥也，……《字書》云：日居氏下曰昏。（慧琳《音義卷第七・大般若波羅蜜多經第五百四十四卷》，T54/0347b）師按：日居，龍輯作"曰居"。"日昏"疑當爲"曰昏"。

旱[*]：胡笴反。《切韻》：雨少也。《字書》：陽極也。（希麟《續音義卷第四・守護國界主陀羅尼經卷第十》，T54/0950c）

晡：《字書》云：申時食也。（湛然《法華玄義釋簽卷第十六》，T33/0932c）師按：《説文・食部》："餔，日加申時食也，從食甫聲。"

昒[*]：《字書》：昒，尚冥也。音勿。（蕭該《漢書敘傳音義》，《兩漢書匯編》第 465 頁）師按：《説文》："昒，尚冥也。"

旦部

暨[*]：其冀反。杜注《左傳》云：暨，至也。《字書》：及也。《説文》：曰頗見。從旦既聲。（慧琳《音義卷第九十五・弘明集第三卷》，T54/0903b）師按："曰"當作"日"。《説文・旦部》："暨，日頗見也。"

㫃部

旛[*]：嬾糒反。《韻英》云：旌旗總名也。《字書》：旛，旒也。今以五彩間錯或畫花菓鳥獸懸之。《説文》：旛胡也，從㫃番聲也。（慧琳《音義卷第六・大般若波羅蜜多經第五百三卷》，T54/0342b）師按：《説文》："旛，旛胡也，謂旗幅之下垂者。"（段注本）："各本作'幅胡也'，今依葉石林抄宋本及《韻會》所據本訂。……（謂旗幅之下垂者）《集韻》、《類篇》、《韻會》皆有此七字，今據補。"

斿：（游）《字書》亦斿字也，旌旗之游爲斿字，在《㫃部》。（《原本玉篇·水部》第 353 頁）

旒：力周反。《字書》：旌旗之流今爲旒字，在《㫃部》。（《原本玉篇·糸部》第 179 頁）爲素帶。以弘普端直大悲。爲旒幢，釋《字書》：旒，音呂周反，旌旗之乘車者也。（智周《法華經玄贊攝釋卷第三》，X34/0086b）師按："釋字書"之"釋"未知何意，待考。

族：（㚲）敘鹿反。《字書》古文族字也。族，類也，縣也，在《㫃部》也。（《原本玉篇·山部》第 436 頁）

月部

期*：音其。《字書》云：有程限也。（慧琳《音義卷第三·大般若波羅蜜多經第三百二十九卷》，T54/0325a）

朗：（誏）旅黨反。《字書》亦朗字也，朗，明也，在《月部》。（《原本玉篇·言部》第 41 頁）

朏：史炤《釋义》曰：朏，敷尾切，餘按《字書》：朏，敷尾切，旁從月。昢字旁從日。（《通鑑釋文辯誤》，《四庫全書》312/364）史炤《釋文》曰：朏，敷尾切，又滂佩切。餘按《字書》：敷尾之朏，其旁從月，滂佩之昢，其旁從日。（同前，第 376 頁）

有部

龒：《字書》云：又馬韁頭也。（《説文繫傳》第 137 頁）師按：《説文》："龒，兼有也。"

马部

函*：霞緘反。《字書》：盛書盛物也。今人函書、表函等是也。（慧琳《音義卷第四·大般若波羅蜜多經第三百九十九卷》，T54/0332b）

齊部

齊*：寂細反。《字書》：限也。《考聲》：分段也。（慧琳《音義卷第二·大般若波羅蜜多經第一百七十二卷》，T54/0322a）《字書》分齊之劑或作劑。（慧琳《音義卷第八·大般若波羅蜜多經卷第五百九十二卷》，T54/0355c）

束部

束：（刺）音與刺同，《字書》云：束，木芒也，銛銳也。（慧琳

《音義卷第十三·大寶積經第四十七卷》，T54/0386b）師按：龍輯作"刺束土苣也"。

棘：《字書》：棘，如棗而多刺，木堅，色赤，叢生，人多取以爲蕃，歲久而無刺，亦能高大如棗木，色白爲白棘，實酸者爲樲棘。（《詩集傳名物鈔》卷二，《四庫全書》76/35）師按：《説文·束部》："棘，小棗叢生者。"

紫：《廣雅》：紫，口也。《字書》：紫，鳥喙也。（玄應《音義卷第八·月光童子經》，C056/0942a）、（玄應《音義卷第四·菩薩處胎經第三卷》，C056/0883b、T54/0599c①）、（玄應《音義卷第十九·佛本行集經第五十二卷》，C057/0049c、T54/0683a②）、（玄應《音義卷第二·大般涅槃經第十六卷》，C056/0842b）、（玄應《音義卷第九·大智度論第十八卷》，C056/0955b③）、（玄應《音義卷第二十二·瑜伽師地論第四卷》，C057/0078c、T54/0626a）、（慧琳《音義卷第四十六·大智度論一百卷第十八卷》，T54/0612c）、（惠琳《音義卷第五十四·治禪病祕要法經》，T54/0669a）、（慧琳《音義卷第二十六·大般涅盤經第十一六卷》，T54/0474c）、（玄應《音義卷第十六·善見律第五卷》，C057/0002a08、T54/0739a）、（慧琳《音義卷第六十九·阿毘達磨大毘婆沙論第一百七十二卷》，T54/0759c）《字書》云：喙也。（慧琳《音義卷第六十二·根本毘奈耶雜事律第十卷》，T54/0719c）、（希麟《續音義卷第八·根本説一切有部毘奈耶藥事卷第七》，T54/0968c）鳥紫也。（惠琳《音義卷第七十五·修行道地經卷第一》，T54/0793c）《字書》云：觜，鳥口也。正作紫。（慧琳《音義卷第三十九·不空羂索經第八卷》，T54/0562b）（嫉）《字書》或紫字。（玄應《音義卷第十九·佛本行集經第三十五卷》，C057/0047c、T54/0682a）《考聲》云：鳥口，從此束，音刺聲。《字書》或作。（慧琳《音義卷第三十四·善敬

---

① 鳥喙，《大正藏》本玄應《菩薩處胎經音義第三卷》（T54/0599c）引《字書》作"鳥啄"。

② 《大正藏》本玄應《佛本行集經音義第五十二卷》（T54/0683a）引《字書》作"鳥啄"。

③ 《中華藏》本引《字書》亦作"鳥啄"。

經》，T54/0533c）師按：《説文·此部》："柴，識也。從此，束聲。一曰藏也。"　"鳥喙"義之"柴"當從"木芒、銛鋭"義之"束"，與"觜"從"角"取其尖鋭同意。《廣韻》平聲支韻"柴，鳥喙"之字亦當作"柴"。"束"在入聲燭部。

片部

牖*：餘紏反。《説文》：穿壁以木爲交窗也。……《廣雅》：牖，道也。《字書》：明也。（慧琳《音義卷第八·大般若波羅蜜多經卷第五百七十六卷》，T54/0353b）

牒*：（諜）恬恊反。《字書》從片作牒。傳文從言諜。（慧琳《音義卷第九十四·續高僧傳第二十四卷》，T54/0898a）師按：顧輯作"諜"。

牆*：古皇反。《字書》云：牀牆也，謂橫木也。（希麟《續音義卷第九·根本説一切有部毘奈耶破僧事卷第十四》，T54/0973c）

牋：《鈔》曰：牋，進也，盡也。《字書》云：牋表，表明使可識。（《文選》卷四十"牋"注，《集注彙存》二·431）《字書》：牋，表也，識也，書也。（《通鑑漢桓帝紀音注》，《資治通鑑》第457頁）師按：《説文·片部》無"牋"，《竹部》曰："箋，表識書也。"《廣韻》、《集韻》箋、牋同字。

禾部

秾*：（糩）賴該反。……《字書》作秾。（慧琳《音義卷第八十七·十門辯惑論卷下》，T54/0868a）

穬*：虢猛反。《字書》：穬，大麥也。或是穬穀，即稻穀之最弱者。（慧琳《音義卷第七十八·經律異相第一卷》，T54/0812a）

種：（稨）直龍反。……先種後孰曰穜。案如《字書》禾旁作重，是種稨之字，作童是穜殖之字，今俗則反之。（《周禮·内宰釋文》第440頁）師按：《説文》："種：先穜後孰也。"

秬：宋祁曰：《字書》曰：秬，黑黍，一秤二米也。（蕭該《漢書王莽傳音義》，《兩漢書匯編》第463頁）師按：《説文·鬯部》："鬯，黑黍也，一秤二米以釀也。從鬯矩聲。秬，鬯或從禾。"

稇*：準潤反。《埤蒼》云：稇，緣也。《字書》云：束稈草也。

從禾。（慧琳《音義卷第六十二·根本毘奈耶雜事律第十八卷》，
T54/0721c）（草槤）傅戀反。謹案，經意：縛草葦爲火炬燎病人，
時俗語號爲草篆，非雅言也。《字書》名草槤，音準閏反，俗字作槤。
《字統》云：束稈也。《考聲》云：束草以稈窖也。（慧琳《音義卷第
三十七·陀羅尼集第七卷》，T54/0552b）師按：《禾部》"新附"：
"稕，束稈也。""《字書》名草槤"當爲"《字書》名草稕"之誤，
龍輯稕、槤二條，今不取。

　　稸：《字書》曰：稸，積也。與畜同。（日藏《文選》155/305）
（稸積）《字書》作蓄，同勑六反，蓄，積也，眾也。（玄應《音義卷
第三十四·賢劫經第一卷》，T54/0538b）（稸積）《字書》作蓄，同
勑六反，蓄，積也，聚也。（玄應《音義卷第四·賢劫經第一卷》，
C056/0871b）（稸氣）《字書》作蓄，同勑六反，稸謂積也，聚也。
（玄應《音義卷第八·无量清淨平等覺經下卷》，C056/0943c）。

　　稢*：空外反，《字書》：麤糠也。《通俗文》：米皮曰稢。（玄應
《音義卷第二·大般涅槃經第四卷》，C056/0835a）口外反。《字書》、
《蒼頡篇》、《説文》並云：糠也，從禾會聲。（慧琳《音義卷第九十
六·弘明集第六卷》，T54/0905b）《字書》云：麤糠也。《説文》亦
糠也。（慧琳《音義卷第一百·念佛三昧寶王論上卷》，T54/0930b）、
（慧琳《音義卷第三十四·大方廣如來藏經》，T54/0536b）《字書》：
麤皮。《字統》亦云：粗糠也，穀皮也。（慧琳《音義卷第十四·大
寶積經第七十六卷》，T54/0393a）檜，《字書》空外反，麤糠皮，謂
之檜。（法云《翻譯名義集》，T54/1102c）師按："檜"當爲"稢"
之誤。獅本《音義》（一〇〇、14）"糠稢"條："口外反，《字書》
云：麤糠也。《説文》亦糠也。"

　　秠*：芳於反。《字書》云：麤糠也。（《詩·生民釋文》第361
頁）（秠）《説文》：一秠二米。……《字書》云：秠，麤糠也。《爾
雅》：穀皮也。（《韻會》卷二，《四庫全書》238/412）

　　稠*：長留反。《字書》云：禾概也，多也。（慧琳《音義卷第
十·新譯仁王經序》，T54/0365b）師按：《説文》："稠，多也。"
"概，稠也。"

穆*：《字書》云：禾長兒。（《廣韻》平聲侵韻，第 147 頁）《字書》云：禾長貌。（《五音集韻》卷八，《四庫全書》238/128）師按：字頭“穆”《廣韻》從禾簪作穆。

穩*：（氛氳）宜作菳菳，上扶云反。下《字書》作穩。同於云反。菳菳，盛兒也，亦香也。（玄應《音義卷第四十三·力莊嚴三昧經卷上》，C056/0890c、T54/0596b）師按：兒，《大正藏》本作“貌”。“盛貌”，龍輯作“感兒”。

稱*：處蒸反。《考聲》：定其輕重也。《廣雅》云：度也。《字書》云：量平也。《韻英》：程也。《説文》云：銓也，從禾再聲也。（慧琳《音義卷第八·大般若波羅蜜多經卷第五百七十五卷》，T54/0353a）師按：此《音義》“稱量”條説解。龍輯作“稱，量平也”，顧輯作“量，平也”，此從龍輯。

稍*：（稍稍）霜絞反。《韻詮》云：稍稍猶少少也，亦漸漸也。《字書》：亦數數也。（玄應《音義卷第二十四·佛説兜沙經一卷》，T54/0459c）師按：《説文》：“稍，出物有漸也。”

稯：（緵）子公反。……《字書》亦稯字也，稯，束也，十苣也，在《禾部》。（《原本玉篇·糸部》第 179 頁）師按：禾部，《原本玉篇》奪“禾”，據語境補。

穮*：（麃）《字書》作穮，同方遙反，耘也。《字林》云：耕禾間也。……《説文》云：穮，耨鋤田也。（《爾雅·釋訓釋文》第 1621 頁）師按：《説文》：“穮，耨鉏田也。”段注“各本作‘耕禾間也’，今正。《周頌釋文》引《説文》‘穮，耨鉏田也’……今本《説文》淺人用《字林》改之。”阮元《校勘記》：“唐石經單疏本、雪牕本同。《釋文》：麃，《字書》作穮。引《説文》、《字林》皆從禾。《詩·載芟》：綿綿其麃。毛傳：麃，耘也。《釋文》：綿綿，如字，《爾雅》云：麃也。《正義》曰：《釋訓》：綿綿，麃也。據此知《詩經》、《爾雅》、毛傳皆作麃，陸、孔所據《釋訓》字皆不從禾，自唐石經據《字書》增加而今本從之。”[1]

---

[1]　阮元校刻：《十三經注疏》，中華書局 1980 年版，第 2594 頁。

穭：旅，寄也。不因播種而生，故曰旅。今《字書》作穭，音呂，古字通。①（《後漢書·光武帝紀》注，第 32 頁）《字書》云：禾自生。或作穭。（《韻會》卷十二，《四庫全書》238/586）師按：《廣韻》上聲語韻："穭，自生稻也。"

稡：按《字書》：稡，子骨切，秭稡也。（《九家集注杜詩》卷十四《故著作郎貶台州司戶滎陽鄭公虔》注，《四庫全書》1068/240）師按：《廣韻》入聲沒韻："稡，臧沒切，又將律切，秭稡。"

穢＊：於衛反。《韻英》云：穢，惡也。《字書》云：不清潔也。（慧琳《音義卷第五·大般若波羅蜜多經第四百五十一卷》，T54/0338a）、（慧琳《音義卷第七十八·經律異相第十二卷》，T54/0814b）、（班固《東都賦》注，《文選》第 34 頁）《字書》：不清絜也，濁也。（慧琳《音義卷第十二·大寶積經第三十五卷》，T54/0380c）《字書》云：穢，不清潔也，惡也。（慧琳《音義卷第三十三·轉女身經》，T54/0530c）《字書》云：穢，蕪也。（慧琳《音義卷第六十六·阿毘達磨發智論卷第十一》，T54/0742c）、（班固《西都賦》注，《文選》第 28 頁；日藏《漢籍》153/155）《切韻》云：惡也。《字書》云：雜穢也。顧野王云：不潔也。又作薉。（希麟《續音義卷第九·根本説一切有部毘奈耶破僧事卷第一》，T54/0971a）（薉）於噦反。《字書》亦正從禾作穢。穢，蕪也，亦不清潔也，又惡也。（慧琳《音義卷第九十四·續高僧傳第十七卷》，T54/0897b）《字書》、《字典》云：並惡也。（慧琳《音義卷第三十四·大乘百福莊嚴相經》，T54/0533a）師按：疑當作"《字書》、《字典》並云：惡也"。

黍部

黏＊：《字書》云：黏，黏也。《説文》：相著也，從黍占聲，黏音胡。（慧琳《音義卷第十九·大方等大集菩薩念佛三昧經第十卷》，T54/0425b）《字林》云：相著也。《字書》云：糊也。（《爾雅·釋言釋文》第 1614 頁）師按：《説文》："黏，相箸也。"

---

① "旅，寄也，……古字通"一段，王應麟《玉海》卷一百九十七、卷二百所載同。

穈*：靡碑反。《考聲》云：穈，穄也。《説文》從黍從麻省
聲。……《字書》云：黍類也，似黍而不黏，或名穄。（慧琳《音義
卷第八十二·大唐西域記卷第一》，T54/0837a）師按：《説文》：
"穈，穄也。從黍麻聲。"顧輯"穈"爲字頭。

穐：（綩）△△阮反。……《字書》亦穐字也，穐，樛也，在
《黍部》。（《原本玉篇·糸部》第 176 頁）師按：綩，黎本作"口阮
反"，今本《玉篇》口阮切。

黐：（黐膠）《廣疋》：黐，黏也。《字書》：木膠也，謂黏物者
也。（玄應《音義卷第二·大般涅槃經第二十六卷》，C056/0844b）
師按：慧琳《音義卷第三十一·佛説觀普賢菩薩行法經》（T54/
0516a）"黐膠"："上恥知反，《考聲》云：黐膠，擣雜木皮煎之爲
膠，可以捕鳥也。《博雅》云：黐，黏也。《説文》從黍離聲。"

米部

粹*：雖醉反。《廣雅》：粹，純也。《周易》：純粹精也。《字
書》：精微也。《説文》從米卒聲也。（慧琳《音義卷第十四·大寶積
經第五十八卷》，T54/0390c）

精：《字書》：精，光也。（《九家集注杜詩》卷十四《贈左僕射
鄭國公嚴公武》注，《四庫全書》1068/231）師按：《説文·米部》：
"精，擇也。"《廣雅·釋詁》："精，小也。"《玉篇·米部》："精，
子盈切，《説文》曰：擇也。"《廣韻》平聲清韻："精，明也，正也，
善也，好也。《説文》曰：'擇也。'《易》曰：'純粹，精也。'子盈
切。"《集韻》平聲清韻："精，咨盈切，《説文》：擇也。"

粲：（彣）粲彣，文彰兒。出《字書》。（《唐寫本唐韻》去聲廿
八，《韻書集存》第 659 頁）師按："字"下一字殘損，僅存"亠"，
其左下小橫似"書"字第二橫畫之殘，結合《唐寫本唐韻》體例，
定該殘損字爲"書"。"去聲廿八"韻目字漫滅缺失，《廣韻》去聲翰
韻："彣，粲彣，文章兒。"《唐寫本唐韻》所缺之字或爲"翰"。

糅：鄭注《儀禮》：糅，雜也。《字書》亦作粗，音同。（慧琳
《音義卷第八十三·大唐慈恩寺三藏法師玄奘傳序》，T54/0843a）
《説文》、《字書》亦作粗，音同。（慧琳《音義卷第八十·開元釋教

録第十八卷》，T54/0829b）

粗*：（糳）女救反。《説文》云：糳亦雜也，謂相參雜也。《字書》從丑作粗，又作餡字。（希麟《續音義卷第十·續開元釋教録卷下》，T54/0979c）、（慧琳《音義卷第八十一·南海寄歸内法傳第四卷》，T54/0834a）《字書》亦作粗，音同。（慧琳《音義卷第八十三·大唐慈恩寺三藏法師玄奘傳序》，T54/0843a）師按：《説文·米部》：“粗，雜飯也。”

糠*：可郎反。《字書》云：穀皮也。（慧琳《音義卷第一百·觀心論》，T54/0932a）

檜：空外切，《字書》云：麤糠皮謂檜。知糠與檜内外麤細之别。（有嚴《法華經文句記箋難卷一》，X29/0497b）師按：《禾部》已輯“穚”，訓同。宋法云《翻譯名義集三·五果篇第三十二》（T54/1102c）：“四，檜果，《字書》空外反，麤糠皮謂之檜。”“檜”爲“檜”或“穚”之誤，龍輯作“檜，麤糠也”。

𥻟*：《字書》曰：𥻟𥼥，損米。（《廣韻》入聲燭韻，第377頁）𥼥，《字書》曰：𥻟𥼥，損米。（《五音集韻》卷十三，《四庫全書》238/290）師按：𥻟𥼥，今本《玉篇》作𥻟𥼥。《廣韻》入聲麥韻陟革切：“𥻟，黏𥻟。”《集韻》入聲燭韻：“𥼥，丑玉切，𥻟𥼥，損米也。”入聲麥韻：“𥼥，色責切，𥻟𥼥，壞米。”疑𥻟𥼥、𥻟𥼥、𥻟𥼥爲同一詞語，因形近傳鈔而誤。此依《廣韻》作“𥻟𥼥”。

𥼥*：丑厄切。《字書》云：𥻟𥼥，損米。又所責切，餅相粘。（《玉篇·米部》第75頁）、（《廣韻》入聲燭韻）、（《五音集韻》卷十三）

糊*：《字書》曰：糊，黏也。（鮑照《蕪城賦》注，《文選》第167頁，日藏《文選》154/392）

曰部

舂*：《説文》云：擣，推也，一云築也。從手壽聲。《字書》作舂𦦮。（慧琳《音義卷第六十二·根本毘奈耶雜事律第二十七卷》，T54/0723c）師按：顧輯“舂擣”，“𦦮”當爲“擣”之誤，故不輯“𦦮”而於《手部》輯“擣”。

麻部

麻*：《字書》：緆屬，一曰麻索。（《説文繫傳》第 146 頁）《字書》云：麻一絜。《説文》云：緆屬。（《廣韻》平聲侯韻，第 142 頁）《字書》云：麻一絜。《説文》云：麻屬。（《五音集韻》卷六，《四庫全書》238/125）

韭部

䪥*：《字書》曰：䪥，小蒜也。（張衡《南都賦》注，《文選》第 71 頁，日藏《漢籍》153/434）《字書》曰：䪥，百合蒜也。《説文》則曰：䪥，小蒜也。（《爾雅翼》卷五，《四庫全書》222/297）師按：《説文》：“䪥，小蒜。”段注：“《玉篇》《廣韻》皆云：‘百合蒜也。’按即《齊民要術》所云‘百子蒜’。”《字書》既承《説文》，亦收新義。

瓜部

瓤*：攘章反。《字書》云：瓤，瓜内實也。（慧琳《音義卷第三十九·不空羂索經第十八卷》，T54/0564a）

瓜*：（瓡）踰主反。《字書》正從二瓜作瓜。徐廣注《史記》云：隋嫷也。《説文》：瓜從二瓜。（慧琳《音義卷第九十四·續高僧傳第二十九卷》，T54/0900b）師按：《説文·瓜部》：“瓜，本不勝末，微弱也。從二瓜。”

瓠部

瓢*：《字書》曰：𥥓，筲也，一曰小筐，丁安反。瓢，蠡也，父麼反。（蕭該《漢書敍傳音義》，《兩漢書匯編》第 467 頁）師按：《説文·瓠部》：“瓢，蠡也。”

宀部

宔：（砫）之庾反。《字書》亦室字也，室，廣石室也，在《宀部》。（《原本玉篇·石部》第 481 頁）師按：砫，《原本玉篇》本作砇，《玉篇·石部》：“砫，之縷切，石室。”《宀部》：“宔，之庾切，宗廟宔祏也。今爲主，又砫字。”“砇”當即“砫”，“《字書》亦室字”當作“《字書》亦宔字，宔，宗廟石室也”。顧震福曰：“《説文》，宔，宗廟主石也。《集韻》：砫，宗廟石宔，亦作宔，據改。廣乃庿之誤。庿，古文廟。"

　　窓*：菀袁反。《考聲》：憎也，慊也。《字書》：仇讎也。《說文》：從宀怨聲也。（慧琳《音義卷第三·大般若波羅蜜多經第三百三十二卷》，T54/0326a）師按：《說文·宀部》："宛，屈草自覆也。……窓，宛或從心。"

　　窺：（覰）《字書》或窺字，同且若反，又叉覷反，覰，至也、近也。（玄應《音義卷第四·菩薩處胎經第一卷》，C056/0882c、T54/0599b）師按：《大正藏》本作"《字書》或作窺字，同且丞反，又差覷反。覰，至也，近也。""若"當爲"丞"之誤。

　　宴*：瞿矩反，無禮也。《字書》：宴，空也。《三蒼》：無財俗禮曰宴也。（玄應《音義卷第二十·六度集第一卷》，C057/0054b、T54/0526c）、（玄應《音義卷第一·大方廣佛華嚴經第十二卷》，C056/0816a、T54/0431c）、（玄應《音義卷第五·德光太子經》，C056/0898c、T54/0602b）、（玄應《音義卷第七·正法華經第七卷》，C056/0924b、T54/0495b）、（玄應《音義卷第八·維摩詰經下卷》，C056/0940a02、T54/0497c）、（玄應《音義卷第十二·達磨多羅禪經上卷》，C056/1000c、T54/0796a）、（玄應《音義卷第五十二·梵志阿跋經》，T54/0657c[①]）、（慧琳《音義卷第九十二·續高僧傳第十卷》，T54/0890b）師按：宴，《音義》或從宀，或從穴，《說文》作從宀婁聲。許啓峰："'宴'與'宴'同。"[②]

　　官*：△△子情邇而暢於遠，察△△一而關於多。《說文》云：以木橫持門，絆聲也。豭，呼關反。《字書》或作官。經中作關，非也。音皮免反。（慧琳《音義卷第七·大般若波羅蜜多經第五百五十卷》，T54/0348c）師按："子"、"一"爲雙行小字左右並排二字，其上有校者曰："此間原本脫四葉。"所脫文字待考。

　　寗*：（寗）奴庭反。《說文》：願辭也。野王案：今亦以爲安寧之寗，或爲寧字，部，《字書》在《穴部》。（《原本玉篇·丂部》第

　　① 此條不見於《中華藏》。

　　② 許啓峰：《龍璋輯〈字書〉所據〈玄應音義〉版本考》，《西華大學學報》（哲學社會科學版）2010 年第 4 期。

49 頁）師按：《玉篇·宀部》：“宬，奴庭切，安也，今作寧。”《原本土篇》有誤，對土案語疑當作“今亦以爲安寧之宬，《字書》或爲宬字，在《宀部》”，餘待考。

　　宀*：《字書》云：貧病也。（《廣韻》上聲有韻，第 220 頁）、（《五音集韻》卷九，《四庫全書》238/197）師按：《説文·宀部》：“宀，貧病也。”

　　寰*：戶關反。《説文》云：寰，宇也。《字書》：以四海爲寰中。（希麟《續音義卷第十·護法沙門法琳別傳卷上》，T54/0977a）

　　寀：所謂亮採，一作寀，《爾雅》云：尸寀也。寀，寮官也。郭璞云：官地爲寀，同官爲寮。義亦同。采取以奉君子，故亦用菜，猶俗食菜，《字書》又作深。《集韻》音菜，云：臣食邑，俗。（《路史國名紀注》，《四庫全書》383/334）師按：《説文·宀部》“新附”：“寀，同地爲寀。”

穴部

　　穴*：玄決反。《字書》：穴，孔子空也。（慧琳《音義卷第八·大般若波羅蜜多經卷第五百六十八》，T54/0350c）師按：“孔子空也”，疑當作“孔也，空也”。

　　窗*：俗字也，正作牕。《字書》云：助戶明也。《説文》：在墙曰牖，在屋曰囱。（慧琳《音義卷第十五·大寶積經第九十六卷》，T54/0396a）師按：《音義》此條引《字書》釋“窗”還是釋“牕”，不易遽定，龍輯作“窗”入《穴部》，顧輯作“牕”。《説文·片部》無“牕”，《囱部》：“在墙曰牖，在屋曰囱。……窗或從穴。”希麟《續音義卷第四·大乘本生心地觀經卷第四》（T54/0948c）“窗牖”條：“楚江反，案《説文》作‘窗在墙曰牖，在屋曰窗’。”

　　窠*：（窠藪）《聲類》作薖，同口和反。《字書》：窠，巢也。（玄應《音義卷第二十·六度集第一卷》，C057/0054b、T54/0526c）又作薖，同口和反。《字書》：窠，巢也。謂窠窟也。（玄應《音義卷第五十五·罪業報應教化地獄經》，T54/0671a）

　　竇*：頭侯反。鄭注《禮記》云：竇，穴也。《字書》云：水突

也。《説文》：竇，空也，從穴賣聲。（慧琳《音義卷第六十二·根本毘奈耶雜事律第三卷》，T54/0718c）

窾*：啓弔反。《字書》云：孔也。《説文》云：空也，從穴敫聲，（慧琳《音義卷第九十六·弘明集第五卷》，T54/0904c）

窒：史炤《釋文》曰：窒，音圭，甀空也。余按《字書》窒字固以‘甀下孔’爲釋，但呼門而塞甀孔，事不相關。（《通鑑釋文辯誤》，《四庫全書》312/289）

寖：（浸）《字書》或爲寖，又作浸。（慧琳《音義卷第七十二·阿毘達磨顯宗論第十一卷》，T54/0774b）師按："或作"，《音義》作"或爲"。

𡨢*：（堋）崩懵反。……《字書》又作宥。（慧琳《音義卷第九十四·續高僧傳第二十七卷》，T54/0899c）師按：據反切，宥當從穴朋聲作"𡨢"。

宜：（岨）且居反。《毛詩》：陟彼岨矣。傳曰：石山戴山曰岨。《字書》或爲宜字，在《穴部》。（《原本玉篇·山部》第430頁）

寙：（複）浮陸反。《字書》亦寙字，寙，地室也，在《穴部》。（《原本玉篇·山部》第435頁）

穽*：疾政反。古文作阱，阬也。《書》云：敜乃穽。《字書》云：陷獸曰穽。（希麟《續音義卷第三·新花嚴經卷第三十五》，T54/0945b）《字書》正從阜作阱，律從穴。（慧琳《音義卷第六十一·苾芻尼律第四卷》，T54/0715b）《字書》正從阜作阱。（慧琳《音義卷第九十二·續高僧傳第七卷》，T54/0888b）

窴*：音田，又音珍，一音陳。《字書》云：塞也。（《詩·東山釋文》第284頁）師按：《説文·穴部》："窴，塞也。從穴，真聲。"

竊*：千結反。郭注《爾雅》云：竊，淺也。《切韻》：盜也。《字書》云：私竊也，從穴采，咼聲也。（希麟《續音義卷第二·新花嚴經卷第十四》，T54/0942c）

窺*：去規反。《玉篇》：小視。《説文》云：從穴規聲也。《字書》又作闚，同。（希麟《續音義卷第九·根本説一切有部毘奈耶破僧事卷第十二》，T54/0973b）

寢部

寢*：（寤）吾庫反。《説文》同。……《字書》云：寢，睡覺
也。（慧琳《音義卷第八·大般若波羅蜜多經卷第五百七十六卷》，
T54/0353b）師按：《説文》：“寢，寐而覺者也。……”段注：“今字
假夢爲之，夢行而寢廢矣。”

寤：（寤）然寤字去八，《字書》乃以爲寤睡之字，音云五盍反，
冝作覺字也。（慧苑《音義卷第二十二·新譯大方廣佛花嚴經音義卷
中》，T54/0445c）師按：《説文》：“寤，寐覺而有言曰寤，……一曰
晝見而夜寢也。”（段注本）

疒部

痕*：胡根反。《字書》：傷瘢曰痕。《説文》：痕，瘡腫瘢也，從
疒艮聲也。（慧琳《音義卷第四·大般若波羅蜜多經第三百九十九
卷》，T54/0332a）師按：《説文》：“痕，胝瘢也。”

痰*：徒南反。《字書》云：痰，胷中病。（慧琳《音義卷第五·
大般若波羅蜜多經第四百一十四卷》，T54/0334b）師按：《説文·疒
部》無“痰”，《廣韻》平聲談韻：“痰，胷上水病。”

癘*：力滯反。……《字書》：大風病也。《説文》：惡病也，從
疒。（慧琳《音義卷第十三·大寶積經第四十二卷》，T54/0384c）

瘰*：（瘰癧）郎果反。《字書》曰：筋結病也。（希麟《續音義
卷第六·大寶廣博樓閣善住祕密陀羅尼經卷上》，T54/0960a）

癧*：《字書》曰：筋結病也。（同上）

癬*：先剪反。《左傳》云：皮毛無疥，癬也。《字書》云：癬，
風瘡也。《説文》云：癬，干瘍也。（慧琳《音義卷第二十·寶星陀
羅尼經第十卷》，T54/0431a）

疕：張揖《雜字》作痂，《字書》作疕，同古和反。《蒼頡篇》：
疕，禿也。《韻集》曰：瘡病也。春發者謂之燕疥，秋發者謂之鴈疥。
（玄應《音義卷第十八·解脱道論第七卷》，C057/0029a、T54/
0782a）

疣*：有休反。《字書》云：疣，病也。《考聲》云：皮上風結
也。（慧琳《音義卷第九十四·續高僧傳第二十七卷》，T54/0899c）

瘠*：（瘦瘠）情亦反。《考聲》：瘦也。《字書》：瘦瘠，病也，弱也。亦作膌。（慧琳《音義卷第九十一·續高僧傳卷第五》，T54/0886b）

痤*：坐和反。《文字集略》云：痤，小腫也。《字書》云：癤也。（慧琳《音義卷第六十三·根本説一切有部百一羯磨第一卷》，T54/0727c）

疼：動紅反。《廣雅》云：疼，痛也。《釋名》云：疼，痹也。《説文》從疒冬聲。《字書》亦作痋，又作痳，訓釋並同。（慧琳《音義卷第五十五·佛説八師經》，T54/0671b）師按："痳"疑從目作眹，參《目部》。《説文·疒部》無"疼"。

痋*：（疼）《字書》：亦作痋，又作痳，訓釋並同。（同上）師按：《漢語大字典》（第1235頁）"痋，《説文》：'痋，動病也。從疒，蟲省聲。'王筠句讀改作'動痛也'。段玉裁注：'痋即疼字。'"又註明"同'疼'"。

瘶*：桑奏反。《考聲》云：……氣沖喉病也。《埤蒼》云：寒熱爲病也。《字書》云：肎鬲中疾也。（慧琳《音義卷第六十六·阿毘達磨法蘊足論卷第六》，T54/0743c）（嗽）蘇奏反。俗字也，正作瘶。《考聲》：氣沖喉也。《字書》：肎鬲痰病也。（慧琳《音義卷第十四·大寶積經第五十七卷》，T54/0389c）師按：《法蘊足論》字頭"瘶"，《音義》作"欶"。

癴：（攣）劣員反。《聲類》云：癴，病也。《考聲》云：手足病也。《字書》從手作攣，或從舛作孿，音義並同。（慧琳《音義卷第九十二·續高僧傳第十卷》，T54/0890b）

瀆：（讟）徒木反。……《字書》或爲瀆字，在《疒部》。（《原本玉篇·誩部》第247頁）師按：《玉篇·疒部》無瀆有痥："痥，徒木切，怨痛也，誹也。亦作讟。"

痥*：《字書》云：怨痛也。（《廣韻》入聲屋韻，第366頁）、（《五音集韻》卷十三，《四庫全書》238/283）

疲*：符羈反。《韻集》云：勞也。《字書》：亦倦也。《説文》云：從疒皮聲也。（希麟《續音義卷第九·根本説一切有部毘奈耶出家事卷第五》，T54/0974c）師按：《説文》："疲，勞也。"

痕*：（痕）祈支反，或丁禮反。本作疲，《字書》云：疲，病也。（《爾雅・釋詁釋文》第1601頁）師按：龍輯字頭作疲。《説文》："痕，病不翅也。"（段注本，《繫傳》無"也"），大徐本作"痕，病也"。段注："翅同啻，《口部》'啻'下曰：'語時不啻也。'《倉頡篇》曰：'不啻，多也。'古語'不啻'，如楚人言'夥頤'之類。《世説新語》云：'王文度弟阿至惡乃不翅。'晋宋間人尚作此語。……《爾雅・釋詁》、《詩無將》、《大車》、《白華》傳皆云：'痕，病與。'"大徐渠支切，據反切及義訓字頭當作"痕"。

瘧*：魚約反。《切韻》：疟疾也。《字書》從疒虐聲。（希麟《續音義卷第六・佛説除一切疾病陀羅尼經一卷》，T54/0960c）

痕*：（脹）豬亮反。《切韻》：脹，滿也。《左傳》：痛也。《字書》作痕。（希麟《續音義卷第八・根本説一切有部毘奈耶藥事卷第十二》，T54/0969c）《字書》亦作痕。（《玉篇・肉部》第36頁）、（《四聲篇海・肉部》，《續修四庫》229/523）痕，《字書》云：痕，腹滿也。（《倭名類聚抄》第198頁）師按：顧輯無"腹"。狩谷望之《箋注》曰："按《玉篇》脹，《字書》亦作痕。按成十年《左傳》：'張如厠。'注：'張，腹滿也。'……《字書》訓'痕'爲'腹滿'者，蓋依《左傳》注也。又按《左傳》'張如厠'者，謂飽食腹滿，非病名。"

癥*：（微）如字。《字書》作癥。《三蒼》云：足創。（《爾雅・釋訓釋文》第1624頁）師按：《説文・疒部》無"癥"。

癩*：落代反。《字書》云：惡疾也。（希麟《續音義卷第六・佛母大孔雀明王經卷中》，T54/0958c）

瘁：鍇按《字書》：寒噤也。（《説文繫傳》第153頁）所錦切，音與審同，寒病也，從病辛聲。徐按《字書》：寒瘵也。（《韻會》卷十六，《四庫全書》238/644）

疢：鍇按《字書》：尤舊反。（《説文繫傳》第153頁）師按：《説文》："疢，顛也。"

痙：鍇按《字書》：中寒體強急也。（《説文繫傳》第 154 頁）

癰*：又作癕，同於恭反。《字書》云：癰，瘑也。《玉篇》：腫也。（希麟《續音義卷第六·佛母大孔雀明王經卷中》，T54/0958c）

疹：史炤《釋文》曰：疹，章忍切，癮疹也，一曰脣瘍。余按：《字書》：癮疹之疹，章忍切，尫疹之疹，醜刃翻。（《通鑑釋文辯誤》，《四庫全書》312/296）

癡*：恥知反。《蒼頡篇》：癡，騃也。《字書》：頑也。《説文》：不慧也，從疒疑聲也。（慧琳《音義卷第三·大般若波羅蜜多經第三百三十七卷》，T54/0326c）師按："三百三十七"，龍輯作"二百三十七"。

冃部

冒：（帽）毛報反。《字書》正作冃。鄭注《尚書大傳》云：冃，覆也。（慧琳《音義卷第九十二·續高僧傳第九卷》，T54/0889a）《字書》云：冒謂冠也。（慧琳《音義卷第八十九·高僧傳第五卷》，T54/0877a）

𦉰部

𧇭：（篰）鍇按《字書》：𧇭爰，簡牘也。（《説文繫傳》）（蔀）《説文》云：籀，𧇭爰也。徐鍇曰：《字書》：箈箋，書牘也。《玉篇》：籀，竹牘也。（《箋注》第 274 頁）籀：《説文》曰：滿爰也。《博雅》：滿爰，籀也。徐鍇曰：按《字書》：滿爰，簡牘也。（《六書故》二十三卷，《四庫全書》226/433）師按：《説文·竹部》："籀，𧇭爰也，從竹，部聲。"《𦉰部》："𧇭，平也。"

网部

冈：（紅）無仰反。《字書》亦冈字也，冈，羅也，在《冈部》。（《原本玉篇·系部》第 180 頁）師按："冈"即"网"。①

罜*：又作䍡，同胡卦反，《字書》：網礙也。（玄應《音義卷第二·大般涅槃經第三十二卷》，C056/0845c）、（玄應《音義卷第三·摩訶般若波羅蜜經第一卷》，C056/0850c、54/0358c）、（玄應《音義

---

① 參張涌泉《漢語俗字叢考序》。

卷第六・妙法蓮華經第四卷》，C056/0914a）、（玄應《音義卷第十四・四分律第一卷》，C056/1021c）、（慧琳《音義卷第二十七・妙法蓮花經第四卷法師品》，T54/0490a）、（慧琳《音義卷第二十七・妙法蓮花經第四卷法師品》，T54/0490a）、（慧琳《音義卷第五十九・四分律第一卷》，T54/0698c）、（樓復《法華經玄贊要集卷第三十一・法師品》，X34/0849a）又作罥、絓二形，同胡卦反。《字書》云：罜亦礙也，謂絹礙也。（希麟《續音義卷第二・新花嚴經卷第五》，T54/0940a）

罥：（弳）《字書》：施罝於道曰弳，以繩取物曰罥。（慧琳《音義卷第五十八・僧只律第十九卷》，T54/0692b）

羈*：居宜反。《字書》云：絆也。《韻集》云：絡馬頭革帶也。（希麟《續音義卷第一・大乘理趣六波羅蜜多經卷第一》，T54/0935a）《字書》云：係也。《考聲》云：馬勒也。《說文》作羈，馬絡頭也。（慧琳《音義卷第十五・大寶積經第一百二卷》，T54/0397a）馬絡頭也。（《後漢書・魯恭傳注》第876頁）、（《通鑒漢和帝紀音注》，《資治通鑒》第401頁）

罹*：里知反。《爾雅》：罹，毒也。《考聲》：罹，遭也，被也。《字書》：心憂也，從网惟聲。（慧琳《音義卷第八十二・大唐西域記卷第二卷》，T54/0838b）

罩*：嘲教反。《字書》云：罩，覆也。郭注《爾雅》云：罩，即捕魚籠也。《說文》：捕魚籠也。（慧琳《音義卷第八十九・高僧傳第五卷》，T54/0876c）

罕*：呵懶反。《說文》：网也，從网干聲。《字書》：希也，少也。（慧琳《音義卷第十四・大寶積經第五十六卷》，T54/0388c）

罬：（繴）補戟反。《爾雅》：繴謂之罿，罿謂之罬。……《字書》或爲罬字，在《网部》。（《原本玉篇・系部》第166頁）師按：《玉篇》"繴"下曰"或作罬"，《网部》："罬，被革切，罿也。"

罝*：《字書》：罝，立也。（《後漢書・光武紀注》，《四庫全書》252/51）師按：中華書局點校本《光武紀注》不見引《字書》。

罵*：麻暇反。《考聲》云：罵，以惡言相詈辱也。《左氏傳》

云：失弓而罵也。《字書》云：罵也。（慧琳《音義卷第六十六·阿毘達磨法蘊足論卷第六》，T54/0744a）師按：《字書》當有奪誤。

卯*：（罶）力九反。《字書》作卵。（《爾雅·釋器釋文》第1631頁）

襾部

覂：（庀）方拱反。《字書》或覂字也，覂，覆也，在《襾部》也。（《原本玉篇·广部》第458頁）師按：《玉篇·襾部》："覂，方腫切，《漢書》'大命將覂'，謂覆也。或作庀。"與《原本玉篇》相符。《説文》："覂，覆也。"

巾部

帽*：毛報反。《字書》：帽亦冠也。（慧琳《音義卷第八十三·大唐三藏玄奘法師本傳卷第五》，T54/0845c）《字書》云：冒謂冠也。（慧琳《音義卷第八十九·高僧傳第五卷》，T54/0877a）《字書》正作冒。（慧琳《音義卷第九十二·續高僧傳第九卷》，T54/0889a）《字書》云：雨中行頂蓋也。《説文》作冒，蠻夷小兒頭衣也。（慧琳《音義卷第六十五·五百問事經》，T54/0736c）

幃*：宇威反。《字書》云：幃，幔類也，帳傍曰幃。或從巾作帷。《説文》從巾韋聲也。（慧琳《音義卷第四·大般若波羅蜜多經第三百九十八卷》，T54/0331c）

帥*：衰類反。《字書》云：統領。（慧琳《音義卷第五·大般若波羅蜜多經第四百四十五卷》，T54/0337c）

帶*：德奈反。《考聲》：帶，束也。《字書》：繫也。《説文》：紳也，男子服革，婦人絲，象繫佩之形而有巾，故帶字從巾（慧琳《音義卷第八·大般若波羅蜜多經卷第五百九十二卷》，T54/0355c）帶，繫也。《説文》云：帶，紳也，男子服革，婦女服絲，象繫佩之形而有巾。（慧琳《音義卷第五·大般若波羅蜜多經第四百四十九卷》，T54/0338a）

幬*：狗侯反。《釋名》云：幬，單衣之無胡者也。《字書》：上衣也。（慧琳《音義卷第八十七·崇正録第一卷》，T54/0864c）《字書》曰：幬，上衣。（張衡《南都賦》注，《文選》第71頁，日藏《文

選》153/438）

標*：必遙反。《説文》：幟也。《字書》：竿頭也。正體從巾，票聲也。（慧琳《音義卷第十四·大寶積經第五十六卷》，T54/0389c）

幟*：尺志反。……《字書》云：旌表也。（希麟《續音義卷第五·金剛頂真實大教王經卷下》，T54/0955a）《字書》云：幟謂標上幡也，從巾戠聲也。（希麟《續音義卷第七·文殊師利根本大教王經金翅鳥王品》，T54/0965c）《字書》云：幟，謂標上幡也。（慧琳《音義卷第三十六·大毘盧遮那經第三卷》，T54/0546c）

帕*：莫格反，《方言》：南楚江湘之間曰帕頭，自關西秦晉之間曰絡頭。《字書》：帕，領巾也。（玄應《音義卷第十三·樓炭經第二卷》，C056/1012c、T54/0662b）《字書》：帕，頭巾也。（《晉書音義》卷上，《四庫全書》256/1016）師按：帕、帕疑爲異寫字。《説文·巾部》及“新附”無帕（帕）。

幗*：《字書》：幗，古獲翻，婦人喪冠也。又古對翻。（《通鑒魏明帝紀音注》，《資治通鑒》第596頁）

帛部

毵*：（毿）貪覽反。《考聲》云：毿，織毛爲之，出吐蕃中。《字書》亦從帛作毵，或從係作縿，音義同。（慧琳《音義卷第八十一·南海寄歸内法傳第二卷》，T54/0833b）師按：顧氏輯“毿”爲字頭。

白部

的：（約）《字書》曰：約，亦的字也。都狄切。的，琴徽也。（枚乘《七發注》，《文選》第479頁，日藏《文選》157/288）師按：《説文·白部》無“的”。《玉篇·白部》：“的，丁激切，遠也，明見也，射質也。”

皭：《字書》：疾雀切。皭字，《埤蒼》曰：白色也。（《通鑑釋文辯誤》，《四庫全書》312/283）

皪：（玓皪）丁歷，下《字書》作皪，同力的反，《説文》：玓皪，明珠色。（玄應《音義卷第五·濡首菩薩無上清淨分衛經下卷》，C056/0893c）（玓皪）丁歷反，下《字書》作皪，同零均反。《説文》：玓瓅，明珠色。（慧琳《音義卷第十・濡首菩薩無上清淨分衛經下卷》，T54/0364a）師按：玄應《音義》"丁歷"下奪"反"，慧琳《音義》"礫"當爲"瓅"之誤。慧琳《音義卷第九十九・廣弘明集卷第二十九》（T54/0923c）"的瓅"："上丁歷反，下零的反。《説文》：玓瓅，明珠色也。"龍璋所輯，以朐、礫、臁等字相屬，"礫"入《肉部》，可商。

尚部

敝＊：毘袂反。杜注《左傳》云：敝，困也，劣也。《蒼頡篇》：極也。《字書》：敗也。《説文》：作㡀，敗衣也。（慧琳《音義卷第三・大般若波羅蜜多經第三百三十卷》，T54/0325b）

黹部

綷＊：《字書》亦黺字也。（《原本玉篇・黹部》第192頁）

黺：（黺）《字書》亦黺字也。（同上）師按：《説文・黹部》："黺，會五采繒也。"（段注本）《原本玉篇》黺、綷異體相屬："黺，子内反，《説文》：會五采繒也。或爲綷字，在《巾部》。""綷，《字書》亦黺字也。""黺"、"綷"爲異體，所引《説文》訓釋與今本相同，而"黺"不見於今本《玉篇・黹部》，其右旁所從爲何，待考。據《原本玉篇》，訓"會五采繒"者爲"黺"而非"綷"。段注引《大人賦》"綷云蓋"、《吳都賦》"孔雀綷羽以翶翔"按曰："綷，或黺字。"

人部

僮＊：童，如字。《字書》作僮。（《易・蒙釋文》第78頁）呂《音訓》：……童，陸氏曰：《字書》作僮。鄭云：未冠之稱。（《周易會通》卷二，《四庫全書》26/201）

傀＊：（瑰）鱠回反。《毛詩傳》云：瑰，石之次玉者也。……《字書》又作傀。（慧琳《音義卷第八十・開元釋教録第七卷》，T54/0827a）

伺：司恣反。鄭注《周禮》云：伺，察也。顧野王云：候也。《字書》：覗，青預反。《蒼頡篇》作伺。《廣雅》作覗，三人相候也。（慧琳《音義卷第一・大般若波羅蜜多經卷第四》，T54/0315b）師按：龍輯作“覰，青預反”，據語境，“覰”爲“伺”之訓釋語，故輯“伺”爲被釋字。《音義》引《字書》似有奪。

倡：《字書》：倡亦唱字也。（《文選·左太冲·魏都賦》注，日藏《文選》153/646）

俍：（俍戾）上音恨，下音麗。《字書》：勃惡也。從人，艮聲也。（慧琳《音義卷第十二·大寶積經第三十二卷》，T54/0379c）

仂*：六翼反，《字書》：仂，勤也。今皆爲力字。（玄應《音義卷第七·哀泣經上卷》，C056/0933b）、（玄應《音義卷第八·維摩詰經下卷》，C056/0940b、T54/0497c）

假*：耕雅反。《字書》云：不真也。（慧琳《音義卷第四·大般若波羅蜜多經第四百六卷》，T54/0333b）

儁*：遵峻反。杜預注《左傳》云：儁，絕異也。《玉篇》、《字書》與俊字同。（慧琳《音義卷第九十二·續高僧傳第七卷》，T54/0888c）

俊：（儁）遵峻反。杜預注《左傳》云：儁，絕異也。《玉篇》、《字書》與俊字同。（同上）

㑣*：（娠）失真反。《字書》正從人作㑣。《廣雅》云：㑣即孕，重任娠也。娠、㑣音義同。《説文》從人從身聲。（慧琳《音義卷第九十三·續高僧傳卷第十五》，T54/0894b）師按：《説文》：“㑣，神也。”

夾*：寧効反。《字書》云：夾，亂也。（慧琳《音義卷第二十·寶星陀羅尼經第三卷》，T54/0429b）《字書》：夾，人多擾擾也。《説文》從市從人也。俗作閙。（慧琳《音義卷第三十一·佛説首楞嚴三昧經下卷》，T54/0515c）《字書》云：市人猶猥擾也。（慧琳《音義卷第三十四·菩薩修行四法經一卷》，T54/0533b）《字書》云：吏人多㩫㩫也。《考聲》云：人誼多也。（慧琳《音義卷第八十·開元釋教録第六卷》，T54/0826c）師按：《説文·人部》、《冂部》無“夾”。據慧琳《佛説首楞嚴三昧經音義》（T54/0515c），《菩薩修行四法經音義》（T54/0533b）“市人”當爲“夾”，下奪“人”字，《開元釋教録音義》（T54/0826c）“吏人”之“吏”爲“夾”之誤。

佻*：聽遼反。《字書》：佻，輕也。《廣雅》：佻，伕也。《爾雅》：佻，偷也。苟且也。（玄應《音義卷第五·等目菩薩所問經上卷》，C056/0891b、T54/0460a）、（陳琳《爲袁紹檄豫州》注，《文選》第616頁，日藏《文選》158/529）、（《後漢書·袁紹傳注》，第2394頁）

傲*：《字書》：倨也，從人敖。（慧琳《音義卷第七十九·經律異相卷第三十》，T54/0818b）《字書》：傲，倨見傷也。（慧琳《音義卷第四十六·大智度論第七十二卷》，T54/0615b）《字書》云：傲亦倨也。（慧琳《音義卷第三十·寶雨經第二卷》，T54/0506b）《字書》：倨也。（慧琳《音義卷第六十九·阿毘達磨大毘婆沙論第一百七十三卷》，T54/0759c）、郭璞《江賦》注，《文選》第189頁）

伶：費本注曰：伶，爐斤切。《説文》：弄也。余按《字書》：伶，郎丁翻，無從爐斤切者，炤釋用《説文》而音切則妄自爲之。（《通鑑釋文辯誤》，《四庫全書》312/333）

僕*：蓬木反。《字書》云：僕，役也。（慧琳《音義卷第四十·阿唎多羅陀羅尼阿魯力品》，T54/0570c）

偃*：烏訝反。《字書》：偃，倚也。今言偃息、偃臥皆是也。（玄應《音義卷第十·大莊嚴經論第二卷》，C056/0964c、T54/0636b）於訝反，《字書》：偃，倚也。字從人，偃息也。（玄應《音義卷第十九·佛本行集經第二十四卷》，C057/0045b、T54/0680c）、（慧琳《音義卷第七十四·僧伽羅刹集下卷》，T54/0790c）、（慧琳《音義卷第四十·大力金剛經》，T54/0572b）

覬*：《字書》或作窺字，同且委反，又差覲反。覬，至也，近也。（玄應《音義卷第四十四·菩薩處胎經第一卷》，T54/0599b）

傾*：犬營反。《字書》：傾亦隤也。《古今正字》：厌也，從人頃聲也。《説文》從阜作陾，訓用並同。（慧琳《音義卷第六十·根本説一切有部毘奈耶律第十二卷》，T54/0709a）師按："項"當作"頃"。

偲*：采鰓反。《字書》正思字，偲，從思，故者也。（慧琳《音義卷第九十四·續高僧傳第二十五卷》，T54/0898c）

愒*：竭焉反。《考聲》云：愒，過也。《字書》云：愒字正從人

從心开聲也。（慧琳《音義卷第七·大般若波羅蜜多經第五百四十九卷》，T54/0348b）

恢[*]：（憺怕）《字書》或作恢，同徒濫反。《説文》：憺，安也，謂憺然安樂也。憺亦恬靜也。經文作恢，徒甘反。《説文》：恢，憂也。（玄應《音義卷第六·妙法蓮華經第三卷》，C056/0913b）《字書》作恢，亦徒濫反。（慧琳《音義卷第二十七·妙法蓮花經序品第一化城喻品》，T54/0489b）、（窺基《妙法蓮華經玄贊卷第七》，T34/0791c）

使：（岒）所幾反。《字書》古文使字也。使，從役也，狇也，在《人部》。（《原本玉篇·山部》第436頁）

俟：（庹）助雉反。《字書》或俟字也，俟，待也，在《人部》。（《原本玉篇·广部》第460頁）

硾：（硾）除爲反。《埤蒼》：硾，鎮也。野王案：鎮筙之也。《呂氏春秋》"硾之以石"是也。《字書》或爲硾字，在《人部》。以繩有所懸爲縋字，在《糸部》。（《原本玉篇·石部》第478頁）

伉[*]：（伉儷）上苦浪反，下郎計反。《字書》云：等也，又敵也。顧野王云：不能庇其伉儷是也。（希麟《續音義卷第九·根本説一切有部毘奈耶破僧事卷第十》，T54/0973b）師按：今本《玉篇·人部》："伉，去浪切，《左氏傳》云：已不能庇其伉儷。伉，敵也。"《左傳·成公十一年》："己不能庇其伉儷而亡之。"杜注："伉，敵也。"希麟引野王説乃《左傳》語。

儷[*]：（伉儷）郎計反。《字書》云：等也，又敵也。（同上，T54/0973b）

佛[*]：《字書》曰：佛，違也。佛，扶勿切。（東方朔《非有先生論》注，《文選》第710頁）

僭[*]：《字書》曰：僭，假也。（潘岳《爲賈謐作贈陸機》注，《文選》第350頁，日藏《文選》156/87）師按："僭"，龍輯作"借"。《爲賈謐作贈陸機》"僭號稱王"，據語境當作"僭"。《集注彙存》（一·320）："潘安仁《爲賈謐作贈陸機》詩：'南吳伊何僭兮稱王。'李善曰：'《字書》曰：僭，假也。'"

傴*：（僂）力主反。《字書》云：傴僂，疾也。《切韻》云：僂，
曲也。《玉篇》：曲行也，從人婁省聲。（希麟《續音義卷第九·根本
說一切有部毘奈耶破僧事卷第三》，T54/0971c）師按：慧琳《音義
卷第二·大般若波羅蜜多經第一百八十一卷》（T54/0322c）"背僂"：
"力矩反，《考聲》云：傴僂，俯身也。《廣雅》：曲脊也。《説文》：
厄也。從婁省聲也。"慧琳《音義卷第二十六·大般涅盤經第十二卷》
（T54/0473b）"背僂"："力矩反，《廣雅》：曲背也。《通俗文》云：
曲脊謂之傴僂。"

僂*：力主反。《字書》云：傴僂，疾也。（同上）

仇*：《字書》：仇、讎，皆匹也。《説文》：仇，讎也。讎，猶應
也。（《通鑒秦昭襄王紀音注》，《資治通鑒》第 67 頁）

偞*：《字書》偞字。（《玉篇·人部》第 12 頁）師按：《玉篇》
偞、偞相次。

傗*：《字書》侚字。（《玉篇·人部》第 13 頁）師按：《玉篇》
侚、傗相次。

傄*：《字書》同傄。（《玉篇·人部》第 13 頁）師按：《玉篇·
人部》傄、傄相次："傄，桑截切，小聲也。""傄，《字書》同上。"
據此，《字書》當有"傄"。

傄：（傄）《字書》同傄。（同上）

妖*：乙小切。《字書》云：厄也。（《玉篇·人部》第 14 頁）

儷*：《字書》儷同，偶也。（《玉篇·人部》第 14 頁）儷，《字
書》作儷，義同。（《四聲篇海·人部》，《續修四庫》229/519）師
按：《玉篇》儷、儷相次："儷，呂詣切，偶也。""儷，《字書》
上同。"

儷*：（儷）《字書》儷同，偶也。（同上）

㑊*：《字書》曰：㑊傯，窮困也。給，足也。（《後漢書·卓茂
傳注》第 873 頁）師按：龍輯無"給，足也"，據今本標點，"給，
足也"屬"《字書》曰"。

傯*：《字書》曰：㑊傯，窮困也。給，足也。（同上）

仗*：直兩反。《字書》云：儀仗也。（希麟《續音義卷第三·新

花嚴經卷第三十六》，T54/0945b)

偛*：楚洽切。《字書》云：偛傃，小人，一曰偛恜，鬼黠也。（《玉篇·人部》第 15 頁）師按：《玉篇》偛、傃不相屬。《廣韻》入聲叶韻："恜，偛恜，小人皃。"入聲洽韻："偛，側洽切，偛傃，小人。"《漢語方言大詞典》"偛"音 zhǎ，其"偛傃"條："〈形〉強橫；兇暴；強暴。中原官話。山東曲阜。清桂馥《劄樸·鄉言正字》：'強梁曰～。'"①

傃*：《字書》云：偛傃，小人，一曰偛恜，鬼黠也。（同上）

佔*：丁兼切。《字書》云：佔侸，輕薄也。（《玉篇·人部》第 15 頁）師按：《玉篇》佔、侸相次："侸，丁候切，佔侸。"

侸*：《字書》云：佔侸，輕薄也。（同上）

侗：《字書》：長大也。又未成器之名。又痛也。（《説文繫傳》第 162 頁）

侲：《方言》：侲，養馬人也。《字書》侲音真。（《後漢書·文苑列傳注》，第 2601 頁）師按：《説文·人部》"新附"："侲，僮子也。"《廣韻》平聲真韻："侲，《字林》云：養焉者。""焉"當爲"馬"之誤。

伶：禁，《字書》作伶，音渠禁反。（《後漢書·班彪列傳注》，第 1368 頁）

佈：郡名，又姓，出顛△△何氏《姓苑》也，《字書》。加。（《唐寫本唐韻》去聲十二泰，《集存》第 648 頁）顛沛：上丁年反，下博蓋反，僕也，《字書》云：顛佈，僕也。（可洪《新集藏經音義隨函録第廿八冊》，K35/0621b）師按：《唐寫本唐韻》"顛"下一字缺損，僅存"ノ𠃌"，似"佈"左上部，其下還有一個字位的空缺，參考可洪《音義》，"顛△△"即"顛佈"，"字書"前後文字似有倒誤。"加"表示被釋字"佈"是在原韻書相應小韻字數上增加的字。《廣韻》去聲泰韻："沛，郡名，又姓，出《姓苑》，匹蓋切。"《集韻》去聲泰："佈，顛佈，僕也，通作沛。"疑《唐寫本唐韻》本作

---

① 許寶華、宮田一郎主編：《漢語方言大詞典》，中華書局 1999 年版，第 5557 頁。

"伂，郡名，又姓，出何氏《姓苑》也。《字書》：顛伂，僕。加"，
《論語·里仁》："造次必於是，顛沛必於是。"《論語集釋·考證》引
《詩·大雅·蕩》'顛沛之揭'傳：'顛，僕。沛，拔也。'"

　　䠱：䠱俫，短醜皃。出《字書》，加。（《唐寫本唐韻》入聲屋韻，
《韻書集存》第 685 頁）師按："字書"本作"自書"，據《唐寫本唐
韻》體例，"出"下往往爲著作名而不用"出自"某書，"自書"疑
爲"字書"之誤，故輯之。《唐寫本唐韻》入聲燭韻（《韻書集存》
第 690 頁）："䠱俫，動皃，又短皃也。"《廣韻》入聲屋："䠱，獨悚，
短醜皃。"入聲燭韻："䠱，䠱俫，動皃。""獨悚"當爲"䠱俫"之
誤。《集韻》入聲屋韻："俫，䠱俫，動也。一曰短皃。""䠱，䠱俫，
不寧。""䠱，短陋謂之䠱俫。"要之，"䠱俫"當爲雙音詞，故輯
"俫"。

　　俫：䠱俫，短醜皃。出《字書》。（《唐寫本唐韻》入聲屋韻，《韻
書集存》第 685 頁）

　　傲：（傲僥）並僥幸字，古堯反。相承已久。《字書》作傲。
（《干祿字書》，《四庫全書》224/246）

　　傖：仕衡反，《字書》云：吳人謂中國爲傖。中國即指京都。今
之北人與南吳音異也。（元照《四分律刪補隨機羯磨疏濟緣記二之
四》，X41/0187a）師按：《玉篇·人部》："傖，仕衡切，《晉陽秋》
云：'吳人謂中國人爲傖。'"《箋注本切韻（一）》（斯二〇七一）平
聲十三庚"傖"，其注釋文字模糊不清，但可辨無"吳人"句，逐録
作"傖，傖林、助庚反"。（《韻書集存》第 87、124 頁）《王仁昫刊
謬補缺切韻（一）》（伯二〇一一）平聲庚和《王仁昫刊謬補缺切韻
（二）》（北京故宮博物院藏）平聲卅九庚："傖，助庚反，傖，楚人
別種。"（《韻書集存》第 377、463 頁）《廣韻》平聲庚韻："傖，楚
人別種也。"

氽部

　　聚*：從庾反。……《字書》云：積集也。《說文》云：聚，會
也。（慧琳《音義卷第四十九·攝大乘論序》，T54/0638a）

身部

　　躶*：（裸）華瓦反。……顧野王云：裸者，脫衣露袒也。《說

文》從衣作裸。《字書》有從身作䑋。（慧琳《音義卷第四十一·大乘理趣六波羅蜜多經卷第一》，T54/0575b）、（希麟《續音義卷第一·大乘理趣六波羅蜜多經卷第一》，T54/0935a）

躴*：（䑋）下哀切。《字書》云：躴䑋，體長兒。（《玉篇·身部》第16頁）師按："躴䑋"，文淵閣本作"軀䑋"。《玉篇》躴、䑋不相屬。"躴，力當切，躴躿，身長兒。""躿，躴躿，身長兒。"

䑋*：下哀切。《字書》云：躴䑋，體長兒。（同上）

䠊*：（誇毗）苦瓜反，下鼻口反。舍人曰：卑身屈己也，樊引《詩》云'無爲夸毗'，李、孫、郭云：'屈己卑身以柔順人也。'《字書》作䠊䠽。（《爾雅·釋訓釋文》第1625頁）師按："鼻口"，文淵閣本作"鼻以"。

䠽*：（誇毗）《字書》作䠊䠽。（同上）

褃：褃著衣也。出《字書》。（《唐寫本唐韻》去聲十遇，《韻書集存》第644頁）師按：《唐寫本唐韻》又曰："褕，褃褕。"（同前）《廣韻》去聲遇："褃，褃褕，著衣也。"據此，《唐寫本唐韻》所據《字書》當作"褃，褃褕，著衣也"。

衣部

衣*：《字書》：上曰衣，下曰裳也。（希麟《續音義卷第五·新譯仁王護國般若波羅蜜多經卷上》，T54/0953a）

裳*：市羊反。《字書》：上曰衣，下曰裳也。（同上）

表*：碑矯反。《字書》云：表，衣沐也。《説文》：上衣也。古者衣裘，故以毛爲表也，從毛從衣。（慧琳《音義卷第五十三·起世因本經卷第十》，T54/0662a）

褙：《字書》：褙，袑也。袺，執袵也。袵，衣襟也，裳際也。……《方言》：褸謂之袵，即衣衿也。與《字書》略同。又《類篇》曰：《方言》：褙謂之祐。（《通鑑釋文辯誤》，《四庫全書》312/362）師按："袺"至"際也"是否屬《字書》，待考。

褧：《字書》：檾也。檾，枲屬。《爾雅翼》：檾，高四五尺，或六七尺，葉似苧而薄，實如大麻子，今人績爲布。（《詩集傳名物鈔》卷二，《四庫全書》76/54）師按：顧輯作"褧，檾也"。

雜*：才合反。《字書》：雜，和也。《考聲》：參也。《説文》：五采相合也，從衣集聲也。（慧琳《音義卷第二・大般若波羅蜜多經第一百八十一卷》，T54/0322b）

裓*：絙克反。《字書》：衣襟也。（慧琳《音義卷第十一・大寶積經第八卷》，T54/0375a）《字書》云：亦衣襟也。《説文》云：衣領也，從衣戒聲也。（玄應《音義卷第三十・道神足無極變化經第二卷》，T54/0505b）《字書》或云：衣袖也。（慧琳《音義卷第三十二・佛説大淨法門品一卷》，T54/0521b）師按：《説文・衣部》及"新附"未見"裓"，辛島靜志説："'衣裓'也是一個不容易知道其確切所指的詞，通過梵文原典的對勘，可以知道這個詞義爲'衣服上的作袋子用的褶，盛東西的圍裙。"① 從《字書》訓釋來看，"裓"的詞義是具體而明確的。

袨*：玄絹反。《文字集略》云：盛服也。《考聲》云：袨，美服。《字書》云：袨，衣服鮮者也，從衣玄聲。（希麟《續音義卷第三・新花嚴經卷第二十八》，T54/0944c）《字書》：袨，衣服美鮮者也。（慧琳《音義卷第二十四・方廣大莊嚴經序品第二》，T54/0461c）

裸*：《字書》云：露體無衣曰裸。或從人作倮，或從身作躶。（慧琳《音義卷第三十五・一字奇特佛頂經上卷》，T54/0539a）花瓦反。……《字書》從身作躶。（希麟《續音義卷第二・新花嚴經卷第十三》，T54/0942b）

衺*：謝嗟反。《字書》云：衺，不正也。《説文》云：衺，囊也，從衣牙聲。（慧琳《音義卷第六十二・根本毘奈耶雜事律第四卷》，T54/0718c）師按：《説文・交部》："褰，衺也。"《衣部》："衺，褰也。"《音義》作"囊"，誤。

袽*：陳栗反。《字書》云：袽，書衣也。《考聲》云：裹也。（慧琳《音義卷第八十六・辯正論卷第七》，T54/0863a）

---

① 董志翹：《漢語史研究叢稿》，上海世紀出版股份有限公司、上海古籍出版社2013年版，第65頁。

襞*：（襞褺）上必益反，下徒葉反。《字書》云：襞掠重褺衣裳也①，並從衣，辟執聲。（希麟《續音義卷第九·根本說一切有部毘奈耶破僧事卷第八》，T54/0972c）

褺*：恬葉反。《字書》云：疊積也。《說文》：褺，重衣也。（慧琳《音義卷第六十二·根本毘奈耶雜事律第三十五卷》，T54/0724c）襞褺，上必益反，下徒葉反，《字書》云：襞掠重褺衣裳也。（希麟《續音義卷第九》，T54/0972c）

褊：鞭沔反。……《說文》：小也，從衣扁聲，扁音同上。《字書》：窄。（慧琳《音義卷第九十·高僧傳第十一卷》，T54/0880c）

裂*：連哲反。《廣雅》：裂，分也。《字書》：擘也。（慧琳《音義卷第六十九·阿毘達磨大毘婆沙論第一百二十卷》，T54/0757b）

袥*：《字書》：袥，張衣令大也。（《說文繫傳》第170頁）（拓）湯諾反。《考聲》云：落袥，失節貌也，亦開也。《字書》從衣作袥。（慧琳《音義卷第九十四·續高僧傳第二十七卷》，T54/0899a）袥，《說文》：衣衸也，從衣石聲。徐按《字書》：袥，張衣令大也。（《韻會》卷二十八，《四庫全書》238/802）

襮：（縬）補木反。《爾雅》：裳削幅謂之縬。郭璞曰：削敂其裣之衣之裳也。《字書》爲襮字，在《衣部》。（《原本玉篇·糸部》第153頁）師按：裳，《說文》作"常"。《爾雅·釋器》："裳削幅謂之襮。"郭注："削殺其幅，深衣之裳。"②

褈：（縼）除恭反。《說文》：增益也。《蒼頡篇》：縼，疊也。《聲類》：縼，復也。《字書》或爲褈字，在《衣部》。（《原本玉篇·糸部》第154頁）

褻：（絬）思裂反。《論語》：絬裘長，短右袂。《蒼頡篇》：絬，堅也。《字書》亦褻字也。褻，私服也，燕衣也，在《衣部》。（《原本玉篇·糸部》第156頁）

衦：（紆）公但反。《字書》亦衦字也，衦，靡展衣也，在《衣

---

① "襞掠重褺衣裳"句讀待考。

② 郝懿行《爾雅義疏》，上海古籍出版社1983年版，第676頁。

部》。（《原本玉篇·糸部》第185頁）師按：䃾，黎本作"摩"，《玉篇》作"摩展之也"。

褕*：音俞。翟，羽飾衣。《字書》以爲褕，狄後服。經典作揄，從手與揺同。褕翟，雉名。（《五經文字》卷中，《四庫全書》224/268）師按：褕當即褕，故字頭作"褕"。龍輯作"褕翟，後服。（《五經文字》）"。

袤*：莫候反。《字書》云：廣袤也。《切韻》云：東西曰廣，南北曰袤也，又袤亦長也。（希麟《續音義卷第二·新花嚴經卷第七》，T54/0940c）

襟*：居音反。《切韻》：衣襟也。《字書》云：袍襦袂也。《爾雅》云：衣背謂之襟，即交領。（希麟《續音義卷第十·護法沙門法琳別傳卷上》，T54/0975c）

袀*：（均）如字，同也。《字書》作袀，音同。（《左傳·僖公五年釋文》第912頁、《十三經注疏》第1795頁）陸德明曰：均，《字書》作袀。袀之爲義，純也。（《通鑑釋文辯誤》，《四庫全書》312/238）袀，戎衣也。《左傳·僖公五年》：均服振振。《字書》從衣。（《廣韻》平聲諄韻，第64頁）、（《五音集韻》卷三，《四庫全書》238/238）陸氏曰：《字書》作袀。一說戎衣也，偏裻謂之袀。（《六書故》三十一卷，《四庫全書》226/583）

幤：史炤《釋文》曰：幤，帛也。余謂於此以帛爲釋其義，殊爲不通。按《字書》弊字亦有從敝從衣者。（《通鑑釋文辯誤》，《四庫全書》312/292）

袚：《字書》：袚，補膝裙。（《説文繫傳》第170頁）

褵：《字書》云：褵，黄貟山之神，能動天地，孔甲嘗遇之。《呂氏春秋》及《地記》皆作貟山。（《路史後紀注》，《四庫全書》383/242）師按：《呂氏春秋·季夏紀·音初》："夏后氏孔甲田於東陽貟山。"許維遹曰："《竹書紀年》云'夏帝孔甲三年畋於貟山'。"①

---

① 呂不韋著、陳奇猷校釋：《呂氏春秋新校釋》，上海古籍出版社2002年版，第339頁。

"黄"是否屬下讀，存疑。

老部

耄*：毛報反。鄭注《禮記》云：耄，惽忘也，古文從蒿作耄。《古今正字》：從老毛聲。《字書》有作𦻜，俗字也。（慧琳《音義卷第二十九·金光明最勝王經卷第九》，T54/0502c）《字書》：耄，亂也。從老，毛聲也。（慧琳《音義卷第十二·大寶積經第三十五卷》，T54/0381b）師按：《説文·老部》："耄，年九十曰耄，從老，從蒿省。"段注："今作耄。"

𦻜：（耄）《字書》有作𦻜，俗字也。（同上，T54/0502c）

毛部

毬*：渠尤反。《字書》：皮丸也，或步或騎以杖擊而爭之爲戲也。（慧琳《音義卷第十三·大寶積經第四十一卷》，T54/0384a）師按：《説文·毛部》"新附"："毬，鞠丸也。"

毿：貪覽反。《考聲》云：毿，織毛爲之，出吐蕃中。《字書》亦從帛作毿，或從係作綝，音義同。（慧琳《音義卷第八十一·南海寄歸内法傳第二卷》，T54/0833b）

毦：《字書》：亦毦字，音而用反，鞍韉飾也。（玄應《音義卷第十四·四分律第四十一卷》，C056/1033c）《字林》而容反，毛罽也。律文作緝，《字書》亦毦字，音而用反。（慧琳《音義卷第五十九·四分律第四十一卷》，T54/0703c）

毲*：（氀）音牒。《埤蒼》云：氀，毛布也。《字書》作毲。（慧琳《音義卷第四十·曼殊室利菩薩閻曼德迦忿怒真言儀軌經》，T54/0572a）

毱*：懼駒反。僧名也。《字書》、《考聲》皆作毱。（慧琳《音義卷第八十·大唐内典録第五卷》，T54/0823c）

毻*：他臥反。《字書》：落毛也。經文作毨，近字兩通也。（玄應《音義卷第十九·佛本行集經第二十六卷》，C057/0045c、T54/0681a）、（郭璞《江賦》注，《文選》第187頁）善曰：《字書》曰：毻，落毛也。（日藏《文選》154/534）師按：毻，《大正藏》本從兑從羽，此從《中華藏》和《音義》從毛作毻。

氍：（氍毹）此土本無。其物皆從西北塞外而來。若叢毛編織而出毛頭。兼有文像人獸等狀者名曰氍毹。《字書》總云罽屬。（道宣《新刻量處輕重儀》，T45/0844c）

毹：《字書》總云罽屬。（同上）

尸部

屝*：（履）草曰屝，麻曰屨，皮曰履。（《廣韻》上聲旨韻，第167頁）、（《五音集韻》卷七，《四庫全書》238/149）

屢*：良遇反。《字書》云：數也。《考聲》云：疾也。《爾雅》云：亟也。（希麟《續音義卷第十·續開元釋教録卷中》，T54/0979b）

展：（輾）《字書》曰：輾亦展字也。《説文》曰：展，轉也。（《飲馬長城窟行》注，《文選》第389頁）

尾部

尾：（䮘）△△鬼反。……《字書》或尾字也，尾，微也。鳥獸尾也，在《口部》。（《原本玉篇·食部》第99頁）師按："口部"當作"尾部"。

屬*：（矚）鍾辱反。《韻略》云：矚，視也，甚也，眾目所歸也。《玉篇》從尸作屬，屬猶聯也。《漢書》：近也。《字書》屬字並不從目。（慧琳《音義卷第八十一·三寶感通録中卷》，T54/0830c）

屈：（詘）丘物反。……《廣雅》：詘曲，詘折也。《字書》或爲屈字，在《出部》。（《原本玉篇·言部》第29頁）師按：《玉篇·出部》："屈，丘勿切，曲也。亦作詘。"

屎：音始。《字書》云：糞屎也。《古今正字》作㞎，相傳作屎，俗字也。（慧琳《音義卷第五·大般若波羅蜜多經第四百一十四卷》，T54/0334b）

屎*：尸旨反。《字書》云：屎，糞也。正作蘭。（惠琳《音義卷第七十五·修行道地經卷第一》，T54/0793c）師按：《説文·尸部》無"屎"，而"尿"入《尾部》，故"屎"入《尾部》。

履部

履*：《字書》云：草曰屝，麻曰屨，皮曰履，黃帝臣於則所造。

（《廣韻》上聲旨韻，第 167 頁）、（《五音集韻》卷七，《四庫全書》238/149）

屨[*]：《字書》云：草曰扉，麻曰屨，皮曰履，黃帝臣於則所造。（《廣韻》上聲旨韻，第 167 頁）、（《五音集韻》卷七，《四庫全書》238/149）《字書》云：麻曰屨，皮曰屝。（允堪《四分律隨機羯磨疏正源記卷第五·釋諸界受法篇第三》，X40/0848a）

屝[*]：師滓反。《考聲》云：履之不攝跟者也。《字書》：鞁鞁也。（惠琳《音義卷第五十四·頻婆娑羅王詣佛供養經》，T54/0666b）皮曰屝。（允堪《四分律隨機羯磨疏正源記卷第五·釋諸界受法篇第三》，X40/0848a）革屝，……或召爲革師者，誤也，沙解反之是也。……然今《字書》所綺反。（元照《四分律刪補隨機羯磨疏濟緣記二之五》，X41/0202a）

屐[*]：巨逆反。《字書》云：屐，履屬也。《說文》：履有木腳也，從履省支聲也。（慧琳《音義卷第七十八·經律異相第十一卷》，T54/0814a）師按：《說文·履部》："屐，屬也。"本人曾在常德農村見過"木屐"：木底，皮面，無後跟，鐵質四腳，離地約一寸，一般是穿著布鞋套著穿以行走於泥地或濕滑地，與慧琳《音義》所稱"說文"訓釋相符。

网：（絇）求俱反。……《說文》：繼繩絇也。《字書》爲网字，在《履部》。（《原本玉篇·系部》第 160 頁）師按：《玉篇·系部》："絇，俱遇切，絲絇也。又音衢，履頭飾也。"《履部》："屩，渠虞切，履頭飾也。或爲絇。"网、屩誰是，待考。顧輯作"絇爲履"。

舟部

艫[*]：力庭反。……《字書》：舩上有屋也。（《原本玉篇·舟部》第 348 頁）《字書》：船上有屋者曰艫也。（玄應《音義卷第十一·正法唸經第五十八卷》，C056/0978b、T54/0677c）師按：《玉篇》艫、舲相屬同字，"艫"無義訓，"舲，同上，小船屋也。"

服[*]：音伏。《字書》正服字。（慧琳《音義卷第九十四·續高僧傳第十八卷》，T54/0896a）

舮[*]：伍骨反。《說文》：舩行不安也，從則聲也。《字書》：一曰

舩也。（《原本玉篇·舟部》第 344 頁）師按："則聲"，《説文》作
"刞省聲"（段注本），《玉篇》釋爲"船不安"。

　　胴*：徒東反。《廣雅》：舩也。《字書》：艇也。（《原本玉篇·舟
部》第 345 頁）

　　袦：△△中也，《字書》亦泳字也，在《水部》。（《原本玉篇·
舟部》第 347 頁）師按："袦"字右邊缺損，其説解雙行小字僅存左
行。今本《玉篇》僅作"袦，於命切"而無釋義。"字書"，《原本玉
篇》本作"書字"，現據《原本玉篇》常用表述方式改作"字書"。

　　黷*：子俤反。《字書》古文濟字也，濟，渡也，在《水部》。
（《原本玉篇·舟部》第 347 頁）

　　艫*：力斥反。《字書》或櫨字也，櫨，小艇也，在《木部》。
（《原本玉篇·舟部》第 347 頁）師按：《玉篇》："艫，音禮，大舟。"
《龍龕手鏡·舟部》："艫，今音禮，江中大舩也。"

　　舤*：七到反。《字書》古文造也。造，造舟爲梁也，至也，在
《辵部》。古文或爲胙字，在《肉部》也。（《原本玉篇·舟部》第
348 頁）師按："舤"疑即"艁"，"肉部"當爲"舟部"之誤。

　　航：（舧）何唐反。《説文》：方舟也，……《字書》或爲航字，
在《舟部》。（《原本玉篇·方部》第 350 頁）師按：《原本玉篇》：
"航，何唐反，……《説文》爲舧字，在《方部》也。"《説文·舟
部》及"新附"無"航"。

　　舠*：（刀）小舩也。《字書》作舠。《説文》作鯛。（《詩·河廣
釋文》第 241 頁）

　　艇：《補》曰：《字書》：艇，船也。（《楚辭·涉江補注》，《楚辭
補注》第 129 頁）

方部

　　方：甫芒反。……野王案：《字書》：方，桀也。（《原本玉篇·
方部》第 348 頁）

　　舧*：何唐反。《説文》：方舟也，……《字書》或爲航字，在
《舟部》。（《原本玉篇·方部》第 350 頁）

兒部

　　兒：嬰兒，《字書》云：女曰嬰，男曰兒，召赤子也。（戒度《佛

説阿彌陀經義疏聞持記卷上》，X22/0516b）師按：《説文·女部》：
"嬰，頸飾也。從女賏，賏，其連也。"《兒部》："兒，孺子也。從
兒，象小兒頭囟未合。"段注："《子部》曰：'孺，乳子也。'乳子，
乳下子也。《雜記》謂之'嬰兒'，《女部》謂之'嬰婉'。兒、孺雙
聲，引伸爲凡幼小之稱。"

兒部

貌[*]：眉皰反。籀文古字也。《説文》作儿，容儀也，從人白，象
人面。《字書》云：貌，形也。（慧琳《音義卷第七·大般若波羅蜜
多經第五百四十四卷》，T54/0347c）師按：《説文·兒部》："兒，頌
儀也。……貃，兒或從頁豹省聲，貌，籀文兒從豹省。"獅本《音義》
（七、8）引《字書》"兒，形也"，此依《大正藏》。龍輯作"兒"。

禿部

穨[*]：兌迴反。《字書》正作穨字也。（慧琳《音義卷第九十三·
續高僧傳第十六卷》，T54/0895a）

見部

覲[*]：蕭該《音義》曰：《字書》曰：覲，幸也，覵，欲也。（蕭
該《漢書敍傳音義》，《兩漢書匯編》第464頁）師按："幸也"，《兩
漢書匯編》作"聿也"，此依文淵閣本。《漢書·游俠傳》："是以民
服事其上，而下無覲覵。"師古曰："覲，幸也，覵，欲也。"

覵[*]：《字書》曰：覲，幸也，覵，欲也。（同上）

睍[*]：（戚施）七歷反，下式支反。舍人曰：令色誘人。李曰：和
顏悦色以誘人，是謂面柔也。……《字書》作睍頌，同。（《爾雅·
釋訓釋文》第1625頁）師按：龍輯作"睍，頌"。

頌[*]：《字書》作睍頌。（同上）

欠部

欶[*]：所角反。《字書》云：口噏也。或作嗽。（希麟《續音義卷
第九·根本説一切有部毘奈耶破僧事卷第十七》，T54/0974a）

歐[*]：嘔口反，《考聲》云：歐，謂欲吐也。《字書》云：胃中病
也。《説文》云：吐也。（希麟《續音義卷第九·根本説一切有部毘
奈耶破僧事卷第十四》，T54/0973c）《字書》云：胃中病也。《説文》

云：歐，吐也。（慧琳《音義卷第六十六·阿毘達磨法蘊足論卷第六》，T54/0744a）

欨*：（嗚）屋孤反。……《字書》亦從欠作欨。（慧琳《音義卷第九十三·續高僧傳第十五卷》，T54/0894a）《字書》云：從欠烏聲也。（希麟《續音義卷第九·根本説一切有部毘奈耶破僧事卷第十三》，T54/0973c）

歗*：（嘯）消弔反。《字書》正從欠作歗，云歌也。蹙口卷舌出聲也。《説文》云：吟也，從欠肅聲。傳文作嘯，俗字也。（慧琳《音義卷第九十四·續高僧傳第二十六卷》，T54/0899a）

欱：呼合反。《説文》：欱，歠也，欱，合也。文中作哈，土合反，哈然失所也。《字書》：此與唅字同，徒濫反。（玄應《音義卷第十六·毘尼母律第六卷》，C057/0007c、T54/0741a）

欬：（喝）乙芥反。《考聲》云：聲噎也。《廣雅》：嘶喝，聲之幽細也。《字書》或作噫，或作欬，皆古字也。（慧琳《音義卷第八·大般若波羅蜜多經第五百六十七卷》，T54/0350b）

欒：力丸反。《説文》：不皇也。《字書》：一曰不解理也。（《原本玉篇·欠部》第113頁）師按：《説文》："欒，欠兒。"段注："《廣韻》曰：'迷惑不解理。'此今義也。""不皇"當爲"欠兒"之誤。《廣韻》平聲桓韻："欒，迷惑不解理，一曰欠兒。"

歔：虎胡反。《説文》：溫吹也。《聲類》：出氣息也。《字書》或呼字也。（《原本玉篇·欠部》第113頁）

欻：呼麥、於陸二反，《説文》：吹氣也。《字書》亦喊字也，喊，聲也，在《口部》。（同上）

歆：《字書》亦欯字也。（《原本玉篇·欠部》第116頁）

欯：（歆）《字書》亦欯字也。（同上）師按：《原本玉篇》："欯，呼括、呼男二反，《説文》：含咲也。《蒼頡篇》：貪慾也。"

欨：《字書》惑師字也。（《原本玉篇·欠部》第116頁）師按："惑師"當作"或歔"。

歔：（欨）《字書》惑師字也。（同上）師按：《原本玉篇》歔、欨同字相屬："歔，翼帝反，《説文》：相咲相歔輸也。野王案：《東觀漢記》：市中人舉手歔揄。"“輸”當作“揄”。

欸：烏來反，《楚辭》：欸秋冬之緒風。王逸曰：欸，歎也。[1]
《説文》：訾也。《字書》：一曰恚聲也。（《原本玉篇·欠部》第
116 頁）師按："知"疑爲"訾"之誤。《説文》："欸，訾也。"段
注："訾者，訾之字誤。……《玉篇》：欸者，訾也。訾者，思稱意
也；訾者，訶也。"

歃*：所唅反。……《蒼頡篇》：小啐也。《字書》爲唅字，在
《口部》。（《原本玉篇·欠部》第 69 頁）師按：參《口部》"唅"。

次*：且史反。……《蒼頡篇》：次，敘也。《説文》：不前不精
也。《廣雅》：次，近也。《字書》：一曰比也。（《原本玉篇·欠部》
第 71 頁）師按：《玉篇》："次，且吏切，敘也，近也。"

改：式忍反。《字書》：美不壞顔也。（《原本玉篇·欠部》第 75
頁）哂，《字書》作哟，或作吹，同式忍反。《三蒼》：小笑也。鄭玄
曰：齒本曰哟，大笑則齒本見也。（玄應《音義卷第四·十住斷結經
第九卷》，C056/0876c、T54/0537c）師按：改，羅本作歑，黎本
（第 278 頁）作欨，《説文》"改"下段注："各本篆作欨，今正。"今
據以作"改"。"美"黎本作"笑"。"或作吹"，許啓峰引作"或作
歑"。[2]

歖*：虛紀反。《字書》古文喜字也。喜，樂也，在《喜部》。
（《原本玉篇·欠部》第 76 頁）師按：《説文·喜部》："喜，樂
也，……歖，古文喜從欠。"《欠部》："歖，卒喜也。"段注："《喜
部》曰：'歖，古文喜。此重出，未聞。"《玉篇·喜部》："歖，古
文，出《説文》。"

欥*：於往、居攜二反。《字書》或哇字也，哇，聲也，謳也，邪
也，在《口部》。（《原本玉篇·欠部》第 77 頁）師按："於往"當爲
"於佳"之誤。

欻*：丘凡反。《字書》：欻，請多智也。（《原本玉篇·欠部》第

---

① 《原本玉篇》第 116 頁末爲"王逸"，第 117 頁右半頁空白，左半頁以"曰欸歎也"
開始，故輯作"王逸曰欸歎也"，未知當否。

② 許啓峰：《〈字書〉研究》，碩士學位論文，上海師範大學，2008 年。

77頁）師按："請多"，黎本作"謂多"。《玉篇》作"丘凡反，多智也"。

欯*：呼昆反。《字書》①：欯欯，不可知也。（《原本玉篇·欠部》第77頁）師按：《玉篇》同訓而"欯"不重疊。

欪*：古花反。《字書》：欪欨，猶媧妎也。（《原本玉篇·欠部》第77頁）師按：此參黎本。欪欨，羅本作"欪似"，形近而誤。今本《玉篇》欪、欨相次："欪，古蛙切，欪欨，猶欪妎也。""欨，五瓜切，欪欨也。"

欨*：五瓜反。《字書》：欪欨也。（同上）

欼*：許脂反。《廣蒼》：欼，呻吟也。《字書》或屍字也，在《尸部》。或爲吔字，在《口部》。或爲胅字，在《皮部》。（《原本玉篇·欠部》第77頁）師按：脂，羅本作暗，此參黎本。《玉篇》屃、欼相次："屃，許脂切，呻吟也。""欼，同上。"屃當即屍。胅，黎本從肉屍，"皮部"作"肉部"。

屍*：（欼）《字書》或屍字也，在《尸部》。（同上）師按：此據今本《玉篇》"屍"（屃）居《欠部》。

欦*：丁念反。《字書》或唸字也，唸屍，呻吟也，在《口部》。（《原本玉篇·欠部》第280頁）

軟*：舒臣反。《字書》古文呻字也，呻，吟也，讀書也，在《口部》。（《原本玉篇·欠部》第77頁）

欶*：許角反。《字書》或欶字也，欶，欪也。（《原本玉篇·欠部》第77頁）師按：《玉篇》："瑴，許角切，嘔吐也。"《原本玉篇》被釋字"欶"與"《字書》或欶字"之"欶"同形，且未言"在某部"，故"《字書》或欶字"之"欶"難定其部屬，存疑。

歔：史炤《釋文》曰：歔欷，歎息貌。余按《字書》：歔欷，泣餘聲。（《通鑑釋文辯誤》，《四庫全書》312/354）

欷：《字書》：歔欷，泣餘聲。（同上）

欿*：耻南反。《字書》古文貪字也，貪，欲也，惏也，在《貝

---

① 羅本"字"下無"書"，黎本有。

部》。（《原本玉篇·欠部》第 77 頁）

　　歖*：於宜反。《廣雅》：歖歖，歔歔，訶也。《字書》或猗字也，在《犬部》。（《原本玉篇·欠部》第 77 頁）師按：歖、歔下有重言符，故録作“歖歖，歔歔”，黎本引《廣雅》作“歖歔，嘆詞也”。《玉篇》：“歖，於宜切，歖歔，歔辭。”“訶”疑爲“詞”之誤。

　　欲*：《字書》瑜注反。（蕭該《楊雄傳音義》，《兩漢書匯編》第 457 頁）

　　欺*：去其反。……《蒼頡篇》：紿也。《字書》：欺，詐也。（《原本玉篇·欠部》第 73 頁）

　　兓*：《字書》亦古文次字也。（《原本玉篇·欠部》第 73 頁）師按：《説文》古文“次”作“𣢍”，《漢語大字典》楷化作“㳄”。①《原本玉篇》次、𣢤、兓相屬：“𣢤，《聲類》古文次字也。”《玉篇·欠部》未見“次”字異體。

歙部

　　歆：（飲）於錦反。《字書》亦食字也，歆，歔也，咽水也，在《欠部》。（《原本玉篇·食部》第 99 頁）師按：《説文·歙部》：“歆，歔也。”《原本玉篇》“歆”歸《欠部》，與《説文》異。

　　歠*：（啜）《字書》從欠作歠，正體字也。《廣雅》云：啜，食也。（慧琳《音義卷第六十六·阿毘達磨發智論卷第二》，T54/0742b）師按：顧輯以“啜”爲字頭。

次部

　　次：（㳄）《字書》籀文次字也。（《原本玉篇·次部》第 103 頁）

　　㳄*：《字書》籀文次字也。（同上）師按：次，《原本玉篇》誤作“次”。

頁部

　　顱*：（艫）《字書》作顱，力胡反，謂額顱也。（《爾雅·釋畜釋文》第 1714 頁）（顱顙）又作艫，同鹿胡反，下蘇朗反，《説文》：

---

　　① 李格非主編：《漢語大字典》（簡編本），湖北辭書出版社、四川辭書出版社 1996 年版，第 996 頁。

頗盧也。《字書》：腦蓋也。（玄應《音義卷第十九·佛本行集經第十卷》，C057/0042a、T54/0679a）師按：鹿胡反，《大正藏》本作"鹿胡尺"，引《說文》"頗盧"作"顀盧"。《說文》："纇，領也。"

頟*：牙格反。……《字書》從各作額。（慧琳《音義卷第三十二·第一義法勝經序》，T54/0524c）《字書》正額字。傳作額，俗字也。（慧琳《音義卷第九十四·續高僧傳第二十五卷》，T54/0898c）

顛*：丁堅反。《字書》：顛，墜也。從真從頁。或從人作偵。偵，倒也。（慧琳《音義卷第十五·大寶積經第九十七卷》，T54/0396b）

顴*：（權）如字。《字書》作顴。（《易·夬釋文》第105頁）

頲*：（定）都佞反。題也。《字書》作頲。（《詩·麟趾釋文》第212頁）

顋*：蘇來反。《說文》：顋，領也，領音胡感反。《字書》云：頰也。（希麟《續音義卷第七·觀自在大悲成就蓮花部唸誦法一卷》，T54/0966b）

顦：（顦顇）上誚遙反，下情季反。《字書》云：瘦惡也。《蒼頡篇》：憂傷也，亦從心作憔悴，或作瘵瘁並同。（慧琳《音義卷第六十二·根本毘奈耶雜事律第五卷》，T54/0719a）師按：希麟《續音義卷第二·新大方廣佛花嚴經卷第二》（T54/0939b）"顦顇"條："《韻英》云：顦顇，瘦惡貌。"

顇：（顦顇）：《字書》云：瘦惡也。（同上，T54/0719a）（枯顇）上苦吾反，下情遂反。《字書》云：枯顇，瘦惡貌。（慧琳《音義卷第二·大般若波羅蜜多經第一百八十一卷》，T54/0322c）

顧*：音固。鄭箋詩云：顧，視也。《廣雅》：向也。《字書》：念也。《說文》：還視也，從頁雇聲也。（慧琳《音義卷第三·大般若波羅蜜多經第三百三十一卷》，T54/0325c）

顗*：魚豈反。《爾雅》：顗，靜也。《聲類》：閑習也。《字書》：好兒也。《說文》：謹莊兒也。（慧琳《音義卷第一百·止觀上卷》，T54/0929a）

頒*：八蠻反。《字書》正作頒。（慧琳《音義卷第九十四·續高僧傳第二十四卷》，T54/0898a）

顡*：霍肱切。《字書》云：悁也。（《玉篇·頁部》第 20 頁）

頯*：魄，片各切。《字書》作欺頯，人面醜也。（《列子·仲尼篇釋文》，《列子集釋》第 125 頁）師按：《列子·仲尼篇》作"果若欺魄焉"，《釋文》云："魄，片各切。《字書》作欺頯，人面醜也。頯，片各切。"秦恩復曰："《釋文》作'欺'，欺字寫誤，當作'顀'。《説文解字》曰：'醜也。'頯，《廣韻》，匹各切。與魄音相近，通借字也。"①《説文·頁部》："顀，醜也。"《廣雅·釋詁》："顀，醜也。"② 綜合《説文》、《列子》、《廣韻》，《字書》當作"顀頯，人面醜也"，故輯顀、頯二字。龍璋將《原本玉篇·欠部》"欺，詐也"和《列子釋文》"頯，人面醜也"輯爲一條，似欠妥。

頯*：《字書》作欺頯，人面醜也。（同上）

頗*：破麼反。《字書》云：頗，猶可也。或云不可也。（慧琳《音義卷第十八·大乘大集地藏十輪經第四卷》，T54/0420a）

面部

靦：（觀）《字書》覶字。（《玉篇·面部》第 20 頁）師按：《玉篇》靦、靼、觀相次："靼"下曰："《埤蒼》同上。"龍輯作"觀，《玉篇·單部》云：《字書》覶字"，《玉篇》"單"字在《吅部》，龍氏誤。

彡部

弱*：而斫反。《字書》云：弱，劣也。《玉篇》云：不强。（希麟《續音義卷第十·續開元釋教録卷上》，T54/0979a）

彰*：粲彰，文彰兒。出《字書》。（《唐寫本唐韻》去聲廿八，《韻書集存》第 659 頁）師按：《廣韻》去聲翰韻："彰，粲彰，文章兒。"

髟部

髮*：番轄反。《字書》云：髮，頂毛也。《説文》云：髮，頭上

---

① 楊伯峻：《列子集釋》，中華書局 1997 年版，第 124、第 125 頁。

② 王念孫："媒、欺、顀、俱、魁五字並同義。"王念孫：《廣雅疏証》，江蘇古籍出版社 2000 年版，第 65 頁。

毛也，從髟友聲。（慧琳《音義卷第五·大般若波羅蜜多經第四百一十六卷》，T54/0335c）

髣*：（髣髴）上芳罔反，下忿勿反，又音芳味反。《漢書》：髣髴，相似聞見不諦也。《字書》：見不審也。（慧琳《音義卷第八十二·大唐西域記卷第二卷》，T54/0838c）

髴*：《字書》：見不審也。（同上）

髫*：音條。《考聲》云：小兒剃頭留兩邊也。《字書》曰：髫，小兒垂髮也，從髟召聲。（希麟《續音義卷第二·新花嚴經卷第十二》，T54/0942a）

鬆：《字書》或鬈字。（《玉篇·髟部》第28頁）《字書》或作鬈字。（《五音集韻》卷五，《四庫全書》238/108）師按：《玉篇》鬆、鬈相屬。

鬈*：（鬆）《字書》或鬈字。（同上）

辟部

辟*：卑亦反。《考聲》：辟，占也。《字書》：問也。《說文》：法也，從尸從辛，口，用法也。（慧琳《音義卷第十·仁王護國陀羅尼經》，T54/0367a）師按：《說文》："辟，法也。從卪從辛，節制其辠也，從口，用法者也。"

勹部

匊*：（掬）弓六反。《毛詩傳》云：滿手曰掬。鄭注《禮》云：匊，手中也。《說文》：從米勹聲也，勹音包。《字書》正作此匊。（慧琳《音義卷第十七·顯識經卷下》，T54/0411c）《字書》：在手曰匊。（慧琳《音義卷第十五·大寶積經第一百一十卷》，T54/0399b）師按：《說文·勹部》："匊，在手曰匊。"徐鉉等曰："今俗作掬，非是。"

包部

包：（胞）庖兒反。……《說文》：婦人懷妊兒生衣也。《字書》正體作包。（慧琳《音義卷第八·大般若波羅蜜多經卷第五百七十五卷》，T54/0353a）師按：《說文·包部》："胞，兒生裹也。"

鬼部

魖：（魖魖）《說文》：蜮蜮從蟲。《字書》從鬼。……《通俗文》：木石恠謂之魍魉，言木石之精也。（玄應《音義卷第二·大般涅槃經第三十七卷》，C056/0846b）師按：《大正藏》本未見《字書》。

魍：（魍魉）《説文》：蜩蛸從虫。《字書》從鬼。（同上）

由部

畏*：威謂反。《考聲》云：心所伏也。《廣雅》：畏，懼也，畏敬也。《字書》云：畏，難也。《説文》云：畏，惡也。（慧琳《音義卷第七·大般若波羅蜜多經第五百四十五卷》，T54/0347c）

厶部

篡*：初患反。《字書》：篡亦奪也。《説文》從厶箕聲。（希麟《續音義卷第四·守護國界主陀羅尼經卷第十》，T54/0950c）師按："篡"當作"篡"，"箕"當作"算"。

山部

幽：鄙瑞反。《字書》亦邠字也。邠，公劉邑也，在《邑部》也。（《原本玉篇·山部》第435頁）筆岷反。《字書》亦從邑作邠，即公劉之邑也，與幽字同。（慧琳《音義卷第八十·開元釋教録第九卷》，T54/0827c）

岐：（桟）《字書》以岐爲山名，郊爲邑名。（《説文繫傳》第128頁）

嶩：《字書》亦猇字也。（《原本玉篇·山部》第429頁）師按：《原本玉篇》猇、嶩相屬："猇，奴高反，……《説文》：猇山，在齊也。""嶩，《聲類》亦猇字也。"王先謙曰："齊……'猇'作'嶩'。"[1]"在齊也"，《説文》作"在齊地"，段注："《地理志》引作嶩，師古云：亦作嶩，音皆乃高反。"

猇：（嶩）《字書》亦猇字也。（同上）

嶓：《字書》亦嶓字也。（《原本玉篇·山部》第430頁）

嶓：（嶓）《字書》亦嶓字也。（同上）師按：《原本玉篇》："嶓：明巾反，《山海經》：嶓山江水出焉。""岷山"之"岷"，《説文》從昏作"嶓"，段注："按此篆省作嶓，隸變作汶、作文、作岐、作峼，

---

① 王先謙：《詩三家義集疏》，中華書局1987年版，第376頁。

俗作峱、作岷。"《玉篇》岷、峮、崏同字，均從"民"。

　　岨：且居反。《毛詩》：陟彼岨矣。傳曰：石山戴山曰岨。《字書》或爲宜字，在《穴部》。（《原本玉篇·山部》第 430 頁

　　峻*：荀俊反。孔注《尚書》云：峻，高大也。鄭玄注《毛詩》云：峻，長也。《字書》云：險峭也。（慧琳《音義卷第四十九·攝大乘論序》，T54/0638a）《字書》作陖，亦作陵、埈。（慧琳《音義卷第二十·寶星陀羅尼經第一》，T54/0428c）

　　陖*：（峻）《字書》作陖，亦作陵、埈。（同上 T54/0428c）

　　峥：《字書》亦崝字也。（《原本玉篇·山部》第 434 頁）

　　崝：（峥）《字書》亦崝字也。（同上）師按：《原本玉篇》："崝，仕耕反，《淮南》：城堷者必崩，岸崝者必陁。許叔重曰：崝，陁也。"《淮南子·繆稱訓》："城堷者必崩，岸崝者必陀。"注："崝，峭也。"①《説文》："崝，崝嶸，山皃也。"（段注本）段注："崝，今字作峥。"

　　崒：才律切。《字書》注云：峯頭巉嵒也。（《九家集注杜詩》卷二《樂游園歌》詩注，《四庫全書》1068/32）師按：《説文》："崒，危高也。"

　　峋：（嶁）力部反。《孟子》：一寸之木，可使高於岑嶁。劉熙曰：岑嶁，小山鋭頂者也。《埤蒼》：山也。《字書》：峋嶁也。（《原本玉篇·山部》第 434 頁）師按：《原本玉篇》："峋，右後反，《黃雅》：峋嶁謂之衡山也。""右後"疑爲"古後"之誤，"黃雅"當作"廣雅"。《原本玉篇》峋、嶁相屬，"峋"字説解引《廣雅》"峋嶁謂之衡山"，"嶁"字説解引《字書》則僅舉"峋嶁也"，此與《説文》體例相同。《玉篇》："峋，古後切，峋嶁，衡山也。""嶁，力後切，山頂。"

　　嶁：《字書》：峋嶁也。（同上）

　　崆*：口公、口江二反。《字書》：崆峒，山皃也。（《原本玉篇·山部》第 435 頁）《字書》曰：崆，山貌也。（張衡《南都賦》注，

---

① 劉文典：《淮南鴻烈集解》，中華書局 1989 年版，第 339 頁。

《文選》第 69 頁）

峏：（崆）《字書》：崆峏，山皃也。（《原本玉篇·山部》第 435 頁）師按：《原本玉篇》崆、峏不相屬。

峛*：他罪反。《字書》：長皃也。（《原本玉篇·山部》第 435 頁）蕭該《音義》曰：峛，案《字書》勑果反。（蕭該《漢書揚雄傳音義》，《兩漢書匯編》第 454 頁）師按：今本《玉篇》："峛，山長也。"

複：浮陸反。《字書》亦寝字，寝，地室也，在《穴部》。或爲塄字，在《土部》。（《原本玉篇·山部》第 435 頁）師按：寝，《玉篇·穴部》："寝，扶福切，地室也。《詩》云：陶寝陶穴。或作塄，亦作復。"《土部》："塄，扶福切，地窟也。亦音覆，又作寝。"與《原本玉篇》合。《詩·大雅·綿》："陶復陶穴。"王先謙："三家'復'作'寝'。"①

岜：牛非、五雷二反。《字書》亦阢字也。阢，石戴土也。野王案：崔嵬，今亦爲岜字，在《嵬部》。（《原本玉篇·山部》第 436 頁）師按：阢，本作阢，今據反切及《説文》作"阢"。《説文》："阢，石山戴土也。"段注："《釋山》曰：'石戴土謂之崔嵬。'然則，'崔嵬'一名'阢'也。"《玉篇·阜部》："阢，午回切，崔也。亦作岜。"

峛：胡交反。……《字書》或爲殽字，在《殳部》。（《原本玉篇·山部》第 436 頁）

屶：敘鹿反。《字書》古文族字也。族，類也，縣也，在部也。（《原本玉篇·山部》第 436 頁）師按：今本《玉篇》"屶，才卜切，古族字"，"在部"當作"在㫃部"。

岑：所幾反。《字書》古文使字也。使，從役也，狑也，在《人部》。（《原本玉篇·山部》第 436 頁）師按："狑"似有誤，《玉篇·人部》："伶，來丁切，使也。《説文》云：弄也。"

崧：（嵩）《字書》亦崧字也。（《原本玉篇·山部》第 437 頁）

---

① 王先謙：《詩三家義集疏》，中華書局 1987 年版，第 835 頁。

嵩：《毛詩》：嵩高惟岳。傳曰：山大而高曰嵩。《爾雅》：嵩，高也。又曰：嵩高山爲中岳。《字書》亦崧字也。（同上）

嶺：力井反。《廣雅》：嶺，陵也。……《字書》爲陵字，在《阜部》。（《原本玉篇·山部》第 441 頁）

磝：（磝）午交反。《字書》亦磝字也。磝，山多小石也，在《山部》。（《原本玉篇·石部》第 480 頁）師按：《説文》："磝，山多小石也。"

嶓：萬賣反。《字書》纮字。（《原本玉篇·山部》第 435 頁）師按："萬"，今本《玉篇》："嶓，方賣切，陀嶓，山形。""纮"或"陀"之誤。

崩*：（薨）《字書》云：天子曰崩，諸侯曰薨。（希麟《續音義卷第十·續開元釋教録卷上》，T54/0978b）

广部

庖：庖即廚舍，《字書》謂主食者。即以處名人也。（元照《釋門章服儀應法記》，X59/0587c）師按：《玉篇·广部》："庖，步交切，廚也。"《廣韻》平聲肴韻："庖，食廚也。"

廣：《字書》云：豎爲縱，横爲廣。（慧琳《音義卷第四·大般若波羅蜜多經第三百九十八卷》，T54/0331a）

庘*：黯甲反。《字書》云：庘庘，屋下貌也。（慧琳《音義卷第六十一·苾芻尼律第十二卷》，T54/0716b）師按：庘，本作庘，據獅本《音義》（六十一、13）"廠庘"條："上昌掌反，《考聲》云：屋四壁也。下黯甲反。《字書》云：庘庘，屋下兒也。庘，音争甲反。"《玉篇》："庘，於甲切，屋欲壞也。"

庘*：《字書》云：庘庘，屋下貌也。（同上）

廝*：思移反。……《字書》：廝，役也。野王案：謂賤役也。（《原本玉篇·广部》第 457 頁）《廣雅》：廝，謂命使也。《字書》：廝，役也，謂賤役者也。（玄應《音義卷第十八·立世阿毗曇論第七卷》，C057/0035a、T54/0781a）、（玄應《音義卷第二·大般涅槃經第九卷》，C056/0838b）、（玄應《音義卷第七·大方等大集菩薩念佛三昧經第六卷》，C056/0925c）、（玄應《音義卷第七·方等般泥洹經下卷》，C056/0933a、T54/0481c）廙，下也。《字書》：廙，俀也。謂賤俀也。（玄應《音義卷第三十四·字經抄》，T54/0537a①）、（慧琳《一切經音義卷第十九·大方等大集菩薩念佛三昧經第六卷》，T54/0425b）《字書》：廙，俀也。又作廙，同謂賤俀者也。（慧琳《音義卷第二十五·大般涅槃經音義卷上第九卷》，T54/0471a）

庀：（訛）匹爾反。《廣雅》：訛，具也。《字書》古文爲庀字，在《广部》。（《原本玉篇·言部》第44頁）師按：《原本玉篇·广部》："庀，平婢反，《周禮》：庀其委積。鄭眾曰：庀，具也。……《字書》古文訛字，在《言部》也。""古文訛"當作"古文訛"，《玉篇·言部》："訛，匹示切，具也。今作庀。"

廱：《字書》亦廱字也。（《原本玉篇·广部》第444頁）

廱：（廱）《字書》亦廱字也。（同上）

廡：《字書》籀文廡字。（《原本玉篇·广部》第448頁）師按：《説文·广部》："廡，堂下周屋，從广，無聲。廡，籀文從舞。"

廡：（廡）《字書》籀文廡字。（同上）

龐：蒲公、蒲江二反。……《説文》：高屋也。《字書》古文爲驪字，在《馬部》。（《原本玉篇·广部》第451頁）董氏曰：按《字書》訓釋、《説文》並以龐爲高屋，蓋馬之高大也。（《呂氏家塾讀詩記》卷十九，《四庫全書》73/551）《字書》訓釋、《説文》並以龐爲高屋，蓋馬之高大也。（《詩集傳名物鈔》卷五，《四庫全書》76/142）師按：《廣韻》平聲江韻："龐，姓也，出南安、南陽二望，本周文王子畢公高後，封於龐，因氏焉。"《玉篇·广部》："龐，步公、步江二切，高屋也。又力容切，縣名。"

虒：思移反。《左氏傳》：晉侯方築虒祁之宮。杜預曰：也，宮名也，在絳西卅裏，臨汾水。《字書》爲磈，布右部。（《原本玉篇·广部》第455頁）師按：《左傳·昭公八年》："於是晉侯方築虒祁之宮。"杜注："虒祁，地名，在絳西四十里，臨汾水。"《釋文》："虒，

---

① 《中華藏》本玄應《音義卷第二十·字經抄》（C057/0061a）"廙米"："新移反，廙，下也。廙，俀也謂賤俀也。"未見《字書》，與《大正藏》本異。

音斯，本又作庲，同。"《玉篇·广部》："庲，思移切，地名。"《石
部》："礴，四贊切，宮名，或作虎。""布右部"當作"在石部"。

廠：先戰反。《廣雅》：廠，舍也。《字書》：廠，廉也。（《原本
玉篇·广部》第457頁）師按：《玉篇》："廠，先見切，舍也。"

厥：《字書》亦廠也。（同上）師按：《玉篇》廠、厥相次，《原本
玉篇》廠、庲、厥相次，次序稍異，《原本玉篇》"亦厥字"當作"亦
廠字"。

廈：所留反。《左氏傳》：服讒廈匿。杜預曰：廈，隱也。……
《字書》：廈，索也。（《原本玉篇·广部》第457頁）師按：廈匿，
《左傳·文公十八年》作"搜慝"。①

廗：之讓反。《埤蒼》：廗，葬也。《字書》亦障字也，障，隔也，
在《阜部》。（《原本玉篇·广部》第458頁）

庀：直格反。……《字書》或右文度字也。度，法制也，樣也，
音徒故、直落二反，在《又部》。（《原本玉篇·广部》第458頁）師
按："右文"當爲"古文"之誤。《玉篇·广部》無"庀"。《説文·
宀部》："宅，人所託尻也。……垞，古文宅。庀，亦古文宅。"

庬：方拱反。《字書》或覂字也，覂，覆也，在《襾部》也。
（《原本玉篇·广部》第458頁）師按：《玉篇·广部》未見"庬"。
《襾部》"覂"下曰："或作庬。"

庩：吐堯反。《字書》或祧字也，遷主所藏之廣也，在《示部》。
（《原本玉篇·广部》第459頁）師按："藏之廣"當作"藏之廟"。
《玉篇·广部》未見"庩"，《示部》"祧"下亦無或體"庩"。

店：都念反。《字書》或坫字也。坫，反爵坫也，在《土部》。
（《原本玉篇·广部》第460頁）

庨：助雉反。《字書》或俟字也，俟，待也，在《人部》。或爲竢
字，在《立部》。或爲竢字，在《戶部》。（同上）

庯：居邑反。《字書》古文給守也，給，相是也，在《糸部》。
（《原本玉篇·广部》第460頁）師按：《説文·糸部》："給，相足

也。”疑《原本玉篇》當作“……古文給字也，給，相足也”。《原本玉篇·厂部》“玭”訓“周邑”，今本《玉篇》“厒，步項切，周邑也”，以此推知，“居邑”當即“居邑”。《原本玉篇·糸部》：“給，居及反，……《説文》：相足也。或爲唈字，在《广部》。”今本《玉篇》“給”下未見“唈”。

厂部

厭：於琰、於艷二反。《切韻》：著也，作也。《字書》：魅也。（希麟《續音義卷第六·大寶廣博樓閣善住祕密陀羅尼經卷中》，T54/0960b）師按：參《示部》“禰”。

厏 *：竹格反。《字書》亦碌字，砯，辜也。開砮石可以爲天也，張也，在《桀部》。① （《原本玉篇·厂部》第 466 頁）（碌）張革反。……《字書》或從毛作厏。（慧琳《音義卷第三十七·廣大寶樓閣善住祕密陀羅尼經下卷》，T54/0550b）師按：碌或砯當作“磔”。

厅：《字書》籍廠字也。（《原本玉篇·厂部》第 462 頁）師按：厅，《原本玉篇》作“厔”，據今本《玉篇》作“厅”。“籍”下疑奪“文”。

厱：（厱諸）來甘反。《説文》：厱諸，治玉石也。《字書》或爲殮字，在《歹部》。（《原本玉篇·厂部》第 463 頁）師按：《説文》礛、䃜相次：“礛，力甘切，礛䃜，治玉之石也。青礛也。或作厱。”《原本玉篇》亦礛、䃜相次：② “礛，力甘反，③《淮南》：‘璧成罷礛之切。’許叔重曰：‘治玉之石也。’《埤蒼》：青礛也。《説文》爲厱字，在《廠部》也。”“䃜，之餘反，《埤蒼》：‘礛䃜也。’”《説文》“厱”下段注：“《淮南·説山訓》：‘玉待礛諸而成罷。’高注曰：‘礛諸，攻玉之石。’礛即厱字也。《廣韻》曰：‘礛

---

① “天”當爲“矢”之誤。《玉篇》：“厏，竹格切，亦作碌，開厏也。”《桀部》：“碌，竹格切，張也，《爾雅》：祭風曰碌。”據語境及下文所舉佛經音義，碌、砯應爲同一字亦即“磔”字。

② 今本《玉篇》同。

③ 力甘，本作“刀甘”，據“厱”字反切作“力甘”。

礇，青礛。’”《原本玉篇》“廥”下疑當作“《字書》或爲礛字，在《石部》”。

厔：徒泥反。《説文》：唐厔也。《埤蒼》：厔，石也。《字書》古文舒字也。鎊銻，火齊也，鎊銻，沓也。在《金部》也。（《原本玉篇·厂部》第464頁）師按：“沓”右下似有缺損，未知何字。《玉篇》：“厔，徒尼切，唐厔，石。又古銻字。”舒、銻形似，“古文舒字”疑當作“古文銻字”。

应：力荅反。《説文》：石聲也。《字書》亦拉字也。拉亦摧也，在《手部》。（《原本玉篇·厂部》第464頁）

厣：《字書》亦仄字也。（《原本玉篇·厂部》第465頁）師按：《原本玉篇》本作厣，據今本《玉篇》作厣。

仄：（厣）《字書》亦仄字也。（同上）

厌：《字書》亦仄字也。（同上）師按：《原本玉篇》本作厌，據今本《玉篇》作厌。

厰：徒換反。《字書》古文段字也。段，椎檓物也，在《殳部》。（《原本玉篇·厂部》第466頁）師按：厰，《原本玉篇》本作厰，《玉篇》作厰，今據改。《説文·殳部》：“段，椎物也。”“椎檓物”疑鈔寫有誤。

厱：絮胡反。《字書》古文砮字也。砮石，可以爲矢鏃也，在《石部》。（《原本玉篇·厂部》第466頁）師按：《原本玉篇·石部》：“妠，奴胡反，《尚書》：‘梁州貢砆砥砮丹。’[1]孔安國曰：‘砮石中矢鏃。’古文爲厱字，在《厂部》。”“妠”當即“砮”。《玉篇·厂部》：“厱，乃乎切，古砮字。”厱，《原本玉篇》作厱，據反切及異文作“厱”。“絮胡”亦當作“挐胡”。顧輯作“厱”。

厈[2]：蒲講反。《字書》：邑也周，野王案：《左氏傳》作“王宮千厈”是也。（同上）師按：《左傳·莊公二十一年》：“虢公爲王宮於厈，王與之酒泉。”注曰：“厈，虢地。酒泉，周邑。”“邑也周”

---

① 今本《尚書·禹貢》作“礛砥砮丹”。

② 《原本玉篇》該字頭作“玭”，從“王”而居《厂部》，可疑。今本《玉篇·厂部》：“厈，步項切，周邑也。”姑從今本。

當爲"周邑也"。

危部

危＊：魚爲反。《玉篇》云：隤也。《字書》云：殆也。《考聲》：亦險也。（希麟《續音義卷第四·守護國界主陀羅尼經卷第四》，T54/0949c）

隉：牛結反。《周易》：困於葛藟，於隉虺。王弼曰：居不獲安，故曰於隉虺也。《字書》亦隍字，元，不安也，在《阜部》。（《原本玉篇·危部》第469頁）師按：《原本玉篇》當有奪誤。顧輯作"亦隍字也。兀隉，不安也"。"元"當作"兀"，"虺"亦從"兀"。《周易·困》上六："困於葛藟，于臲卼。"王弼曰："居不獲安，故曰困於葛藟，於臲卼也。"①

石部

碼＊：（碼碯）草碬反。《字書》：碼碯，石之次者也。（《原本玉篇·石部》第482頁）《字書》：碼碯，石之次玉也。（慧琳《音義卷第七十八·經律異相第十一卷》，T54/0814b）師按：《原本玉篇》"草"當爲"莫"之誤，"次"下當奪"玉"。

碯＊：奴道反。《字書》：碼碯也。（同上，第482頁）《字書》：碼碯，石之次者也。（同前）碼碯，石之次玉也。（同上，T54/0814b）

礫：呂的反。《説文》：礫，小石也。《字書》亦作磧也。（慧琳《音義卷第十六·阿閦佛國經上卷》，T54/0406a）（磧）《字書》亦礫字也。（《原本玉篇·石部》第471頁）

磧＊：《字書》亦礫字也。（同上，第471頁）（礫）《字書》亦作磧也。（同上，T54/0406a）

礦＊：（金礦）古文砿。《字書》作礦，同孤猛反，《説文》：礦，銅鐵璞也。（玄應《音義卷第二·大般涅槃經第八卷》，C056/0838a）、（玄應《音義卷第四·菩薩見實三昧經第一卷》，C056/0870b）《説文》：銅鐵石璞也。《字書》云：未經火煉曰礦。（慧琳

---

① 阮元校刻：《十三經注疏》，中華書局1980年版，第59頁。

《音義卷第八·大般若波羅蜜多經卷第五百八十四卷》，T54/0355a）、（慧琳《音義卷第八·大般若波羅蜜多經卷第五百八十三卷》，T54/0354c）金鑛者，金璞也。谷響云：古文作礦，《字書》礦。（思坦《楞嚴經集注卷第四》，X11/0361a）古文作礦，《字書》作礦。（仁岳《楞嚴經集解熏聞記第四卷》，X11/0734b）古文作卝，《字書》作礦。《説文》作礦，銅鐵璞也。（智圓《涅槃經疏三德指歸》，X37/0460a）

　　碎*：蘇對反。《考聲》：散也。《韻英》：細破也。《廣雅》壞也。《字書》作碎。（慧琳《音義卷第二·大般若波羅蜜多經第五十三卷》，T54/0319a）

　　硑*：披萌反。……《廣雅》：硑，石聲也。　《字書》：大聲。（《原本玉篇·石部》第482頁）（研）《字書》亦硑字也。（《原本玉篇·石部》第482頁）普萌反，《字書》：硑，大聲也。經文作軿，車名也。（玄應《音義卷第十三·修行本起經下卷》，C056/1011c）、（玄應《音義卷第二十·六度集第二卷》，C057/0055a、T54/0527a）、（潘岳《借田賦》注，《文選》第117頁，日藏《文選》154/47）、（潘岳《西征賦》注，《文選》第152頁）拍萌反。《廣雅》云：硑磕，石聲也。《字書》云：石大聲也。（慧琳《音義卷第九十四·續高僧傳第十九卷》，T54/0896c）

　　研：《字書》亦硑字也。（《原本玉篇·石部》第482頁）

　　磕*：（硑磕）《廣雅》云：硑磕，石聲也。《字書》云：石大聲也。（慧琳《音義卷第九十四·續高僧傳第十九卷》，T54/0896c）師按："十九"，龍輯作"十六"。

　　砭：悲驗反。《字書》正從卩作砭，又作砭，刺也。《廣雅》云：砭，謂之刺也。《説文》亦云：以石刺病也。（慧琳《音義卷第九十四·續高僧傳第二十八卷》，T54/0899c）

　　砭*：（砭）悲驗反。《字書》正從卩作砭，又作砭，刺也。（同上，T54/0899c）師按：砭，龍輯作砭。

　　碢*：（磚）惰和反。《字書》正從石作碢。（慧琳《音義卷第九十三·續高僧傳第十六卷》，T54/0894c）

礊*：（厎）竹格反。《字書》亦磔字，砳，辜也。……在《桀部》。①（《原本玉篇·厂部》第 466 頁）磔：張革反。《廣雅》：磔，張也。《韻詮》云：開也。《字書》或從毛作厎。（慧琳《音義卷第三十七·廣大寶樓閣善住祕密陀羅尼經下卷》，T54/0550b）《字書》云：磔，開也，又張也。（希麟《續音義卷第一·大乘理趣六波羅蜜多經卷第三》，T54/0936b）

碻：（礭）《字書》作碻，同口角反。（玄應《音義卷第十·大莊嚴經論第六卷》，C056/0965c、T54/0636c）

硬*：（鞕）額更反。《字書》又作硬也。《廣雅》云：鞕，堅也。（慧琳《音義卷第六十七·阿毘達磨集異門足論卷第十二》，T54/0746c）

碪：縶金反。《蒼頡篇》作椹，椹謂之鐵。《考聲》云：几屬也。《字書》亦從支作斟，亦質也。（慧琳《音義卷第八十·開元釋教録第二卷》，T54/0825c）

砧：縶林反。《蒼頡篇》云：鈇也。《字書》又從支作斟，或作枮，音訓並同。（慧琳《音義卷第八十九·高僧傳第一卷》，T54/0874b）

砮：（簏）絮胡反。《字書》古文砮字也。砮石，可以爲矢鏃也，在《石部》。（《原本玉篇·厂部》第 466 頁）

矻：《字書》亦硞字也。（《原本玉篇·石部》第 472 頁）師按：《原本玉篇》硞、矻相屬，《説文》："硞，石聲。從石，告聲。"《原本玉篇》"亦硞字"當作"亦硞字"。

硞：（矻）《字書》亦硞字也。（同上）

砢：力可反。《説文》：磊砢也。野累石之皃也。《上林賦》"水石磊砢"是也。《字書》：眾石也。（《原本玉篇·石部》第 473 頁）

硯：《字書》亦研字也。（《原本玉篇·石部》第 474 頁）師按：硯，《原本玉篇》本作硯，《説文》"研"下段注："亦作硯。"《玉篇》硯與研同，今據以作"硯"。

<hr />

① 參《厂部》"厎"。

研：（硯）《字書》亦研字也。（同上）

砥：《字書》：石次玉也。（《原本玉篇·石部》第 476 頁）師按：此“砥”下《原本玉篇》猶有同形的“砥”作字頭：“砥，之視反，《尚書》：砥砥砮丹。孔安國曰：砥，細於礪，皆石也。《説文》亦庢字也。庢亦平也，直也，均也，《厂部》也。”“之視反”之“砥”當即“砥”，“庢”當即“厎”。《説文·厂部》：“厎，柔石也。……砥，厎或從石。”段注：“按厎者，砥之正字，……厎之引伸之義爲致也，至也，平也。”《原本玉篇》硌、砥、砥、礦相次，今本《玉篇》硌、砥、礦相次，“硌”有“石次玉”一訓。據《原本玉篇》異體相次、下字往往承上省切語的現象，《原本玉篇》“石次玉”之“砥”無切語，疑即“硌”之異體。

硾：除爲反。《埤蒼》：硾，鎮也。野王案：鎮笮之也。《呂氏春秋》“倕之以石”是也。《字書》或爲倕字，在《人部》。以繩有所懸爲縋字，在《糸部》。（《原本玉篇·石部》第 478 頁）師按：“倕之以石”今作“硾之以石”。①《玉篇》“硾”下曰“鎮也，笮也，亦作縋”。顧輯作“縋繩有所縣”。

磝：午交反。《字書》亦磢字也。（《原本玉篇·石部》第 480 頁）

碻：《字書》亦確字也。（同上）

確：（碻）《字書》亦確字也。（同上）

硊：口康反。《字書》：硍硊也。（同上）師按：《玉篇》：“硊，口唐切，硍硊也。”

礰：力煎反。《字書》亦鏈字也。鏈，鈆礦也，亦銅屬也，在《金部》也。（同上）

磟：力皎反。《字書》：磟鳥，重。（同上）師按：《玉篇》：“磟：力皎切，磟碡，石垂兒。”《原本玉篇》或有奪誤，重、垂形近相混。

磟：力薦反。《埤蒼》：磟碡，車碾也。《字書》：磟碡，輾車也。

---

① 呂不韋著、陳奇猷校釋：《呂氏春秋新校釋》，上海古籍出版社 2002 年版，第 199 頁。

（同上）師按：《玉篇》：“䃳，力竹切，䃳磟，田器。”

磟：（䃳）《字書》：䃳磟，輾車也。（同上）

礧：力冬反。《字書》：礧碻，石聲也。（同上）師按：《玉篇》作“礧硐，石聲”。

硐：口冬反。《字書》：礧硐也。（同上）師按：硐，《原本玉篇》本作“䃾”，據今本《玉篇》及反切作“硐”。《原本玉篇》礧、硐相屬，“礧”下釋“礧硐”之義而“硐”下僅舉“礧硐”，體例與《說文》相同。“礧”下引《字書》“礧碻”當爲“礧硐”之誤。《龍龕手鏡·石部》硐、礧相次：“硐，戶冬反，硐礧，石落。《玉篇》又攻、洪二音。”“礧，力冬反，硐礧。又力中反。”

磜：子田、似田二反。《楚辭》：石瀨兮磜磜。王逸曰：疾流兒也。《蒼頡篇》：磜，棚也。《廣雅》：磜，䋻也。《字書》：蜀道也。（同上）師按：《楚辭·九歌·湘君》作“石瀨兮淺淺”。[①]《廣雅·釋詁》：“磜，䋻也。”“䋻”當即“䘏”字。

硯：此言反。《字書》亦宫也名。野王案：硯祁之官也，或爲席守，在《厂部》也。（《原本玉篇·石部》第481頁）師按：當作“《字書》亦宫名也。野王案：硯祁之宫也。或爲席字，在《广部》”，席即庶，見《广部》。

硾：之庚反。《字書》亦室字也，室，廣石室也，在《宀部》。（同上）師按：見《宀部》“宝”。

硍：胡萌反。《字書》：石也。（同上）師按：《說文》：“硍，石聲，從石，艮聲。”段注：“此篆各本作硍，從石，良聲，魯當切，今正。……至於許書之本有此篆，可以《字林》证之。《周禮·典同釋文》曰：‘《字林》硍音限，云石聲。’此必本諸《說文》，《說文》必本《子虛賦》也。至於許書本無硍字，以硍從良聲，當訓爲清澈之聲，非石聲。”然《原本玉篇》曰：“硍，力唐、力蕩二反，《說文》：‘石聲也。’《廣雅》：‘硍硍，堅也。’”慧琳《音義卷第九十六·弘

---

① 朱熹撰、蔣立甫校點：《楚辭集注》，上海古籍出版社、安徽教育出版社2001年版，第35頁。

明集第八卷》（T54/0905c）：“朗當反，《廣疋》云：‘硠，堅也，石聲也。’《説文》從石，良聲。”據此，《説文》本有“硠”字。今本《玉篇》：“硠，力唐切，硠磕，石聲。”“硍，諧眼切，石聲也。”《周禮釋文》：“硍，音艱，又苦耕反，《字林》音限，云‘石聲’。”①綜上所述，《原本玉篇》引《字書》疑當作“硍，石聲也”。

碅：力牛反。《字書》亦鎦字也，鎦，煞也，在《金部》。或爲劉字，在《刀部》也。（同上）

礛：《字書》亦欃字也。欃，欃楔也。在《木部》。（同上）

硴：薄項反。《字書》亦蚌字也。蚌，庳蠣也，在《虫部》也。（同上）

硨：齒耶反。《字書》也：硨磲，石次玉者。（同上）師按：“也”疑“曰”之誤。《原本玉篇》硨、磲相次，而磲與硨、磲不相屬，《玉篇》：“硨，尺遮切，硨磲，石次玉。”“磲，鉅於切，硨磲。”“硨磲”當爲“硨磲”之誤。顧震福：“磲，原作硨，誤。”《漢語大字典》釋“硨磲”以宋周去非《嶺外代答·硨磲》“南海有蚌屬曰硨磲……”爲首例書証，盧巧琴以姚秦鳩摩羅什譯《十住毗婆沙論》卷十七（T26/0121b）“金銀帝青大青金剛摩羅竭，硨磲、碼碯、珊瑚、頗梨、摩尼真珠、琉瑠等種種寶物”爲例，認爲據鳩氏譯經，書証可提前。②

磲：鉅於反。《字書》：硨磲也。（同上）

砷：之仁反。《字書》：破也。（《原本玉篇·石部》第482頁）師按：《原本玉篇》字頭本作砍，據今本《玉篇》“砷，之人切”作“砷”，然無義訓。《龍龕手鏡·石部》：“砷，之忍反，磷砷。”

硂：且泉反。《廣雅》：碓，硂，度也。《字書》亦銓字也。銓，量也，次也，在《金部》。（同上）師按：硂，《原本玉篇》本作硈，銓本作鈴，鈔寫致誤，今改。《玉篇》：“硂，七泉切，度也。亦作銓，量也，次也。”《廣雅·釋詁》：“硂，度也。”王念孫《疏証》：

---

① 陸德明：《經典釋文》，上海古籍出版社1985年版，第479頁。

② 盧巧琴：《東漢魏晉南北朝譯經語料的鑒別》，浙江大學出版社2011年版，第60頁。

“銓與硂同。”①“碓”字疑衍。

碫：（叚）都館反。《埤蒼》：晉大夫子叚也。《字書》或碫字也，碫石可以爲鍛質者，在《石部》。（《原本玉篇·阜部》第506頁）師按：《説文·殳部》：“段，椎物也。”段注：“《大雅》：‘取厲取碫。’毛曰：‘碫，段石也。’鄭曰：‘段石所以爲段質也。’古本當如是。《石部》：碫，段石也。從石段，《春秋傳》：‘鄭公孫段，字子石。’古本當如是。”

礓*：居良反。《字書》：石也。《釋名》云：礓，薑也，言石似薑而堅也。（希麟《續音義卷第五·一字奇特佛頂經卷上》，T54/0955c）

礧：《字書》：礧磈，石也。（《九家集注杜詩》卷二《三川觀水漲二十韻》詩注，《四庫全書》1068/49）

磈：《字書》：礧磈，石也。（同上）

長部

肆*：音四。……《字書》云：居舍也。（慧琳《音義卷第十四·大寶積經第五十八卷》，T54/0390c）《字書》云：肆者，所陳貨鬻於市也。亦云講肆者。（大覺《四分律鈔批卷第三本·標宗顯德篇第一》，X42/0663c）師按：《廣韻》去聲至韻：“肆，陳也，恣也，極也，放也。《説文》從隶，極陳也。”

而部

耏*：《字書》曰：耏，多鬚貌。音而。（《後漢書·章帝紀注》，第151頁）《字書》曰：耏，多鬚貌，音而。（《冊府元龜》卷八十二，第901頁）《字書》：耏，多須也。（《韻會》卷二，《四庫全書》238/406）師按：《説文·而部》：“耏，罪不至髡也，從而從彡。耐，或從寸，諸法度字從寸。”

豕部

豦：蕭該《音義》曰：蹻，案。《字書》無足旁，豦字猶應是踞字。《字書》：踞，蹲也，已恕反。（蕭該《漢書敍傳音義》，《兩漢書

---

① 王念孫：《廣雅疏證》，江蘇古籍出版社2000年版，第30頁。

匯編》第 467 頁）

豨*：虛豈反。《字書》云：東方名豕也，一曰豕足也。（《爾雅·釋獸釋文》第 1706 頁）師按：龍璋未輯"一曰豕足"義。

豩*：（豳）筆旻反。鄭玄《詩譜》云：豳，戎狄地名也。《古今正字》云：豳，公劉所封邑也。從山豩聲。豩音同上。《字書》云：豩，二豕並生也。（慧琳《音義卷第八十·大唐内典録第五卷》，T54/0824a）師按：《説文·豕部》："豩，二豕也。豳從此。"

彖部

彙*：蕭該《音義》曰：彙，服虔曰：彙，類也，音近卉。服虔音卉，應劭音謂。該案《字書》音謂。（蕭該《漢書敘傳音義》，《兩漢書匯編》第 465 頁）

豸部

貂：（貂）《字書》云：古貂字也，音雕。（《爾雅·釋獸釋文》第 1711 頁）

易部

易*：盈益反。賈注《國語》云：變易也，異也。孔注《尚書》云：改也。《字書》：移也。《説文》：賈秘書説：日月爲易字。（慧琳《音義卷第六·大般若波羅蜜多經第四百九十三卷》，T54/0341b）

象部

豫*：（猶豫）以周反。《切韻》：仍也。下羊洳反。《字書》云：先也，備也。①《考聲》云：猶豫，不定也。（希麟《續音義卷第九·根本説一切有部毘奈耶破僧事卷第十一》，T54/0973b）《字書》云：猶豫者，不定之辭也。（慧琳《音義卷第六·大般若波羅蜜多經第五百一十三卷》，T54/0344b）

馬部

駱*：（駝）《字書》作駱，又作橐字，并力各反。（玄應《音義卷第六·妙法蓮華經第二卷》，C056/0911a）盧各反。《山海經》曰：

---

① 希麟《續音義卷第八·一切有部毘奈耶藥事卷第一》（T54/0970b）"悦豫"："羊茹反，《韻集》云：備也，先也。"

音託。……《字書》作驠，又作駱，馬色，白馬黑髦曰駱。（慧琳《音義卷第二十七‧妙法蓮花經序品第一方便品》，T54/0487c）郎各、湯洛二反，並通。《字書》作驠。（慧琳《音義卷第十三‧大寶積經第四十二卷》，T54/0384c）《字書》云：力負千金也。（《龍龕手鏡‧馬部》第294頁）

駱：盧各反。……《字書》作驠，又作駱，馬色，白馬黑髦曰駱。（同上，T54/0487c）

馳*：直離反。《玉篇》云：馳逐也。《字書》云：馳，騖也。《説文》：疾也，從馬池省聲也。（希麟《續音義卷第三‧新譯十地經卷第二》，T54/0946c）《字書》云：馳，騖也。（希麟《續音義卷第九‧續音根本説一切有部毘奈耶破僧事卷第二》，T54/0971b）《字書》亦作駝。（慧琳《音義卷第八十九‧高僧傳第六卷》，T54/0877c）師按：《説文‧馬部》：“馳，大驅也。從馬，也聲。”

駝*：（馳）直離反。《字書》亦作駝。《廣雅》云：奔也。（同上，T54/0877c）

騖*：《字書》曰：騖，亂馳也。（蕭該《漢書薛宣朱博傳音義》，《兩漢書匯編》第451頁）師按：《説文》：“騖，亂馳也。”

驒*：栗珍反。郭璞云：色有淺深斑駮隱驎。《字書》曰：馬黑脣也。（慧琳《音義卷第九十六‧弘明集第九卷》，T54/0906a）

龐*：（龐）蒲公、蒲江二反。《毛詩》：四壯龐龐。傳曰：充實也。《説文》：高屋也。《字書》古文爲馬龐字，在《馬部》。（《原本玉篇‧广部》第451頁）師按：“四壯”當作“四牡”（《小雅‧車攻》）。《玉篇‧馬部》：“龐，步公切，龐龐，充實皃。”

駕*：古訝反。《字書》：駕，乘也。《詩》云：駕我其騂。（希麟《續音義卷第七‧甘露軍荼利菩薩供養唸誦儀一卷》，T54/0963c）

驤*：息良反。《字書》云：馬騰躍也。《考聲》云：逸也。《説文》云：馳也，從馬襄聲。（希麟《續音義卷第十‧琳法師別傳卷下》，T54/0978a）

驈*：（魚）如字。《字書》作騟，《字林》作瞯，音並同。（《詩‧駉釋文》第408頁）、（《十三經注疏》第610頁）（瞯）《爾雅》：馬二目白。……《字書》作驖,《字林》作瞷。(《韻會》卷三,《四庫全書》238/421)師按:龍輯作"驖,《詩·駉釋文》"蓋因驖、驖形近而誤。①

駗*:(陸)司馬云:陸,跳也。《字書》作駗,駗,馬健也。(《莊子·馬蹄篇釋文》第 1463 頁)師按:《説文·馬部》無"駗"。《玉篇·馬部》:"駗,力竹切,健馬也。"

駙*:符遇反。……《字書》:副也。(希麟《續音義卷第九·根本説一切有部毘奈耶破僧事卷第十五》,T54/0973c)

馵:《説文》:馬後左足白也。從馬,二其足。引《易》爲馵足。徐曰:指事。陸佃云:馬足盍取其躁,故二絆其足,言制之而動。今《字書》馵從馬,一絆其足。馵,二絆其足,馵,口其足。(《韻會》卷十八,《四庫全書》238/672)師按:馵、馵從馬,其字當作馵、馵。

鹿部

鹿*:《字書》云:麞者,小鹿之類也,有角曰鹿,無角曰麞。(慧琳《音義卷第四十四·法集經第五卷》,T54/0599a)

麞*:《字書》云:麞者,小鹿之類也,有角曰鹿,無角曰麞。(同上,T54/0599a)

麕:梱云反。……劉兆注《公羊傳》云:麕,麞也。《説文》:從鹿囷聲,囷音郡。《字書》亦作麕。(慧琳《音義卷第九十二·續高僧傳第六卷》,T54/0887b)

麕*:(麕)《字書》亦作麕。(同上,T54/0887b)

麩*:栗珍反。《字書》正從㐱作麩。傳文作麟,俗字也。(慧琳《音義卷第九十四·續高僧傳第二十卷》,T54/0897a)

麁*:倉胡反。……《説文》正體作麤,從三鹿。《字書》云:物不精也。《廣雅》:麤,大也。(慧琳《音義卷第十一·大寶積經第二卷》,T54/0372a)、(慧琳《音義卷第三十一·諸法無行經下卷》,

---

① 王先謙引《釋文》:"魚,本又作'瞷'。《字林》作'驖'。"王先謙《詩三家義集疏》,中華書局 1987 年版,第 1067 頁。

T54/0516b）

麝：麝如小麋，臍有香。《釋獸》謂之麝父。《字書》謂之𪊻。《周書》：武王狩，禽麝五十。（《爾雅翼》卷二十，《四庫全書》222/423）

羬：羬者，五咸反，《爾雅》云：羊高六尺曰羬。《切韻》：山羊曰羬。《説文》云：字從鹿邊作咸也。又云。羬者羊之總名。……《字書》云：從鹿邊作咸，況緣覺。羊邊作咸爲勝也。軒者車上作舍，似軒廊樣，故四羬軒，羬軒即羊車也。（棲復《妙法蓮華經玄贊要集卷第一》，X34/0190b）師按：此據"從鹿邊作咸"而定字頭作"羬（麙）"。

犬部

龎：莫江反，若依《字書》，則犬多毛。（元照《四分律含注戒本疏行宗記三下之二》，X40/0045b）師按：《説文》："龎，犬之多毛者。"

猥*：烏賄反、呼每反。《廣雅》云：猥，眾也。《字書》：猥亦雜也。猥，穢也。（慧琳《音義卷第五·大般若波羅蜜多經第四百三十五卷》，T54/0337a）《考聲》云：不正而濫曰猥。《字書》云：猥，穢也。（慧琳《音義卷第二·大般若波羅蜜多經第一百八十一卷》，T54/0322b）

猶*：《字書》云：猶豫者，不定之辭也。（慧琳《音義卷第六·大般若波羅蜜多經第五百一十三卷》，T54/0344b）

默*：懵北反。……《字書》：默，靜也，不言也。（慧琳《音義卷第七十八·經律異相第十八卷》，T54/0816b）《字書》：靜，不言也。（慧琳《音義卷第三十九·不空羂索經第三卷》，T54/0561a）師按：《不空羂索經》"靜"下疑奪"也"。

猜*：彩來反。……《廣雅》：懼也。《字書》：妄也。《方言》：恨也。（慧琳《音義卷第四十一·六波羅蜜多經卷第三》，T54/0578c）師按：《説文》："猜，恨賊也。"

猾*：《字書》：猾，怨黠也。《方言》：凡小兒多詐或謂之猾。（玄應《音義卷第二十二·瑜伽師地論第十八卷》，C057/0082a）《字書》：猾，惡黠也。（玄應《音義卷第四十八·瑜伽師地論第十八卷》，T54/0627c）、（玄應《音義卷第七十五·雜寶藏經第八卷》，T54/0798a）《字書》云：猾，黠也。《説文》從犬骨聲。慧琳《音義卷第五十三·起世因本經卷第四》，T54/0660b）師按：《説文·犬部》未見"猾"。

獷*：《字書》云：性獷字從犬作獷。《考聲》云：獷，如大悍戾也。《説文》：犬性獷，不可附也。（慧琳《音義卷第六十六·集異門足論卷第九》，T54/0746b）《字書》云：獷，爲人大獰惡，同犬惡，不可附近也。（慧琳《音義卷第七十八·經律異相第二十一卷》，T54/0817a）《字書》云：猛也。（希麟《續音義卷第三·新譯十地經卷第二》，T54/0946b）《字書》：惡也。顧野王云：犬不可附也。（希麟《續音義卷第八·根本説一切有部毘奈耶藥事卷第三》，T54/0967c）史炤《釋文》曰：獷，古孟切，余按：《字書》：獷，音古猛翻。（《通鑑釋文辯誤》，《四庫全書》312/261）師按：《説文》："獷，犬獷獷不可附也。"

猘：《字書》作猘、狾二形。又作猘，同昌制、居世二反，狂犬也。（玄應《音義卷第二十·佛醫經》，C057/0061c、T54/0795b）

狾：（猘）《字書》作猘、狾二形。……狂犬也。（同上）

獠*：音老。《字書》云：牂柯有獠夷。《異物銘》云：獠夷，獸類也。《説文》從犬寮聲。（慧琳《音義卷第七十七·釋迦方志卷下》，T54/0809b）

玁*：（玁狁）枕儼反。……《古今正字》：玁狁二字皆從犬，嚴允亦聲。《字書》、《考聲》或作獫。（慧琳《音義卷第八十·大唐內典錄第五卷》，T54/0824a）《字書》正作玁狁。（慧琳《音義卷第九十四·續高僧傳第二十四卷》，T54/0898a）

獫*：（獫）《字書》、《考聲》或作獫。（同上，T54/0824a）

狁*：音尹。《字書》正作玁狁。（慧琳《音義卷第九十四·續高僧傳第二十四卷》，T54/0898a）

猗*：（欹）於宜反。《廣雅》：欹欹，欷欷，訶也。《字書》或猗字也，在《犬部》。（《原本玉篇·欠部》第77頁）（猗覺）上意宜

反，《字書》云：美也，加也。（慧琳《音義卷第二十四·信力入印法門經第二卷》，T54/0457c）

獿*：（猱）奴刀反。《字書》云：正從夒作獿。《論文》從柔作猱，俗字也。（慧琳《音義卷第八十四·集古今佛道論衡第一卷》，T54/0851c）師按：顧輯以"猱"爲字頭。

猳*：古霞反。《字書》：猳亦玃也。（玄應《音義卷第十六·法鏡經下卷》，T54/0407c）師按：猳，《大正藏》本作"猴"。

狂*：渠王反。《字書》云：病也。……《説文》從犬王聲也。（希麟《續音義卷第十·續開元釋教録卷上》，T54/0978c）

獜*：獜獠，相連延貌。《字書》：獜獠，獸逃走也。……獜，勑陳切，獠，勑員切。（王襃《洞簫賦》注，《文選》第244頁）師按：《洞簫賦》"密漠泊以猭獜"，原文"猭獜"，注中引《字書》作"獜獠"，似有一誤。獜，龍輯作"獥"。

獠*：《字書》：獜獠，獸逃走也。（同上）

猲：狂，出《字書》，加。（《唐寫本唐韻》入聲五質，《韻書集存》第693頁）師按：《説文·犬部》未見"猲"，《廣韻》入聲質韻："猲，狂也。"

鼠部

鼦*：《字書》云：古貂字也，音雕。（《爾雅·釋獸釋文》第1711頁）

火部

燎*：遼鳥、遼銚二反。《考聲》云：輕燒也。《字書》：庭燭曰燎。（慧琳《音義卷第一·大般若波羅蜜多經卷第九卷》，T54/0315c）《字書》云：廷燭曰燎。《説文》：放火也。（慧琳《音義卷第十二·大寶積經第三十卷》，T54/0379a）

燜*：閩墊反。《考聲》：燜，火光也。《字書》：火微行也。《説文》從火閻聲。（慧琳《音義卷第六十八·阿毘達磨大毘婆沙論第十二卷》，T54/0751c）師按："閩"當爲"閻"之誤。《火部》："燜，火門也。從火，閻聲。"段注："各本作'火門也'，門乃燜之壞字耳。今正。《文選·蜀都賦》：高燜飛煽於天垂。善引《説文》：燜，火焰也。"

烽*：覆容反。《字書》正作烽。《説文》云：烽，候邊有警急則舉火也。（慧琳《音義卷第九十四·續高僧傳第十九卷》，T54/0896c）《字書》云：候望火也。（希麟《續音義卷第十·護法沙門法琳別傳卷上》，T54/0976b）師按：《説文》（段注本）："熢，熢燧，候表也。邊有警則舉火，從火夆聲。"

煥*：《字書》亦奐字，同呼換反。煥亦明也，謂光明炳煥也。（玄應《音義卷第一·大方廣佛華嚴經第四卷》，C056/0814c、T54/0431b）師按：《大正藏》本《音義》卷二十（T54/0431b）"光明"下無"炳煥"二字。

奐：（煥）《字書》亦奐字。（同上）

爝*：音爵。《字書》云：火炬也。（慧琳《音義卷第八十八·法琳法師本傳卷第一》，T54/0869c）、（希麟《續音義卷第十·護法沙門法琳別傳卷上》，T54/0977a）《字書》：爝，苣火也。（慧琳《音義卷第八十八·集沙門不拜俗議卷第六》，T54/0874a）《字書》云：爝，炬火也。（慧琳《音義卷第四十九·攝大乘論序》，T54/0638a）《字書》：爝火，小炬火也。（慧琳《音義卷第八十六·辯正論卷第六》，T54/0860b）《字書》云：韋炬火也。[1]《説文》從火爵聲。（慧琳《音義卷第八十七·甄正論卷下》，T54/0866c）師按：《説文·火部》："爝，苣火袚也。從火爵聲。"段注："苣，束韋燒之也，袚，除惡之祭也。"

炰*：（砲）《字書》作炰，同白包反。《説文》：毛炙肉也。（玄應《音義卷第十五·五分律第十七卷》，C056/1052c、T54/0697c）《字書》：炰，毛燒肉也，焦，炁也。（《詩·韓奕疏》，《十三經注疏》第571頁）

焦*：方婦反。《字書》：少汁煮曰焦，[2]火熟曰煑。（玄應《音義卷第十七·出曜經第十七卷》，C057/0025b、T54/0789a）《字書》：

---

① "韋"不甚清晰，獅本《音義》（八七、9）從竹似作筭。《説文》："爝，炬火袚也。"段注："苣，束韋燒之也。"《音義》鈔寫當有奪誤。

② 焦，《大正藏》本誤作"無"，據語境及獅本《音義》（七四、12）作"焦"。

焦，蒸也。（《詩·韓奕疏》，《十三經注疏》第571頁）

　　煮＊：（焦）《字書》：少汁煮曰焦，火熟曰煮。（同上，T54/0789a）

　　煙＊：咽賢反。《字書》正從垔作煙。《蒼頡篇》云：煙，熅也。《廣雅》云：臭也。（慧琳《音義卷第六十六·阿毘達磨發智論卷第一》，T54/0742a）

　　災＊：祖來反。《集訓》云：天反時曰災。《字書》云：天火也。《説文》從火灾聲。（慧琳《音義卷第六·大般若波羅蜜多經第五百一卷》，T54/0342a）師按：《説文·火部》："天火曰烖。……災，籀文從灾。"

　　煋＊：（毀）《字書》作煋，音毀。（《詩·汝墳釋文》第211頁）

　　然＊：如延反。《字書》云：而也。（希麟《續音義卷第二·新花嚴經卷第五》，T54/0940a）

　　焦＊：《字書》釋"灼龜不兆爲焦"。（《通鑑齊明帝紀音注》，《資治通鑑》第1112頁）師按：《説文·火部》："爐，灼龜不兆也。從龜火，《春秋傳》曰：卜戰，龜爐，不兆。讀若焦。"段注："焦者，火所傷也。"

　　燫：（燢）又作燨，《字書》：燫燢，火不絶。燫音廉。（《正字本刊謬補缺切韻》平聲七支，《韻書集存》第545頁）師按：《廣韻》平聲支韻，弋支切："燢，燫燢，火不絶皃。"裴氏《切韻》"燫燢"之"燢"當爲"燢"之誤。

　　燢：《字書》：燫燢，火不絶。（同上）

　　焜＊：（焜煌）《字書》曰：焜煌，火貌。（揚雄《甘泉賦》注，《文選》第115頁，日藏《文選》154/32）師按：《漢語大詞典》（7/92）"焜煌"訓"明亮；輝煌"，舉梁沈約《彌陀佛銘》"琪路異色，林沼焜煌"等爲書證。

　　煌＊：《字書》曰：焜煌，火貌。（同上）

　　熾＊：尺志反。《考聲》：熾亦盛也。《説文》：猛火也。《字書》：明光也。（希麟《續音義卷第六·最勝無比大威德金輪佛頂熾盛光陀羅尼經》，T54/0962b）

熙[*]：許其反。《字書》云：和也。《切韻》：敬也，養也。《爾雅》曰：緝熙，光也。（希麟《續音義卷第四·守護國界主陀羅尼經卷第六》，T54/0950a）

炬：《字書》云：炬，束薪灼之。（《箋注》第 440 頁）師按：《箋注》："按《説文》：'苣，束葦燒。'徐鉉曰：'今俗別作炬。'即此義。"

炫：玄絹反。《文字集略》：盛服也。準《考聲》云：袨，服美也。《字書》：袨，衣服美鮮者也。（慧琳《音義卷第二十四·方廣大莊嚴經序品第二》，T54/0461c）師按："準"疑衍，或有奪誤。

炎部

燄[*]：閻壍反。案《字書》正從炎作燄。……《字書》云：燄，火燄也。《説文》云：火行微燄也，從炎臽聲也。（慧琳《音義卷第六十六·阿毘達磨發智論卷第一》，T54/0742a）師按：《説文·火部》："燄，火行微燄燄也，從炎臽聲。"

黑部

黶[*]：於琰反。《切韻》云：面上黑黶子也。《字書》云：從黑厭聲也。（希麟《續音義卷第九·根本説一切有部毘奈耶破僧事卷第一》，T54/0971b）

黕[*]：都感反。《字書》：滓垢也。《字林》：黑色也。（希麟《續音義卷第九·根本説一切有部毘奈耶破僧事卷第五》，T54/0972a）

黧[*]：力奚反，《字書》：黧，黑也。（玄應《音義卷第二十·佛本行贊經第四卷》，C057/0057b）師按：《説文·黑部》無"黧"，《玉篇·黑部》："黧，力兮切，黑也。"

焱部

焱[*]：（惔）徒藍反，又音炎。燔也。《韓詩》作炎。《字書》作焱。（《詩·節南山釋文》第 307 頁）《釋文》曰：惔，《韓詩》作炎。《字書》作焱。（《呂氏家塾讀詩記》卷第二十，《四庫全書》73/571）師按：猋、焱形近，龍璋"焱"誤作"猋"，入《犬部》。

赤部

赧[*]：挐簡反。……《考聲》：羞慚面赤也。《字書》赧字從赤從

及，及亦聲也。（慧琳《音義卷第四・大般若波羅蜜多經第三百九十九卷》，T54/0332a）

大部

奄*：（揜）淹儼反。《毛詩傳》云：揜，撫也。《字書》作奄，又從手作掩。訓義同。《說文》云：揜，覆斂也。（慧琳《音義卷第八十九・高僧傳第三卷》，T54/0875c）

矢部

吳：《說文》：大言也，從矢口。徐曰：大言，故側口以出聲也。……按《字書》吳字本從口從矢，非從天也。（《韻會》卷三，《四庫全書》238/431）師按：字有缺失。《說文・矢部》：“吳，姓也。亦郡也。一曰吳，大言也。從矢口。”徐鍇曰：“大言，故矢口以出聲也。”與《韻會》引“徐曰”略同，徐鍇或據《字書》而不言出《字書》。

尢部

尪*：烏皇反。《字書》云：偏也。（《爾雅・釋木釋文》第1684頁）

幸部

罨*：△△將目捕罪人也。《爾雅》：罨罨，生也。郭璞曰：言種調也。《字書》：一曰樂也。（《原本玉篇・幸部》第105頁）師按：黎、羅二本皆殘損，字頭“罨”僅存“罒”，現據說解作“罨”。《說文》：“罨，司視也。從目從幸。今吏將目捕皐人也。”（段注本）

執*：正執字也。《字書》云：執，操持也。（慧琳《音義卷第九十二・續高僧傳第九卷》，T54/0889a）

籟：（謅）居陸反。《字書》或籲字也，籲，治罪也，讀書用法也，窮也，在《幸部》。（《原本玉篇・言部》第38頁）師按：既言“在《幸部》”，則不當作“籲”。《說文・幸部》：“籟，窮理罪人也。從幸，從人從言，竹聲。釩，或省言。”《玉篇・幸部》籟、釩相次：“籟，居六切，窮治罪人也。”故字頭作“籟”。

六部

亢*：康浪反。《考聲》：極也。《字書》：高也。《切韻》：旱也。

（希麟《續音義卷第五·新譯仁王護國般若波羅蜜多經卷下》，T54/0954a）師按：《説文·兀部》：“兀，人頸也。”段注：“兀之引申爲高也、舉也、當也。”《莊子·人間世》：“故解之以牛之白顙者與豚之亢鼻者。”《釋文》引司馬彪曰：“亢，高也。”

夲部

暴*：《廣雅》：猝也。《考聲》：犯也，速也。《字書》：猛也，害也，無善也。《説文》：疾有所趣也。（慧琳《音義卷第六·大般若波羅蜜多經第五百一卷》，T54/0341c）師按：龍輯“暴”居《日部》旱、曬之間，誤。《説文·日部》：“暴，晞也。”

齐部

昦*：胡老反。夏爲昊天。《字書》從日齐聲。（《詩·黍離釋文》第243頁）師按：《説文·齐部》：“昦，春爲昊天，元氣昦昦，從日齐，齐亦聲。”段注：“李巡、孫炎、郭璞本《爾雅》及劉熙《釋名》皆作‘春蒼夏昊’。……《説文解字》爲定説也。”

立部

玪*：（玪䌉）冷丁反。《字書》：玪䌉，行不正也。（慧琳《音義卷第九十九·廣弘明集音下卷集卷第二十九》，T54/0922b）

䌉*：匹並反。《字書》：玪䌉，行不正也。（同上，T54/0922b）

竚*：除呂反。《毛詩》云：竚，久立也。《字書》從立作竚，與佇字義同。（慧琳《音義卷第九十二·續高僧傳第六卷》，T54/0887c）

頦*：相瑜反。須，俗字也，正體作頦，待也。《説文》同《字書》從立須聲也。（慧琳《音義卷第三·大般若波羅蜜多經第三百四十九卷》，T54/0327c）

踖：《字書》：踖，且略切。竦也，驚也。（《通鑑釋文辯誤》，《四庫全書》312/240）師按：《廣韻》入聲藥韻：“踖，七雀切，驚也。”《集韻》入聲藥韻：“踖，七約切，《説文》：驚皃。”

思部

恖*：絲恣反。《字書》云：正體思字也。（慧琳《音義卷第九十四·續高僧傳第十七卷》，T54/0895c）師按：《説文·思部》：“思，容也。"

心部

憘*：希寄反。《字書》：憘，與好也。（慧琳《音義卷第五十一·入大乘論卷上》，T54/0646b）

慪*：緱侯反。《字書》云：慪，歌也，喜也，吟也。（慧琳《音義卷第九十六·弘明集第十四卷》，T54/0908c）（謳）野王案：《説文》：謳，齊歌也。……《廣雅》：謳，喜也。《埤蒼》或爲嘔字，在《口部》。《字書》爲慪字，在《心部》。（《原本玉篇·言部》第6頁）師按：《玉篇·心部》："慪，口侯切，恬也，惜也。"

忖*：村損反。《字書》：忖亦度也。（慧琳《音義卷第四十九·大莊嚴論第一卷》，T54/0635c）

慧：（譓）《字書》或慧字也，慧，才智也，儇也，察也，在《心部》也。（《原本玉篇·言部》第40頁）

忎：《字書》：忎，古仁恕之恕字。（《佩觿》卷上，《四庫全書》224/383）師按：《説文·心部》："恕，仁也，從心，如聲。忎，古文省。"

恕：（忎）《字書》：忎，古仁恕之恕字。（同上）

恂：宋祁曰：《字書》：恂，信也。音詢。（蕭該《漢書王莽傳音義》，《兩漢書匯編》第463頁）師按：《説文》："恂，信心也。"

懈*：《字書》云：懈亦怠也。（慧琳《音義卷第四·大般若波羅蜜多經第四百二卷》，T54/0333a）

悢：（悢）似慄反。……《字書》或爲悢字，在《心部》。（《原本玉篇·言部》第37頁）

憺*：（憺怕）《字書》或作倓，同徒濫反。《説文》：憺，安也，謂憺然安樂也。憺亦恬靜也。經文作惔，徒甘反。《説文》：惔，憂也。（玄應《音義卷第六·妙法蓮華經第三卷》，C056/0913b）《桂苑珠藂》云：憺怕者，心志滿足也。《字書》云：無戲論也。（慧琳《音義卷第七·大般若波羅蜜多經第五百三十七卷》，T54/0346b）顧野王曰：恬靜也。《字書》：憺怕者，心志滿足也。（慧琳《音義卷第十二·大寶積經第十二卷》，T54/0376b）《字書》作倓，亦徒濫反。

（慧琳《音義卷第二十七·妙法蓮花經序品第一化城喻品》，T54/0489b）

怕*：《字書》云：（憺怕）無戲論也。（同上，T54/0346b）《字書》：憺怕者，心志滿足也。（同上，T54/0376b）《字書》云：怕，無爲也。……《説文》云：憺，安也。怕，無爲也。（慧琳《音義卷第六十六·阿毘達磨法蘊足論卷第二》，T54/0743b）

慺*：（慺慺）力俱反。《字書》：慺慺，謹敬之兒也。（玄應《音義卷第七·漸備經第一卷》，C056/0931c、T54/0459c）李善曰：《字書》曰：慺慺，謹敬也。（曹子建《求通親親表》注，《集注彙存》二·353）漏頭反。《字書》云：慺，謹敬兒也。（慧琳《音義卷第九十六·弘明集第十二卷》，T54/0907c）師按：慧琳《音義卷第九十八·廣弘明集卷第十六》（T54/0918a）："慺慺，勒侯反。《説文》云：慺謂謹敬兒也。從心婁聲。《説文·心部》及"新附"未見"慺"。

愙*：康各反。孔注《尚書》：恪敬也。《古今正字》從心客聲。案《字書》正作愙也。（慧琳《音義卷第七十八·經律異相第十四卷》，T54/0815b）師按：《説文·心部》："愙，敬也。"徐鉉等曰："今俗作恪。"

恪*：康各反。《字書》云：敬也。（慧琳《音義卷第十二·大寶積經卷第十一》，T54/0376a）

愧：（譝）視陵反。《左氏傳》：故譝息嬀。杜預曰：譝，譽也。《字書》或爲愧字，在《心部》。（《原本玉篇·言部》第38頁）師按：《玉篇·心部》："愧，食陵切，正譽也，或作譝。"

愧：（譭）嬀媚反。《字書》亦愧字也，慚也，恥也，在《心部》。（同上）

忴：（訏）竹與反。《廣雅》：訏，智也。《字書》書亦云忴字也，在《心部》。（《原本玉篇·言部》第39頁）師按：《玉篇·心部》："忴，竹與切，知也，愚也。"《原本玉篇》似衍"書"字。

愊：（諨）公核反。……《字書》亦愊字，愊，智也，在《心部》。（《原本玉篇·言部》第40頁）

憎*：於外反，世尊名號也。《字書》：眉目閑皃也。（玄應《音義卷第五·幻士仁賢經》，C056/0901c）師按：龍輯所標出處爲“玄應《後出阿彌陀偈音義》”。慧琳《音義卷第三十二·後出阿彌陀偈音義》（T54/0522c）“號會”：“下迴外反。……《廣雅》云：憎，惡也。”其中未見《字書》。

怭：董氏曰：《字書》以怭爲儀，毛以爲媟嫚，蓋溺於儀而不知禮。此宜以其媟嫚。（《呂氏家塾讀詩記》卷二十三，《四庫全書》73/639）師按：《説文·心部》無“怭”。《玉篇·心部》：“怭，蒲必切，慢也。”《廣韻》入聲質韻：“怭，慢也。”

憿：《字書》：憿慢，不敬也。（慧琳《音義卷第十五·大寶積經第一百七卷》，T54/0397c）

慢：《字書》：憿慢，不敬也。（同上）

悰：（憸）音囟。《字書》作悰。（《爾雅·釋言釋文》第1616頁）、（《十三經注疏》第2584頁）師按：《釋言》：“憸，慮也。”郝疏：“《説文》云：慮也。《玉篇》云：謀也，又慮也。……按《玉篇》憸字雖有囟音，又阻冬切，即悰字之音。然《玉篇》既本《説文》，別出悰字，云‘樂也，一曰慮也’，是悰、憸字異音義同，《説文》則二字異矣。”①《漢書》卷六十三《武五子傳》（第2762頁）“出入無悰爲樂亟”，韋昭曰：“悰亦樂也，音裁宗反。”謝朓《游東田》詩：“戚戚苦無悰。”注引《漢書》廣陵王胥歌曰：“出入無悰爲樂亟。”韋昭曰：“悰，樂也。”②《玉篇》“樂也”或本韋昭《漢書音義》。

懟：（謝）治遂反。《字書》亦對③字也。懟，怨也，在《心部》。（《原本玉篇·言部》第41頁）懟：直類反。……《字書》亦從言作謝也。（慧琳《音義卷第三十九·不空羂索經第四卷》，T54/0561a）

憇：史炤《釋文》曰：殢，大計切，極也。余按《字書》：憇，音大計切，極也。殢音呼計翻。（《通鑑釋文辯誤》，《四庫全書》

---

① 郝懿行：《爾雅義疏》，上海古籍出版社1983年版，第506頁。

② 李步嘉：《韋昭〈漢書音義〉輯佚》，武漢大學出版社1990年版，第147頁。

③ “對”當爲“懟”之誤。

312/360）師按：《説文·心部》“新附”：“愵，愵惖，煩聲也。”
“惖，愵惖也。”

　　侘：唐各反。《字書》正從度作度，又作忋，音並同。《廣蒼》
云：侘，懟者也。（慧琳《音義卷第九十四·續高僧傳第三十卷》，
T54/0900b）師按：“從度作度”，獅本《音義》（九四、15）作“從
度作慔”，此依獅本《音義》作“慔”。

　　慔*：（侘）唐各反。《字書》正從度作度，又作忋。（同上）

　　憕*：（憕懵）上鄧經反，下墨崩反。《考聲》云：精神不爽也。
《字書》：惛昧也。（慧琳《音義卷第三十·大樹緊那羅王所問經第一
卷》，T54/0505c）《考聲》云：憕懵，精神不爽也。《字書》：失志皃
也。（慧琳《音義卷第四十二·大佛頂經第七卷》，T54/0586c）

　　懵*：（憕懵）《字書》：惛昧也。（同上，T54/0505c）《字書》：
失志皃也。（同上，T54/0586c）

　　憨*：呼濫反，《字書》：憨，愚也。（玄應《音義卷第十二·中
本起經下卷》，C056/1000a，T54/0662c）、（慧琳《音義卷第三十
七·陀羅尼集第四卷》，T54/0552a）、（《爾雅·釋鳥釋文》第1702
頁）、（潘岳《射雉賦》注，《文選》第140頁，日藏《文選》154/
212）

　　愶*：愶，休也。出《字書》。（《廣韻》入聲叶韻，第436頁）、
（《五音集韻》卷十五，《四庫全書》238/349）

　　憤：房問切，音與分同，懣也。《語》：不憤不啓、發憤忘食。
《字書》有兩音，又吻韻。（《韻會》卷二十一，《四庫全書》238/
702）

　　悱*：妃尾反。《字書》：悱悱，心欲拂。《論語》云：心憤憤、
口悱悱是也。《説文》從心非聲也。（慧琳《音義卷第八十三·大唐
三藏玄奘法師本傳卷第八》，T54/0848b）《字書》曰：悱，心誦也。
（成公綏《嘯賦》注，《文選》第263頁）師按：《説文·心部》“新
附”：“悱，口悱悱也。”

　　惲：公翻反。《字書》亦諢字，諢，更也，變也，飭也，謹也，
戒也，在《言部》。（《原本玉篇·心部》第1頁）（諢）《字書》或

悙字，在《心部》。（《原本玉篇・言部》第 30 頁）

悛：七緣反，改也，見《字書》。案意有所改革謂之悛，又謹敬貌也。言革者。《說文》云：“獸去毛曰革。”（大覺《四分律行事鈔批卷第四本・僧網大綱篇第七》，X42/0713b）師按：《箋注本切韻（一）》（斯二〇七一）平聲二仙和《王仁昫刊謬補缺切韻（二）》（北京故宮博物院藏）平聲廿八仙：“悛，此緣切，改。”（《韻書集存》第 83、第 454 頁） 《廣韻》平聲仙韻：“悛，此緣切，改也，止也。”

慗＊：叱人反。《字書》云：正作慗。顧野王云：慗謂恚也。（慧琳《音義卷第八十九・高僧傳第一卷》，T54/0874b）師按：龍輯作“慗”。

懾＊：止葉反，《廣疋》：懾，懼也。《字書》：失常也。（玄應《音義卷第十二・義足經上卷》，C056/1001b、T54/0675b）、（玄應《音義卷第二十・六度集第四卷》，C057/0055c、T54/0527b）、（玄應《音義卷第三十四・超日明三昧經上卷》，T54/0538a）之業反。《爾雅》：懼也。《字書》：怕也。（慧琳《音義卷第二・大般若波羅蜜多經第一百六十八卷》，T54/0322a）師按：《說文》：“懾，失氣也。從心聶聲。一曰服也。”

愕＊：五各反。《字書》：愕，驚也。《說文》：直言也。（慧琳《音義卷第一百・肇論上卷》，T54/0928b）、（班固《西都賦》注，《文選》第 27 頁、日藏《文選》153/146）、（《後漢書・班固傳》注，第 1346 頁）、（王褒《洞簫賦》注，《文選》第 246 頁）《字書》或作咢，同五各反，愕，驚也。（玄應《音義卷第五・太子須大挐經》，C056/0896c、T54/0528a）《字書》曰：愕，直言也。[1]（袁宏《三國名臣序贊》注，《文選》第 671 頁） 《字書》曰：鄂，直言也。[2]（日藏《文選》155/223）師按：今本《文選・長笛賦》“不占成節鄂”善注：“愕，直也。從邑者乃地名也，非此所施也。《字林》

---

[1] 《集注彙存》（三・283）引《字書》“言”下無“也”字。

[2] “鄂”本無“直言”義，“鄂”當爲“愕”之假借或誤寫，故此條不入《邑部》。

曰：'鄂，直言也。'謂節操蹇鄂而不怯懦也。"

慄*：隣一反。《集訓》曰：戰慄，懼也。《字書》云：憂慼也。（慧琳《音義卷第七·大般若波羅蜜多經第五百二十卷》，T54/0345b）

慞*：掌商反。《字書》云：慞惶，憂懼也。《説文》云：惶恐也。（慧琳《音義卷第六十三·根本説一切有部律攝卷第五》，T54/0726a）

惶*：（慞惶）音皇。《字書》云：慞惶，憂懼也。（同上）《集訓》云：惶，悚也。《考聲》云：惶，恐也。《博雅》云：惶，遽也。《字書》從忄，皇聲也。（慧琳《音義卷第七·大般若波羅蜜多經卷第五百四十九卷》，T54/0348b）師按：《説文》："惶，恐也。"

悚*：粟勇反。《説文》正作悚[1]，從心雙聲。《字書》或作㩳。（慧琳《音義卷第八十八·法琳法師本傳卷第一》，T54/0869b）《字書》亦作㩳。（慧琳《音義卷第四十·聖迦抳金剛童子求成就經》，T54/0571a）《字書》：悚懼，戰慄也。（慧琳《音義卷第十八·大乘大集地藏十輪經卷第一》，T54/0417b）

㩳*：（悚）《字書》或作㩳。（同上 T54/0869b）《字書》亦作㩳。（同上，T54/0571a）

懼*：（悚懼）劬遇反，《字書》云：畏也。《方言》：懼，驚也。《説文》：懼，恐也，從心瞿聲也。（慧琳《音義卷第七·大般若波羅蜜多經第五百四十九卷》，T54/0348b）《字書》：悚懼，戰慄也。（慧琳《音義卷第十八·大乘大集地藏十輪經卷第一》，T54/0417b）

惏：《字書》或作啉。今亦作婪同。力南反。惏亦貪也。（玄應《音義卷第一·法炬陁羅尼經第十卷》，C056/0826b、T54/0584a）

悋*：隣信反。《廣雅》：悋，鄙也。《字書》：貪惜也。《韻英》云：慳悋，固惜也。（慧琳《音義卷第三·大般若波羅蜜多經第三百四十九卷》，T54/0327c）（恡）《字書》：鄙財物也。或作悋。（希麟《續音義卷第六·金剛頂經一字頂輪王唸誦儀》，T54/0961c）師按：

---

① 據語境，當作"正作㥔"。

龍輯作“堅悋，貪惜也”。

悋*：力刃反。《考聲》云：悋，惜也。《字書》云：貪也。（慧琳《音義卷第五十五·佛説進學經》，T54/0672a）《字書》：鄙財物也。或作恡。（同上，T54/0961c）師按：恡，當爲“悋”之誤。

懊*：襖告反。《字書》云：懊，貪也。郭注《尒雅》云：懊謂愛忱也。（慧琳《音義卷第六十六·集異門足論卷第六》，T54/0745b）

愢*：隳聿反。何休注《公羊》云：愢者，狂也。《字書》：戁也。《説文》從心戚聲，戁音卓巷反也。（慧琳《音義卷第九十五·弘明集第二卷》，T54/0903a）師按：獅本《音義》（九五、8）此條引《説文》後有“《考聲》：愚也”，與《大正藏》本異。《説文·心部》無“愢”。

愆*：（愆）去虔反。孔注《尚書》云：愆，過也。《字書》正作愆，亦過也。（慧琳《音義卷第九十四·續高僧傳第二十卷》，T54/0897b）

惸*：仇營反。《尚書》：無害惸獨。孔安國曰：惸，單也，謂無兄弟也，無子曰獨。……《字書》亦煢字，煢煢，無所依也，在《卂部》。或爲嬛字。（《原本玉篇·心部》第2頁）

恈*：（綼）補奚反。《廣雅》：綼，並也。《埤蒼》：縰並也。《字書》或爲恈字，恈亦謀①也，在《心部》，或爲詄字，在《言部》。（《原本玉篇·糸部》第182頁）（紕）匹之反。紕猶錯也，亦作恈。《字書》云：織者兩絲同齒曰恈。（《史記集解序索隱》，《四庫全書》243/15）（詄）《字書》云：織者兩絲同齒曰恈。通作紕。（《韻會》卷二，《四庫全書》238/398）師按：龍輯作“織者兩絲同齒曰恈繆”。

怒*：乃故反。《字書》：恚也。《切韻》：嗔也。又音弩，亦嗔目皃也。（希麟《續音義卷第三·新譯十地經卷第一》，T54/0946a）

恄*：之跂反。害也。《字書》云：恨也。（《詩·雄雉釋文》第

---

① 謀，據《言部》“詄”（第39頁）及黎本（第392頁）當作“誤”。

224頁）《字書》：伎，恨也。之跂反。（蕭該《漢書匡衡傳音義》，《兩漢書匯編》第450頁）《字書》之跂反。（蕭該《漢書酷吏傳音義》，《兩漢書匯編》第462頁）《字書》云：很也。又音支，韋昭音泊。（《莊子·天下篇釋文》第1582頁）《字書》云：佷也。（《莊子·達生篇釋文》第1507頁）師按：《說文》："伎，很也。"

悼*：《字書》云：恨。（《廣韻》上聲尾韻，第172頁）《字書》云：恨也。（《五音集韻》卷七，《四庫全書》238/151）

恥*：癡裏反。《考聲》：恥，辱也。《字書》：羞恥也。（慧琳《音義卷第八·大般若波羅蜜多經卷第五百六十六》，T54/0350a）

慵*：蜀容反。《說文》云：惰也。《字書》云：亦嬾也。（希麟《續音義卷第九·根本說一切有部毘奈耶破僧事卷第一》，T54/0971b）師按：《說文·心部》"新附"："慵，嬾也。"

儱*：儱偅者，不調之貌。出《字書》。（湛然《止觀輔行傳弘決》卷第九之一，T46/0414c）

悷*：儱悷者，不調之貌。出《字書》。（同上，T46/0414c）

慇*：《字書》古文紛字也。（《原本玉篇·糸部》第163頁）師按：《原本玉篇》紛、慇相屬："紛，孚云反，……《說文》：馬尾韜也。《蒼頡篇》：馬尾飾也。《廣雅》：紛紛，眾也。"《說文》、《玉篇》"紛"下無重文"慇"，以"慇"下從"心"，故入《心部》。

傷*：（傷）《字書》作傷，尸羊反。（《爾雅·釋詁釋文》第1602頁）

悼*：徒到反。《字書》云：哀也。《考聲》云：傷也，又憐也。（希麟《續音義卷第十·續開元釋教錄卷中》，T54/0979b）

水部

浙*：《字書》曰：江水東至會稽山陰爲浙右。（孔稚圭《北山移文》注，《文選》第613頁，日藏《文選》158/505）師按：原文"馳妙譽於浙右"，浙右，龍輯作"浙江"。

汜：晉人所取，當是鄭之西北界，即今之汜水也。《字書》水旁巳爲汜，水旁已爲汜，字相亂也。（《左傳·成公四年疏》，《十三經注疏》第1901頁）師按：阮元"取汜祭"《校勘記》曰："《石經》

氾作汜汜，岳本、纂圖本、毛本作氾是也。《釋文》亦作氾，音凡，注同。或音祀，案《正義》引《字書》云：'水旁巳爲氾，水旁巳爲汜，字相亂也。"（《十三經注疏》第 1907 頁）

藻*：《字書》曰：藻水，出沘陽。（張衡《南都賦》注，《文選》第 70 頁）

渤*：蒲沒反。《玉篇》：渤澥也。《字書》云：海水渤渤然也。（希麟《續音義卷第三·新譯十地經卷第四》，T54/0946c）

潬：史炤《釋文》曰：河陽南有中潬城。余按《字書》：水中有沙曰潬。（《通鑑釋文辯誤》，《四庫全書》312/317）

溟*：茗經反。……《字書》云：溟，海也。《説文》從水冥聲。（慧琳《音義卷第六十七·阿毘達磨識身足論卷第一》，T54/0747b）師按：《説文》："溟，小雨溟溟也。從水冥聲。"

源*：愚袁反。《説文》云：水泉曰源。《字書》云：水本也。（希麟《續音義卷第十·續開元釋教録卷下》，T54/0979c）

洟*：（涕）體計反。口液也。經文從夷作洟，誤用也。《字書》雖有替音，本是夷字。（慧琳《音義卷第十五·大寶積經第九十七卷》，T54/0396b）《字書》云：洟，鼻液也。（《倭名類聚抄》第 150 頁）師按："本是夷字"疑當作"本是洟字"。狩谷望之曰："《隋書》云：《字書》三卷、《字書》十卷，不載撰人名氏，今無傳本。按《説文》：'洟，鼻液也。'《字書》蓋依之。"

沼*：之繞反。《左傳》云：沼亦池也。《字書》云：陂池曰沼。《説文》：沼，池也。（慧琳《音義卷第六·大般若波羅蜜多經第五百一十七卷》，T54/0344c）

洋*：藥章反。《毛詩傳》云：洋洋，盛大貌也。孔注《尚書》：洋洋，美善也。《説文》從水芉聲。《字書》作洋，音訓並同。（慧琳《音義卷第五十五·佛説八師經》，T54/0671a）師按：龍輯作"洋洋，美善也"。

泛*：芳梵反。《字書》：泛，浮也。（慧琳《音義卷第四·大般若波羅蜜多經第三百九十八卷》，T54/0331a）

滴*：丁歷反。《考聲》云：水落也，或作滴。《説文》云：水變注也，力桓反，欒，漏流也。《字書》云：水滴也。（慧琳《音義卷第七·大般若波羅蜜多經第五百二十一卷》，T54/0345c）師按：《説文·水部》：“欒，漏流也。”“滴，水注也。”

滴*：（滴）丁歷反。《字書》正從啇作滴，又作䨏。顧野王云：滴謂瀝滴也。《説文》：水欒注也，從水啇聲。（慧琳《音義卷第八十·開元釋教録第九卷》，T54/0828a）師按：䨏當即“滴”，前有“或作滴”，則《字書》有“滴”字。龍輯作“滴”。《説文》欒、滴相屬：“欒，扁流也。”“滴，水注也。”慧琳“水欒（欒）注”之“欒”或涉上文而衍。《玉篇》滴、滴同字：“滴，水滴也。”

淤*：於據反。《字書》：汙池有不流水中青臭泥也，久泥曰淤泥。（慧琳《音義卷第七十八·經律異相第八卷》，T54/0813b）《字書》：水中青泥也。《説文》：淤，滓也。《玉篇》：水中泥草爲淤，淤，臭泥也。（慧琳《音義卷第八·大般若波羅蜜多經卷第五百六十七》，T54/0350b）（淤泥）於據反。《字書》云：水底青泥也。《韻英》云：澱滓，從水於聲。（慧琳《音義卷第十·實相般若經》，T54/0368c）（淤泥）於據反。《字書》云：水下青泥。《韻英》云：澱滓也。（慧琳《音義卷第十·理趣般若經》，T54/0369a）

減*：本音耕斬反。《考聲》云：損之令少曰減。《説文》云：減，損也。……《字典》云：自耗欠下曰減。《集訓》云：減，耗也。《字書》云：欠陷也。（慧琳《音義卷第十一·大寶積經卷第一》，T54/0371c）《字書》云：欠少也。（慧琳《音義卷第七·大般若波羅蜜多經第五百四十一卷》，T54/0347a）

深*：尸任反。《字書》：深，測也。（慧琳《音義卷第十四·大寶積經第七十三卷》，T54/0393a）《字書》云：深，邃也，測也。（慧琳《音義卷第九十六·弘明集第十卷》，T54/0906c）《字書》云：深，遠反。（希麟《續音義卷第十·續開元釋教録卷下》，T54/0979c）師按：“遠反”疑爲“遠也”之誤。

澮：壞外反。《説文》云：澮，水流澮澮也。《字書》正從二丿作巜。（慧琳《音義卷第九十四·續高僧傳第二十二卷》，T54/0897c）師按：《説文·巜部》：“巜，水流澮澮也，方百裏爲巜，廣二尋，深二仞。"

涸：胡各反。賈注《國語》云：涸，竭也。《字書》：干也。《説文》從水固聲也。（慧琳《音義卷第九十二·續高僧傳第十卷》，T54/0890b）

浣：作澣，同胡管反。《字書》云：洗浣也。（希麟《續音義卷第九·根本説一切有部毘奈耶破僧事卷第七》，T54/0972b）

澣*：桓管反。……《字書》從干作澣。（慧琳《音義卷第九十二·續高僧傳第六卷》，T54/0888a）

洗*：西禮反。《字書》云：洗，滌也。《説文》從水先聲。（慧琳《音義卷第六十二·根本毘奈耶雜事律第十六卷》，T54/0721b）《字書》：洗，蕩也，刷也。（希麟《續音義卷第七·甘露軍荼利菩薩供養唸誦儀一卷》，T54/0963c）

沐：如俗《字書》：濯頭曰沐。（元照《四分律含注戒本疏行宗記四下之一》，X40/0127a）師按：《説文》："沐，濯髮也。"

洒：洗，西禮反。《字書》從水從西。（慧琳《音義卷第八十九·高僧傳第六卷》，T54/0878a）師按：《説文》："洒，滌也。"

灑*：色下反。《切韻》：水灑也。《字書》：以水散地也，從水麗省聲字。（希麟《續音義卷第五·觀自在多羅菩薩經》，T54/0955b）師按：《説文》："灑，汛也。"

湍*：湯官反。《字書》云：湍，急瀨也。《説文》：湍亦瀨也。（慧琳《音義卷第八十五·辯正論第一卷》，T54/0856b）《説文》云：淺水流沙上也。《字書》云：疾瀨也。（希麟《續音義卷第三·新譯十地經卷第二》，T54/0946c）師按：《説文》："湍，疾瀨也。"慧苑《音義卷第二十一·菩薩問明品》（T54/0439a）"湍流競奔逝"條："湍，他官反。《説文》云：淺水流沙上曰湍。又曰：湍，疾瀨也。"

激*：音叫。《字書》：水急流也。（慧琳《音義卷第七十五·道地經》，T54/0791c）

漱*：搜宥反。《字書》云：漱，激盪也。《説文》：漱，盥蕩口也。（慧琳《音義卷第八十九·高僧傳第一卷》，T54/0874b）《韻英》云：漱口也。《字書》云：從水欶聲。（慧琳《音義卷第八十一·大

唐西域求法高僧傳上卷》，T54/0835a）

淑*：時陸反。……《字書》：淑，順也。（慧琳《音義卷第十二·大寶積經卷第十一》，T54/0376a）師按：《説文》："淑，清湛也。"

潺*：仕山、仕環二反。《字書》：潺湲，水流貌也。（玄應《音義卷第七·方等般泥洹經上卷》，C056/0933a、T54/0481b）、（玄應《音義卷第十七·出曜經第三卷》，C057/0023b、T54/0788a）《字書》曰：潺湲，流貌也。①（枚乘《七發》注，《文選》第483頁，日藏《文選》157/319）師按：《出曜經音義》所引"《字書》"，《大正藏》（T54/0788a）作"《字言》"。今依《中華藏》本和獅本《音義》作"《字書》"。

湲*：《字書》：潺湲，水流貌也（流貌也）。（同上）

滕*：特登反。……《字書》正作滕。（慧琳《音義卷第六十七·阿毘達磨界身足論後序》，T54/0748b）師按："滕"從水朕聲，《大正藏》（T54/0748b）作縢，龍輯入《舟部》。

混*：（混淆）《考聲》云：淆，雜亂也。《字書》：混淆，濁水也。（慧琳《音義卷第九十六·弘明集第五卷》，T54/0904c）

淆*：効交反。《考聲》云：淆，雜亂也。《字書》：混淆，濁水也。（同上 T54/0904c）

淳*：狄經反，《廣疋》：淳，止也。《埤蒼》：水止曰淳。《字書》：水滯也。（玄應《音義卷第一·大方廣佛華嚴經第五十六卷》，C056/0818c）、（玄應《音義卷第二十·佛本行贊經第一卷》，C057/0057a、T54/0641c②）、（慧琳《音義卷第九十九·廣弘明集卷第二十九》，T54/0923a）、（慧琳《音義卷第四十·觀自在多羅菩薩唸誦法》，T54/0570c）

滋*：子私反。《字書》：滋，液也，多也。《説文》：益也，從水茲聲。（慧琳《音義卷第五十三·起世因本經卷第一》，T54/0659b）

---

① 流貌，《出曜經音義》、日藏《文選·七發》注作"流兒"。

② 《大正藏》本在《音義卷第五十·佛性論第二卷》（T54/0641c）。

沖*：《字書》：沖，虛也，亦中也。（玄應《音義卷第五·超日明三昧經下卷》，C056/0892a、T54/0538b）、（玄應《音義卷第二十二·瑜伽師地論第四十卷》，C057/0087a、T54/0630b）《字書》：沖，虛也。中。（玄應《音義卷第二十五·阿毗達磨順正理論第六十七卷》，C057/0132b、T54/0772b）《字書》：沖，虛也。（左思《魏都賦》注，《文選》第106頁，日藏《文選》153/687）、（陸機《皇太子宴玄圃宣猷堂有令》注，《文選》第284頁，日藏《文選》155/437，陸機《演連珠》注，《文選》第761頁，日藏《文選》160/129、元康《肇論疏卷下》T45/0193a）《字書》曰：沖猶虛也。①（潘正叔《贈陸機出爲吳王郎中令》注，《文選》第351頁，日藏《文選》156/96）《字書》曰：沖，中也。（張華《鷦鷯賦》注，《文選》第202頁，日藏《文選》154/633）師按：訓“虛”、“中”之字當作“沖”，而引文“冲”、“沖”錯出。參見《説文·水部》“沖”下段注。

溜*：力救反，津謂津液也。《蒼頡篇》：液汁也。《字書》：溜謂水垂下也。（玄應《音義卷第五·央掘魔羅經第三卷》，C056/0889a、T54/0600a）師按：希麟《續音義卷第三·新譯十地經卷第一》（T54/0946b）“滴溜”：“下力救反。案滴溜合作溜，《説文》云：水雷也。《字書》云：小流也。今作溜。《説文》云：溜，神名也。”《説文·水部》未見“溜”。

洄*：（洄洑）音回。《字書》云：洄洑，水旋流貌也。（慧琳《音義卷第十三·大寶積經第三十七卷》，T54/0382c）

洑*：音澓。《字書》云：洄洑，水旋流貌也。（同上，T54/0382c）

瀠*：（縈）《字書》作瀠，餘傾切。（《孟子音義》卷下，《四庫全書》195/242）師按：瀠，龍輯作“瀯，波勢回貌。孫奭《孟子·告子章音義》”，阮元《校勘記序》：“唐之張鎰、丁公著始爲之音，宋孫奭採二家之善，補其闕遺，成《音義》二卷，本未嘗作《正義》也。”（《十三經注疏》第2664頁）

浸：子泌反。顧野王云：浸猶漸也。又云：浸，沈也。《字書》：

① 《集注彙存》（一·338）李善注引《字書》作“冲猶虛”。

或爲寖，又作浸。（慧琳《音義卷第七十二·阿毘達磨顯宗論第十一卷》，T54/0774b）師按："子泌"當爲"子沁"之誤。

沉①*：長林反。《毛詩傳》曰：沉，沒也。《字書》：沒水曰沉。《説文》：濁也。（慧琳《音義卷第十八·大乘大集地藏十輪經第五卷》，T54/0420c）沈：直林反。《切韻》：沒也。《字書》：濁也，又下也。《説文》從水冘聲也。（希麟《續音義卷第六·金剛頂瑜伽千手千眼觀自在菩薩唸誦儀》，T54/0961b）師按：《説文》："沈，陵上滈水也。……一曰濁黕也。"徐鉉等曰："今俗別作沉，冗不成字。"

淪*：力迍反。《字書》：沈也，沒也。《爾雅》曰：小波爲淪。郭注云：謂蘊淪也。（希麟《續音義卷第三·新譯十地經卷第二》，T54/0946c）

溺*：寧的反。《字書》云：沒水也，不浮曰溺。《考聲》云：沉也，（慧琳《音義卷第七·大般若波羅蜜多經第五百四十四卷》，T54/0347c）

漉：聾屋反。顧野王云：漉猶瀝也。郭璞注《方言》云：漉，滲水極盡也。《説文》：浚也，一云水下貌，從水鹿聲。《字書》亦作盝。（慧琳《音義卷第六十二·根本毘奈耶雜事律第十九卷》，T54/0722a）（盝）《字書》亦漉字也。或復爲盝字，在《皿部》。（《原本玉篇·水部》第 370 頁）師按：盝，《大正藏》作"盗"，依獅本《音義》（六二、13）及《原本玉篇》作"盝"。

盝*：《字書》亦漉字也。　（《原本玉篇·水部》第 370 頁）漉，……《字書》亦作盝。（同上，T54/0722a）

瀄*：《字書》：音節，瀄，灑也。《考聲》：音牋。《切韻》云：濺也。（慧琳《音義卷第四十·大力金剛經》，T54/0572c）

沮*：情預反，又音疾與反。《字書》：濕也，漬也。（慧琳《音義卷第十五·大寶積經第九十八卷》，T54/0396b）史炤《釋文》曰：沮，將豫切，沮，壞也。餘按：《字書》：沮，止。（《通鑑釋文辯誤》，《四庫全書》312/356）

---

① 沉、沈以同字處理。

澇*：勞到反。《考聲》云：水澇侵苗也。《字書》云：多雨水損田苗曰淹澇也。（慧琳《音義卷第三十一·大薩遮尼干子經卷第三》，T54/0513a）

㳞*：音鶻、骨二音。《字書》：㳞，攪令濁也。《蒼頡篇》云：水通貌，治水之㳞又作汩。（慧琳《音義卷第九十四·續高僧傳第二十三卷》，T54/0897c）

泫：玄犬反。《文字典說》云：泫謂露光，從水玄聲。集從貝作贙。《字書》皆云：狩名也。（慧琳《音義卷第九十九·廣弘明集卷第二十四》，T54/0920b）師按：此處“《字書》皆云”我們理解爲《字書》泫、贙二字皆訓“狩名”，故於《贙部》輯“贙”。

治*：音持。《字書》云：治，理也。（慧琳《音義卷第三·大般若波羅蜜多經第三百一十二卷》，T54/0324a）、（慧琳《音義卷第四十九·大莊嚴論第十卷》，T54/0636a）、（慧琳《音義卷第十四·大寶積經第六十七卷》，T54/0392a）《字書》云：修法辟以制奸邪。（慧琳《音義卷第四十七·中論序》，T54/0623b）

汙*：烏故、烏蛙二反。《字林》：汙，穢也。《字書》：汙，塗也。（玄應《音義卷第三·摩訶般若波羅蜜經第十九卷》，C056/0852a、T54/0359c）、（玄應《音義卷第二十五·阿毗達磨順正理論第三十卷》，C057/0128a、T54/0770a）《廣雅》云：汙，濁也。《字書》云：塗也。（慧琳《音義卷第六十三·根本說一切有部尼陀律卷第五卷》，T54/0728c）、（慧琳《音義卷第五十七卷·佛說分別善惡所起經》，T54/0685c）

泳：（牁）△△中也，《字書》亦泳字也，在《水部》。（《原本玉篇·舟部》第347頁）師按：《原本玉篇》“牁”字說解雙行小字僅存左行，今本《玉篇·舟部》：“牁，於命切。”無義訓，《原本玉篇》鈔寫者所據本或已缺失。

濟：（𦩎）子悌反。《字書》古文濟字也，濟，渡也，在《水部》。（《原本玉篇·舟部》第347頁）師按：今本《玉篇·舟部》“𦩎”從舟臣妻，無《原本玉篇》“濟”字重文左下角之“口”，說解作“音濟，舟也”。

游*：《字書》亦斿字也，旌旗之游爲斿字，在《㫃部》。（《原本玉篇·水部》第 353 頁）

涵*：胡耽反。《説文》：水澤多也。……《字書》以涵音下㽙反，沒沉也。以含容之涵爲函字，在《凵部》。（《原本玉篇·水部》第 359 頁）師按：《説文》：“涵，水澤多也。”《玉篇》：“涵，下唊切，沒也。”“下㽙反”之“㽙”疑即“陷”。涵，《毛詩·巧言》作“涵”，傳曰：“涵，容也。”①

洽：胡夾反。……《説文》：洽，沾也。《蒼頡篇》：徧徹也。《字書》或爲雽字，在《雨部》。（《原本玉篇·水部》第 361 頁）師按：雽本作雽，據“在雨部”，故改作“雽”。

濂*：《字書》亦溓字也。（《原本玉篇·水部》第 361 頁）

溓*：（濂）《字書》亦溓字也。（同上）（溓）魚檢反。……《詩》本又作水旁兼者，《字書》音呂恬、理染二反。《廣雅》云：溓，清也。（《詩·葛藟釋文》第 246 頁）

滯*：直厲反。……《楚辭》：淹洄水而疑滯。王逸曰：滯，留也。《字書》或爲壥字，在《土部》。（《原本玉篇·水部》第 361 頁）師按：《楚辭·九章·涉江》作“淹回水而凝滯”。②

濕*：《字書》亦溼字也。（《原本玉篇·水部》第 364 頁）

溼：（濕）《字書》亦溼字也。（同上）師按：《原本玉篇》溼、濕相次：“溼，詩立反，……《説文》：幽溼也。”《説文》“溼”下段注：“今字作濕。”

湆：去及反。《儀禮》：大羹湆在爨。鄭玄曰：湆，煮肉汁也。……《説文》：湆，溼也。《字書》：欲干也。（《原本玉篇·水部》第 364 頁）師按：《説文》：“湆，幽溼也。”段注：“《儀禮音義》引《字林》云：‘湆，羹汁也。’《玉篇》《廣韻》同。”

準*：之允反。……《廣雅》：準，均也。《字書》或爲準字，在《三部》。（《原本玉篇·水部》第 366 頁）平也。（殷仲文《南州桓公

① 王先謙：《詩三家義集疏》，中華書局 1987 年版，第 705 頁。

② 朱熹撰、蔣立甫校點：《楚辭集注》，上海古籍出版社、安徽教育出版社 2001 年版，第 78 頁。

九井》注,《文選》第 311 頁,日藏《文選》155/614)師按:《原本玉篇》說解中"準"、"准"錯出。"三部"當作"冫部"。《説文·水部》:"準,平也。"段注:"準,《五經文字》云:'《字林》作准。'按古書多用准,蓋魏晉時恐與淮字亂而別之耳。"《玉篇·冫部》曰:"准,之允切,俗準字。"

浻:世結反。《説文》:浻瀎也。《字書》或爲揳字,在《手部》。(《原本玉篇·水部》第 367 頁)師按:《原本玉篇》瀎、浻相次,《説文》同,曰:"瀎,莫列反,《説文》:浻瀎,拭滅也。《埤蒼》爲櫼字,在《手部》。""在手部",則當作"攠"。《説文》:"瀎,瀎浻,飾滅皃。"(段注本)段注:"飾、拭古今字,……拭滅者,拂拭滅去其痕也。瀎浻,今京師人語如此,音如麻沙。《釋名》曰:摩娑猶末殺也。……末殺,《字林》作抹掇,即瀎浻也,異字而同音義。"

溲:(㪜)《字書》古文溲字也。(《原本玉篇·水部》第 370 頁)

瀡*:思累反。《字書》:瀡,滑也。(《原本玉篇·水部》第 372 頁)師按:今本《玉篇》:"瀡,思累切,滑瀡也。"龍輯作"瀡瀡滑也"。

澆*:《字書》或澆也。(《原本玉篇·水部》第 374 頁)師按:《類篇·水部》澆、澆同字。

澆:(澆)《字書》或澆也。(同上)師按:《説文》:"澆,浂也。"

濈*:俎立反。《説文》:濈,和也。《埤蒼》:濈,汗出也。《字書》或爲腜,在《肉部》。(《原本玉篇·水部》第 375 頁)

洇*:胡炯反。……《説文》:洇,滄也。《字書》或爲泂字,在《欠部》。(《原本玉篇·水部》第 377 頁)師按:洇,《原本玉篇》本作洇,當爲鈔寫致誤。"欠部",龍輯作"欠部"。

津*:《字書》曰:津,液也。(沈休文《新安江水至清淺見底貽京邑游好》注,《文選》第 386 頁,日藏《文選》156/347)師按:龍輯作"《文選·潘岳·爲賈謐作贈陸機詩注》"。

泱*:(泱漭)《字書》:泱漭,不明之貌。(謝脁《京路夜發》注,《文選》第 385 頁,日藏《文選》156/339)師按:《説文》:

"泱，滃也。""滃，雲氣起也。"龍輯作"決"。《玉篇》："泱，於黨、於良二切，水深廣皃，又弘大聲。"

瀁*：《字書》：泱瀁，不明之貌。（同上）

澌*：《字書》曰：澌，水索也。（司馬相如《難蜀父老》注，《文選》第 626 頁，日藏《文選》158/602）師按：《説文》："澌，水索也。"

染*：如撿、而贍二反。《切韻》：染物也。《字書》云：以色染繒也。（希麟《續音義卷第九·根本説一切有部毘奈耶羯恥那衣事》，T54/0975b）師按："以色"，龍輯作"之色"。《説文》："染，以繒染色。"小徐本作"以繒染爲色也"。

漏*：盧候反。《字書》云：漏，落也。又刻漏，以銅盤盛水滴漏百刻以定晝夜也。（希麟《續音義卷第三·新花嚴經卷第三十六》，T54/0945c）師按：《説文》："漏，以銅受水刻節，晝夜百刻。"百刻，段注據《韻會》所據小徐本作"百節"。

浹*：《字書》曰：浹，洽也。（顏延年《應詔觀北湖田收》注，《文選》第 316 頁，日藏《文選》155/650）師按：洽，龍輯作"合"。

澄*：直陸反。《字書》：澄，水清也。（希麟《續音義卷第四·大乘本生心地觀經卷第一》，T54/0948a）《字書》曰：澄，湛也。（曹植《公讌詩》注，《文選》第 282 頁）

洿*：《字書》：洿，仍也。（鮑照《舞鶴賦》注，《文選》第 208 頁，日藏《文選》154/674）、（王融《永明九年策秀才文》注，《文選》第 509 頁，日藏《文選》157/501）

潎*：《字書》曰：潎，泛也。水波上及也。（《文選·郭璞·江賦》注，第 186 頁，日藏《文選》154/528）

澀*：（囁澀）色立反。《字書》云：囁澀，語不正也。《説文》：水塞不通也。（希麟《續音義卷第四·守護國界主陀羅尼經卷第六》，T54/0950a）澀，色立反。《字書》：塞不通也。《説文》云：不滑也。（希麟《續音義卷第八·根本説一切有部毘奈耶藥事卷第十二》，T54/0969c）

埰：（寀）所謂亮寀，一作寀，……《字書》又作埰。《集韻》音菜，云：臣食邑，俗。（《路史國名紀注》，《四庫全書》383/334）

灆：潋灆，水滿貌。《集韻》或作灠，亦作洊、淡，又豔韻。……豔字從盍，注潋灆，《廣韻》注：灠俗茜。《字書》有灆字，無灠字。（《韻會》卷十六，《四庫全書》238/648）

夒：《字書》古文溲字也。（《原本玉篇·水部》第370頁）師按：《原本玉篇》溲、夒相次：“溲，所流反，《毛詩》：釋之溲溲。傳曰：淅米溲溲聲也。《說文》：浚汰也。……《史記》‘其病難大小溲，飲之湯即前後溲’是。”“夒”居《水部》，字當從“水”，然未見從“水”，《玉篇》浚、溲异體，上下相屬：“浚，踈有切，浚面也，又所留切，小便也。”《說文·水部》：“浚，浸渍也。”段注本作“浚，渍汰也。從水夋聲。”“夒”之楷體待考。

巛部

巛*：（澮）壞外反。《說文》云：澮，水流澮澮也。《字書》正從二丨作巛。（慧琳《音義卷第九十四·續高僧傳第二十二卷》，T54/0897c）師按：“丨”當作“〈”。

川部

㐬：呂《音訓》：……荒，陸曰：本亦作㐬，音同。……《說文》作㐬。《易》：包㐬用馮河。《字書》又作流。（《周易會通》卷三，《四庫全書》26/237）師按：《說文·川部》：“㐬，水廣也。從川，亡聲。《易》曰：包㐬用馮河。”“《字書》又作流”，是以㐬、流同字，然“㐬”在段君古音十部，“流”在古音三部，語音相差甚遠，存疑。

谷部

豁*：歡栝反。《廣雅》：豁，空也。《字書》：豁，大也。（慧琳《音義卷第十三·大寶積經第四十八卷》，T54/0386c）、（慧琳《音義卷第四十二·大佛頂經第一卷》，T54/0585b）

仌部

冷*：魯梗反。《廣蒼》：冷，寒也。《字書》：小寒也。《說文》：從仌，音冰，令聲也。（慧琳《音義卷第四·大般若波羅蜜多經第三

百九十八卷》，T54/0331a）

准*：（準）之允反。……《廣雅》：准，均也。《字書》或爲准字，在《三部》。（《原本玉篇·水部》第366頁）師按：參《水部》"準"。

凝*：《字書》曰：凝，冰堅也。①（阮籍《詠懷詩》注，《文選》第323頁，日藏《文選》155/690、694）、（曹植《贈丁儀詩》注，《文選》第339頁，日藏《文選》156/9）《字書》曰：凝，水之堅也。（左太冲《蜀都賦》注，《集注彙存》一·40）《字書》曰：凝，冰之絜也。（張景陽《七命》注，《文選》第495頁，日藏《文選》157/399）師按：各處釋義文字之出入當爲鈔寫所致。

洞：（洞）胡炯反。……《説文》：洞，滄也。《字書》或爲泂字，在《仌部》。（《原本玉篇·水部》第377頁）師按："洞"下段注："此義俗從仌作泂，《篇》《韻》泂皆訓冷是也。"

凜*：《字書》：凜，寒也。（潘岳《閒居賦》注，《文選》第227頁，日藏《文選》155/22）

淨*：冷也。出《字書》。（《廣韻》平聲耕韻，第124頁）、（《五音集韻》卷五，《四庫全書》238/108）

雨部

雨：《字書》云：自上而下曰雨。（戒度《佛説阿彌陀經義疏聞持記卷中》，X22/0524b）師按：《説文·雨部》："雨，水從雲下也。"段注："引申之凡自上而下者儡雨。"

霤：力救反。《説文》云：水溜也。《字書》云：小流也。（希麟《續音義卷第三·新譯十地經卷第一》，T54/0946b）師按：《説文》："霤，屋水流也。"《玉篇》作"雨屋水流下也"。

霑*：（沾霑）輒廉反。……《字書》云：霑霑，微澠也。（慧琳《音義卷第八·大般若波羅蜜多經卷第五百六十七》，T54/0350b）師按：《説文》："霑，雨霑也。""五百六十七"，龍輯作"五百六

---

① 《集注彙存》（一·234）本《贈丁儀》"凝霜依玉除"李善注："《字書》曰：凝，水之堅也。"

十八"。

霑*：《字書》云：霑霂，微溼也。（同上，T54/0350b）師按：
《説文》："霑，濡也。"段注："濡此義《水部》失載，於此見之。
今人多用霑染、濡染，染行而霑廢矣。染者，以繒染爲色，非
霑義。"

霉*：音伇。《字書》：霉霉，大雨兒也。（玄應《音義卷第五十・
佛性論第二卷》，T54/0642a）

霍*：呼郭反。《字書》：霍霍，大雨兒也。（同上，T54/0642a）

霅：（洽）胡夾反。……《字書》或爲霅字，在《雨部》。（《原
本玉篇・水部》第361頁）師按：《玉篇・雨部》："霅，胡夾切，與
洽同。"

霆*：特丁反。《考聲》云：疾雷也。《字書》：迅雷也。（希麟
《續音義卷第四・守護國界主陀羅尼經卷第十》，T54/0950c）

霅*：《字書》：霅者，四水激射之聲也。（《太平寰宇記》卷九十
四，第1884頁）師按：《説文》："霅，霅霅，雷電兒。"段注："雷，
各本作震，今依《韻會》本。霅霅，聲光雜沓之兒。"《玉篇》："霅，
丈洽切，又胡甲切，霅霅，震電兒，一曰眾言也。"

霶*：（霶霈）普郎反。《切韻》云：霶霈，大雨也。《字書》云：
雨盛兒。（希麟《續音義卷第九・根本説一切有部毘奈耶破僧事卷第
十》，T54/0973a）

霈*：普蓋反。……《字書》云：雨盛兒。（同上，T54/0973a）

霹*：（霹靂）《説文》云：霹靂，折震戰也，所擊輒破，若攻戰
也。《字書》云：迅雷也。（希麟《續音義卷第十・續開元釋教録卷
上》，T54/0979a）師按：《説文》："震，劈靂振物者。"徐鉉等曰：
"今俗別作霹靂，非是。"

靂*：《字書》云：迅雷也。（同上，T54/0979a）

魚部

鯽：《字書》或鰂字也。《説文》以爲鰂字也。野王案：今以爲鮒
魚之鰂字也。（《原本玉篇・魚部》第120頁）

鰂：（鯽）《字書》或鰂字也。（同上）

鱯：胡跨反。《説文》：魚也。《字書》：似鮎。野王案：鱯者，鮎之大者也。（同上）

鰯：《字書》：魚似鮎，四足。（《説文繫傳》第 229 頁）

鱄：《字書》：黃頰魚也。（《説文繫傳》第 230 頁）

鱓：《字書》鼉字亦作鱓，音徒何切。（《通鑑釋文辯誤》，《四庫全書》312/300）

鮮*：仙淺反。……鄭注《禮記》云：罕也。《字書》云：少也。（慧琳《音義卷第二十九·金光明經卷第四》，T54/0504b）《博雅》：鮮，好也。《字書》云：淨也。（慧琳《音義卷第七十四·佛本行贊傳卷第一》，T54/0785c）《考聲》云：鮮，好也。《字書》云：鮮，新也。《説文》：鮮，善也。（慧琳《音義卷第七·大般若波羅蜜多經第五百四十一卷》，T54/0347a）本或作𩶷。……《字書》：𩶷，先奚反，亦訓善。（《爾雅·釋詁釋文》第 1595 頁）師按：《説文》：“鮮，魚名，出貉國。”“鱻，新魚精也，從三魚，不變魚。”

鰾*：（臊）《字書》或從魚作鰾，亦通。（慧琳《音義卷第五十五·貧窮老翁經》，T54/0672c）

鰃：（餒）奴猥反。……《字書》或鰃字，在《魚部》。（《原本玉篇·食部》第 92 頁）奴罪反。《説文》云：魚敗曰餒。《字書》作鰃，同。（《爾雅·釋器釋文》第 1634 頁）

鮾：（餒）奴罪反。《説文》云：魚敗曰餒。本又作鮾，《字書》同。（《論語·鄉黨釋文》第 1370 頁）

鮏*：魚尾長也。《詩》云：有莘有尾。《字書》從魚。（《廣韻》平聲臻韻，第 64 頁）、（《五音集韻》卷三，《四庫全書》238/56）師按：《廣韻》作“鮏”，顧輯作“莘從魚作鮏”，此從龍輯作“鮏”。

丮部

煢：（惸）仇營反。《尚書》：無害惸獨。孔安國曰：惸，單也，謂無兄弟也，無子曰獨。……《字書》亦煢字，煢煢，無所依也。在《丮部》，或爲嬛字。（《原本玉篇·心部》，第 2 頁）（煢煢）葵營反。……《字書》云：煢煢，無所依是也。（慧琳《音義卷第三十三·佛說老母女六英經》，T54/0529a）師按：《説文·丮部》：“煢，回疾也。”段注：“引申爲悍獨，取褒回無所依之意。或作嫈、作睘、作嬛。《毛傳》曰：‘睘睘，無所依也。’”

至部

臻*：側巾反。古文作臻。《字書》：臻，到也，去聲，聚也。（慧琳《音義卷第一・大唐三藏聖教序》，T54/0313a）

卤部

卤：《字書》：卤，大盾也。（《通鑑釋文辯誤》，《四庫全書》312/319）師按：“大盾”，《資治通鑑綱目》卷十九引作“大楯”。

戶部

戶*：《字書》：一扉曰戶，兩扉曰門，又在於堂室曰戶，在於宅區域曰門。（玄應《音義卷第十四・四分律第九卷》，C056/1026c）《字書》：一扉曰戶，兩扉曰門。又在於堂堂曰戶，在於宅區域曰門。（慧琳《音義卷第五十九・四分律第九卷》，T54/0700c）師按：源順《倭名類聚抄》曰：“野王案：在城郭曰門，在屋堂曰戶。”《倭名類聚抄》（第287頁）：“今本《玉篇・門部》作‘在堂房曰戶，在區域曰門’，希麟《音義》引作‘在堂房曰戶，城郭曰門’。玄應《音義》引《字書》云：在於堂房曰戶，在於宅區域曰門。……玄應《音義》引《字書》云‘一扇曰戶，兩扇曰門’注八字，舊及山田本、伊勢本、昌平本、曲直瀨本、那波本並無。獨下總本有之。”與《音義》所引異。《音義》“堂堂”疑爲“堂房”之誤。

厄*：（軶）於革反。《桂苑珠叢》：車轅端橫木也。《説文》：車軶也，從車厄聲也，厄音厄。《字書》厄字，從戶從乙。（慧琳《音義卷第八・大般若波羅蜜多經卷第五百七十四卷》，T54/0352c）

扊*：又作㨹，同口減反。《通俗文》：小戶曰扊。《字書》：扊，窓也。（玄應《音義卷第十六・善見律第八卷》，C057/0002c、T54/0739b）胡古反。《聲類》云：房門也。《字書》云：窓也。（慧琳《音義卷第五十七・佛説罵意經》，T54/0685c）

戾*：音麗。《字書》：勃惡也。（慧琳《音義卷第十二・大寶積經第三十二卷》，T54/0379c）

扂*：徒玷反。《切韻》：閉戶也。《字書》：小關礙門扇令不開

也。（希麟《續音義卷第五·一字奇特佛頂經卷中》，T54/0956a）

門部

門 *：《字書》：一扉曰戶，兩扉曰門，又在於堂室曰戶，在於宅區域曰門。（玄應《音義卷第十四·四分律第九卷》，C056/1026c）《字書》：一扉曰戶，兩扉曰門。又在於堂堂曰戶，在於宅區域曰門。（慧琳《音義卷第五十九·四分律第九卷》，T54/0700c）

閼 *：（鐋）陽灼反。《字書》從門作閼，音義並同也。（慧琳《音義卷第八十一·南海寄歸內法傳第四卷》，T54/0834b）《字書》正從門作鐋。（慧琳《音義卷第九十四·續高僧傳第十七卷》，T54/0895c）《字書》又從門作閼，亦猶關鍵也。《説文》：閼，插關下壯也，從門龠聲。（慧琳《音義卷第八十·大唐內典録第五卷》，T54/0824a）師按："從門作鐋"當作"從門作閼"。"壯"當爲"牡"之誤。

閃：《字書》或作貼，同式冉反。《説文》：閃，窺頭兒也。（玄應《音義卷第五十六·正法唸經第三十九卷》，T54/0677b）《字書》或作貼，同式冉反。《説文》：閃，窺頭兒也。（玄應《音義卷第七十四·出曜論第一卷》，C057/0022a、T54/0787b）師按：貼，當爲"貼"之誤。"出曜論"，《大正藏》本作"出曜經"。

闇 *：庵紺反。《埤蒼》云：闇，劣弱也。《字書》云：冥也。《説文》云：閉門也。（慧琳《音義卷第六十七·阿毘達磨識身足論卷第七》，T54/0747c）

關：《切韻》：鍵籥。《字書》：橫曰關，竪曰鍵也。（希麟《續音義卷第五·大威力烏樞瑟摩明王經卷上》，T54/0954a）《字書》或作官。（慧琳《音義卷第七·大般若波羅蜜多經第五百五十卷》，T54/0348c）

閥 *：（閥閱）上房越反，下翼雪反。《考聲》：容受也。《字書》云：簡閱，具其數自序功狀也。《史記》云："人以功有五，各明其等曰閥，積閥曰閱。"（希麟《續音義卷第四·守護國界主陀羅尼經卷第九》，T54/0950c）師按：據語境，"簡閱"當爲"閥閱"之誤。《説文·門部》："閱，具數於門中也。""新附"："閥，閥閱，自序也。"

閲*：《字書》云：簡閲，具其數自序功狀也。（同上，T54/0950c）

闃*：苦覓反。《字書》云：寂靜也。《説文》云：從門臭聲，臭音古覓反。（希麟《續音義卷第十·護法沙門法琳別傳卷上》，T54/0977a）師按："臭"當作"臭"。

闚：（窺）去規反。《玉篇》：小視。《説文》云：從穴規聲也。《字書》又作闚，同。（希麟《續音義卷第九·根本説一切有部毘奈耶破僧事卷第十二》，T54/0973b）

耳部

聽*：他定反。《考聲》：待也。《説文》云：審也。《字書》：謀也，又聆也。（希麟《續音義卷第四·守護國界主陀羅尼經卷第四》，T54/0949c）《字書》云：聽，許也，任也。（慧琳《音義卷第十二·大寶積經第三十五卷》，T54/0381b）

耻：癡裏反。《字書》：耻，羞也。《考聲》：愧也。《説文》：辱也，從心耳聲。有從止作耻，俗用。（慧琳《音義卷第十六·佛刹經中卷》，T54/0407b）師按：《説文·心部》："恥，辱也。"

聳：栗勇反。郭注云：聳，竦也，音。《字書》：毛豎也。（慧琳《音義卷第十五·大寶積經第一百二十卷》，T54/0402c）師按："栗"似爲"粟"之誤。"音"字上下疑有奪。

耺*：侯萌切。《博雅》云：聾也。《字書》云：耳語也。（《玉篇·耳部》第24頁）、（《四聲篇海·耳部》，《續修四庫》229/519）

聭：諸裔切。入意也，一曰聞也。《字書》亦作聭。（《玉篇·耳部》第24頁）、（《四聲篇海·耳部》，《續修四庫》229/520）①

聭*：（聭）《字書》亦作聭。（同上）

臣部

配*：與之切。廣臣也，長也。《字書》云：美也。（《玉篇·臣部》第21頁）師按："美也"龍璋作"羊也"。

---

① 《箋注本切韻》（伯三六九六）去聲十四祭："聭，入，一曰聞也。"《韻書集存》第203頁。

手部

舉[＊]：居固反。《字書》云：起令高也。（慧琳《音義卷第一·大般若波羅蜜多經卷第八卷》，T54/0315c）

掩[＊]：《字書》：閟也。《方言》：藏也。《説文》作揜。（慧琳《音義卷第二·大般若波羅蜜多經第九十九卷》，T54/0320c）或作揜。《字書》云：掩，藏也。《説文》云：掩，斂也。《韻英》云：掩，覆也。（慧琳《音義卷第五·大般若波羅蜜多經第四百二十七卷》，T54/0336a）（揜）《字書》作奄，又從手作掩。訓義同。（慧琳《音義卷第八十九·高僧傳第三卷》，T54/0875c）師按：《説文》："揜，自關以東謂取曰揜，一曰覆也。""掩，斂也。小上曰掩。"

捴：作孔反。《切韻》：合也，都也，皆也，普也。《字書》云：捴，眾也。（希麟《續音義卷第五·普遍智藏般若波羅蜜多心經一卷》，T54/0955b）

撐[＊]：（敼）宅庚反。或作敼、撐、振，四形並同。《聲類》：敼，撞也。《字書》從手作撐。撐，刺也。（慧琳《音義卷第十三·大寶積經第四十二卷》，T54/0384c）

撟[＊]：居夭反。《集訓》云：撟，詐也。《字書》云：撟，妄也。（慧琳《音義卷第七·大般若波羅蜜多經第五百四十九卷》，T54/0348b）、（慧琳《音義卷第三·大般若波羅蜜多經第三百二十七卷》，T54/0325a）

擁[＊]：邕拱反。……《字書》：遮也。《説文》從手雍聲。（慧琳《音義卷第四·大般若波羅蜜多經第三百八十一卷》，T54/0329c）、（慧琳《音義卷第六·大般若波羅蜜多經第四百八十卷》，T54/0340c）

挑[＊]：眺雕反。……《字書》：撩也。（慧琳《音義卷第四十七·三具足經憂波提舍一卷》，T54/0618b）《字書》云：從扌，音手，兆聲也。（慧琳《音義卷第七·大般若波羅蜜多經第五百二十卷》，T54/0345b）

抉[＊]：《字書》：抉，剜也。（慧琳《音義卷第四十一·六波羅蜜多經卷第八卷》，T54/0581b）

擔*：《廣雅》：擔，助也。《考聲》：儋負也。《字書》：擔，荷也，從手詹聲也。（慧琳《音義卷第八・大般若波羅蜜多經卷第五百七十七卷》，T54/0353c）《字書》：擔，負也。《説文》：從手詹聲也。（慧琳《音義卷第十・金剛般若波羅蜜經》，T54/0368b）、（慧琳《音義卷第十六・大方廣三戒經卷下》，T54/0404c）、（慧琳《音義卷第二十・寶星陀羅尼經第一》，T54/0428c）、（慧琳《音義卷第三十二・第一義法勝經》，T54/0525a）《廣雅》：擔，舉也。《字書》云：負也。（慧琳《音義卷第八十四・集古今佛道論衡第二卷》，T54/0853a）亦負也。（慧琳《音義卷第三十一・新翻密嚴經第三卷》，T54/0515b）《字書》：擔，負物也。（慧琳《音義卷第七十四・佛本行讚傳卷第三》，T54/0786b）

拔*：排八反。《字書》云：手拗也，拔取也。《説文》從手犮聲。（慧琳《音義卷第十四・大寶積經第五十七卷》，T54/0390b）

搒*：白盲反。顧野王：搒，擊也。《字書》：捶也。（慧琳《音義卷第十六・佛説胞胎經》，T54/0407a）、（希麟《續音義卷第三・新花嚴經卷第二十五》，T54/0944a）師按：此與《木部》"榜"同訓。

抄*：《字書》：抄，掠也。（玄應《音義卷第二・大般涅槃經第三卷》，C056/0834b）《字書》云：抄亦掠也。（慧琳《音義卷第六十六・阿毘達磨法蘊足論卷第一》，T54/0743b）楚孝反。《字書》抄字，奪也。（慧琳《音義卷第十五・大寶積經第一百一十八卷》，T54/0401c）

掠*：力灼反。鄭注《禮記》云：掠，謂劫掠也。《字書》音亮，義殊乖不取。（慧琳《音義卷第八十一・集神州三寶感通録第一卷》，T54/0829c）《字書》云：拷擊也。（慧琳《音義卷第十六・佛説胞胎經》，T54/0407a）、（慧琳《音義卷第二十九・金光明最勝王經卷第六》，T54/0501b）《字書》皆略字。（慧琳《音義卷第八十・開元釋教録第十八卷》，T54/0829a）《字書》曰：抄，掠，音略。（宗曉《金光明經照解卷下》，X20/0512c）師按：獅本《佛説胞胎經音義》（一六、11）"考掠"條："《字書》云：拷擊也。從手，京省聲。

《方言》音略，亦通。"據説解，此條似釋"掠"字。惠琳《音義卷第七十六·法句譬喻無常品經第一卷》（T54/0800c）"拷掠"："良丈反，鄭注《禮記》：掠，捶也。《蒼頡篇》：掠，搒也。《考聲》云：拷擊也。《説文》從手京聲也。"是"掠"有"拷擊"義。龍輯"拷，擊也。慧琳《佛説胞胎經音義》"一條。《説文·手部》"新附"："掠，奪取也。從手京聲。本音亮。《唐韻》或作擽。"

　　撾*：竹瓜反。《字書》云：撾，擊也。《聲類》云：撾，撞也。（慧琳《音義卷第二十·寶星陀羅尼經第一》，T54/0429a）

　　撤*：除列、諸列二反。《字書》曰：撤，除也，去也。（惠苑《音義卷第二十三·新譯大方廣佛花嚴經卷下》，T54/0456a）

　　摶*：段欒反。《字書》云：手握物令相著也。從手專聲。（慧琳《音義卷第二十九·金光明最勝王經卷第三》，T54/0500c）《字書》云：按圓也。（慧琳《音義卷第六十六·阿毘達磨發智論卷第十三》，T54/0742c）

　　抒*：常呂反。……《字書》云：解也，斲削也。《説文》云：挹酌取物也。（慧琳《音義卷第三十一·密嚴經序》，T54/0514b）

　　擣*：《説文》云：擣，推也，一云築也。從手壽聲。《字書》作舂焄。（慧琳《音義卷第六十二·根本毘奈耶雜事律第二十七卷》，T54/0723c）師按：參《臼部》"舂擣"條。

　　撲*①：（相撲）龐邈反。《考聲》云：搏舉投於地也。《廣雅》：撲，擊也。《字書》云：二人相撲也。（慧琳《音義卷第三十八·嚩折囉頓拏法》，T54/0558b）《字書》云：相撲，手搏也。《説文》作撲，從手業聲。（慧琳《音義卷第六十二·根本毘奈耶雜事律第六卷》，T54/0719a）《字書》云：相撲，手搏也。（慧琳《音義卷第三十四·善敬經》，T54/0533c）

　　抨*：百盲反。……《説文》：撣也。《聲類》或從羊作挳。《字書》或從並作拼，亦通。（慧琳《音義卷第三十七·廣大寶樓閣善住祕密陀羅尼經中卷》，T54/0550b）《字書》拼、抨並音普耕、補耕二

---

① 撲，獅本《音義》、《大正藏》或作擽，或作撲。只輯"撲"，不輯"擽"。

反，訓義亦同。（《爾雅·釋詁釋文》第 1606 頁）《字書》曰：抨，彈也。（蕭該《漢書·匡張孔馬傳音義》，《兩漢書匯編》第 450 頁）

拼：（抨）百盲反。……《字書》或從並作拼，亦通。（同上，T54/0550b）《字書》拼、抨並音普耕、補耕二反，訓義亦同。（《爾雅·釋詁釋文》第 1606 頁）

拗*：鴉絞反。《集訓》云：手折物也。《字書》：拉也。（慧琳《音義卷第三十七·牟梨曼陀羅呪經一卷》，T54/0551a）師按：《説文·手部》未見"拗"。

擘*：迸麥反。《字書》：手擘破物也①。《考聲》云：手烈也。《説文》作擗，從手從檗省聲也。（慧琳《音義卷第五十三·起世因本經卷第二》，T54/0660a）《字書》云：擘，手析物破也。《説文》：從手辟聲也。（慧琳《音義卷第四十·千手千眼觀世音菩薩姥陀羅尼身經》，T54/0569b）師按：《説文》："擘，撝也。"段注："《禮記》：'燔黍捭豚。'《釋文》云：'捭，卜麥反。注作擗，又作擘，皆同。'"

拳*：倦員反。《考聲》云：拳，手拳也。《説文》從手卷省聲。《字書》正作拳。（慧琳《音義卷第七十八·經律異相第二十二卷》，T54/0817a）《字書》云：拳，握掌也。（慧琳《音義卷第四十三·護諸童子陀羅尼呪經》，T54/0590c）

挐*：（詉）狃牙反。《字書》或挐字也，挐，持也，把也，在《手部》。（《原本玉篇·言部》第 41 頁）（詉）《廣雅》：詉，挐也。《字書》亦挐字也。（同前）《字書》：挐，牽也，亂也，引也，從奴。（慧琳《音義卷第八十·大唐内典録第一卷》，T54/0822a）師按：《説文》："挐，牽引也。從手如聲，一曰已也。""挐，持也。"（均依段注本）"挐"下段注："各本篆作挐，……二篆形體互譌，今正。"與《原本玉篇》引《字書》"挐"訓"持"合。《玉篇·言部》未見"詉"，其《手部》："挐，尼牙切，手挐也。""挐，女豬切，《説文》云：'持也。'"

---

① 龍輯作"臂手擘破物也"，疑衍誤。

掝*：徒骨反，……《字書》：掝，揩也。（玄應《音義卷第五·魔逆經》，C056/0899b、T54/0602b）、（玄應《音義卷第九·大智度論第一卷》，C056/0950c、T54/0610a）、（慧琳《音義卷第七十八·經律異相第二十一卷》，T54/0817a）、（慧琳《音義卷第六十六·阿毗達磨法蘊足論卷第九》，T54/0744b）、（慧琳《音義卷第六十九·阿毗達磨大毗婆沙論第一百三十五卷》，T54/0758a）

擺：《字書》：擺亦掉字也。（《後漢書·馬融列傳注》第1967頁）師按："捭"疑爲"掉"之誤。

掉：（擺）《字書》作掉，同補買反。《說文》：兩手挈也，《廣雅》：擺，開也。（玄應《音義卷第十·大莊嚴經論第二卷》，C056/0964c、T54/0636b）、（《後漢書·馬融列傳注》，第1967頁）師按：《說文·手部》作"掉，兩手擊也"。

擎*：競迎反。《字書》：擎，舉也。《說文》從手敬聲。（惠琳《音義卷第七十六·阿育王傳第五》，T54/0799c）《廣雅》云：擎，舉也。《字書》從廾，音拱，作弆，又作撽。① 皆古字也。（惠琳《音義卷第五十四·治禪病祕要法經》，T54/0668c）

捒*：蓮捏反。《字書》：拗捒也。（慧琳《音義卷第三十六·遍照如來唫誦法》，T54/0547b）

擒*：其吟反。《字書》：捉也，從手禽聲。（慧琳《音義卷第六十一·苾芻尼律第十八卷》，T54/0717b）

挰*：鴬革反。《字書》云：挰，把也，持也。《說文》作搹，從手鬲聲。（慧琳《音義卷第八十七·破邪論卷下》，T54/0864b）

攪*：古巧反。《字書》：攪，撓也，亦亂也。（玄應《音義卷第十六·僧只戒本》，C057/0011c、T54/0731a）、（玄應《音義卷第二十五·阿毗達磨順正理論第一卷》，C057/0124b、T54/0768b）、（慧琳《音義卷第六十九·阿毗達磨大毗婆沙論第一百五十卷》，T54/0758c）《字書》云：撓也。（慧琳《音義卷第六十三·根本說一切有部律攝卷第十一》，T54/0727a）《毛詩傳》云：攪，亂也。《字書》

---

① 撽、擎以同字處理，不另出"撽"。

云：撓也。《説文》云：動也，從手攪聲。（希麟《續音義卷第八‧根本説一切有部毘奈耶藥事卷第十四》，T54/0970a）

捁：（梏）諸家並古酷反。案《字書》梏從手，即古文攪字，謂攪撓也。（《後漢書‧馬融列傳注》，第 1962 頁）

搜*：霜留反。……《字書》：索也。《説文》：眾意也，從手叜聲。（慧琳《音義卷第二十‧寶星陀羅尼經序》，T54/0428b）、（慧琳《音義卷第九十一‧續高僧傳第一卷》，T54/0883b）所周反。……《字書》：求也。《説文》從手叜聲。（慧琳《音義卷第八十三‧大唐慈恩寺三藏法師玄奘傳序》，T54/0842c）、（慧琳《音義卷第一百‧肇論序》，T54/0928a）

擬*：魚理反。《字書》：擬，向也。《説文》：擬，度也，比也。（玄應《音義卷第十六‧僧只戒本》，C057/0011b，T54/0731a）《字書》：擬，向也。《説文》：擬，比也，①度也。（玄應《音義卷第十七‧出曜論第十一卷》，C057/0024c、T54/0788c）

拊*：普胡反。《字書》：拊，敷也，謂敷舒之也。《説文》：拊，布也。（玄應《音義卷第十六‧解脱戒本》，C057/0011b、T54/0732a）《字書》：敷也。顧野王云：敷舒也。（慧琳《音義卷第九十九‧廣弘明集第二十六》，T54/0921b）

捎*：霜巢反。《字書》云：風拂樹梢也。《考聲》云：捿取上也。《方言》：自關而西取物上者爲橋。（慧琳《音義卷第六十四‧沙彌尼戒經》，T54/0732c）

擠*：齊係反。《字書》云：擠，墜也。《方言》：滅也。《廣疋》：推也。《説文》：排也。（慧琳《音義卷第九十六‧弘明集第十卷》，T54/0906b）《字書》：擠，排也。（日藏《文選》155/32）師按：今本《文選‧長門賦》“擠玉戶以撼金鋪兮”注：“《字林》曰：擠，排也。”未見引《字書》。

---

① 《大正藏》（T54/0788c）本：“《字書》：擬，向也，《説文》：擬，北也，度也。”“北”當爲“比”之誤。獅本《音義》（七四、11）作“《字書》：擬，向也。《説文》：擬，比也，意也。”

揄*：《字書》云：揄，引也。……《説文》云：揄亦引也（慧琳《音義卷第六十七・阿毘達磨集異門足論卷第十八》，T54/0747b）

摠*：賽才反。《廣雅》：摠，動也。《字書》：振也。《説文》從手恖聲。集作揔，俗字也。（慧琳《音義卷第九十七・廣弘明集歸正篇集卷第八》，T54/0913b）師按：《説文・手部》未見"揔"。

擷*：賢結反。《字書》云：擷猶袺也。《古今正字》云：衱袺也。（慧琳《音義卷第九十二・續高僧傳第七卷》，T54/0888b）

捂：（訝）魚嫁反。……《字書》或爲悟字，在《手部》。（《原本玉篇・言部》第8頁）師按："悟"爲"捂"之誤。

攢：（贊）子旦反。……《字書》或爲攢字，在《手部》也。（《原本玉篇・言部》第36頁）師按：《玉篇》："攢，子干切，解也。"

撠：（縱）詞緝反。《説文》：以長繩係牛也。《字書》或爲撠字，在《手部》。（《原本玉篇・系部》第164頁）

捆*：（綑）口緄反。《字書》亦捆字也，捆，致也，織也，就也，齊等也，在《手部》。（《原本玉篇・系部》第179頁）師按："字書"本作"字字"，參黎本作"字書"。

摩：麼波反。……摩字，《字書》或作攠。（慧琳《音義卷第八十八・釋法琳本傳卷第四》，T54/0870b）

攠：（摩）麼波反。……《字書》或作攠。①（同上，T54/0870b）《字書》攠亦靡字也。音摩。（《後漢書・文苑傳注》，第2602頁）

批*：匹箆反。《字書》云：批，猶摑也。（慧琳《音義卷第八十二・大唐西域記卷第六》，T54/0840b）

技*：奇蟻反。《考聲》云：工巧也。《字書》云：藝也，能也。從手從伎省聲也。（慧琳《音義卷第十四・大寶積經第九十一卷》，T54/0395a）

揗：宋祁曰：揗，《字書》竹几反，韋昭知已反。（蕭該《漢書揚

---

① "或作攠"，獅本《音義》（八八、6）作"或作攊"。

雄傳音義》,《兩漢書匯編》第 454 頁)

摘:（擿）呈亦反。《廣雅》云：擿,振也。顧野王云：剔也。《古今正字》：投也,從手鄭聲。《字書》正作摘。（慧琳《音義卷第七十八·經律異相第十四卷》,T54/0815a)師按：顧輯以"擿"爲字頭。

摭*：之石反。《字書》云：摭,拾也。《玉篇》：摭取也,亦作拓字。（希麟《續音義卷第十·續開元釋教録卷上》,T54/0978c)、（《史記集解序索隱》,《四庫全書》243/14)《考聲》云：摭亦拾也。《字書》、《桂苑珠叢》亦從石作拓,音義並同。（慧琳《音義卷第八十·開元釋教録第十二卷》,T54/0828b)

拓*：（摭）征石反,……《考聲》云：摭亦拾也。《字書》、《桂苑珠叢》亦從石作拓。（同上,T54/0828b)

掣*：尺制反。《字書》：牽也。《玉篇》：引而縱之。（窺基《妙法蓮華經玄贊卷第六》,T34/0758c)、（慧琳《音義卷第二七·妙法蓮花經序品第一》,54/0487a)、（潘岳《西征賦》注,《文選》第 160 頁)《字書》云：引也。（希麟《續音義卷第七·修習般若波羅蜜菩薩觀行唸誦儀》,T54/0966b)

捔:江岳反。《考聲》云：捔者,專利也,略也,亦量也。《字書》又作榷也。《説文》云：捔,亦敲擊也。（慧琳《音義卷第七十二·阿毘達磨顯宗論第十六卷》,T54/0775b)

榷*：（捔）《字書》又作榷也。（同上,T54/0775b)

攣*：（攣躄）《字書》：手足屈弱病也。（慧琳《音義卷第十三·大寶積經第五十五卷》,T54/0388a)（癵）劣員反。《聲類》云：癵,病也。《考聲》云：手足病也。《字書》從手作攣,或從舛作孿,音義並同。（慧琳《音義卷第九十二·續高僧傳第十卷》,T54/0890b)

摍*：（縮）《字書》作摍,同所六反。《國語》：盈縮轉化。賈逵曰：縮,退也。（玄應《音義卷第二十·陁羅尼雜集經第五卷》,C057/0052c)《字書》作摍,同所六。《國語》：盈縮轉訛。賈逵曰：縮,退也。慧琳《一切經音義卷第四十三·陀羅尼雜集第五卷》,T54/0592b)師按："六"下當有"反"字。慧琳《音義卷第八十九·高僧傳第五卷》（T54/0876c）"馬榴"："下所六反，《方言》云：梁宋間謂馬櫪爲榴。郭注云：榴，食馬器也。"玄應《陁羅尼雜集經音義》（C057/0052c）"榴"當爲"搯"之誤。

撰：（臾）助變反。《説文》：臾，具也。《字書》：此本撰字也，撰亦數也，持也，在《手部》。（《原本玉篇·廾部》第 313 頁）

搣：（泧）世結反。《説文》：泧濊也。《字書》或爲搣字，在《手部》。（《原本玉篇·水部》第 367 頁）

拉：（厏）力荅反。《説文》：石聲也。《字書》亦拉字也。拉亦摧也，在《手部》。（《原本玉篇·厂部》第 464 頁）

捫*：莫奔反。《字書》：摸也。（希麟《續音義卷第九·根本説一切有部毘奈耶破僧事卷第五》，T54/0972b）《字書》以捫爲摸（《詩·抑疏》，《十三經注疏》第 555 頁）

扼*：（阸）鸚革反。……經文多從木，或從手作扼。《字書》：把頭也。（慧琳《音義卷第十五·大寶積經第一百一十三卷》，T54/0400b）

掊*：（裒）蒲侯反。……《字書》作掊。（《易·謙釋文》，第 85 頁）呂《音訓》：裒，陸氏曰：蒲侯反。……《字書》作倍。①《廣雅》云：倍，減也。（《周易會通》卷四，《四庫全書》26/260）鄭荀、董蜀才作捊，取也。《字書》作掊，《廣雅》云：掊，減。（《六書故》卷三十一：《四庫全書》226/584）師按：《説文·手部》："掊，把也。今鹽官入水取鹽爲掊。"

撮*：倉適反。適，古活反。《字書》云：以手撮物也。（希麟《續音義卷第八·根本説一切有部毘奈耶藥事卷第三》，T54/0967c）

承*：署陵反。《字書》云：承，次也。《考聲》云：承，奉也。（希麟《續音義卷第十·續開元釋教録卷下》，T54/0979c）

披*：音被。《字書》云：加也。《考聲》：服也。（希麟《續音義卷第七·大聖文殊師利佛利功德莊嚴經卷上》，T54/0964b）

撞*：宅江反。《説文》云：撞，突也。《字書》云：撞亦擊也。

---

① "倍"當作"掊"。

（希麟《續音義卷第十·琳法師別傳卷下》，T54/0978a）

拋*：疋兒反。《字書》云：拋車，所以飛塼石者也。（希麟《續音義卷第九·根本説一切有部毘奈耶破僧事卷第十八》，T54/0974b）

捃*：居運反。《字書》云：取也。（希麟《續音義卷第十·續開元釋教録卷中》，T54/0979b）

捏*：奴結反。《字書》：以手按搦也，從手呈聲。（希麟《續音義卷第六·葉衣觀自在菩薩經》，T54/0961a）

搓*：士何反。《切韻》云：手搓物也。《字書》：搓，挼也。挼，奴禾反。（希麟《續音義卷第五·菩提場所説一字頂輪王經卷第二》，T54/0956c）

揀*：古眼反。《字書》云：揀，選也，擇取好者。《説文》云：從手柬聲。（希麟《續音義卷第二·新大方廣佛花嚴經卷第一》，T54/0939a）

撻：他達反。《字書》云：擊也。（希麟《續音義卷第九·根本説一切有部毘奈耶破僧事卷第八》，T54/0972c）

摵*：恥革反。《考聲》云：摵亦開也。《字書》：裂也。《古今正字》作拺，從手赤聲。（希麟《續音義卷第六·大寶廣博樓閣善住祕密陀羅尼經卷下》，T54/0960b）

窂：（捥）《集解》徐廣曰：捥一作捐，《索隱》：搤，音烏革反，腕，音烏亂反。《字書》作窂，掌後曰腕。勇者奮屬，必先以左手扼右腕也。（《史記·刺客列傳索隱》，《四庫全書》244/554）

挂：《説文》云：㯕，柱砥。古用木，今以石。《字書》云：挂，屋之敔。（《爾雅·釋言疏》，《十三經注疏》第2584頁）師按：顧輯作"㯕挂屋之敔"。《釋言》："㯕，柱也。"阮元《校勘記》："《釋文》作㯕挂，云：《説文》作㯕、柱皆從木，然則今本從手，據《釋文》改也。按郭云'相㯕柱'，義當從手。若經字則本從木。"

攘：《字書》云：攘者除，又卻也。（大覺《四分律行事鈔批卷第十二末》，X42/0975c）師按：《玉篇·手部》："攘，仁尚切，揖攘也，又汝羊切，攘，竊也。"《廣韻》平聲陽韻："攘，以手御，又竊也，除也，逐也，止也，揎袂出臂曰攘。"

捶：佳藥反，《説文》云：捶，擊也。又云：捶，摘也。許叔重注《淮南子》云：捶，鍛也。從手垂聲也。《字書》或從竹作棰，又從木作棰①，掊也。（慧琳《音義》卷七《大般若波羅蜜多經音義》第五百五十二卷"捶打"）師按：《大正藏》本無，此據許啓峰《〈字書〉研究》補，參《竹部》"棰"。

〒部

脊：精亦反。《考聲》云：脊，理也。《集訓》：脊，膋也。《字書》云，背骨也。（慧琳《音義卷第二·大般若波羅蜜多經第五十三卷》，T54/0318c）師按：《説文》："脊，背呂也。"

女部

嫣*：蕭該《音義》曰：嫣汭。《字書》曰：嫣，舜姓也。（蕭該《漢書揚雄傳音義》，《兩漢書匯編》第 462 頁）

嬰：嬰兒，《字書》云：女曰嬰，男曰兒，召赤子也。（戒度《佛説阿彌陀經義疏聞持記卷上》，X22/0516b）師按：《説文·女部》："嬰，頸飾也。從女賏，賏，其連也。"

姥*：摹補反。江表傳云：姥，婦人老稱也。《字書》亦從馬作媽。（慧琳《音義卷第八十 ‥三寶感通録中卷》，T54/0830b）《字書》云：老母也。《説文》云：女師也。又作姆字。（希麟《續音義卷第十·續開元釋教録卷中》，T54/0979b）又作媽，同亡古反。《字書》：媽，母也。（玄應《音義卷第十三·過去現在因果經第三卷》，C056/1011a、T54/0673c）

媽*：（姥）《字書》亦從馬作媽。（同上，T54/0830b）《字書》：媽，母也。（同上，C056/1011a、T54/0673c）

妻*：《字書》正妻字。《説文》云：婦也，與已齊者也。《説文》從女從又，持事，妻職也。（慧琳《音文族卷第九十四·續高僧傳第二十四卷》，T54/0898b）師按：妻，龍輯作"𡜌"，次於"崩"、"崆"之間。

---

① 許啓峰注云"捶，據文意當作'棰'"。許啓峰《〈字書〉研究》，碩士學位論文，上海師範大學，2008 年。

嫁*：古訝反。《字書》云：嫁，家也。《考聲》云：婦人謂嫁曰歸。（希麟《續音義卷第九·根本説一切有部毘奈耶破僧事卷第一》，T54/0971b）

婚*：《字書》：婚，昏也。……《字林》：婚，婦家，姻，壻家。（《通鑒周赧王紀音注》，《資治通鑒》第 48 頁）師按：《説文》："婚，婦家也。""姻，壻家也。"

媒*：莫杯反。《説文》云：媒，娉也。《字書》云：媒也。言謀合於親姻也，從女某聲。（希麟《續音義卷第十·琳法師別傳卷中》，T54/0977b）師按：《説文》："媒，謀也，謀合二姓。"小徐本、《玉篇》皆同，未知希麟所本《説文》。

媾*：古侯反。《字書》云：重婚曰媾也。（希麟《續音義卷第九·根本説一切有部毘奈耶破僧事卷第十五》，T54/0974a）師按：《説文》："媾，重婚也。"

嫡*：丁狄反，《字書》：嫡，正也。（玄應《音義卷第四·大方便報恩經第三卷》，C056/0879c、T54/0597a）、（玄應《音義卷第十九·佛本行集經第十五卷》，C057/0044a、T54/0680a）、（玄應《音義卷第二十一·大乘十輪經第二卷》，C057/0071a）、（慧琳《音義卷第十八·大乘大集地藏十輪經第二卷》，T54/0418b）《字書》云：嫡，長也。（慧琳《音義卷第七十七·釋迦氏略譜一卷》，T54/0808a）、（希麟《續音義卷第二·新花嚴經卷第十一》，T54/0941c）《考聲》云：嫡，正長也，君也。《字書》云：正承也。《説文》：孎也，從女商聲也。（慧琳《音義卷第十五·大寶積經第一百九卷》，T54/0398c）師按：綜合諸例，慧琳《大寶積經音義》疑當作："《考聲》云：嫡，正也，長也，君也。《字書》云：正也，長也。""正"下奪"也"，"承"疑爲"長"之誤。

娠：失真反。《字書》正從人作侲。《廣雅》云：侲即孕，重任娠也。娠侲音義同。（慧琳《音義卷第九十三·續高僧傳第十五卷》，T54/0894b）音身。……《字書》或作㜗，古字也。（慧琳《音義卷第六十三·根本説一切有部苾芻尼戒經一卷》，T54/0730b）師按：《説文·人部》："侲，神也。"段注："按'神'當作'身'，聲之誤也。……《玉篇》曰：偑，妊身也。……身者古字，偑者，今字。一說許云'神也'，蓋許所據古義，今不可詳。"

孞*：（娠）《字書》或作孞，古字也。（同上，T54/0730b）《説文》云：娠，女妊身動也。從女辰聲。是懷胎爲震，震取動義。《字書》以是女事，故今字從女耳。（《左傳・昭公元年疏》，《十三經注疏》第 2023 頁）

妓*：渠綺反。或作技，工巧也，或作伎，伎藝也。《字書》云：女樂也。（慧琳《音義卷第五・大般若波羅蜜多經第四百三十卷》，T54/0336c）

姿*：姊思反。《集訓》云：姿，儀也。《字書》云：姿，媚也。《蒼頡篇》云：容也。（慧琳《音義卷第十五・大寶積經第一百九卷》，T54/0398b）《字書》云：姿，儀兒也。（慧琳《音義卷第十七・如幻三昧經上卷》，T54/0410a）

婞*：（幸）莖耿反。《考聲》云：幸，微也。爲尊貴所寵愛也。……《字書》作婞也。（慧琳《音義卷第八十七・十門辯惑論卷上》，T54/0867c）

婉：陸士衡《於承明作與士龍》詩："婉孌居人思，紆欝遊子情。"《鈔》曰："《字書》云：'婉孌，好兒。'"（《集注彙存》一・272）《字書》云：孌婉，順兒。《説文》：慕也，從女孌聲。（慧琳《音義卷第九十六・弘明集第六卷》，T54/0905a）師按：《詩經・齊風・甫田》："婉兮孌兮，總角丱兮。"傳曰："婉孌，少好貌。"宋楊簡《慈湖詩傳》卷三："孌婉，美之貌。"又曰："孌婉，美也。"元吳澄《吳文正集》卷二十三："或嫵然頓媚，似花間孌婉之客。"據此，"婉孌"亦作"孌婉"。《漢語大詞典》（4/380）："婉孌"條：亦作"婉戀"，第 1 個義項爲"美貌"，書證爲《甫田》"婉兮孌兮"鄭箋"婉孌，少好貌"和陳子昂《清河張氏墓誌銘》"婉孌之姿"，第 2 個義項爲"柔順；柔媚"，書證爲蔡邕《太傅安樂侯胡公夫人靈表》"婉戀供養"和陳鴻《長恨歌傳》"婉孌萬態"。

孌*：劣囀反。《字書》云：孌婉，順兒。《説文》：慕也，從女孌聲。（同上 T54/0905a）《字書》云：婉孌，好兒。（《集注彙存》

一・272）

嫚：（僈）蠻襻反。《考聲》：僈，狡也。《字書》作嫚。《説文》從人曼聲。（慧琳《音義卷第九十六・弘明集第八卷》，T54/0905c）師按：顧輯"僈"。

絜：（絜）公節、胡結二反。……《字書》亦絜字也，在《女部》。（《原本玉篇・糸部》第171頁）

妖*：《字書》曰：妖，巧也。（司馬相如《上林賦》注，《文選》第128頁，日藏《文選》154/129）

嫮*：（婟）戶故反，下同。《説文》云：嫪也。《廣雅》云：妬也。《聲類》云：婟嫪，戀惜也。《字書》作嫮。（《爾雅・釋鳥釋文》第1701頁）

嫷：字又作隋，徒課反。《字書》云：古以爲懈惰字。（《爾雅・釋鳥釋文》第1704頁）

嬈：寧鳥反。《字書》云：互相戲弄也。或作嬲，古字也。（慧琳《音義卷五・大般若波羅蜜多經第四百五十三卷》）師按：《大正藏》本無，此據許啓峰《〈字書〉研究》補。許啓峰："獅本、大正藏無此條。獅本、大正藏本於此條處脱'第四百五十三卷 爲嬈 容僞反，下寧鳥反。《字書》云：互相戲弄也。或作嬲，古字。'三十字。"①獅本《音義》（五、15）《大般若波羅蜜多經》第四百五十二卷殘缺，"第四百五十三卷"不存，曰："此中間原本素脱一葉，建仁及緣山本並同。"

戈部

戲*：希義反。《爾雅》：戲，謔也。《考聲》：弄也，施也。《毛詩傳》云：逸豫也。《字書》：三軍之備也。（慧琳《音義卷第十・理趣般若經》，T54/0369a）《字書》云：嬉也。（慧琳《音義卷第四十四・佛説賢首經》，T54/0602c）

戮*：隆叔反。《字書》云：戮，殺也。《説文》從戈翏聲。（慧琳《音義卷第九十二・續高僧傳第六卷》，T54/0887b）師按：《説

① 許啓峰：《〈字書〉研究》，碩士學位論文，上海師範大學，2008年。

文》："戮，殺也。"

戰*：（戰慄）上旃善反。顧野王云：戰，懼也。……《爾雅》
云：戰，動也。郭璞云：恐動趑步也。……下隣一反。《集訓》曰：
戰慄，懼也。《字書》云：憂感也。（慧琳《音義卷第七·大般若波
羅蜜多經第五百二十卷》，T54/0345b）

匚部

匲*：宗廟盛主器。出《字書》。（《廣韻》平聲寒韻，第73頁）、
（《五音集韻》卷四，《四庫全書》238/68）師按：《説文》："匲，宗
廟盛主器也。《周禮》曰：'祭祀共匲主。'"

匱*：逵位反。《字書》：匱，窮也，乏也。《説文》匱字從匚貴
聲也。（慧琳《音義卷第四·大般若波羅蜜多經第三百九十二卷》，
T54/0330b）

匲：音簾。《考聲》：似合而有稜節，所以斂物也。《字書》：鏡
匲也。（慧琳《音義卷第八十三·大唐三藏玄奘法師本傳卷第八》，
T54/0848c）

区*：（柩）求救反。《字書》正從匚作区。有屍在棺曰柩。《禮
記》云：在棺曰柩。《説文》從匚，久聲。或從木。籀文作匶也。
（慧琳《音義卷第八十九·高僧傳第六卷》，T54/0877c）師按：《説
文·匚部》："柩，棺也。從匚從木，久聲。匶，籀文柩。"段君據
《玉篇》改作"区，棺也。從匚，久聲。柩，区或從木。匶，籀文從
舊"，與《音義》所引相符。

瓦部

甕*：烏貢反。《字書》云：甕，瓦器之大者也。（慧琳《音義卷
第十八·大乘大集地藏十輪經第六卷》，T54/0421b）

甎*：拙緣反。《埤蒼》云：瓹甎也。《字書》云：瓴甓也。從瓦
專聲。（慧琳《音義卷第六十二·根本毘奈耶雜事律第一卷》，T54/
0717c）

瓴*：（令）音零。《字書》作瓴。（《詩·防有鵲巢釋文》第273
頁）

甋*：（適）適：都歷反。《字書》作甋。（同上）

甄*：（康）孫、郭如字。《字書》、《埤蒼》作甄，音同。（《爾雅·釋器釋文》第1630頁）

甄：鄧展曰：延篤讀堅曰甄。晉灼曰：音近甄城。《字書》已先反。（《漢書酷吏傳注》，《四庫全書》251/137）師按：標點本《漢書·酷吏傳》（第3662頁）未見引《字書》。《説文》："甄，匋也。"

甏*：《字書》云：築土甏殼。（《廣韻》平聲東韻，第7頁）、（《龍龕手鏡》第316頁）、（《五音集韻》卷一，《四庫全書》238/8）

弓部

弶*：渠向反，《字書》：施胃於道謂之弶，其形似弓。（玄應《音義卷第二·大般涅槃經第十九卷》，C056/0843a）《字書》：施胃於道曰弶也。今田獵家施弶以取鳥獸，其形似弓。（玄應《音義卷第五·鹿母經》，C056/0900c）、（玄應《音義卷第二十一·大菩薩藏經第一卷》，C057/0065c）《字書》：施胃於道爲弶也。（玄應《音義卷第十五·十誦律第二卷》，C056/1040b）《字書》：施胃於道曰弶，以繩取物曰胃也。（玄應《音義卷第十五·僧只律第十九卷》，C056/1048b）《字書》：施胃於道曰弶，其形如弓者也。（玄應《音義卷第二十二·瑜伽師地論第三十九卷》，C057/0086c、T54/0630a）《字書》謂施置於道曰弶。（玄應《音義卷第四十三·大方便報恩經第七卷》，T54/0597b）《字書》云：弶，取禽獸具也。（惠琳《音義卷第七十五·修行道地經卷第五》，T54/0794b）《字書》云：捕禽獸之具也。（慧琳《音義卷第七十六·無明羅刹集經》，T54/0802a）《字書》云：施骨於道，其形似弓。（慧琳《音義卷第十二·大寶積經第三十五卷》，T54/0381b）《字書》云：施羂在道謂之弶，其形似弓。（慧琳《音義卷第二十六·大般涅盤經第十九卷》，T54/0475b）《字書》：施置於道也。（玄應《音義卷第五十二·別譯阿含經第十一卷》，T54/0657a）《字書》謂施置於道也。（玄應《音義卷第五十六·佛本行集經第五十卷》，C057/0049b、T54/0682c）《字書》：施置於道曰弶，以繩取物曰胃。（慧琳《音義卷第五十八·僧只律第十九卷》，T54/0692b）《字書》：施置於道曰弶，以繩取物曰胃。（慧琳《音義卷第五十八·十誦律第二卷》，T54/0693c）《字書》正作弶。（慧琳

《音義卷第六十六・阿毘達磨法蘊足論卷第一》，T54/0743b）《字書》：弜，施置於道以取禽獸也。《説文》從弓京聲。（慧琳《音義卷第六十九・阿毘達磨大毘婆沙論第一百一十七卷》，T54/0757a）《字書》曰：施罥於道謂之弜。其形似弓，或作弜者俗字也。（智圓《涅槃經疏三德指歸卷第十三・梵行品四》，X37/0533a）《字書》：施罥於道曰攈，正作弜。（智圓《涅槃經疏三德指歸卷第十七・師子吼品之五》，X37/0577c）師按：《説文・弓部》未見"弜"，《网部》："罝，兔网也。"《音義》施骨、施胃、施罥、施置諸形，其中有誤。

弢：（縚）勑高反。《聲類》亦韜字也，韜，劍衣也，在《韋部》。《字書》亦弢字也，弢，弓衣也，在《弓部》。（《原本玉篇・系部》第 179 頁）

系部

綿：弸洢反。……《説文》：綿，聯衛微也。……《字書》：新絮也。（《原本玉篇・系部》第 187 頁）師按：黎本（第 397 頁）引《説文》無"衛"（"聯"下空一個字位）。《原本玉篇》"綿"字説解中用"緜"，顧輯作"緜，新絮也"。

纛*：徒到反。《周禮》：及葬，執纛以與匠師御廧。鄭眾曰：纛，羽葆幢也。……《字書》亦翿字也。翿，舞者所持羽翳也，在《羽部》。（《原本玉篇・系部》第 188 頁）師按：《周禮・鄉師》："及葬，執纛以與匠師御匶而治役。"①

系部

緗*：息陽反。《字書》：縑緗也。（慧琳《音義卷第十一・大寶積經序》，T54/0370c）師按：《説文》"新附"："緗，帛淺黃色也。"

繌*：凡例反。《字書》正行繌。（慧琳《音義卷第六十六・集異門足論卷第八》，T54/0746a）師按："凡例"疑"几例"之誤。"正行"當爲"正作"之誤。

縉：《字書》：縉，赤繒也。服虔云：夏官爲縉云氏。（《左傳・文公十八年疏》，《十三經注疏》第 1863 頁）、（《史記・五帝本紀正

---

① 阮元校刻：《十三經注疏》，中華書局 1980 年版，第 714 頁。

義》，《史記》第 38 頁）師按：《説文》："縉，帛赤色也。《春秋傳》：'縉云氏'，《禮》有'縉緣'。"

緂：（毿）貪覽反。《考聲》云：毿，織毛爲之，出吐蕃中。《字書》亦從帛作緂，或從系作緂，音義同。（慧琳《音義卷第八十一·南海寄歸内法傳第二卷》，T54/0833b）

縱*：足容反。《字書》云：豎爲縱，横爲廣。又云：南北爲縱，東西爲横，是也。（慧琳《音義卷第四·大般若波羅蜜多經第三百九十八卷》，T54/0331a）

綫*：仙箭反。《字書》正線字。（慧琳《音義卷第九十四·續高僧傳第二十五卷》，T54/0898b）人作線①。《字書》云：合縷。（希麟《續音義卷第五·一字奇特佛頂經卷上》，T54/0955c）

線：（綫）《字書》正線字。（同上，T54/0898b、T54/0955c）

緒*：徐呂反。引緒也。《切韻》：由緒也。《字書》：續也，又繭緒也，從糸著省聲。（希麟《續音義卷第六·呵利帝母真言法》，T54/0961a）

統*：力周反。《字書》：旌旗之流。今爲旒字，在《㫃部》。（《原本玉篇·糸部》第 179 頁）（旒）《字書》作統，同呂周反，謂旌旗之垂者也，天子十二旒，諸侯九旒。（玄應《音義卷第一·大方等大集經第十五卷》，C056/0820b、T54/0413b）（旒幢）《字書》作統，同呂周反，旌旗之垂車者也。（玄應《音義卷第七·虚空藏經第五卷》，C056/0928b）師按："統"當爲"統"之誤。《大正藏》本玄應《虚空藏經音義》未見引《字書》。

紃：音旬。《字書》或作緔，緔，猶繞也。（慧琳《音義卷第九十二·續高僧傳第六卷》，T54/0888b）師按：《説文》："紃，圜採也。"

緔*：（紃）音旬。《字書》或作緔，緔，猶繞也。（同上，T54/0888b）

綩*：（綩綖）音宛。經云：綩綖者，花氈錦褥舞筵之類。案《禮傳》及《字書》：綩綖乃是頭冠綺飾也。（慧琳《音義卷第十五·

---

① "人作"疑爲"又作"之誤。

大寶積經第一百一十七卷》，T54/0401c)

綖*：音延。……案《禮傳》及《字書》：綩綖乃是頭冠綺飾也。(同上)

紼：《字書》亦紱字也。(《原本玉篇·糸部》第185頁)(紱)分物反。《蒼頡篇》：紱，綬也。《説文》從糸犮聲。《字書》亦作紼。(慧琳《音義卷第八十八·集沙門不拜俗議卷第三》，T54/0872b) 師按：龍輯作"緋，亦跋字也"。

紱：分物反。《蒼頡篇》：紱，綬也。《説文》從糸犮聲。《字書》亦作紼。(同上，T54/0872b)(紼)《字書》亦紱字也。(《原本玉篇·糸部》第185頁) 師按：《説文·糸部》未見"紱"。《原本玉篇》紱、紼相次："紱：甫物反，《蒼頡篇》：紱，綬也。"

繽*：上匹賓反，下拂文反。《字書》云：花飛亂墜。(慧琳《音義卷第三十六·大毘盧遮那經第七卷》，T54/0547a)《考聲》云：繽紛，亂也。《字書》云：繽紛，眾多皃也。(慧琳《音義卷第七·大般若波羅蜜多經第五百五十卷》，T54/0348c)

紛*：《字書》云：繽紛，眾多皃也。《集訓》云：繽紛，盛皃。(同上，T54/0348c) 花飛亂墜。(同上，T54/0547a) 紛，……《字書》云：眾也，又亂也，紛紜也。(希麟《續音義卷第十·續開元釋教録卷中》，T54/0979b)

縺*：力前反。《字書》：縺縷，不解也。(玄應《音義卷第三十四·十住斷結經第一卷》，C056/0876a、T54/0537a) 力煎反。《字書》：縺縷，不解也。(《原本玉篇·糸部》，第178頁) 師按：《箋注本切韻》(斯二〇七一) 平聲一先："縺，縺縷，寒皃。"《廣韻》平聲先韻："縺，縺縷，寒具。""具"、"皃"形近，《原本廣韻》(文淵閣本) 作"寒臭"，具、臭當爲"皃"之誤。《原本玉篇》："謱：洛口反。……《字書》：謰謱，不解也，一曰重也。"《玉篇》："縺，力延切，縷不解。"《漢語大詞典》(9/960)"縺縷"條：絲縷互相絞紐。宋範成大《麻線堆》詩："云木蕩胸起，鬱峨一峰危。上有路千折，縺縷如縈絲。"

縷*：《字書》：縺縷，不解也。(同上)

絣*：方莖、方幸二反，《説文》：氐人疏婁布也。《字書》：一曰
無文綺也。或爲𦀖字，在《辵部》。（《原本玉篇·系部》第 380 頁）
伯萌反。《字書》云：振黑繩也。（慧琳《音義卷第三十五·佛頂尊
勝唵誦儀軌經》，T54/0539c）、（希麟《續音義卷第六·佛頂尊勝陀
羅尼唵誦儀軌一卷》，T54/0962b）師按：王筠《句讀》："《漢書·揚
雄傳》：'絣之以象類。'宋祈校本引《字林》：'絣，縷布也。'《一
切經音義》十四引《字林》：'絣，無文綺也。'"

緋*：甫違反。《字書》：緋，緅也。（《原本玉篇·系部》第 179
頁）匪微反。《字書》云：絣絳色也。（慧琳《音義卷第四十·十一
面觀自在菩薩心密語儀軌經上》，T54/0568c）《字書》云：緋，絳
也。（慧琳《音義卷第四十·聖威德金剛童子陀羅尼經》，T54/
0571c）師按："絣絳色也"疑當作"緋，絳色也"。《玉篇》訓"絳
練也"。

縮*：《字書》作摍，同。（慧琳《音義卷第四十三·陀羅尼雜集
第五卷》，T54/0592b）《字書》：蹙也。《説文》：亂也，從糸宿聲。
（慧琳《音義卷第四十·聖迦抳金剛童子求成就經》，T54/0571a）

纖*：（孅指）古文攕，《字書》作纎，同思廉反。《説文》：攕，
好手皃也。（玄應《音義卷第九·大智度論第二十四卷》，C056/
0957b）、（慧琳《音義卷第四十六·大智度論第二十四卷》，T54/
0613c）

緝*：侵入反。《字書》云：細分麻縷相續爲布。（慧琳《音義卷
第六十一·苾芻尼律第十二卷》，T54/0716b）師按：《説文》："緝，
績也。"

縧*：吐刀反。《切韻》：靴縧也。《字書》：縧亦繩也。《字林》
作綹。（希麟《續音義卷第五·金剛恐怖最勝心明王經》，T54/
0955a）《字書》云：編絲爲繩也。（慧琳《音義卷第六十二·根本毘
奈耶雜事律第七卷》，T54/0719b）

緵*：如用反。《字書》亦鞋字也，鞋，鞍氄飾也，在《革部》。
（《原本玉篇·系部》第 179 頁）（鞋）《字書》作緵，同而用反。案
氄飾也。（玄應《音義卷第十五·僧只律第二十八卷》，C056/1049c、

T54/0692c)、(慧琳《音義卷第五十九・四分律第四十一卷》，T54/0703c)《字書》：毳飾也。(慧琳《音義卷第八十一・南海寄歸內法傳第二卷》，T54/0833c)

綟*：(捩)憐涅反。俗字也。……或從糸作綟。《字書》云：以兩人一左一右綟去水也。(慧琳《音義卷第六十・根本說一切有部毘奈耶律第四卷》，T54/0707c) 練結反。《切韻》云：小結也。《字書》：拗綟也。與捩意同。(希麟《續音義卷第四・大乘瑜伽千鉢文殊大教王經卷第十》，T54/0952a)

繰：《字書》古文繅字。(《原本玉篇・糸部》第122頁) 師按：繰，《原本玉篇》本作縔，此依顧輯作"繰"。《原本玉篇》："繅，蘇高反，……又音子老反。《周禮・弁師》：掌王之五冕，皆五採繅。鄭玄曰：繅，雜文之名也。……鄭眾曰：繅當爲繆，繆，今字也。繅，古字也。"

繅：(繰)《字書》古文繅字。(同上)

繰*：子考反。《說文》：帛如紺色也，或曰深霜也。《廣雅》：繰，青也，《字書》或爲字，在部。五採之繰爲繰爲繅字。(《原本玉篇・糸部》第145頁) 師按：《原本玉篇》有奪衍，《玉篇》：繅、繰、缲相次同字。

絤*：《字書》亦緬字也。(《原本玉篇・糸部》第123頁) 師按：《玉篇》緬、絤同字。絤，《原本玉篇》作紡，據今本作"絤"。

緬：(絤)《字書》亦緬字也。(同上)

紅*：《說文》：樂浪挈令織字也。《字書》古文織字也。(《原本玉篇・糸部》第127頁) 師按：挈，《說文》作"挈"，段注："挈當作栔。"

織：(紅)《字書》古文織字也。(同上)(紩)《字書》亦古文織也。(同上)

紩*：《字書》亦古文織也。(同上) 師按：《玉篇》紅、紩爲"織"之古文。

紕*：補奚反。《廣雅》：紕，並也。《埤蒼》：縷並也。《字書》或爲悂字，悂亦謑[①]也，在《心部》，或爲諀字，在《言部》。(《原本

① 謑，黎本(第392頁)作"誤"。

玉篇·糸部》第 182 頁）（誰）《字書》或縒字也，縒，縷並也，在《糸部》。（《原本玉篇·言部》第 39 頁）

縒*：且各反。《説文》：參縒也。野王案：今爲錯字，在《金部》。《字書》一曰鮮也。（《原本玉篇·糸部》第 133 頁）師按：《玉篇》"縒"無此義。

縗*：尸移、思移二反。《説文》：粗紬也。《蒼頡篇》：細曰絟，粗曰絟。縗，總大者也。《字書》：一曰經緯不同也。（《原本玉篇·糸部》第 141 頁）（緧）《蒼頡篇》：經緯不同也。亦生紬也。《字書》亦縗字也。（同前）師按：盧巧琴引失譯《佛説分別善惡所起經》（T17/0519c）"緧"字用例："往來五道中，未能具緧縷。"《大正藏》校記曰："緧"，宋本、元本、明本、宮本作"羅"。①

緧*：《字書》亦縗字也。（同上）

絹*：居緣反。……《聲類》：絹，緗也。今以爲練字。《字書》：生繒也。（《原本玉篇·糸部》第 142 頁）

綦*：《字書》亦綨字也。（《原本玉篇·糸部》第 145 頁）

綨：（綦）《字書》亦綨字也。（同上）

縱*：《字書》亦纚字也。（《原本玉篇·糸部》第 147 頁）師按：《原本玉篇》纚、縱相屬，字頭"縱"，《原本玉篇》作"縱"，當爲鈔寫所致。

纚：（縱）《字書》亦纚字也。（同上）（繲）力支反。……《字書》或作纚。《韓詩》：繲也。《説文》：以絲介履也。（《原本玉篇·糸部》第 158 頁）

繲*：《字書》或作纚。（同上）

繣*：《字書》亦纂字也。（《原本玉篇·糸部》第 151 頁）《字書》亦纂字也。纂，係也。（《後漢書·張衡列傳注》，第 1914 頁）

纂：（繣）《字書》亦纂字也。（同上）師按：《原本玉篇》纂、繣相屬："纂，子緩反，……《説文》：似組而赤黑也。"

---

① 盧巧琴：《東漢魏晉南北朝譯經語料的鑒別》，浙江大學出版社 2011 年版，第 54 頁。

綕＊：《字書》籀文紟字也。（《原本玉篇·糸部》第 152 頁）

紟：（綕）《字書》籀文紟字也。（同上）師按：《説文》"紟"之籀文作"綕"。

縱：《字書》亦縱字也。（《原本玉篇·糸部》第 154 頁）

縱＊：（縱）《字書》亦縱字也。（《原本玉篇·糸部》第 154 頁）

縴＊：補木反。《爾雅》：裳削幅謂之縴。郭璞曰：削殺其袧之衣之裳也。《字書》爲襆字，在《衣部》。（《原本玉篇·糸部》第 153 頁）

縱＊：除恭反。《説文》：增益也。……《字書》或爲襠字，在《衣部》。（《原本玉篇·糸部》第 154 頁）

絬＊：思裂反。《論語》：絬裘長，短右袂。《蒼頡篇》：絬，堅也。《字書》亦褻字也。（《原本玉篇·糸部》第 156 頁）

紛＊：（慜）《字書》古文紛字也。（《原本玉篇·糸部》第 163 頁）師按：《原本玉篇》紛、慜相屬："紛，孚云反，……《説文》：馬尾韜也。《蒼頡篇》：馬尾飾也。《廣雅》：紛紛，眾也。"《説文》、《玉篇》"紛"下無重文"慜"，"慜"入《心部》。顧輯作"潜"。

緧＊：《字書》亦緧字也。（《原本玉篇·糸部》第 163 頁）

緧：（緧）《字書》亦緧字也。或復爲鞧字，在《革部》。（同上）

綯：《周禮》：祭祀，飾牛置綯。鄭眾曰：著牛鼻繩，所以牽牛者也。……《字書》亦紖字也。（《原本玉篇·糸部》第 164 頁）師按：《説文》"紖"下段注："《周禮·封人》作綯。……按綯讀如豸，池爾切，漢人呼雉即綯也。綯變作紖而讀丈忍切，仍綯、雉之雙聲，今人讀紖余忍切，則非也。"

紖：（綯）《字書》亦紖字也。（同上）

紃＊：《字書》亦紖字也。（同上）師按：《玉篇》綯、紖、紃同字。

縱＊：詞緝反。《説文》：以長繩係牛也。《字書》或爲摤字，在《手部》。（《原本玉篇·糸部》第 164 頁）

繴＊：補戟反。《爾雅》：繴謂之罜，罜謂之翼。郭璞曰：今幡車也，有兩轅，中施网以捕鳥也。《字書》或爲罤字，在《网部》。

（《原本玉篇·糸部》第 166 頁）師按：“幡车”、“施网”，今本《尔雅》注作“翻车”、“施罟”。①

絺：《字書》云：小曰葛，大曰絺。（大覺《四分律行事鈔批卷第六本·自恣宗要篇第十二》，X42/0771a）

綌*：《字書》亦綌字也。（《原本玉篇·糸部》第 169 頁）師按：綌，《原本玉篇》誤作絡，曰：“絡，袪逆反，《毛詩》：爲絺爲絡。傳曰：精曰絺，粗曰絡。……《説文》：粗葛也。”今據改。《説文》：“綌，粗葛也。……帣，綌或從巾。”馬敘倫《説文解字六書疏证》卷二十五：“按高山寺《玉篇》不引此而有綌字。字書亦綌字也。疑綌爲帣訛，《字書》蓋謂《字林》。”②《玉篇》“綌”下未見或體“綌”。

綌：（綌）《字書》亦綌字也。（同上）

紐*：《字書》亦綯字也。（《原本玉篇·糸部》第 169 頁）《字書》云：惡絹。又初爪、側救二反。（《唐寫本唐韻》去聲卅六效，《韻書集存》第 667 頁）師按：韻目字僅存左旁“交”，據其切語“胡教反”作“效”。《廣韻》去聲效韻：“綯，惡絹也，又初爪切，又側救切。”

綯：（紐）《字書》亦綯字也。（《原本玉篇·糸部》第 169 頁）

繿*：《説文》亦紵字也，《字書》籀文紵字也。（《原本玉篇·糸部》第 170 頁）師按：《説文》：“紵，枲屬，細者爲絟，布白而細曰紵。”《玉篇》“綃”爲“紵”之古文，“繿”疑即“綃”。

紵：（繿）《字書》籀文紵字也。（同上）

絜*：公節、胡結二反。……《説文》：麻一端也。《謚法》：不汙非義曰絜。《字書》亦契字也，在《女部》。（《原本玉篇·糸部》第 171 頁）

綯*：《字書》古文絢字也。（《原本玉篇·糸部》第 176 頁）師按：《原本玉篇》：“絢，徒高反，《毛詩》：霄爾索絢。傳曰：絢，絞也。《爾雅》亦云，郭璞曰：糾絞繩索也。”《玉篇》有兩“綯”字，

①　郝懿行：《尔雅义疏》，上海古籍出版社 1983 年版，第 669 頁。

②　古文字編纂委員會：《古文字詁林》（第 9 冊），上海世紀出版集團、上海教育出版社 2004 年版，第 1249 頁。

一讀口故切，訓"脛衣"；一爲"綃"之古文，當即絎。

綃：（絎）《字書》古文綃字也。（《原本玉篇·系部》，第176頁）

繾*：祛善反。《毛詩》：以謹繾綣。傳曰：繾綣，反復也。《左氏傳》：繾綣從公。杜預曰：繾綣，不離散也。《字書》亦餞字也，餞也，黏也，進也，在《食部》。（《原本玉篇·系部》第176頁）繾綣，《釋文》上音遣，下起阮反。《字書》又上去戰反，下丘願反。（《詩集傳名物鈔》卷七，《四庫全書》76/211）

綣*：△△阮反。《禮記》：綣綣服膺，不失之矣。鄭玄曰：綣綣，奉持之皃也。……《字書》亦穤字也，穤，稞也，在《黍部》。（《原本玉篇·系部》第176頁）繾綣，《釋文》上音遣，下起阮反。《字書》又上去戰反，下丘願反。（《詩集傳名物鈔》卷七，《四庫全書》76/211）師按：《玉篇》"綣"、"穤"下見未或體。繾、綣見《説文·系部》"新附"。

紃*：且骨反。《字書》：紃，素也。（《原本玉篇·系部》第178頁）師按：《玉篇·系部》："紃，七忽切，索也。"

緅*：側鳩反。……《廣雅》：緅，青也。《聲類》：間色也。《字書》：青赤色也。（《原本玉篇·系部》第178頁）

繰*：鉅於反。《字書》：繰，履緣也。（《原本玉篇·系部》第179頁）師按："緣"本作"緑"，據黎本及語境改作"緣"。

絠*：勑高反，《聲類》亦韜字也，韜，劍衣也，在《韋部》。《字書》亦弢字也，弢，弓衣也，在《弓部》。（《原本玉篇·系部》第179頁）

紟*：他口反。《字書》亦斢字也，斢，黄色也，在《黄部》。（《原本玉篇·系部》第179頁）

綑*：口緄反。《字書》亦捆字也，捆，致也，織也，就也，齊等也，在《手部》。（《原本玉篇·系部》第179頁）

緵*：子公反。……《字書》亦稷字也，稷，束也，十莒也，在《禾部》。（《原本玉篇·系部》第179頁）

絡*：佃各反。……《字書》亦筰字也，筰，竹繩也，在《竹部》。（《原本玉篇·糸部》第 180 頁）師按：蓋引舟之索有竹皮爲之者，亦有草葦、絲布爲之者，故有"綂"字。

繞*：子堯反。《字書》亦蕉字也，蕉，生枲未漚也，在《草部》。（《原本玉篇·糸部》第 179 頁）

紅：無仰反。《字書》亦冈字也，冈，羅也，在《冈部》。（《原本玉篇·糸部》第 180 頁）

練*：力之、力式二反。《字書》亦氂字，氂，强毛也。在《犛部》。或爲庲字，在《广部》；或爲耗字，在《毛部》。（《原本玉篇·糸部》第 180 頁）師按：《説文·犛部》："氂，强曲毛也。"《原本玉篇》"犛部"當作"犛部"。"力式"，羅本作"力才"。

給：（綼）蒲狄、補役二反。……《字書》：給綼也。（《原本玉篇·糸部》第 180 頁）師按：《原本玉篇》給、綼相屬，"給綼"當爲雙音節詞。黎本："給，力丁反。《埤蒼》：'給綼，絲緦百昇。'""百昇"，羅本作"百廿"。

綼*：《字書》：給綼也。（同上）

綄：胡管反。《莊子》：綄綄然在緷約之車。《字書》：綄，練繳也。又音胡官反。（《原本玉篇·糸部》第 181 頁）

縲*：力追反。《字書》：縲，落也。（《原本玉篇·糸部》第 184 頁）師按：落，黎本（第 394 頁）作"絡"。《玉篇》："縲：力追切，《字書》：縲，絏也。"師按：《説文》："累，綴得理也。一曰大索也。"段注："《論語》作'縲'，字之誤。注云：'黑索也。'亦誤作'累'。"

紆*：公但反。《字書》亦衦字也，衦，靡展衣也，在《衣部》。（《原本玉篇·糸部》第 185 頁）

絀*：所除、所去二反。《蒼頡篇》：絀也。《字書》亦疏字也，疏，書所記也，在《土部》。（《原本玉篇·糸部》第 185 頁）師按：疏，不當在《土部》（《土部》），疑有誤。

綟*：力出反。……《字書》亦繂字也，繂，索也，在《素部》。或爲繂字，在《索部》。（《原本玉篇·糸部》第 185 頁）師按："亦繂字也，繂，索也"，當作"亦繂字，繂，索也"，字從素率。

　　絗*：乃心反。《字書》：絗，織也。（《原本玉篇·糸部》第185頁）

　　絡：（絡）力各反。《字書》亦絡字也，絡，纏繞也，在《糸部》。（《原本玉篇·索部》第194頁）

　　辮*：薄泫反。《考聲》：辮結也。《字書》：編也，從糸辡聲。（希麟《續音義卷第五·底哩三昧耶不動使者唸誦經》，T54/0956b）師按：《說文》："辮，交也。"段注："玄應引作'交織之也'。"

　　給：（裕）居邑反。《字書》古文給守也，給，相是也，在《糸部》。（《原本玉篇·广部》，第460頁）《字書》曰：悾傯，窮困也。給，足也。（《後漢書·卓茂傳注》第873頁）師按："居邑"即"居邑"；"相是"當爲"相足"之誤。龍輯無"給，足也"，據今本，"給，足也"屬"《字書》曰"。《說文》作"相足"。

　　纘*：《字書》云：承繼也。（希麟《續音義卷第十·續開元釋教錄卷上》，T54/0978b）

　　繩*：食陵反。《玉篇》：索也。《字書》：直也。（希麟《續音義卷第七·大聖文殊師利佛殺功德莊嚴經卷中》，T54/0964b）

　　績：子歷反。《爾雅》云：績，功勳也。《字書》：積業也，成也。（希麟《續音義卷第九·根本說一切有部毘奈耶出家事卷第一》，T54/0974c）

　　纇*：盧對反。《切韻》：麤絲也。《字書》：纇，結纇，從糸類。（希麟《續音義卷第五·一字奇特佛頂經卷上》，T54/0955c）

　　繁*：附袁反。……《字書》云：繁，多也。（希麟《續音義卷第十·續開元釋教錄卷中》，T54/0979b）

　　縛：符約反。《切韻》：繫也。《字書》：縛亦纏也。（希麟《續音義卷第四·大乘瑜伽千鉢文殊大教王經卷第六》，T54/0951c）符钁反。《說文》：繫也。《字書》：執縛，從糸博省聲。（希麟《續音義卷第五·底哩三昧耶不動使者唸誦經一卷》，T54/0956b）

　　繆*：明救反。《字書》云：亂也，詭也。（希麟《續音義卷第十·續開元釋教錄卷下》，T54/0979b）

　　絆：宋祁曰：絆，《字書》音半。（蕭該《漢書·王莽傳音義》，

《兩漢書匯編》第 464 頁）師按：《説文》：“絆，馬縶也。”

　　累*：力僞反。《左傳》云：無累後人。《韻詮》云：罪相及也。《字書》云：家累也，連及也。（慧琳《音義卷第三·大般若波羅蜜多經第三百四卷》，T54/0323b）《字書》亦纍字也。（《原本玉篇·糸部》第 157 頁）。

　　纍：（累）《字書》亦纍字也。（同上）師按：《原本玉篇》纍、累相屬，“纍”字説解中用“累”。

　　約：《字書》曰：約，亦的字也。都狄切。的，琴徽也。（枚乘《七發注》，《文選》第 479 頁）

　　紼*：甫物反。《周禮》：反葬師而屬久紼。鄭玄曰：舉棺索也。……《説文》：亂麻也。《蒼頡篇》：緼枲也。《字書》：一曰抛舩索也。（《原本玉篇·糸部》第 172 頁）（綍）《字書》亦紼字也。（《原本玉篇·糸部》第 173 頁）（綒）《字書》亦紼字也。（同前第 173 頁）師按：此參黎本。“抛”疑即“挽”。《周禮·遂人》：“及葬，帥而屬六綍。”《原本玉篇》鈔寫當有誤。《説文》：“紼，亂枲也。”（段注本）段注：“枲各本作系，不可通，今正。亂枲者，亂麻也。”

　　綍*：《字書》亦紼字也。（同上第 173 頁）

　　綒*：《字書》亦紼字也。（同上）

　　䋃*：（繼）雞詣反。王逸注《周易》：繼，謂不絶也。……《説文》：續也，從糸䋃聲，䋃音同上。《説文》䋃及《字書》古文䋃字也。繼音絶也。（慧琳《音義卷第三十七·菩提莊嚴陀羅尼經》，T54/0553c）師按：《音義》“《説文》䋃及”似有奪誤，待考。

　　彝：（彝）餘之反。《字書》亦彝字也，彝，尊也，常也，在《糸部》。（《原本玉篇·素部》第 190 頁）師按：彝，羅本作“彝”，在《素部》而與“《字書》亦彝字……在《糸部》”之“彝”同形，顯然有誤。今據黎本（第 401 頁）及羅本（第 191 頁）“䋣”字説解改。《玉篇·素部》作“彝”。《説文》：“彝，宗廟常器也。……緐、䋣，皆古文彝。”

素部

　　綟*：力出反。……《字書》或爲綟字，在《索部》，或爲綟字，在《糸部》。（《原本玉篇·素部》第 190 頁）（縪）力出反。……
《字書》亦縪字也，縪，索也，在《素部》。（《原本玉篇·索部》第
185 頁）師按："亦縪字"當作"亦縪字"。

　　彝*：餘之反。《字書》亦彝字也，彝，尊也，常也，在《糸
部》。（《原本玉篇·素部》第 190 頁）師按："彝"當即"彝"。

絲部

　　彎*：碑愧反。……野王案：所以制馭車中馬彎也。《字書》：馬
縻也。（《原本玉篇·絲部》第 191 頁）《字書》：馬縻也，所以制收
車馬也。①　　（玄應《音義卷第十·勝天王般若經第一卷》，T54/
0363b）、（慧琳《音義卷第四十六·大智度論第五卷》，T54/0610c）
《字書》：馬縻也，所以制馭車馬也，勒，馬鑣銜也。（玄應《音義卷
第十六·僧只比丘尼戒本》，C057/0012b、T54/0731a）

虫部

　　螣*：（蟘）騰勒反。《爾雅》云：虫食葉曰蟘。《詩》云：去其
螟蟘……《說文》從虫貸聲。……案《字書》：螣音騰。（慧琳《音
義卷第八十·大唐內典錄第五卷》，T54/0824b）師按：《說文·虫
部》："螣，神蛇也。""神蛇"段注本作"神它"。

　　虵*：杜遮反。俗字正從它作蛇。或作它。《字書》云：毒蟲也。
《毛詩》：惟虺惟蛇。《說文》：上古草居畏蛇，故相問無它乎。（慧琳
《音義卷第三十五·菩提場所説一字頂輪王經第一卷》，T54/0541b）

　　蛇*：（蛇虺）時遮反。……《說文》作它。《字書》云：蛇虺，
毒蟲也。（慧琳《音義卷第六·大般若波羅蜜多經第五百一十卷》，
T54/0344a）師按："五百一十卷"，龍輯作"五百十六"，誤。《說
文·它部》："它，虫也。從虫而長，象冤曲垂尾形。上古艸尻，患
它，故相問無它乎。……蛇，它或從虫。"

　　虺*：《字書》云：蛇虺，毒蟲也。（同上）

　　鱉：（鼈）鞭滅反。《周易》云：離爲鼈。《說文》云：鼈，介蟲
也，從黽敝聲。《字書》作鱉。（慧琳《音義卷第二十·寶星陀羅尼

---

　　①　"收"當作"馭"。

經第四卷》，T54/0430a）師按：《説文·黽部》：“鼇，甲蟲也。”

　　螾：（蚓）寅忍反。《月令》云：季春蚯蚓。顧野王云：即螳蚓也。《字書》云：作螾。《説文》云：蟺螾，側行者也，從虫寅聲。（慧琳《音義卷第八十一·南海寄歸内法傳第二卷》，T54/0833b）師按：《説文》蟺、螾相屬：“蟺，螾也。”“螾，側行者。從虫，寅聲。蚓，螾或從引。”《爾雅·釋蟲》曰：“螼蚓、蜸蠶。”郝疏：“螾或作蚓。……《廣雅》云：‘蚯蚓，蜿蟺也。’蚯蚓即蟺螾，聲相轉也。”①蟺螾、蚯蚓爲雙音節詞，疑《説文》本作“蟺，蟺螾，側行者也”，“螾，蟺螾也”。顧、龍二氏以“蚓”爲字頭。

　　蝌*：（蝌斗）《字書》：蝌斗，②水蟲也。《爾雅》：蝌斗，蝦蟇子也。（玄應《音義卷第四·觀佛三昧海經第一卷》，C056/0877a、T54/0594c）《字書》云：蝌蚪，水蟲，蝦蟇子也。（慧琳《音義卷第八十八·法琳法師本傳卷第一》，T54/0869b）

　　蚪*：（蝌蚪）《字書》云：蝌蚪，水蟲，蝦蟇子也。（同上，T54/0869b）

　　蟸*：賄隈反，讀與灰同。《埤蒼》：豕掘地也。《字書》云：豕蟸地也。《古今正字》從虫豕聲。（慧琳《音義卷第七十八·經律異相第十五卷》，T54/0815c）師按：慧琳《音義卷第五十五·佛説五苦章句經》（T54/0671c）“蟸地”：“上音灰。《埤蒼》云：蟸，豕以鼻墾地取蟲謂之蟸也。《古今正字》從虫豕聲。”

　　蠕*：閏尹反。顧野王云：昆蟲蠕動是也，蠕亦動也。《字書》云：無足而行曰蠕動。《説文》從虫耎聲也。（慧琳《音義卷第十六·無量清淨平等覺經上卷》，T54/0405a）師按：《説文》：“蠕，動也。”

　　虹*：音紅。《字書》云：虹，螮蝀也。（慧琳《音義卷第三十一·大乘入楞伽經卷第一》，T54/0512a）

　　蛘*：羊掌反。……《字書》云：瘡肉中蟲行也。或從手作攘，

---

①　郝懿行：《爾雅義疏》，上海古籍出版社1983年版，第1141頁。

②　“蝌斗”，龍輯作“蝌蚪”，《觀佛三昧海經》第一卷，龍氏作第二卷。

發動也。《説文》：搔蜉也，從虫羊聲。（慧琳《音義卷第五十三·長
阿含十報經上卷》，T54/0662b）

蚱*：蚱蜢，《字書》云：淮南名田父也，即蟾蜍也。郭璞曰：蝦
蟇類，居陸地者也。（玄應《音義卷第十二·義足經下卷》，C056/
1001c），T54/0675c）

蜢*：（蚱蜢）《字書》云：淮南名田父也。（同上）

蚳*：陟列反。《字書》云：蠍蚳蜂蠆毒也。古文作虹。（希麟
《續音義卷第三·新譯十地經卷第二》，T54/0946b）

蠓*：《字書》曰：蠓蠓，小蟲，雨如春，風如磑者也。（《太平
御覽》卷九百四十五，《四庫全書》901/412）師按：《説文》："蠓，
蠓蠓也。"而"蠓"在《蟲部》《新附》："蠓，蠓蠓，細蟲也。"
"蠓"下段注："各本'蔑'作'蠓'，無此字，今正。……《爾雅》
作蠓，非古也。《釋蟲》曰：'蠓，蠓蠓。'孫炎曰：'此蟲小於蚊。'
郭《圖讚》曰：'小蟲似螨，風春雨磑。'謂其飛上下如春則天風，
回旋如磑則天雨。陸佃引郭語互易之，非也。"龍輯作"小蟲，風春
雨磑者也"。

蠓*：《字書》曰：蠓蠓，小蟲，雨如春，風如磑者也。（同上）

蚶*：火甘反。《字書》云：蛤也，出會稽，可食。（《爾雅·釋
魚釋文》第1695頁）、（《爾雅·釋魚疏》，《十三經注疏》第2640
頁）師按：《釋魚》"魁陸"注："《本草》云：'魁，狀如海蛤，圓
而厚，外有理縱橫。'即今之蚶也。"邢疏："云'即今之蚶也'者，
案《字書》云'蚶，蛤也，出會稽，可食'是也。然則又一名
蚶也。"①

蚄：（䃶）薄項反。《字書》亦蚄字也。蚄，庶蠣也，在《虫部》
也。（《原本玉篇·石部》第481頁）

蚌*：《字書》：蚌，蜃屬也，步頂反。蛤，燕雀所化作也，秦曰
牡蠣。（蕭該《漢書敘傳音義》，《兩漢書匯編》第467頁）

蛤*：《字書》：蚌，蜃屬也，步頂反。蛤，燕雀所化作也，秦曰

---

① 阮元校刻：《十三經注疏》，中華書局1980年版，第2640頁。

牡礪。（蕭該《漢書敘傳音義》，《兩漢書匯編》第 467 頁）

蛆＊：《字書》：蛆，螫也，《廣雅》：蛆，痛也。（玄應《音義卷第十三·佛入涅槃金剛力士哀戀經》，C056/1006b）七餘反。《字書》云：蠅，以蒸反，乳肉中蟲也。《說文》云：蛆字從肉且聲也。（慧琳《音義卷第五·大般若波羅蜜多經第四百一十四卷》，T54/0334c）師按：此條似當作"《字書》云：蠅乳肉中蟲也。蠅，以蒸反"。

蝒＊：《字書》：蝒蜎，好印也。（蕭該《揚雄傳音義》，《兩漢書匯編》第 454 頁）師按：《說文》："蜎，肙也。"段注："肙，各本作蜎，仍複篆文不可通。攷《肉部》'肙'下云'小蟲也'，今據正。"

蜎＊：《字書》：蝒蜎，好印也。（同上）

蝠：《字書》蝠音福，即蝙蝠也。（《後漢書·文苑傳注》，第 2620 頁）

蚊：問分反。案《字書》正體字亦作蚊也。《論文》：作蚉，俗行用字也。《字統》云：蚊，齧人飛蟲，以昏時而出，故字從昏也。（慧琳《音義卷第六十七·阿毘達磨集異門足論卷第十六》，T54/0747a）

蚅部

蟁：問分反。案《字書》正體字亦作蚊也。（慧琳《音義卷第六十七·阿毘達磨集異門足論卷第十六》，T54/0747a）師按：《說文·蚅部》："蟁，齧人飛蟲，從蚅民聲。蚉，蟁或從昏，以昏時出也。蚊，俗蟁，從虫從文。"

蟲部

蠱＊：姑五反。《韻英》云：蠱，毒媚惑人也。《字書》云：蠱神也。《說文》云：腹中蟲也，從蟲從皿。（慧琳《音義卷第二·大般若波羅蜜多經第一百二卷》，T54/0321a）《字書》云：蠱者，蠱神也。（慧琳《音義卷第六·大般若波羅蜜多經第五百一卷》，T54/0342a）、（慧琳《音義卷第七·大般若波羅蜜多經第五百四十卷》，T54/0346c）鄭注《周禮》云：蠱者，蠱物病害人也。《字書》：腹中蟲也。（慧琳《音義卷第四十三·大普賢陀羅尼經》，T54/0589c）、（希麟《續音義卷第五·金剛恐怖最勝心明王經一卷》，T54/0955a）案《字書》從皿作蠱。（慧琳《音義卷第八十·開元釋教録第十六》，

T54/0828c）

風部

飆：（摽）匹遙反。……《説文》：摽，擊也，從手票聲也。……郭璞云：旋風也。《説文》：迴風也。《字書》云：吹之也。（慧琳《音義卷第四·大般若波羅蜜多經第四百二卷》，T54/0333a）師按：《説文·風部》：“飆，回風也。”據語境，以“飆”爲字頭。龍輯以“摽”爲字頭，不取。

龜部

龜*：《字書》云：龜名也。（《廣韻》平聲東韻，①第3頁）龜，龜，見《字書》。（《正字本刊謬補缺切韻》平聲二冬，《韻書集存》第539頁）、（《五音集韻》卷一，《四庫全書》238/8）

黽部

黿：《字書》黿字亦作鱓，音徒何切。（《通鑑釋文辯誤》，《四庫全書》312/300）師按：《説文·黽部》（段注本）：“黿，水蟲，似蜥易，長丈所。皮可爲鼓。”段注：“（皮可爲鼓）四字本在《魚部》鱓下，由古多用鱓爲黿而淺人注之也。”《魚部》“鱓”下段注：“黿、鱓皆從單聲，古書如《呂覽》等皆假鱓爲黿。”

蠅*：（蛆）七餘反。《字書》云：蠅，以蒸反，乳肉中蟲也。《説文》云：蛆字從肉且聲也。②（慧琳《音義卷第五·大般若波羅蜜多經第四百一十四卷》，T54/0334c）師按：惠琳《音義卷第七十六·阿育王傳第一》，T54/0799c）“蛆蟲”：“上七餘反，《聲類》云：蛆，蠅子也。《説文》：蠅乳肉中蟲也。從肉且聲。”《説文》：“胆，蠅乳肉中也，從肉，且聲。”“胆”即《字書》“蛆”，“蠅”與“乳肉”句連讀。今以“蠅，以蒸反”屬《字書》而輯“蠅”，未知當否。龍輯作“蠅，以蒸反，乳肉中蟲也”。

卵部

㲉*：腔角反。《考聲》云：卵空也。《字書》云：卵已孚也。

（慧琳《音義卷第三十二·彌勒下生經》，T54/0523c）《字書》云：鳥卵殼也。（慧琳《音義卷第三十三·無上依經上卷》，T54/0531a）《字書》：鳥孚殼也。　（慧琳《音義卷第十一·大寶積經第四卷》，T54/0373c）《字書》云：卵孚轂也。（慧琳《音義卷第三十·入定不定印經》，T54/0508a）《字書》云：卵已孚轂也。（慧琳《音義卷第三十二·藥師瑠璃光如來本願功德經》，T54/0519b）《字書》云：鳥卵皮也。　（慧琳《音義卷第十四·大寶積經第六十九卷》，T54/0392c）《字書》：轂，鳥手卵皮也。《説文》：已孚也，從卵殼聲也。（慧琳《音義卷第一百·肇論下卷》，T54/0928c）　《字書》：卵孚殼也。（慧琳《音義卷第八十三·大唐三藏玄奘法師本傳卷第五》，T54/0846a）師按："鳥手卵"當作"鳥孚卵"。

二部

亟：史炤《釋文》曰：亟，欺冀切，又音急。余按《字書》亟從欺冀切者，其義數數也。（《通鑑釋文辯誤》，《四庫全書》312/229）師按：《説文》："亟，敏疾也。"

土部

坣：鍇曰：《字書》云：此即今瓷字。（《説文繫傳》第263頁）師按：《説文》："坣，以土增大道上。從土次聲。聖，古文坣，從土即。"

壁*：《字書》云：築土曰墙，編竹木堲塗之曰壁。《説文》從嗇，爿聲也。……下卑覓反，杜注《左傳》云：壁，壘也。《字書》云：外露曰墙，室內曰壁。亦墙也。（慧琳《音義卷第四·大般若波羅蜜多經第三百五十卷》，T54/0328a）

堞*：徒頰反。《字書》：女墙也。（玄應《音義卷第十二·起世經第一卷》，C056/0994a、T54/0658b）

堤：（陡）《字書》古文堤字也。（《原本玉篇·阜部》第496頁）

塔*：他盍切。《字書》：塔，物聲。《説文》云：西域浮屠也。（《玉篇·土部》第8頁）師按：《説文·土部》"新附"："塔，西域浮屠也。"

塊[*]：康膾反。《字書》：土塊。……《説文》：土墣也。^①（慧琳《音義卷第八・大般若波羅蜜多經卷第五百六十九》，T54/0351a）：《説文》："墣，凷也。"（段注本）《説文》："凷，墣也。從土凵，凵屈象形。塊，俗凷字。"（段注本）

壍[*]：僉焰反。顧野王云：城池爲壍。《字書》云：城隍也。《説文》云：坑也，從土斬聲也，或從漸作壍亦同。（希麟《續音義卷第二・新花嚴經卷第四》，T54/0939c）、（慧琳《音義卷第十・仁王般若經上卷》，T54/0365a）、（慧琳《音義卷第六十二・根本毘奈耶雜事律第十六卷》，T54/0721b）、（慧琳《音義卷第六十六・阿毘達磨發智論卷第二十》，T54/0743b）、（慧琳《音義卷第九十三・續高僧傳第十四卷》，T54/0893b）、（《玉篇・土部》第6頁）《字書》亦謂城隍也。（慧琳《音義卷第三十二・彌勒下生成佛經》，T54/0524a）

壍：《字書》與《廣雅》並云：壍，長坑也。（慧琳《音義卷第八十六・辯正論卷第六》，T54/0862a）師按：《音義》壍、壍往往交錯使用，如《彌勒下生成佛經》、《辯正論》被釋字作"壍"，而注釋中作"壍"，慧琳《仁王般若經上卷音義》曰"或從漸作壍，同"。《説文・土部》有壍無壍。

埈：（峻）荀俊反。孔注《尚書》云：峻，高大也。鄭玄注《毛詩》云：峻，長也。《字書》云：嶮峭也。（慧琳《音義卷第四十九・攝大乘論序》，T54/0638a）《説文》作陖，云：高嶮貌也。從山陵聲。《字書》作峻，亦作陖、埈。（慧琳《音義卷第二十・寶星陀羅尼經第一》，T54/0428c）師按：今本《説文》："陖，高也。"段注："'高'上當有'陵'字。"

垔[*]：（陻）壹隣反。孔注《尚書》云：陻，塞也。《字書》下作垔，或作堙。（慧琳《音義卷第九十四・續高僧傳第二十八卷》，T54/0899c）師按："下作垔"疑爲"又作垔"或"亦作垔"之誤，故輯垔、堙，《阜部》輯"陻"。

---

① 慧琳《音義卷第五・大般若波羅蜜多經第四百五十九卷》（T54/0339b）"塊等"條："苦悔反，《字書音義》云，土塊也。"《字書音義》與《字書》是否存在聯繫，待考。

埋：（陻）《字書》下作堊，或作埋。（同上，T54/0899c）

堷：史炤《釋文》曰：坎堷，高下也。余按《字書》：堷坎，旁入也。又曰：堷，小坎也。《易》：入於坎窞。（《通鑑釋文辯誤》，《四庫全書》312/363）

坎*：《字書》云：坎壈，地不平也。《考聲》云：契闊貌也。古詩云坎壈多苦辛是也。（慧琳《音義卷第九十二·續高僧傳第六卷》，T54/0887c）《字書》：堷坎，旁入也。（《通鑑釋文辯誤》，《四庫全書》312/363）

壈*：拉咸反。《字書》云：坎壈，地不平也。（同上，T54/0887c）

埋*：買排反。《字書》：埋，藏也。《考聲》云：埋，沒也。《說文》從土里聲，或作薶。（慧琳《音義卷第三十三·佛說太子沐魄經》，T54/0528c）師按：《說文·土部》未見"埋"。《草部》："薶，瘞也。"段注："今俗作埋。"

瘞：《字書》曰：瘞，埋也。（潘岳《西征賦注》，《文選》第149頁）師按：《說文·土部》："瘞，幽薶也。"龍輯"瘞"入《广部》。

埵*：都果反。《字書》：耳垂下貌。或作朶，並通。（慧琳《音義卷第八十六·辯正論卷第六》，T54/0860b）

坌*：盆悶反。或作坣。《字書》云：塵汙也。（慧琳《音義卷第十五·大寶積經第一百一十七卷》，T54/0401c）

坣：滿悶反。《考聲》：汙也。《字書》：塵埃著物也。（希麟《續音義卷第四·大乘本生心地觀經卷第八》，T54/0949b）

壓*：鴉甲反。《字書》：壓，冥苲物也。《說文》亦作厭字。（慧琳《音義卷第十六·大乘十法經》，T54/0406b）師按：苲，獅本《音義》（一六、10）作"筌"。《說文》："壓，壞也。一曰塞補也。"

塠：（滯）直屬反。……《字書》或爲塠字，在《土部》。（《原本玉篇·水部》第361頁）

坫：（店）都念反。《字書》或坫字也。坫，反爵坫也，在《土部》。（《原本玉篇·广部》第460頁）

墉：（𨻵）餘鍾反。《字書》或墉字也。墉，城也，虚，在《土部》。（《原本玉篇·阜部》第506頁）

域：（𨺮）胡逼反。《字書》古文域字也，城，封界也，營域也，在《土部》。（《原本玉篇·阜部》第506頁）師按：據語境，"城"當作"域"。

堂：（𨻰）徒郎反。《字書》或堂，殿也，明也，盛也，在《土部》。（《原本玉篇·阜部》第507頁）師按："堂"下疑奪"字"。《説文·土部》："堂，殿也。"《玉篇》"𨻰"下："今作堂。"

隆：（𨺩）力弓反。《爾雅》：山宛中隆。郭璞曰：中央高也。……《字書》今隆字也。隆，豐大也，在《土部》。（《原本玉篇·阜部》第505頁）師按：《玉篇·土部》未見"隆"。

壟：（隴）力鞏反。《説文》：天水大阪也。《字書》有隴西君𠂭塚之瀧爲壟字，在《土部》也。（《原本玉篇·阜部》第499頁）師按："𠂭"當爲"丘"之缺筆。《説文·土部》："壟，丘壟也。""丘壟"字從土龍聲，《原本玉篇》"瀧"字或誤。顧氏以"隴"爲字頭。

坑：《補》曰：坈，《字書》作坑，丘庚切，俗作坈。（《楚辭·初放補注》，《楚辭補注》第237頁）

㩗*：虚奇切。毁也。《字書》：險㩗，顛危也。（《玉篇·土部》第8頁）師按：險㩗，龍輯作"險巇"。

埢：羈篆切。曲也。《字書》亦作觠、𢍰。（《玉篇·土部》第8頁）

均*：居匀反。《字書》：均，平也。（希麟《續音義卷第六·菩提場莊嚴陀羅尼一卷》，T54/0960c）

坻*：《字書》曰：巴蜀名山堆落曰坻。（揚雄《解嘲》注，《文選》第632頁）

墮*：（𡐦）血規反。《字書》正作墮。（慧琳《音義卷第九十四·續高僧傳第十九卷》，T54/0896c）師按："墒"爲"隓"之篆文，"隓"下徐鉉曰："今俗作𡐦，非是。許規切。"

圮*：蕭該《音義》曰：韋昭曰：圮，毁也，音敷委反。《字書》父已反。（蕭該《漢書敘傳音義》，《兩漢書匯編》第465頁）平鄙反。《字書》云：覆也。圮亦毁也。《韻略》云：岸毁也。《尚書》

云：方命圮族。《説文》云：從土已聲。（希麟《續音義卷第九·根本説一切有部毘奈耶破僧事卷第三》，T54/0971c）師按："圮"當作"圯"。《説文·土部》："圯，毀也。從土，已聲。"符鄙切。"圯，東楚謂橋爲圯。從土巳聲。"與之切。龍輯作"屺"。

填：填字即真字。《字書》云：塞也。（《九家集注杜詩》卷九《觀薛稷少保書畫壁》注，《四庫全書》1068/147）

壘：陸善經曰：《字書》云：鑘，古壘字也。（潘安仁《汧馬督誄》注，《集注彙存》三·705）師按：通行本《文選》卷五十七注未見《字書》。

堋：崩懵反。……《字書》又作宆。（慧琳《音義卷第九十四·續高僧傳第二十七卷》，T54/0899c）

田部

略：（掠）良灼反。《月令》云：無四掠，掠，劫掠也。……案《字書》皆略字。杜注《左傳》云：略猶取也。（慧琳《音義卷第八十·開元釋教録第十八卷》，T54/0829a）師按：《説文》："略，經略土地也。"

畇：（鈞）《集韻》音旬，西戎之君。然《字書》作畇町。（《路史國名紀注》，《四庫全書》383/299）

町：（鈞）《字書》作畇町。（同上）

黄部

黇*：（紏）他口反。《字書》亦黈字也，黈，黄色也，在《黄部》。（《原本玉篇·糸部》第179頁）黈：黈黈，兵奪人物。出《字書》。（《廣韻》上聲厚韻，第222頁）、（《五音集韻》卷九，《四庫全書》238/198）師按：《廣韻》上聲厚韻："黈，黈黈，兵奪人物。出《新字林》。""黈黈"爲雙音詞，據此輯"黈"。《新字林》與《字書》是否存在聯繫，待考，而"黈，黄色也"之"黈"與"黈黈"之"黈"同條，是否妥當，存疑。

黋*：胡觥切。《字書》：藤屬，以織也。（《玉篇·黄部》第10頁）

力部

勇*：容腫反。《字書》正作勇字。（慧琳《音義卷第九十四·續高僧傳第十八卷》，T54/0896b）（臧）《字書》正作勇，敢，悍也，健也。（慧琳《音義卷第八十·開元釋教録第十六卷》，T54/0828c）師按：“敢”下疑奪“也”，顧、龍二人輯作“勇敢”。《説文·力部》：“勇，氣也。從力，甬聲。臧，勇或從戈用。”“臧”當從戈用或戈甬。

　　劾：（陵）力昇反。……《字書》或爲字，在《力部》也。（《原本玉篇·阜部》第 485 頁）力登反。《字書》云：或陵字也。（慧琳《音義卷第三十四·大方廣如來藏經》，T54/0536b）師按：《玉篇·阜部》：“陵，力昇切，大阜也，犯也，塚也，栗也，馳也，陵遲也。或作㥄、劾。”《力部》：“劾，力征切，俗陵字，侵也。”據此，《原本玉篇》當作“《字書》或爲劾字，在《力部》”。

　　劤：（讓）《聲類》亦謇字也，《字書》爲切字，在《力部》。（《原本玉篇·言部》第 36 頁）師按：《玉篇·力部》：“劤，居偃切，難也，吃也。或作讓。”《原本玉篇》“切”當作“劤”。

　　動：《字書》云：力重爲動。（靈槳父《地藏本願經卷上·科注卷之二》，X21/0684c）

　　勞*：老刀反。《周禮》：事功曰勞。《字書》：勞，倦也。《説文》云：用力者勞，從力從熒省聲也。（慧琳《音義卷第十八·大乘大集地藏十輪經第二卷》，T54/0418b）

　　勵*：力制反。《字書》云：兔也。《廣雅》云：勸勵也。《説文》云：力也，從力厲，形聲字。（希麟《續音義卷第三·新譯十地經卷第三》，T54/0946c）師按：“兔”當作“免”，“免”當作“勉”。

　　劣*：力輟反。《字書》：劣，弱也。從少力。（慧琳《音義卷第十二·大寶積經第三十五卷》，T54/0381a）師按：《説文》：“劣，弱也。從力少。”（段注本）

金部

　　鐵*：天結反。《字書》正鐵字也。《説文》：黑金也。（慧琳《音義卷第八十·大唐内典録第四卷》，T54/0823b）

　　鐕：《字書》：鐵好也。一曰白鐵也。（《説文繫傳》第 267 頁）《説文》：九江謂鐵爲鐕，從金皆聲。徐按《字書》曰：鐵好也，一

曰鐵精則白也。（《韻會》卷十三，《四庫全書》238/597）

鍋*：古和反。《字書》云：鐵器也。（希麟《續音義卷第九·根本說一切有部毘奈耶破僧事卷第十二》，T54/0973b）《字書》云：小鑊也。（慧琳《音義卷第十四·大寶積經第五十六卷》，T54/0389a）《字書》云：鍋，紡車收絲者也。源順：字亦作楇。（《倭名類聚抄》第605頁）師按：《箋注》曰："按《說文》云：楇，盛膏器。……《玉篇·木部》云：楇，車釭盛膏者。又紡車收絲具。兼舉本義與所轉注也。而車楇用鐵作，故變木從金。《玉篇·金部》云：'鍋，車釭盛膏器。'《方言》云：車釭，齊燕海岱之間謂之鍋，故紡車收絲具之楇亦作鍋也。"

鑊*：黃郭反。《字書》云：煮肉器也。（慧琳《音義卷第二十四·金剛髻珠菩薩修行分經》，T54/0458b）師按：《說文》："鑊，鑴也。"

鍼*：之壬反。……《說文》：箴，所以縫衣也。《字書》云：引線鐵也。（慧琳《音義卷第十一·大寶積經第三卷》，T54/0373c）師按：《說文·竹部》："箴，綴衣箴也。"《金部》："針，所以縫也。""箴"下段注："古箴、針通用。"

鍼：執任反。《說文》：鍼，刺也，從金咸聲。《字書》亦作蔵，謂綴衣也，又作針，並通用。（慧琳《音義卷第八十·開元釋教録第一卷》，T54/0825a）

鉆*：儉嚴反。《字書》云：鐵夾也。（慧琳《音義卷第十一·大寶積經第三卷》，T54/0373c）師按：《說文》作"鐵鉗也"。

鈝*：（礦）古猛反。《字書》正作鈝。《廣雅》云：鐵璞謂之礦也。《說文》：銅鐵璞也，或從石黃聲。（慧琳《音義卷第三十一·大乘入楞伽經卷第四》，T54/0512b）師按：鈝，《大正藏》本作鉆，據獅本《音義》（三一、5）及反切、訓釋改作鈝。

鍵：《切韻》：鍵，籥。《字書》：橫曰關，豎曰鍵也。（希麟《續音義卷第五·大威力烏樞瑟摩明王經卷上》，T54/0954a）《字書》云：鍵，牡簡，鑰牡也者，所以關司△△不可開也。①（寶達《金剛

暎卷上》，T85/0062a）

鋸：史炤《釋文》曰：鋸，居御切，槍唐也。……按：鋸字，先秦古書未之有也。《字書》引《古史考》云：孟莊子作鋸，音居庶切，解截器也。（《通鑑釋文辯誤》，《四庫全書》312/289）

銘*：《字書》云：鎖連鐶也。（《廣韻》上聲感韻，第226頁）、（《五音集韻》卷九，《四庫全書》238/201）師按：《廣韻》去聲陷韻："銘，車鐶。"

鎖*：蘇果反。《字書》云：鎖，還束也。《考聲》云：鎖，連環也。（慧琳《音義卷第六十七·阿毘達磨集異門足論卷第十八》，54/0747b）《字書》云：鎖，連環也。……傳從巢作鏁，俗字也。（慧琳《音義卷第八十三·大唐三藏玄奘法師本傳卷第二》，54/0844c）《考聲》：連環也。《字書》云：相鉤連也。（慧琳《音義卷第十二·大寶積經第十八卷》，54/0377c）《字書》云：連鐶也。（慧琳《音義卷第四十二·金剛頂瑜伽分別聖位修証法門序》，54/0584b）《字書》云：鉤鎖相連也。（希麟《續音義卷第七·瑜伽蓮花部唸誦法一卷》，54/0963b）

鑰：《字書》正從門作鑰。（慧琳《音義卷第九十四·續高僧傳第十七卷》，T54/0895c）《字書》又從門作闟，亦猶關鍵也。《説文》：闟，插關下牡也，從門龠聲，與鑰義同。（慧琳《音義卷第八十·大唐內典錄第五卷》，T54/0824a）師按："從門作鑰"當作"從門作闟"。

鍠*：（韹）胡觬反。《字書》或鍠字也，鑠聲也，亦皷聲也，在《金部》。（《原本玉篇·音部》第59頁）（韹韹）《字書》云：鍠，樂之聲也。又作鍠，一音胡光反。（《爾雅·釋訓釋文》第1621頁）《字書》云：鍠鍠，樂之聲也。（《爾雅·釋訓疏》，《十三經注疏》第2590頁）音宏。……《説文》：鍾聲也。《字書》爲鍠字，或爲喤字，皆一也。（慧琳《音義卷第八十八·法琳法師本傳卷第一》，T54/0868c）師按：《爾雅·釋訓》："鍠鍠，樂也。"

釪*：謨侯反。《字書》云：兵器也。《説文》作矛，云酋矛也。（慧琳《音義卷第四十三·文殊師利法寶藏陀羅尼經》，T54/0589b）

鏃*：宗鹿反。《廣雅》云：鏃，鏑也。《字書》：矢鋒也。《説文》：賴也，從今族聲。（慧琳《音義卷第五十三·起世因本經卷第八》，T54/0661b）師按："今"當作"金"。《説文·金部》："鏃，利也。從金族聲。"

鑷*：（鈪）女輒反。《釋名》云：鑷，攝也，拔取發也。《説文》：鉆也，從金取聲。《字書》作鑷。（慧琳《音義卷第五十三·起世因本經卷第九》，T54/0661c）師按：顧輯以"鈪"爲字頭。

釤*：所鑒反，《字書》：釤，大鎌也。（玄應《音義卷第十五·十誦律第九卷》（C056/1040c）《字書》：釤，大録也。（慧琳《音義卷第五十八·十誦律第九卷》，T54/0694a）師按："大録"，獅本《音義》（五八、11）作"大鎌"。

鎚：（椎）墜追反。《字書》或作鎚。《玉篇》云：椎，所以擊物也。《説文》從木佳聲。（慧琳《音義卷第八十六·辯正論卷第六》，T54/0860b）

鉸*：交効反。《韻略》云：鉸刀也。《字書》云：鉸刀，即今之剪刀也。（慧琳《音義卷第六十三·根本説一切有部律攝卷第三》，T54/0725c）

鏗*：口耕反。《字書》云：金聲。（慧琳《音義卷第十一·寶積經第十卷》，T54/0375c）

釧*：川戀反。案釧者，以金銀爲環莊飾其手足。《字書》云：在足曰鉦，在臂曰釧。鉦音鋤學反。（慧琳《音義卷第十五·大寶積經第一百一十卷》，T54/0399b）師按：《説文·金部》"新附"："釧，臂環也。"

鉦*：（釧）《字書》云：在足曰鉦，在臂曰釧。（同上）師按：《説文·金部》無"鉦"。《玉篇·金部》："釧，充絹切，釵釧也。""鉦，仕朔切，鎖足也。"

鈦：臣鍇按《字書》：在足曰鈦。（《説文繫傳》第269頁）師按：《玉篇·金部》："鈦，鉗也。"

鍫*：弭卑反。《字書》云：青州人謂鎌爲鍫。（慧琳《音義卷第九十五·弘明集第四卷》，T54/0904b）

鑑＊：（不鑒）《字書》作鑑，同古鑱反，《廣疋》：鑒，焰也，鑑謂之鏡，所以察形也。（玄應《音義卷第八·大莊嚴法門經下卷》，C056/0940c、T54/0521b）、（玄應《音義卷第九·大智度論第二十四卷》，C056/0957b）、（玄應《音義卷第十九·佛本行集經第七卷》，C057/0041a、T54/0678c）、（慧琳《音義卷第四十六·大智度論一百卷第二十四卷》，T54/0613c）

鉻＊：（烙）郎各反。傳文作垎，俗字也。《字書》正從金作鉻，云燒也。（慧琳《音義卷第九十四·續高僧傳第二十七卷》，T54/0899b）

鍱＊：塩接反。《廣雅》：鍱，鋌也。《字書》：釘鍱也。《埤蒼》：柔薄鋌曰鍱。（慧琳《音義卷第八十二·大唐西域記卷第三》，T54/0839b）

鋌＊：庭鼎反。上聲字。《方言》：鋌，賜。《字書》云：進也。（慧琳《音義卷第七十八·經律異相第十四卷》，T54/0815a）

鍊：（練）練字，《玉篇》作煉。《字書》作鍊。（慧苑《音義卷第二十二·新譯大方廣佛花嚴經音義卷中》，T54/0445b）師按：慧苑《新譯大方廣佛華嚴經音義卷上》（K32/0355c）"練金"："練字，《玉篇》作煉，《字書》作鍊，今經本作練者，揀練字也。"龍輯作"練，慧苑《大方廣佛華嚴經三十四音義》云：揀，《字書》作煉"。

鈂：（尋）才心反。《埤蒼》：堀地也。《字書》或馱字也，鈂，岙屬也，在《金部》。（《原本玉篇·杲部》第66頁）師按："馱"當爲"鈂"之誤。《玉篇》："尋，才心切，掘地也；舀屬也。亦作鈂。"

鍗：（庢）徒泥反。……《字書》古文舒字也。鏅鍗，火齊也，鏅鍗，沓也。在《金部》也。（《原本玉篇·厂部》第464頁）師按："古文舒"當作"古文鍗"，形近而誤。

鏈：（碹）力煎反。《字書》亦鏈字也。鏈，鈆礦也，亦銅屬也，在《金部》也。（《原本玉篇·石部》第480頁）

鎦：（磂）力牛反。《字書》亦鎦字也，鎦，煞也，在《金部》。（《原本玉篇·石部》第481頁）

銓：（硂）且泉反。……《字書》亦銓字也。銓，量也，次也，

在《金部》。（《原本玉篇·石部》第 482 頁）師按："鈴"當作
"銓"。

鎛*：音愽。《字林》云：匹各反，又音薄。《字書》云：大鐘
也。（《爾雅·釋樂釋文》第 1639 頁）

鎧*：苦亥反。《切韻》云：甲之別名也。《字書》從金愷省聲。
（希麟《續音義卷第三·新花嚴經卷第三十六》，T54/0945b）

鈿*：堂練反。《字書》：寶瑟鈿以飾器物也，從金田聲。又音田，
花鈿也。（希麟《續音義卷第五·金剛頂真實大教王經卷中》，T54/
0954c）

鐫*：子緣反。《字書》云：鑽也。《説文》云：琢金石也，從金
雋聲也。（希麟《續音義卷第十·琳法師別傳卷中》，T54/0977c）師
按：《説文》："鐫，穿木鐫也，從金雋聲。一曰：琢石也。讀若瀸。"
"穿木"，《繫傳》、段注本作"破木"。

鎪*：（鎩）字又作鎪，同蘇婁反，又色留反。《字書》云：鎪，
鍬也。（《爾雅·釋器釋文》第 1637 頁）

鐸：（繹）以石反。五經及《爾雅》皆作此字，本或作襗，《字
書》爲鐸、鐸，二字同。（《爾雅·釋天釋文》第 1645 頁）師按：
《釋天》"繹"下郝疏："《釋文》：'繹或作襗，《字書》爲鐸、鐸二
字。'並俗作。"[1]《説文》："鐸，大鈴也。"

鈄：今據《字書》：鈄，音他口、徒口二切。皆云：姓也。余又
按：《廣韻》云：鈄，姓，出《姓苑》也。（《通鑒後漢隱帝紀音注》，
《資治通鑒》第 2383 頁）師按：《廣韻》上聲厚韻："鈄，天口切，
姓，出《姓苑》。"

鉢：北末反。《字書》或作盋，同，即盂器也。（希麟《續音義卷
第六·八大菩薩曼荼羅經》，T54/0961a）

鑘：陸善經曰：《字書》云：鑘，古壘字也。（潘安仁《汧馬督
誄》注，《集注彙存》三·705）

鎔：音容。《字書》云：消金曰鎔。（慧琳《音義卷第二十九·金

---

① 郝懿行：《爾雅義疏》，上海古籍出版社 1983 年版，第 790 頁。

光明最勝王經第二卷》“鎔銷”）師按：《大正藏》本無此條，獅本慧琳《音義》卷第二十九《金光明最勝王經音義》第一卷至第二卷內容有缺失，注云：“此中間原本素脱四葉，建仁及緣山本並同。”此據許啓峰《〈字書〉研究》補。[①]《説文》：“鎔，冶器瀍也。”

鏚*：七績反。《字書》云：鏚，斧也。《文字典説》：鏚亦鉞，斧也。（慧琳《音義卷第五十三·佛説苦音陰經一卷》，T54/0663c）

且部

俎*：側呂反，《字書》：俎，肉几也。俎亦四腳小槃也。（玄應《音義卷第五·菩薩訶色欲經》，C056/0899a、T54/0795c）、（玄應《音義卷第五·鹿母經》，C056/0900c）、（玄應《音義卷第二十·六度集第四卷》，C057/0055b、T54/0527a）、（慧琳《音義卷第四十六·大智度論一百卷第十八卷》，T54/0613b）、（慧琳《音義卷第一百·念佛三昧寶王論上卷》，T54/0930c）《字書》：俎，几也。（慧琳《音義卷第四十四·鹿母經》，T54/0602c）師按：肉几，慧琳《念佛三昧寶王論》（T54/0930c）作“几肉”。

斤部

斧*：夫武反。《字書》：鉞斧也。《説文》：斫物斧也，從斤父聲。（慧琳《音義卷第十五·大寶積經第一百一十卷》，T54/0399b）師按：《説文》：“斧，斫也。”段注“斫”上補“所以”。

斗部

斟*：（斟酌）上執壬反，下章若反。《字書》云：以意意度量也。（慧琳《音義卷第六十·根本説一切有部毘奈耶律第十三卷》，T54/0709b）師按：“意意”疑衍一“意”。《説文》：“斟，勺也。”

䜌*：居怨反。《字書》云：眅䜌物也，從斗䜌聲。眅，音以沼反，亦䜌也。（希麟《續音義卷第七·大聖天雙身毘那夜迦法一卷》，T54/0966c）師按：眅，《大正藏》本作眅，此依獅本《音義》（七、14）。《説文》：“䜌，抒屚也。”段注：“屚，各本作滿，誤。玄應作‘漏’爲是。依許義當作‘屚’，謂抒而屚之，有所注也。”

---

① 許啓峰：《〈字書〉研究》，碩士學位論文，上海師範大學，2008年。

斢[*]：（斢）斢斢，兵奪人物。出《字書》。（《廣韻》上聲厚韻，第 222 頁）、（《五音集韻》卷九，《四庫全書》238/198）師按："斢"入《黃部》。《集部》上聲第厚："斢，《字林》：斢斢，奪取物。"

矛部

穳[*]：倉亂反。……《字書》云：穳，遙投矛也。（慧琳《音義卷第二十·寶星陀羅尼經第三卷》，T54/0429b）穳：七亂反。《韻略》云：穳，小稍也。《考聲》：短矛也，形如搶而刃闊。……《字書》作穳。（慧琳《音義卷第三十九·不空羂索陀羅尼自在呪經中卷》，T54/0566a）師按："搶"疑爲"槍"之誤。

穳[*]：（穳）《字書》作穳。（同上，T54/0566a）

車部

範[*]：凡黯反。《爾雅》：範，法常也。《字書》云：範，模也。（慧琳《音義卷第五·大般若波羅蜜多經第四百四十卷》，T54/0337b）

軛[*]：烏革反。《字書》：軛，礙也；軛，縛也。（慧琳《音義卷第四·大般若波羅蜜多經第四百八卷》，T54/0333b）

輅[*]：盧固反。《史記》：婁敬挽輅。《字書》云：人推也。《説文》云：車軨前拱木也，輅亦寶車也。（慧琳《音義卷第十七·大乘顯識經卷上》，T54/0411b）《白虎通》云：天子大輅。《字書》云：古者大輅爲椎輪之質。（慧琳《音義卷第十·新譯仁王經序》，T54/0365c）《字書》：古者椎輪，今飾之華麗也。（希麟《續音義卷第五·新譯仁王護國般若波羅蜜多經卷上》，T54/0953a）師按：《説文》："輅，車軨前橫木也。"

輞[*]：音網。《字書》云：輞即轅也。（慧琳《音義卷第三十七·陀羅尼集第八卷》，T54/0552b）

較[*]：（較）《字書》亦較字也。（《原本玉篇·車部》第 328 頁）師按：《原本玉篇》較、較相屬，"較"字説解亦用"較"。《説文》："較，車輢上曲鈎也。"（段注本）

較[*]：《字書》亦較字也。（同上）

轣*：《字書》亦輚字也。（《原本玉篇·車部》第 335 頁）

輚：（轣）《字書》亦轣字也。（同上）師按：《説文》：“轣，車迹也。”段注：“兩輪之迹也。”今本《玉篇》轣、輚同字相屬：“輚，車迹也。”

轀：《字書》亦轛字也。（《原本玉篇·車部》第 338 頁）

轛：（轀）他回反，《韓詩》：大車轛轛，轛轛，盛皃也。（同上）師按：今本《玉篇》轛、轀同字相屬：“轛，他回切，車盛皃。”

鞄*：蒲勞反。《淮南》：湏臾而鞄人之頸。許叔重曰：鞄，戾也。《廣雅》：轉戾也。《埤蒼》：轸鞄也。《字書》：轸鞄，不正也。（《原本玉篇·車部》第 339 頁）師按：《淮南子·説林訓》：“須臾之間，俛人之頸。”注曰：“俛，猶戾也。”① 作“俛”疑誤。今本《玉篇》：“鞄，步毛切，戾也。”

轸：（鞄）《字書》：轸鞄，不正也。（同上）師按：《原本玉篇》轸、鞄不相屬。“轸，之忍反。……《孟子》：轸兄之臂。劉熙：轸，戾也。……《淮南》：激轸之音。許叔重曰：轸，轉也。”

輠*：胡罪、胡凡二反。……《字書》：輠，轉也。（《原本玉篇·車部》第 341 頁）師按：《玉篇》：“輠：胡罪、胡瓦二切，車脂轂。”

軥*：《字書》亦輷字也。（《原本玉篇·車部》第 341 頁）師按：《原本玉篇》軥、軥相次，軥當作輷。《説文·車部》：“轟，轟轟，羣車聲也。”（段注本）段注：“李善曰：《倉頡篇》云：‘軥軥，眾車聲也。’呼萌切。今爲輷字，音田。玄應曰：‘轟今作輷。《字書》作軥，同呼萌切。’按古字作軥，今字作輷，《玉篇》作輷，皆當在眞、臻部也。”

輷：（軥）《字書》亦輷字也。（《原本玉篇》同上）（轟）今作軥。《字書》作輷，② 同呼棚反。《説文》：轟，羣車聲也。（玄應《音義卷第十二·長阿含經第三卷》，C056/0989b、T54/0649c）

---

① 劉文典：《淮南鴻烈集解》，中華書局 1989 年版，第 558 頁。

② 字頭據《原本玉篇》及《説文》“轟”段注作“輷”。

輅*：《字書》云：車借交革。（《唐寫本唐韻》入聲卅一職，《韻書集存》第 727 頁）、（《廣韻》入聲職韻，第 425 頁）、（《五音集韻》卷十五，《四庫全書》238/340）師按：《説文》：“輅，車籍交錯也。”

軹*：《字書》云：車輪之穿爲道，綖子嬰於軹途。（《廣韻》上聲紙韻，第 161 頁）、（《五音集韻》卷七，《四庫全書》238/146）史炤《釋文》曰：《字書》云：車輪之穿爲軹。（《通鑑釋文辯誤》，《四庫全書》312/22）《説文》：車輪小穿，從車只聲。……《字書》云：車輪之穿爲道。（《韻會》卷十一，《四庫全書》238/571）師按：“爲道”似“爲軹”之誤。《説文》：“軹，車輪小穿也。”

輻*：方六反。《字書》：車輻也。《道德經》云：三十輻共一轂而無轂之用。（希麟《續音義卷第六·大寶廣博樓閣善住祕密陀羅尼經卷中》，T54/0960b）

輇*：《字書》同軒。（《玉篇·車部》第 86 頁）師按：《玉篇》軒、輇相屬：“軒，虛言切，大夫車。”“輇，《字書》同上。”

軒：（輇）《字書》同軒。（同上）師按：龍輯作“輇，大夫車也。《卷子本玉篇·車部》”，《原本玉篇·車部》有缺損，未見軒、輇二字。

輾：《字書》曰：輾亦展字也。《説文》曰：展，轉也。（《飲馬長城堀窟行》注，《文選》第 389 頁，日藏《文選》156/368）

軌：（輴）《字書》亦軌字也。（《原本玉篇·車部》第 329 頁）師按：《原本玉篇》：“軌，勑倫反，《説文》：‘車約軌也。’《周禮》‘孤乘夏軌’是也。一曰棺車也。”

輴*：《字書》亦軌字也。（同上）

阜部

陞*：《字書》或爲蹬字，在《足部》。（《原本玉篇·阜部》第 491 頁）郭注《穆天子傳》云：陞，阪也。《韻英》云：陞亦梯也。《字書》：陞，坎也。（慧琳《音義卷第十二·大寶積經卷第三十六》，T54/0381c）《字書》：履也。《説文》：卭也。（慧琳《音義卷第四十五·優婆塞戒經第七卷》，T54/0607a）《字書》亦通作蹬。（慧琳

《音義卷第六十八·阿毘達磨大毘婆沙論第二十九卷》，T54/0752c）
師按：《説文》：“隥，仰也。”“邙”當爲“仰”之誤。

陜＊：胡夾反。……野王案：陜，迫陜不大也。《毛詩序》“魏地
陜隘”是也。《字書》亦陝字也。（《原本玉篇·阜部》第 492 頁）
《字書》爲廣陜之陜，從阜從匧。陜，隘也。（慧琳《音義卷第八十
九·高僧傳第六卷》，T54/0877b）師按：《原本玉篇》陝、陜相屬：
“陝，胡夾反，《尚書》：無自廣以陝人。《説文》：陝，隘也。”《原本
玉篇》“《字書》亦陜字”當作“《字書》亦陝字”。

陝＊：（陜）《字書》亦陜字也。（《原本玉篇·阜部》第 492 頁）
《字書》陝從兩入。（《通鑑漢成帝紀音注》，《資治通鑑》第 270 頁）
陜亦作狹，案《字書》狹義當作陝。（《五經文字》卷中，《四庫全
書》224/274）師按：《説文·阜部》：“陝，隘也。”《爾雅·釋宮釋
文》：“陝，戶夾反，《説文》云：隘也。”

隘：（䭬）於賣反。《説文》：陋也。《字書》今爲隘字也，在
《阜部》。（《原本玉篇·䭬部》第 510 頁）

隕：（殞）《字書》作隕，同於敏反，《聲類》：殞，歿也，殞，
墜也。（玄應《音義卷第三·仁王般若經下卷》，C056/0864a）、（玄
應《音義卷第五十二·長阿含經第三卷》，T54/0649c）隕音蘊，從
《釋文》。據《字書》，隕當作於敏反。（《詩集傳名物鈔》卷六，《四
庫全書》76/160）

隤＊：隊雷反。《考聲》云：毀也。《廣雅》：壞也。《禮記》：太
山其隤乎。《説文》：隊下也。《字書》：邪也，從阜貴聲。（慧琳《音
義卷第八十二·大唐西域記卷第二》，T54/0838c）師按：《説文》：
“隤，下隊也。”

阱＊：（穽）情性反。《字書》正從阜作阱。（慧琳《音義卷第六
十一·苾芻尼律第四卷》，T54/0715b）《字書》正從阜作阱。《説文》
云：阱，陷坑也，從阜井聲。（慧琳《音義卷第九十二·續高僧傳第
七卷》，T54/0888b）攷之《字書》無阱字，有阱字，疾郢翻。（《通
鑑晉安帝紀音注》，《資治通鑑》第 885 頁）師按：《説文·井部》：
“阱，陷也。從阜從井，井亦聲。穽，阱或從穴。汬，古文阱從水。”

《廣韻》上聲靜韻："窈，疾郢切，坑也。"

陻：壹隣反。孔注《尚書》云：陻，塞也。《字書》下作垔，或作堙。（慧琳《音義卷第九十四·續高僧傳第二十八卷》，T54/0899c）師按：參《土部》"垔"。

陵[*]：力昇反。……《説文》以侵犯陵遲之陵爲夌字，在《人部》。《字書》或爲字，在《力部》也。（《原本玉篇·阜部》第485頁）力登反。《字書》云：或陵字也。王逸云：陵，侵侮慢易也。（慧琳《音義卷第三十四·大方廣如來藏經》，T54/0536b）師按：《玉篇·阜部》："陵，力昇切，大阜也，犯也，塚也，栗也，馳也，陵遲也。或作夌、勆。"《力部》："勆，力征切，俗陵字，侵也。"《夂部》："夌，力蒸切，越也，遲也，今作陵。"《原本玉篇》疑當作"《字書》或爲勆字，在《力部》"。

阤：（嵬）牛非、五雷二反。《字書》亦阤字也。阤，石戴土也。野王案：崔嵬，今亦爲嵟字，在《嵬部》。（《原本玉篇·山部》第436頁）

障[*]：（廤）之讓反。《埤蒼》：廤，蔽也。《字書》亦障字也，障，隔也，在《阜部》。（《原本玉篇·广部》第458頁）《切韻》：障，遮也，隔也。《字書》：掩也。（希麟《續音義卷第二·新大方廣佛花嚴經卷第一》，T54/0939a）師按：《説文》："障，隔也。"

陧：（隉）牛結反。……《字書》亦陧字，元，不安也，在《阜部》。（《原本玉篇·危部》第469頁）師按：參《危部》"隉"。

隰：《字書》亦隰字也。（《原本玉篇·阜部》第493頁）

隰：（隰）《字書》亦隰字也。（同上）

陡：《字書》古文堤字也。（《原本玉篇·阜部》第496頁）

阹：斯於反。……《説文》：依山谷爲馬牛圂。《字書》或笶字，在《竹部》也。（《原本玉篇·阜部》第504頁）師按："馬牛圂"，今《説文》、《玉篇》作"馬牛圈"。

隆：力弓反。《爾雅》：山宛中隆。郭璞曰：中央高也。……《字書》今隆字也。隆，豐大也，在《土部》。（《原本玉篇·阜部》第505頁）

陂：（陂陀）徒何反。……《子虛賦》：罷池陂陀，下屬江河。野王案：陂猶靡迤也。《廣雅》：陂陀，阻險也。《字書》：陂陀，不乎也。（《原本玉篇・阜部》第505頁）師按："不乎"當爲"不平"之誤。《玉篇》："陀，大何切，陂陀，險阻也。俗作陁。"

陀：《字書》：陂陀，不乎也。（同上）

䯀：都館反。《埤蒼》：晉大夫子䯀也。《字書》或破字也，破石可以爲鍛質者，在《石部》。（《原本玉篇・阜部》第506頁）師按：䯀，《原本玉篇》作"䯀"，今據反切及釋義作䯀。

阾：里井反。《字書》：阾，阪反。[1] 今或爲嶺字，在《山部》。（《原本玉篇・阜部》第506頁）（嶺）力井反。……《字書》爲阾字，在《阜部》。（《原本玉篇・山部》第441頁）

阡：且因反。《史記》：秦孝公壞井田，開阡陌。《風俗通》：南北曰阡。《字書》：阡，陌也。（《原本玉篇・阜部》第506頁）師按：顧輯作"阡，阡陌也"。

陠：餘鐘反。《字書》或墉字也。墉，城也，虛，在《土部》。（《原本玉篇・阜部》第506頁）師按："虛"下疑奪"也"。顧輯作"陠，或墉字也，墉，城虛也"。

𨺋：胡逼反。《字書》古文域字也，城，封界也，營域也，在《土部》，或爲畩字，在《田部》。（《原本玉篇・阜部》第506頁）師按：據語境，"城"當作"域"。

陼：大加反。《字書》：陼，丘也。（同上）師按："丘"疑爲"丘"字缺筆，《玉篇》同訓而不舉《字書》。

隚：徒郎反。《字書》或堂，殿也，明也，盛也，在《土部》。（《原本玉篇・阜部》第507頁）

阼：辭旅反。《字書》文序字也。序，東西廂學名，在《十部》也。（《原本玉篇・阜部》第507頁）師按："文"上疑奪"古"字，"十部"當作"广部"。《原本玉篇・广部》："序，徐舉反，《尚書》：'西序東向，東序西向。'孔安國曰：'東西廂謂之序。'……《廣

雅》：‘反坫謂之序。’右文爲防字，《阜部》也。”“右文”應爲“古文”之誤，“防”爲“阡”之誤。《説文·广部》：“序，東西墙也。”

陕：普逼反。《蒼頡篇》：鞏地裂也。《字書》亦字也，在部也。（《原本玉篇·阜部》第507頁）師按：此有奪誤，《玉篇》：“陕，普逼切，地裂也。”“隔，同上。”既言“在某部”，則“陕”的異體當另居一部，不當如今本《玉篇》從阜作“隔”。《字書》“陕”之或體待考。

隴*：虚奇反。《字書》：隴，危險，在《山部》。或爲巇字，在《土部》。（《原本玉篇·阜部》第509頁）師按：《原本玉篇》有誤，言“在山部”，則字當作“巇”，“危險”下疑奪“或爲巇字”一語。《玉篇》“隴，險也”，《山部》：“巇，許奇切，嶮巇，巓危也。”

隁：於建反。……《廣雅》：隁，借。《字書》：隁，坑也。（《原本玉篇·阜部》第509頁）師按：《廣雅·釋宫》：“柤、湆、隁也。”王念孫曰：“隁之言偃也，所以障水，或用以取魚。……柤之言阻遏也。《説文》：柤，木閑也。木閑謂之柤，水偃謂之柤，義相近也。湆，《玉篇》音七故切，《廣韻》又側伯、山責二切。湆之言迫迮也。《説文》：湆，所以雖水也。柤、湆聲亦相近。”[1]《原本玉篇》引《廣雅》“借”當爲“湆”之誤。

阬：《字書》曰：阬，閬也，口盍反。（蕭該《漢書揚雄傳音義》，《兩漢書匯編》第454頁）師按：《説文》：“阬，門也。”

隍*：胡刀反。又作濠。《説文》云：城池也。《字書》云：隍濠也。（希麟《續音義卷第八·根本説一切有部毗奈耶藥事卷第十二》，T54/0969c）

阸：鸚革反。《考聲》云：限礙也，隘也，從阜，厄字從戶從乙。《字書》：把頭也。（慧琳《音義卷第十五·大寶積經第一百一十三卷》，T54/0400b）師按：《説文》：“阸，塞也。”《字書》“把頭”疑有誤，待考。

𦣞部

𨿳：於賣反。《説文》：陋也。《字書》今爲隘字也，在《阜部》。

---

① 王念孫：《廣雅疏証》，江蘇古籍出版社2000年版，第215頁。

（《原本玉篇・餡部》，第 510 頁）師按：《説文》：“齸，陋也。……
隘，篆文齸，從阜益。”（段注本）

内部

离：恥知反。《字書》正作离。杜注《左傳》云：离，山神，獸
形也。《説文》：离，亦猛獸也，從禽頭從内中聲。（慧琳《音義卷第
九十三・續高僧傳第十六卷》，T54/0895a）師按：《説文》：“离，山
神也，獸形。從禽頭，從内從中。歐陽喬説，离，猛獸也。”（段
注本）

辛部

辭：（詞）蕭該《音義》曰：詞，《字書》曰：古辭字。（蕭該
《漢書敘傳音義》，《兩漢書匯編》第 467 頁）

辡部

辯*：皮免反。《廣雅》：辯，慧也。《字書》：捷也。《説文》：治
也，從言辡聲也。（慧琳《音義卷第二・大般若波羅蜜多經第五十二
卷》，T54/0317c）《切韻》：引也，理也。《字書》：辯，惠也。（希
麟《續音義卷第四・守護國界主陀羅尼經卷第七》，T54/0950b）師
按：《説文》：“辯，治也。從言在辡之間。”

子部

孺*：儒戌反。《字書》云：孺猶屬也。《説文》云：孺子即稚子
也，從子需聲。（慧琳《音義卷第九十二・續高僧傳第六卷》，T54/
0887b）

孳*：子思反。《字書》云：孳，息也。《説文》：汲汲也，從子
茲聲也。（慧琳《音義卷第三十九・不空羂索經第七卷》，T54/
0562b）師按：《説文》：“孳，汲汲生也。”段注本作“孳，孳孳，汲
汲生也。”段注據玄應改，與《音義》異。

孥：《説文》云：帑，金幣所蔵。《字書》帑從子。（《左傳・文
公六年疏》，《十三經注疏》第 1845 頁）師按：《説文・子部》無
“孥”。

酉部

醍*：（飥）《字書》：醍，酒也。（玄應《音義卷第十四・四分律

第四十卷》，C056/1033a）、（慧琳《音義卷第五十九·四分律第四十卷》，T54/0703c）師按：《説文·酉部》"新附"："醍，清酒也。"

酌*：（斟酌）章若反。《字書》云：以意意度量也。（慧琳《音義卷第六十·根本説一切有部毘奈耶律第十三卷》，T54/0709b）師按：疑衍一"意"字。

酖*：都含反。《説文》：酖，樂也。《字書》：嗜也。或作媅、妉、耽，三體並同。（玄應《音義卷第十六·無量壽經上卷》，T54/0405c）師按：《説文》："酖，樂酒也。"

釃：（釃酒）《字書》作釃，同所宜、所解二反。《説文》：下酒也，一曰醇也。（玄應《音義卷第十六·戒消災經》，C057/0011a）師按："《字書》作釃"，《中華藏》本作"《字書》作麗"。《説文》："釃，下酒也，一曰醇也。"慧琳《音義卷第六十四·戒消災經》（T54/0732c）"釃酒"："上師淬反，《韻英》云：以筐漉酒曰釃。《考聲》云：漉酒具也。《説文》：下酒也，從酉麗省聲也。或從罒作麗，又音所解反。"許啓峰所輯，字頭亦作"釃"，引玄應《音義》、《廣韻·魚韻》作"麗"，從网麗。①

酋部

尊：《字書》作尊，即昆反。（《箋注本切韻》（斯二〇七一）廿二魂，《韻書集存》第80頁、第115頁）師按："作"下一字模糊不清，參第115頁作"尊"。《説文》："尊，酒器也。從酉廾以奉之。……尊，尊或從寸。""尊"在《箋注本切韻》平聲廿二魂，《廣韻》"魂"屬平聲二十三，韻次不同："尊，尊卑，又重也，……本又作尊。"當有一字作"尊"。《集韻》平聲廿三魂"尊、尊"同字。

---

① 許啓峰：《〈字書〉研究》，碩士學位論文，上海師範大學，2008年。

三　不同文獻中的《字書》

　　《字書》輯佚所據文獻大致可分爲三類：傳統小學專著、佛經音義和古籍隨文注釋。這些文獻，内容體例各異，成書時代跨度大。我們在整理《字書》佚文時注意到一種較爲普遍的現象，就是同一佚文見於兩種或多種文獻，其訓釋内容既有相同，也有不同。内容相同不難理解，内容不同，情況較爲復雜：（1）可能由引用《字書》的文獻所致，因爲不同性質的文獻引用内容有選擇，引用方式有不同。（2）可能由《字書》一字（詞）多義所致，同時也與引用《字書》的文獻有關。（3）也可能不同文獻中冠以“字書”的内容屬於不同的《字書》，因爲史志著録的《字書》本來就不止一種。説明其不同的情況及原因，是我們探討《字書》内容、體例、傳播情況等重要問題的基礎。爲此，我們以個案研究的方式，對不同文獻引用《字書》的情況進行專門考察。這樣做，較之不作具體分析、將所有文獻所引《字書》内容等同視之的做法，更有助於《字書》研究。

　　我們的具體做法是：以若干種引用《字書》較多、具有代表性的重要文獻爲對象，從引用方式、内容、使用術語等方面着眼，考察其所稱“字書”是否爲特指，哪些内容當屬《字書》，所見《字書》的體例如何等，以此幫助我們對《字書》相關問題的認識和判斷。

（一）《原本玉篇》中的《字書》

　　顧野王所撰《玉篇》成書於梁武帝大同九年（543），是繼《説文》、《字林》之後的又一部重要字書，其收字以楷書爲對象，仿

《説文》體例編排。顧書問世後，至少歷經三次增删，今天所見《玉篇》爲宋初的修訂本。① 修訂後的《玉篇》已遠非顧書原貌，所以，盡管《玉篇》中還有未被删除的《字書》佚文，但更多、更能反映顧野王時代《字書》原貌的珍貴資料則見於《原本玉篇》，②《原本玉篇》是我們所見大量引用《字書》的最早文獻。因此，《原本玉篇》用引《字書》的情況理應給予充分注意。

1.《字書》爲特指的依據

從一種文獻輯録《字書》佚文的前題是其所稱"字書"爲特指。我們主要根據語境確定其所稱"字書"是否爲特指：如果該文獻中"字書"和其他字書或韻書並舉，那麼，其所稱"字書"爲特指；如果不是並舉，但該文獻引用其他字書或韻書時都具體稱書名，那麼，其所稱"字書"一般也視爲特指。《原本玉篇》在同一字頭說解中既引"字書"又引其他字書或韻書。如：

（1）《字書》、《説文》並舉：

鱯：胡跨反，《説文》：魚也。《字書》：似鮎。（第120頁）③

（2）《字書》、《爾雅》並舉：

縶：補戟反，《爾雅》：縶謂之罿，罿謂之罬。……《字書》或爲罼字，在《网部》。（第166頁）

（3）《字書》、《方言》並舉：

謰：旅剪反。《方言》：謰謱，拏也，南楚曰謰謱。郭璞曰：言諸拏也。《字書》或爲嗹字，在《口部》也。（第12頁）

（4）《字書》、《埤蒼》、《廣雅》並舉：

譮：公核反，《廣雅》：譮，慧也。《埤蒼》：譮，黠也。《字書》亦愒字，愒，智也，在《心部》。（第40頁）

（5）《字書》、《蒼頡篇》、《聲類》並舉：

---

①　趙振鐸：《中國語言學史》，河北教育出版社2000年版，第199頁。

②　胡吉宣：《玉篇校釋·出版說明》："本世紀初，楊守敬等人在日本寺院、學府，發現唐寫本《玉篇》殘卷，這應該是由留學唐朝的日本僧人傳去的。羅振玉從書法判斷它出於唐人之手。"胡吉宣《玉篇校釋》，上海古籍出版社1989年。

③　本节括弧中的頁碼爲《原本玉篇》頁碼，下同。

緟：除恭反，《説文》：增益也。《蒼頡篇》：緟，疊也。《聲類》：緟。復也。《字書》或爲裡字，在《衣部》。（第 154 頁）

《原本玉篇》中"字書"和其他小學類文獻並舉，其他小學類文獻都具體稱書名，所以"字書"也應爲具體書名。我們據此確定《原本玉篇》所稱《字書》爲特指。①

2．"互見法"與異體字

《玉篇》以楷書爲收字對象，并且收釋了包括古文、籀文、篆文、今字、俗字在内的大量異體字。何瑞統計："殘卷中有古文 54 字，籀文 7 字，篆文 5 字，今作 58 字，俗作 2 字，本作 2 字。"② 古文、籀文諸體統稱異體或異體字。

《原本玉篇》處理異體的方式與《説文》不同。《説文》以篆文爲説解對象，重文置於説解中，而《原本玉篇》收字以楷書爲對象，異體以"字頭"出現：同部首的異體，在同一部内上下相屬；不同部首的異體，往往歸入不同的部，並用"某，或爲某字，在某部"、"某，亦爲某字，在某部"等方式交待其部居，這種列字方式或稱"異部互見"，③ 或稱"互見的辦法"，④ 我們稱之爲"互見法"。"互見法"幫助我們瞭解異體的分佈，獲得該異體字組的完整信息，并且關係到《字書》佚文字頭的輯録、統計。如：

譓：胡桂反，《字書》或慧字也，慧，才智也，儇也，察也，在《心部》也。（第 40 頁）

我們根據"《字書》或某某"，判定《字書》譓、慧二字互爲異體，分别在《言部》和《心部》。

譓：《字書》亦譓字也。司馬相如《封禪書》：義征不譓。《漢書

---

①　筆者曾認爲《原本玉篇》中的《字書》即吕忱《字林》，二者實同名異。徐前師《唐寫本〈玉篇〉中的〈字書〉》，《湖南科技大學學報》2007 年第 4 期。現在，對這一觀點有所修改：在無直接證據説明其中的"字書"爲《字林》的情況下，我們視之爲特指的《字書》。

②　何瑞：《原本〈玉篇〉異體關係初探》，《安陽師範學院學報》2005 年第 6 期。

③　同上。

④　趙振鐸：《中國語言學史》，河北教育出版社 2000 年版，第 202 頁。

音義》曰：讇，從也。（第 40 頁）

又據 "《字書》亦某某"，判定《字書》譓、讇二字互爲異體。綜合前一條，我們輯《字書》慧、譓、讇三字。

《原本玉篇》殘缺不全，很多字的異體所在卷次已亡佚，我們藉助 "互見法" 確定一些字屬於《字書》。例如：

訝：魚嫁反，《周禮·掌訝》：掌邦國之積，以待賓客。鄭玄曰：訝，迎也。……《聲類》亦爲迓字，在《辵部》，《字書》或爲捂①字，在《手部》。（第 8 頁）

《原本玉篇·手部》缺失，我們據 "《字書》或爲捂字" 而輯 "訝"、"捂"。

《原本玉篇》説明異體的術語，有以下幾類：

（1）或、或作、或爲

《原本玉篇》用 "《字書》或某字"、"《字書》或作某字"、"《字書》或爲某字" 等方式説明異體字，共 160 次。如：

鰤：《字書》或鰖字也。（第 120 頁）

鰖、鰤互爲異體，同居《魚部》，上下相屬。又如：

諂：充向反，《字書》或唱字也，唱，道也，發歌句也，先也，在《口部》。（第 38 頁）

諂：充尚反，《字書》古文唱，先道也，發歌勾（句）也。

諂、唱、諂互爲異體，分居《言部》、《口部》和《龠部》。

（2）亦

《原本玉篇》用 "亦"、"亦作" 説明異體 104 次，② 涉及《字書》的要少一些。如：

磽：《字書》亦確字也。（第 480 頁）

酀：鄙瑨反，《字書》亦邸字也。……在《邑部》也。（第 435 頁）

---

① "捂" 本作 "悟"，據下文 "在《手部》" 改作 "捂"。黎本作 "捂"。
② 《原本玉篇》的表述比較靈活，如："悍，公翻反，《字書》亦諢字，……在《言部》。" "諢，柯橙反，……《字書》或悍字，在《心部》。" 説明 "亦"、"或" 的作用相同。

（3）古文

《原本玉篇》用"《字書》古文某"、"《字書》古文爲某"共 54 次。如：

歖：虛紀反，《字書》古文喜字也。喜，樂也，在《喜部》。（第 76 頁）

厏：平婢反，……《國語》：將厏季氏元政。賈逵曰：厏猶理也。《字書》古文訨字，在《言部》也。[1]（第 458 頁）

《原本玉篇》所謂《字書》古文某，有的與《説文》古文相同，如"歖"爲《説文》"喜"之古文，説明《原本玉篇》所存異體有的採自《字書》，而《字書》繼承了《説文》的内容。

（4）籀文

《原本玉篇》用籀文 28 次，其中 6 次與《字書》有關。如：

㳄：《字書》籀文次字也。（第 103 頁）

（5）今

《原本玉篇》用"《字書》今某字"、"《字書》今爲某字"説明異體 4 例。如：

曹：《字書》今囐字也。（第 48 頁）

（6）某、爲某

"某，《字書》某字"，此類表述不多，可能是"《字書》或爲某字"、"《字書》亦爲某字"等形式之省略或奪誤：

讓：《聲類》亦謇字也，《字書》爲切字，在《力部》。（第 36 頁）

有時，"《字書》某字"、"《字書》爲某字"是指某字爲某義，這種情況下，除非有旁證，被釋字和"《字書》某字"之"某"不作異體處理。如：

護：胡故反，……野王案：護，救視也。《蒼頡篇》：護，辨也。《廣雅》：護，助也。樂名大護，《字書》爲頀字，在《音部》。（第

---

[1] "古文訨"當作"古文訨"，形近而誤。《言部》："訨，匹爾反，《廣雅》：訨，具也。《字書》古文爲厏字，在《广部》。"（第 44 頁）

5 頁）

　　表示"樂名"義，《字書》用"護"不用"護"，故輯"護"，不輯"護"。①

　　根據上述術語，我們把《原本玉篇》被釋字和《字書》後面的"某"視爲《字書》佚文之異體，一並輯入。

　　《原本玉篇》的"《字書》或某"、"《字書》或爲某"等表述後面的異體往往不止一個，還有第二、第三個"或某"、"或爲某"。如：

　　訃：匹付反，……《字書》亦赴字，在《走部》。或爲卧字，在《足部》，或爲辻，在《辵部》。（第 40 頁）

　　根據相關術語，本條應輯訃、赴二字。據語境，卧、辻二字也是訃、赴的異體。但是不是《字書》的異體呢？對此，我們按照"緊鄰原則"處理，即：如果沒有旁證材料證明第二、第三個異體屬《字書》，就只輯緊接《字書》後的那個異體。因爲，第二、第三個異體字可能屬《字書》，也可能是野王據其他文獻增加的内容。所以，如果僅有"訃"這條材料，我們只輯訃、赴。慧琳《續高僧傳音義》（T54/0889c）"訃焉"條："上孚務反。鄭注《禮記》云：訃，至也。《古今正字》從言卜聲。《字書》亦從走作赴，又從足作卧，或從辵作辻，音義並同也。"從慧琳《音義》"又從"句判斷，説明卧、辻也屬《字書》。綜合《原本玉篇》和慧琳《音義》，輯訃、赴、卧、辻四字。輯錄其他文獻中的《字書》，我們也按照這樣的方式處理。

　　3. 雙音詞

　　《原本玉篇》引《字書》所釋對象有一些雙音詞，雙音詞的兩個字視爲《字書》佚文，析爲兩個"字頭"，按兩個佚文統計。如：

　　碼：草碬反，《字書》：碼磳，石之次者也。② （第 482 頁）

　　磳：奴道反，《字書》：碼磳也。

---

　　① 《原本玉篇·音部》："護，胡胡反，《周禮》：乃奏夷則，歌水吕，舞大護，以奏先妣。《白虎通》：湯樂曰大護也。言永襄能護民之急也。" "以奏先妣"，今《周禮》作"以享先妣"。

　　② "草"疑爲"莫"之誤，"次"下當奪"玉"，今本《玉篇》有"玉"。

　　《原本玉篇》碼、磃相屬，"碼"字説解引《字書》列舉"碼磃"並釋義，"磃"下僅舉"碼磃"，這與《説文》體例相同，[①] 説解方式上，《字書》也繼承了《説文》。又如：

　　崆：口公、口江二反，《字書》："崆峒，山皃也。"[②]（第 435 頁）

　　同理，崆、峒輯爲兩個字頭。

　　4. 《字書》的訓釋内容

　　按照上述原則和方式，我們對《原本玉篇》引用《字書》的情況進行了統計，考慮重複、異體、雙音詞等因素，《原本玉篇》361 個字的説解引用了《字書》，《字書》佚文 562 個。[③]

　　《原本玉篇》引《字書》主要是説明字形和解釋字義。説明形體主要是指出異體，共 144 條；解釋字義，包括僅舉詞項而未釋義的在内，共 130 條；既解釋字形又解釋字義的共 92 條，被釋成分爲雙音詞的 22 個，未見釋音内容。《原本玉篇》用"互見法"指出某字在某部，或《字書》某字在某部，説明《原本玉篇》所引《字書》當屬《説文》一類的形係字書。

　　5. 《字書》的義項

　　《原本玉篇》在每字説解中列出的義項往往不止一個，這是被釋字詞的多義性以及《玉篇》本義、引申義或假借義並重體例的反映。胡奇光先生説："《玉篇》把字的常用義及引申義擺在首位。"[④] 趙振

---

　　① 《説文·玉部》："瑾，瑾瑜，美玉也。""瑜、瑾瑜也。"段注："凡合二字成文，如瑾瑜、玫瑰之類，其義既舉於上字，則下字例不復舉。"

　　② 《説文·山部》有"峒"無"崆"："峒，封峒之山，在吴越之間，汪芒之國。"《原本玉篇·山部》崆、峒不相屬。

　　③ 各家統計標準不一，彼此出入較大。胡吉宣説，《原本玉篇》引用頻率較高的字書有《蒼頡篇》、《説文》、《廣雅》、《字書》、《聲類》、《埤倉》、《聲考》等多種，而引用次數最多的是《字書》，共 376 條。胡吉宣：《唐寫本玉篇之研究》，載《文獻》，1982 年第十一輯，第 182 頁。王燕説："從《殘卷》（即《原本玉篇殘卷》）……引到《字書》共 537 處。"王燕：《〈字書〉研究》，碩士學位論文，河南大學，2008 年。何瑞説："（《原本玉篇》收字來源）多是引自當時典籍或相關字書。《字書》最多達 170 例，《説文》94 例，《聲類》59 例。"何瑞：《原本〈玉篇〉異體關係初探》，《安陽師範學院學報》2005 年第 6 期。

　　④ 胡奇光：《中國小學史》，上海人民出版社 1987 年版，第 128 頁。

鐸先生也指出："《玉篇》作爲一部字典，在註音、釋義和舉例方面有了較大的進步。它不僅解釋詞的本義，也解釋詞的引申義。"① 引申義、假借義和本義並重，是《玉篇》區別於《説文》的重要體例特點。所以，《原本玉篇》在某字頭説解或所引《字書》後面列出的義項往往不止一個。因此，《字書》後面諸義項是否均屬《字書》，就需要具體分析。如：

悜：公嗣反。《字書》亦譁字，譁，更也，變也，飾也，謹也，戒也。在《言部》。(第 1 頁)

《字書》悜、譁爲異體，其後有更也，變也，飾也，謹也，戒也 5 個義項。這些義項是否均屬《字書》，不易判斷，有時需要藉助於異體下的説明或旁證材料：

譁：柯核反。《毛詩》：不長夏以譁。傳曰：譁，更也。野王案：譁猶改變也。……《説文》：一曰飾也。《蒼頡篇》；一曰衭也。《聲類》：謹也。《字書》衭爲譁字，在《心部》。今爲革字，在《革部》。② (第 30 頁)

《原本玉篇》悜、譁互爲異體，説解有詳略。相比"悜"，"譁"的説解不僅悉數列出義項，還詳細地給出各義項的文獻用例，通過互見才能全面瞭解"譁(悜)"字的義項分佈和書證情況。如果僅據"悜"字説解，《字書》"悜"有 5 個義項；如果"悜"、"譁"説解互見，得出的結論可能不同：(1)《字書》悜、譁異體，有"更也、變也"等多個義項，這些義項原本各有來源，《字書》加以吸收。(2)《字書》悜、譁異體，有"更也、變也"等義項中的一個或兩個，其餘是否屬《字書》不易判斷。由於《原本玉篇》大半缺失，今本《玉篇》又屢經增刪，所以，就相當一部分條目而言，《字書》後面的各個義項是否均屬《字書》，往往缺少必要的證明材料。又如：

訧：居宥反，《字書》或救字也，救，止也，禁也，助也，在《支部》。(第 41 頁)

---

① 趙振鐸：《中國語言學史》，河北教育出版社 2000 年版，第 204 頁。

② 衭，據語境和《原本玉篇·心部》"悜"，"一曰衭也"當作"一曰戒也"，"《字書》衭爲悜字"當作"《字書》或爲悜字"。

　　《字書》救、詶互爲異體，其後有"止也，禁也，助也"三個義項。《原本玉篇·攴部》缺失，顧氏原書"救"字説解是否引《字書》，不得而知，也就難以驗證"詶（救）"後諸義項是否屬《字書》。今本《玉篇·攴部》："救，居又切，助也。"①《言部》："詶：居宥切，《文字音義》云：止也，禁也，助也。"今本《玉篇》未標明詶、救爲異體，彼此義項互有出入，"詶"字義項雖與《原本玉篇》相同，但文獻由《字書》變成了《文字音義》。這些異動，增加了判斷義項歸屬的難度。

　　所以，《原本玉篇》列在《字書》後的多個義項是否均屬《字書》，值得特別注意，因爲它關係原本《玉篇》的體例問題，也關係《字書》的内容和體例問題。如何判斷多個義項的歸屬，完整地瞭解《字書》的義項和書證，需藉助其"互見法"和旁證材料。輯佚時如果不能確定哪些内容屬《字書》，我們就把《字書》所處語境文字引述得完整一些，以便讀者判斷。

　　6.《字書》的"一曰"

　　《説文》釋字之本義，若有別義、別説則用"一曰"標示。《原本玉篇》引《字書》亦用"一曰"：

　　𢿱：女耕反。《説文》：𢿱，亂也。《字書》：一曰室也。②（第61頁）

　　奇：……《説文》：奇，異也，謂傀異也。……《字書》一曰不耦也。（第50頁）

　　謱：洛口反，《廣雅》：謱謰，嚂呼也。《字書》：謰謱，不解也，一曰重也。③（第13頁）

　　用"一曰"的體例與《説文》相同，但也引出對《説文》部分"一曰"的質疑：

　　《説文·叩部》："𢿱，亂也。……一曰室𢿱。"《可部》："奇，異也。一曰不耦。"

---

① 《説文·攴部》："救，止也。"
② 室，黎本作窒。《説文·叩部》："𢿱，亂也。……一曰室𢿱。"
③ 《玉篇·言部》："謱，洛由切，謂謱，嚂呼也。"

可以看出，今本《説文》𢬳、奇的義訓與《原本玉篇》所引《説文》有出入：今本《説文》"一曰"義，《原本玉篇》裏屬《字書》。試想，如果《説文》原本既有本訓，又有"一曰"，野王爲何將其分屬《説文》和《字書》？一種可能就是，今本《説文》中的"一曰"爲後人所增。王筠對《説文》"一曰"的看法是"此二字爲許君本文者蓋寡"。①《原本玉篇》所存資料説明，《字書》可能承襲《説文》訓釋又增加義項，故有本訓和"一曰"。②

7.《字書》對《玉篇》的影響

《原本玉篇》存被釋字頭2062個，③約爲原書八分之一。④綜合黎、羅二本，去其重複，《原本玉篇》在361個字的説解中引用了《字書》，⑤約占其被釋字頭的17.5%，由此可知《字書》對顧書的影響。

我們對《原本玉篇》的《食部》、《石部》、《山部》等保存完整的7部引用《字書》的情況進行了測查：

（1）《食部》共144字，引《字書》30次，《字書》佚文字頭47個，占《食部》被釋字頭32.6%。

（2）《石部》共160字，引《字書》29次，《字書》佚文字頭42個，占《石部》被釋字頭29.1%。

（3）《山部》共142字，引《字書》16次，《字書》佚文字頭29個，占《山部》被釋字頭20%。

（4）《阜部》共143字，引《字書》20次，《字書》佚文字頭33個，占《阜部》被釋字頭23%。

（5）《糸部》共392字，引《字書》60次，《字書》佚文字頭

---

① 王筠：《説文釋例》，武漢市古籍書店，1983年版，第439頁。

② 至於《原本玉篇》如"護"字説解中的《字書》"、"一曰"等內容，均已不見於今本《玉篇》，那是《玉篇》增修所致。

③ 各家統計有出入，從2087字到2192字不等，徐前師：《唐寫本玉篇校段注本説文》，上海古籍出版社2008年版，第20—22頁。

④ 濮之珍：《中國語言學史》，上海古籍出版社1987年版，第178頁。

⑤ 一般而言，《原本玉篇》某字頭説解中《字書》只出現1次，個別出現兩次，如"詎"字説解。

100 個（兩個異體已奪），占《糸部》被釋字頭 25.5%。

（6）《广部》共 96 字，引《字書》16 次，《字書》佚文字頭 27 個，占《广部》被釋字頭 28.1%。

（7）《厂部》共 96 字，引《字書》10 次，《字書》佚文字頭 18 個，占《厂部》被釋字頭 18.7%。

這 7 部中《字書》佚文字頭共 296 個，約占 7 部被釋字總數的 25.1%，説明《玉篇》原本引用《字書》比率相當高。若按此比率推算，顧氏原書引用《字書》當在 2700 條左右。而且，在有《字書》出現的 361 條説解中，《字書》作唯一書証的有 174 條。例如，《音部》："鷓：才而反，《字書》：斷聲也。"（今本《玉篇》："鷓，才币切，斷聲。"）"罃：乙焱反，《字書》：聲也。"（今本《玉篇》："罃，乙塋切，聲也。"）《水部》："瀡：思累反，《字書》：瀡，滑也。"（今本《玉篇》："瀡，思累切，滑瀡也。"）這些事實至少説明兩點：（1）《字書》是《玉篇》收字釋義的重要來源，對《玉篇》的編纂發揮了重要作用。（2）《玉篇》屢經增删，《字書》信息大量缺失，[1]《字書》對《玉篇》的影響表現爲有其實而無其名。如果説《玉篇》對後來字書有着廣泛影響，[2] 那麽，《字書》對後來字書的影響就具有隱形性。胡吉宣："《玉篇》是最早傳入日本的中國字書，日本學人甚至把中日字書統稱爲'玉篇'，還曾編有《和玉篇》、《小玉

---

[1] 今本《玉篇》成書於宋真宗大中祥符六年（1013），陳彭年、丘雍等奉勅重修。今本《玉篇》引《字書》共 29 條：釋形 13 條，主要説明異體，釋義 16 條，未見註音材料，其中雙音詞 8 個。以此 29 條佚文與《原本玉篇》所引《字書》比勘，竟無一例相同。29 例中，5 例見於《四聲篇海》，2 例見於《廣韻》，1 例見於希麟《音義》。較爲普遍的情況是：原本《玉篇》所引《字書》的字頭、義訓猶存而文獻信息被刪除。就是説，原本《玉篇》中數百乃至上千條（上文推測）"字書"，今本《玉篇》近乎"盪然無存"！這説明：（1）原本《玉篇》內容已被大量刪削。（2）今本《玉篇》大量存在本屬《字書》而略去"字書"信息的內容。（3）宋初《玉篇》修訂者可能見過《字書》，所以能增加一些《字書》內容，但所據《字書》與野王所見是否屬於同一文獻則有待考證。

[2] 劉葉秋説："顧野王的《玉篇》可以説是《説文解字》的增訂本，也是我國第一部用楷書字編的字典，它對後代的字書，有較大的影響。如宋人的《集韻》、《類篇》，明人的《字彙》、《正字通》以及清人的《康熙字典》，都是繼承《玉篇》的傳統而編撰的。"劉葉秋：《中國字典史略》，中華書局 1992 年版，第 75 頁。

篇》等。日本早期的一些字書如《篆隸萬象名義》等，内容大多承襲原本《玉篇》。"① 由此想見，《字書》在中外辭書史上的影響之深遠和廣泛。

（二）蕭該《漢書音義》中的《字書》

《漢書音義》不止一種，顏師古《漢書敍例》舉唐以前《漢書》"諸家注釋" 有二十三家。據《舊唐書·經籍志》，《漢書》"音義" 類著作有服虔《漢書音訓》一卷、應劭《漢書集解音義》二十四卷、孟康《漢書音義》九卷 、韋昭《漢書音義》七卷、孔文詳《孔氏漢書音義抄》二卷、劉嗣等《漢書音義》二十六卷、夏侯泳《漢書音》二卷、包愷《漢書音》十二卷、蕭該《漢書音》十二卷。音義又稱音，音指註音，義指釋義。蕭該《漢書音》，一般稱蕭該《漢書音義》、《蕭該音義》。②

《切韻序》云："昔開皇初，有儀同劉臻等八人同詣法言門宿。……因論南北是非，古今通塞，欲更捃選精切，削除疏緩，蕭顏多所決定。……遂取諸家音韻，古今字書，以前所記者定之，爲《切韻》五卷。……大隋仁壽元年。" 蕭該是隋朝人，又是《切韻》"多所決定" 者之一，其《漢書音義》是較早引用《字書》的文獻，其引《字書》資料值得特別重視。

1. 《字書》爲特指的依據

陳直説，隋蕭該《漢書音義》十二卷，唐代猶存，宋祁所引蕭該《音義》爲 "真本"。③ 説明蕭該《音義》引《字書》可靠。李步嘉所輯韋昭《漢書音義》的不少資料來自宋祁，他説："從王氏《補注》本輯出韋昭《漢書音義》一百多條，其中宋祁所引韋注分爲兩類，一類是宋祁從蕭該《漢書音義》中引出，一類是宋祁以 '宋祁

---

① 胡吉宣：《玉篇校釋·出版説明》，上海古籍出版社 1989 年。

② 李步嘉：《韋昭〈漢書音義〉輯佚》，武漢大學出版社 1990 年版，第 7 頁。

③ 陳直：《漢書新證·自序》，中華書局 2008 年。

案’、‘宋祁曰’的形式標出，蕭該《漢書音義》在北宋尚存。”①

　　李步嘉從蕭該《音義》輯出多條韋昭《漢書音義》。如《韋昭〈漢書音義〉輯佚》第 539 條引《補注》曰："官本考證引《蕭該音義》云：賕，韋昭曰：‘行貨財以有求於人曰賕。’"第 540 條引《補注》曰："官本考證引《蕭該音義》曰：案：晉灼曰：‘疻音侈，侈，裂也。’韋昭曰：‘疻謂毀傷也。痏音胥地反。’"第 541 條引《補注》曰："官本考證引《蕭該音義》云：案：韋昭曰：‘袑音黍矯反’。"蕭該《音義》中的韋昭《漢書音義》爲特指，其中的《字書》亦當爲特指。

　　蕭該《音義》所引其他文獻稱書名。如：

　　《揚雄傳音義》（《匯編》第 460 頁）："譔：蕭該《音義》曰：《字林》：譔，專教也。音論。惟《禮記》音撰。《字書》並音詮。"

　　《揚雄傳音義》（《匯編》第 454 頁）："掜：宋祁曰：掜，《字書》竹已反，韋昭知己反。嶟嶟，《字林》曰：山貌。"

　　蕭該《音義》引用文獻都具體稱書名，同理，所稱"字書"也應爲書名，據此，"字書"爲特指。

　　蕭該《音義》中有《字書》、《字林》並舉之例："蕭該《音義》曰：蹽，案。《字書》無足旁，虜字猶應是踞字。《字書》：踞，蹲也，已恕反。顥，《字林》曰：顥，白貌也，音昊。"（《敘傳音義》，《兩漢書匯編》第 467 頁）。可惜只見這 1 例，但也説明，蕭該所謂《字書》非《字林》。

　　蕭該是《切韻》"多所決定"者之一，他會不會把《切韻》稱爲"字書"呢？試以蕭該《音義》中的"字書"與《切韻》或《切韻》系韻書的相應內容進行比勘：

　　《王莽傳音義》（《兩漢書匯編》第 464 頁）："宋祁曰：齅，《字書》火又反。"

　　考《箋注本切韻》四十六宥（伯三六九四）："齅，以鼻取氣。許救反。"《王仁昫刊謬補缺切韻》（伯二○一一）四十六宥亦同。

　　① 李步嘉：《韋昭〈漢書音義〉輯佚》，武漢大學出版社 1990 年版，第 7 頁。

（《韻書集存》第211、418頁）《廣韻》四十九宥"齅"亦許救切。可見，蕭該《音義》中的《字書》"齅"字反切與《切韻》系韻書不同。《切韻》系韻書的反切用字雖然對陸法言《切韻》有所改變，但改變的"主要是聲母中的脣音、舌音和匣母用字"（《韻書集存·總述》第16頁）。蕭該《音義》"齅"字切語的聲、韻用字與《切韻》系韻書之"齅"字切語都不同，從一個側面證明了蕭該所引《字書》並非《切韻》。又如：

《揚雄傳音義》（《兩漢書匯編》第454頁）："蕭該《音義》曰：崺，案《字書》勑果反。"考《廣韻》上聲果韻："崺，他果切，山長皃。"《廣韻》上聲三十四果"果"相當於《箋注本切韻》（斯二〇七一）三十一觰和《王仁昫刊謬補缺切韻》（伯二〇一一）三十一觰（《韻書集存》第136頁和第395—396頁），而二書觰韻均未見"崺"。以《切韻》爲基礎形成的系列韻書，其發展趨勢是"分韻加多和注釋增繁"（《韻書集存·總述》，第13頁）。如果陸氏《切韻》觰韻本有"崺"字，應該得到保存並見於上述兩種唐代韻書，而事實不是這樣，説明蕭該所引《字書》"崺"字内容並非出自《切韻》，也就是説，蕭該《音義》所引《字書》非《切韻》。

如果蕭該《音義》所引《字書》内容與其他文獻所引《字書》相同，也説明其引《字書》爲特指。如：

蕭該案：《字書》：忮，恨也。之豉反。（《匡衡傳音義》，《兩漢書匯編》第450頁）又：《字書》之豉反。（《酷吏傳音義》，《兩漢書匯編》第462頁）。

《詩·雄雉釋文》："忮，之豉反。害也。《字書》云：恨也。"《莊子·天下篇釋文》："忮，《字書》云：很也。"《達生篇釋文》："忮，《字書》云：佷也。"蕭該《音義》所引《字書》與《詩釋文》、《莊子釋文》所引相同。[①]

綜上所述，蕭該《音義》所引《字書》爲特指。

2.《字書》在蕭該《音義》中的分佈特點

龍璋從《漢書音義》輯《字書》共18條（1條重複），我們從中

輯得 26 條（1 條重複），實 25 條。除去重複，雙音詞按兩個計，蕭
該《音義》引《字書》佚文 30 條。

　　蕭該《音義》引《字書》主要分佈在《匡衡傳音義》（《漢書》
卷八十一，2 例）、《薛宣朱博傳音義》（《漢書》卷八十三，1 例）、
《揚雄傳音義》（《漢書》卷八十七上，8 例）、《酷吏傳音義》（《漢
書》卷九十，2 例，1 條與《匡衡傳注》重複）、《王莽傳音義》（《漢
書》卷九十九，5 例）、《敘傳音義》（《漢書》卷一百，8 例）等
《漢書》第八十卷以後六卷的《音義》中。這一分佈特點與韋昭《漢
書音義》在《漢書》注中的分佈相似。據李步嘉《韋昭〈漢書音義〉
輯佚》，韋昭《漢書音義》主要輯自《漢書》卷 81—90 注釋：卷
81—85 共輯 8 條，卷 86 未出現，卷 87（《揚雄傳》）共輯共 85 條，
卷 88—90 輯 15 條。這說明，《漢書》前八十卷注釋內容可能經過不
少刪減。

　　李步嘉曾就韋昭《漢書音義》在《漢書》注釋中的上述分佈現象
進行過討論。他說：“《韋昭〈漢書音義〉》工作完成後，我曾作過統
計，從現在輯出的材料來看，韋昭《漢書音義》卷 1《高帝紀》至卷
100《敘傳》的整部《漢書》的絕大多數《紀》、《表》、《志》、《傳》
均作了注釋，而從宋祁校語中所輯得的韋昭《漢書音義》文卻集中出
現在卷 81—100 這 20 卷中。如果假定宋祁見到了完本韋昭《漢書音
義》，爲什麼從《漢書》卷 1—80 沒有看到宋祁引韋注，這種假定顯然
不能成立。另外，就是從《漢書》卷 81—100 中輯出的宋祁引韋昭
《漢書音義》，也有相當部分是從《蕭該音義》轉引，假使宋祁見到了
韋昭《漢書音義》完本，何須由《蕭該音義》引出呢？綜合以上三個
方面看，我淮（推）測韋昭《漢書音義》散佚時間是唐代後期至北宋
中葉稍後這樣一個歷史時期。”① 這說明，蕭該《音義》的存佚影響到
韋昭《漢書音義》，當然也影響到《字書》。可以設想，原本完整的蕭
該《音義》所引《字書》資料應多於我們所輯之數。

　　3.《字書》的訓釋內容

　　蕭該《音義》引《字書》的訓釋內容主要是釋義和註音，未見釋

---

①　李步嘉：《韋昭〈漢書音義〉輯佚》，武漢大學出版社 1990 年版，第 8 頁。

形。如：

1. 釋義。如：宋祁曰：《字書》：恂，信也。音詢。（《王莽傳音義》，《匯編》第 463 頁）

2. 註音。如：蕭該《音義》曰：鄧展：吻音昧。該案：《字書》：吻，尚冥也。音勿。（《敘傳音義》，《匯編》第 465 頁）。又：

蕭該《音義》曰：耆，諸詮音市至反，欲，《字書》瑜注反。（《楊雄傳音義》，《匯編》第 457 頁）又如：宋祁曰：絆，《字書》音半。（《王莽傳音義》，《匯編》第 464 頁）

蕭該《音義》有 1 例說明古今字，如："詞，《字書》曰：古辭字。"（《敘傳音義》，《匯編》第 467 頁）

蕭該《音義》引《字書》註音共 11 例，其中反切 8 例，直音 3 例。這表明，蕭該《音義》引《字書》的訓釋内容主要是釋義和註音，這和《玉篇》（《原本玉篇》）所引《字書》主要釋形和釋義的情況有明顯區别。《玉篇》爲字書，蕭該《音義》爲注釋性文獻，如果這種區别非引用者取捨所致，那麼，蕭該《音義》所引《字書》就有可能和《玉篇》所引非同一字書。

（三）《經典釋文》中的《字書》

陸德明《經典釋文》被譽爲"音義體式的集大成之作"，無疑也是古書輯佚的重要文獻。錢大昕《潛研堂文集》卷二十七："細檢此書所述近代儒家，惟及梁、陳而止，若周、隋人撰音疏，絶不一及，又可証其撰述必在陳時也。"[1] 其具體撰著時間則有不同觀點，萬久富說："《釋文》30 卷，成書於隋文帝開皇三年（583）。"[2] 梁曉虹、徐時儀、陳五雲說："陸德明撰著《經典釋文》，是從陳後主至德元年

---

① 陳文和主編：《嘉定錢大昕全集》（玖），江蘇古籍出版社 1997 年版，第 445 頁。

② 萬久富：《〈晉書音義〉的漢語史史料價值》，《古籍整理研究學刊》2000 年第 6 期。

（583）開始的，約完成於隋滅陳（589）之前。"①《釋文》的成書僅比《玉篇》晚40年左右，是存《字書》佚文較多的文獻之一。

1. 《字書》爲特指的依據

《釋文》中，《字書》往往分別與《爾雅》、《説文》、《廣雅》、《聲類》、《三蒼》、《玉篇》等文獻並舉。如：

姻：戶故反，下同。《説文》云：嫪也。《廣雅》云：妁也。《聲類》云：姻嫪，戀惜也。《字書》作嫿。（《釋鳥釋文》第1701頁）

微：如字，《字書》作癥。《三蒼》云：足創。（《釋訓釋文》第1624頁）

璣：其依反，又音機。馬同。《説文》云：珠不圜也。《字書》云：小珠也。《玉篇》：渠依、居沂二反。（《禹貢釋文》第156頁）

璙：（鐐）音遼。《爾雅》云：白金謂之銀，其美者謂之鐐。……本又作璙，……《説文》云：玉也。《字書》力召反。（《詩·瞻彼洛矣釋文》第330頁）

與《字書》並舉的小學類文獻都具體稱名，《字書》亦當爲具體書名，爲特指。

2. 《字書》的訓釋內容

《釋文》引《字書》76處，考慮異體、重複、複音詞等情況，共輯《字書》佚文82個。訓釋內容有釋形、釋義和註音：

（1）釋形。此類有兩種情況：一是説明字形結構。如：昊，……《字書》從日夰聲。（《詩經·黍離釋文》第243頁）一是説明異體。如：嗣：丑之、初其二反，《字書》以爲古齝字。（《爾雅·釋獸釋文》第1712頁）

（2）釋義。璣：《説文》云：珠不圜也。《字書》云：小珠也。（《尚書·禹貢釋文》第156頁）

（3）釋音。註音主要是反切，個別用直音：陳，魚檢反，……《字書》音呂恬、理染二反。（《詩經·葛藟釋文》第246頁）

---

① 梁曉虹、徐時儀、陳五雲：《佛經音義與漢語詞彙研究》，商務印書館2005年版，第9頁。

但是，有些釋形釋義後的註音材料是否屬《字書》，需慎重對待。如："䏻：孚容反，徐音豐，須也。《字書》作䑇，孚容反。""毀：《字書》作烻，音毀。""孚容反"、"音毀"是否屬《字書》，有待考證。

《經典釋文》所引《字書》有釋形、釋義和註音内容，與蕭該《音義》所引《字書》性質較爲接近。

（四）　佛經《音義》中的《字書》

所謂佛經《音義》，主要指玄應《音義》、慧琳《音義》、慧苑《音義》和希麟《續音義》。因爲都屬佛經音義文獻，所以將其引《字書》的情況放在一起觀察。佛經《音義》是所從輯佚《字書》佚文最多的文獻。

玄應《音義》的版本比較複雜，據徐時儀先生考證，玄應《音義》以早期本和通行本爲主，具體有十種之多，各本所釋佛經和所釋詞語的多少、詳略不同，大致可分爲麗藏本和磧砂藏本兩大系列。[1]許啓峰進一步指出："從引用的《字書》可以證明《玄應音義》大致可以分成兩個系統：麗藏系和磧砂藏系。"[2]慧琳《音義》轉録了玄應《音義》的内容，但不是完整的鈔録，而是"略有删改"，[3]有所取舍。因此，在輯佚、整理《字書》佚文時，我們考慮玄應《音義》版本差異和慧琳轉録等因素：如玄應《音義》中的《字書》既見於《中華藏》（C）也見於《大正藏》（T），那麼同時標注其出處，以反映慧琳轉録玄應《音義》的情況。

---

[1]　徐時儀：《玄應和慧琳〈一切經音義〉研究》，世紀出版集團、上海人民出版社2009 年版，第 43—44 頁。

[2]　許啓峰：《〈字書〉研究》，碩士學位論文，上海師範大學，2008 年。

[3]　徐時儀：《玄應和慧琳〈一切經音義〉研究》，世紀出版集團、上海人民出版社2009 年版，第 150 頁。

1.《字書》爲特指的依據

佛經《音義》在同一條説解中既引《字書》又引其他字書或韻書，這種情形的"字書"視爲特指。

（1）《字書》、《説文》並舉，《字書》、《切韻》並舉：

逗：徒鬥反。《字書》：逗，逼也。《説文》：逗，止也。（慧琳《音義》，T54/0489c、T54/0842b）

遽：其倨反。《字書》云：急疾也。《切韻》云：戰慄也。《説文》云：從辵豦聲也。（希麟《續音義》，T54/0940b）

（2）《字書》、《廣雅》、《考聲》並舉，《字書》、《聲類》、《爾雅》並舉：

循：夕遵反。《廣雅》：循，從也。《字書》云：循，環也。《考聲》云：循，述也，善也，順也。（慧琳《音義》，T54/0334a）

顗：魚豈反。《爾雅》：顗，靜也。《聲類》：閑習也。《字書》：好兒也。《説文》：謹莊兒也，從頁豈聲。（慧琳《音義》，T54/0929a）

（3）《字書》、《韻英》並舉，《字書》、《古今正字》、《方言》並舉：

掩：《字書》云：掩，藏也。《説文》云：掩，斂也。《韻英》云：掩，覆也。（慧琳《音義》，T54/0336a）

鋌：《方言》：鋌，賜。《字書》云：進也。《古今正字》從金廷聲。（慧琳《音義》，T54/0815a）

（4）《字書》、《釋名》、《文字集略》並舉：

瞑：音莫。《字書》云：目不明也。《釋名》云：瞑，幕也，如隔障幕也。《文字集略》從目作瞑。（希麟《續音義》，T54/0960c）

（5）《字書》、《字詁》並舉：

㮥：《字詁》古文褭、㮥二形，……《字書》：褭杕，柔弱兒也。（玄應《音義》，C057/0046b）

（6）《字書》、《雜字》、《蒼頡篇》、《韻集》並舉：

疿：張揖《雜字》作痱。痱，《字書》作疿，同古和反。《蒼頡篇》：疿，秃也。《韻集》曰：瘡病也。（玄應《音義》，T54/0782a）

（7）《字書》、《字林》、《字統》並舉：

鴟：齒之反。《字書》云：鴟，鳶屬也。《字林》、《字統》並云：鴟鳥也，鴟謂鵂鴟也。（惠琳《音義》，T54/0773b）

黕：都感反。《字書》：滓垢也。《字林》：黑色也。（希麟《續音義》，T54/0972a）

（8）《字書》、《玉篇》並舉：

唐：《玉篇》云：唐，徒也。《字書》云：唐，虛也。《説文》云：唐，大言也。（慧琳《音義》，T54/0338a）

（9）《字書》、《三蒼》並舉：

寠：瞿矩反，無禮也。《字書》：寠，空也。《三蒼》：無財備禮曰寠也。玄應《音義》，C057/0054b）

（10）《字書》、《廣蒼》並舉：

冷：魯梗反。《廣蒼》：冷，寒也。《字書》：小寒也。《説文》：從仌。（慧琳《音義》，T54/0331a）

（11）《字書》、《文字典説》並舉：

皺：側救反。《字書》：皺，皮聚也。《文字典説》：皮寬聚也，從皮芻聲。（慧琳《音義》，T54/0663b）

（12）《字書》、《韻詮》並舉：

稍：霜絞反。《韻詮》云：稍稍猶少少也，亦漸漸也。《字書》亦數數也。（玄應《音義》，T54/0459c①）

（13）《字書》、《韻略》並舉：

圯：平鄙反。《字書》云：覆也。圯亦毀也。《韻略》云：岸毀也。（希麟《續音義》，T54/0971c）

（14）《字書》、《纂韻》並舉：

植：承力反。《纂韻》：植，種也。《考聲》：植，多也。《方言》：植，立也，樹也。《字書》：植，播也。（慧琳《音義》，T54/0354b）

（15）《字書》、《集訓》並舉：

脊：精亦反。《考聲》云：脊，理也。《集訓》：脊，膂也。《字

---

① 慧琳《音義》標注爲玄應撰，然《中華藏》未見玄應此條音義。

書》云，背骨也。(慧琳《音義》，T54/0318c)

(16)《字書》、《埤蒼》並舉：

渟：狄經反，《廣疋》：渟，止也。《埤蒼》：水止曰渟。《字書》：水滯也。(玄應《音義》，C056/0818c)

(17)《字書》、《字典》並舉：

穢：《字書》、《字典》云：並惡也。(慧琳《音義》，T54/0533a)

(18)《字書》、《文字音義》並舉：

構：鈎寇反，《考聲》：構，成也。《字書》：結架也。《文字音義》：構，合也。(慧琳《音義》，T54/0354c)

可以看出，佛經《音義》中，《字書》分别與《説文》、《字林》、《切韻》等28種字書、韻書同條並舉，[①] 説明《字書》爲具體書名，屬特指。

2.《字書》佚文的確定

佛經《音義》引用《字書》佚文所處語境比較複雜，有些字是否應該輯爲《字書》佚文，需要仔細分析。以下三種情形的字視爲《字書》佚文：

(1) 異體字。佛經《音義》用一系列術語來指出某字的異體，《字書》佚文之異體視爲《字書》佚文。具體又有以下幾類：

(1) A，《字書》又作B、《字書》或作C、《字書》亦作D，則A、B、C、D均視爲《字書》佚文。如：

瑰：《字書》又作傀。(慧琳《音義》，T54/0827a)

鉢：《字書》或作盋，同。(希麟《續音義》，T54/0961a)

紱：《字書》亦作紼。(慧琳《音義》，T54/0872b)

據此，輯瑰、傀，紱、紼，鉢、盋。[②]

(2) A，《字書》正作B；A，《字書》正從某作B，則A、B均視

---

① 景審《一切經音義序》稱慧琳《音義》"以七家字書釋誼"，《音義》所引字書遠不止七家，而所稱七家中無《字書》。

② 慧琳《音義》(T54/0823c)："盋：半末反。《字書》正作盋。服虔《通俗文》云：盋，僧應器也。録文作鉢，俗字也。"亦可證盋、鉢互爲異體。

爲《字書》佚文。

讏：《字書》正作恣，亦過也。（慧琳《音義》，T54/0897b）

誚：《字書》正從言作譙，與樵同音。（慧琳《音義》，T54/0827b）又：誚，《字書》正從焦作譙。《蒼頡篇》云：訶責也。（慧琳《音義》，T54/0895c）

據此，輯讏、恣、誚、譙。

（3）A，《字書》亦通作 B，則 A、B 均視爲《字書》佚文。如：

隥：《廣雅》：隥，履也。《説文》：隥，仰也。從阜登聲。論從足作蹬。《字書》亦通作蹬。（慧琳《音義》，T54/0752c）

據此，輯隥、蹬。①

如果《字書》釋義之後再列出異體，如果沒有旁证，釋義後的異體不視爲《字書》佚文。如：

觲：冲燭反。……《字書》：抵誤也。或作觕，從牛角。（慧琳《音義》，T54/0378c）

"或作觕"之"觕"不輯。

（2）複音詞。《字書》被釋成分爲複音詞，其上下字視爲《字書》佚文。如：

潺：仕山、仕環二反。《字書》：潺湲，水流皃也。（玄應《音義》（C056/0933a、T54/0481b）。

"潺湲"析爲"潺"、"湲"兩個字頭。

（3）連類而及之字。所謂連類而及，指佛經《音義》引《字書》訓釋 A 連類而及訓釋 B 的現象。這種情形下，A、B 均視爲《字書》佚文。如：

釧：川戀反。案釧者，以金銀爲環莊飾其手足。《字書》云：在足曰鋥，在臂曰釧。（慧琳《音義》，T54/0399b）

據此輯鋥、釧二字。又如：

壁：《字書》云：築土曰墙，編竹木堊塗之曰壁。……《字書》

---

① 《原本玉篇·阜部》："隥：《字書》或爲蹬字，在《足部》。"證明佛經《音義》此"亦通"用於標示異體。《音義》屢引《字書》釋"隥"，而訓釋互異，蓋傳寫所致。

云：外露曰墙，室内曰壁。(慧琳《音義》，T54/0328a)

據此輯墙、壁二字。其他文獻如有此類現象，也按這一方式處理。

佛經《音義》是保存《字書》佚文之大宗。姚永銘説，慧琳《音義》引佚名《字書》多達 1020 次。[①] 許啓峰："據我們統計：《玄應音義》、《慧琳音義》和《希麟音義》在釋詞時約有 1624 條引用了'字書'。其中，約 167 條屬於泛指字書的情況：……屬於特指《字書》約有 1457 條：《玄應音義》約 203 條，去重複後約 122 個詞；《慧琳音義》約 1035 條，去重複後約有 690 個詞，《希麟音義》約 219 條，去重複後約有 208 個詞。三者去重複後約有 840 個詞。"[②]

龍璋的輯佚也主要來自佛經《音義》，且多與磧砂藏相同或大致相同。許啓峰説："大致可知龍氏《小學蒐逸》中所輯《字書》時采用的是磧本或磧本系統的本子。"[③] 並指出龍璋漏輯的情況："《一切經音義》所引《字書》中龍氏所輯無的有 43 條。"[④] 我們對龍璋所輯進行了重新檢索和核對，並增輯了龍璋漏輯的條目，有的條目據許啓峰補輯。考慮異體、雙音詞、重複、連類而及等情況，我們對輯自佛經文獻（音義類和非音義類）的《字書》佚文進行了統計：佛經《音義》類文獻引《字書》佚文 1043 條，另有非《音義》類佛經文獻引《字書》佚文 31 條，這 31 條中有 18 條同時也見於《音義》類文獻。《音義》類文獻中，玄應《音義》引《字書》188 次，《字書》佚文共 122 條，慧苑《音義》引《字書》9 次，《字書》佚文 10 條，希麟《續音義》引《字書》204 次，《字書》佚文 226 條，慧琳《音義》引《字書》佚文 685 條，輯自佛經文獻的《字書》佚文共 1056 條。

3.《字書》的訓釋內容

佛經《音義》引《字書》的訓釋內容有釋形，釋音，或形義兼

---

① 姚永銘：《慧琳一切經音義研究》，江蘇古籍出版社 2003 年版，第 55 頁。

② 許啓峰：《〈字書〉研究》，碩士學位論文，上海師範大學，2008 年。

③ 同上。

④ 同上。

釋、音義兼釋，釋義最多。

（1）釋形。鳬：輔無反。……《字書》從鳥，九聲也。（慧琳《音義》，T54/0351c）

珤：（寶）保音。《字書》正從缶作珤，云珍也。（慧琳《音義》，T54/0551a）

（2）釋義。罃：厄衡反。《字書》云：長頸瓶也。（慧琳《音義》，T54/0799a）

形義兼釋也不少，如：

肥：費微反。《字書》：肥，肉盛也。從肉從妃省聲。①（慧琳《音義》，T54/0400b）

（3）釋音。引《字書》註音並不多，方法有反切、直音。如：

①反切。鞞，《字書》陛奚反。（玄應《音義》，C056/0851a）

②直音。螣，騰勒反。……案《字書》螣音騰。（慧琳《音義》，T54/0824b）

從訓釋內容來看，佛經《音義》所引《字書》和《原本玉篇》所引《字書》有所不同。

佛經《音義》往往在同一條訓釋中引用不同文獻分別釋形和釋義，以引《字書》和《説文》爲例，有下面兩種情況：

一是引《字書》釋形，引《説文》釋義。如：

賸：繩証反。《字書》正從舟作賸。《説文》云：賸，物相贈而如也。②（慧琳《音義》，T54/0829a）

一是引《字書》釋義，引《説文》釋形。如：

擘：《字書》云：擘，手析物破也。《説文》：從手辟聲也。（慧琳《音義》，T54/0569b）

如果僅注意《音義》中的《字書》，它既釋形又釋義，似可説明《字書》是形系字書；如果注意語境或綜合《音義》中的不同條目，就發現有不少相反的情形，《音義》中這種看似矛盾的現象，不排除

---

① 《説文·肉部》：“肥，多肉也。從肉從卩。”徐鉉等曰：“肉不可過多，故從卩。”

② 今本《説文·貝部》：“賸，物相增加也。”“而”疑爲衍文，“如”當爲“加”之誤。慧琳《音義》（T54/0830a）：“《字書》云：‘賸，餘也。’”

古人引書的隨意性所致，增加了我們判斷《字書》性質的難度。

4. 《字書》的義項

《字書》所收之字的義項往往不止一個。佛經《音義》列在《字書》後面的義項或一項或多項。單義項的如："㨨，居言反，《字書》：㨨，割也。《通俗文》：以刀去陰曰㨨。"（玄應《音義》（C056/1032a）多義項的如："詐，莊亞反。《字書》：詐，僞也，妄也，不實也。"（慧琳《音義》，T54/0387a）有時，一個詞的多個義項見於不同出處。如：

鞭：必綿反。顧野王曰：用革以撲罪人謂之鞭。《字書》云，撾馬杖也。（慧琳《音義》，T54/0317a）

鞭：必綿反，《字書》：擊也，撻也。（慧琳《音義》，T54/0392b）

鞭：卑連反，《字書》：捶馬杖，又策也。（希麟《續音義》，T54/0962a）

鞭：卑連反，《考聲》云：打馬杖也。《字書》云：馬策也。（希麟《續音義》，T54/0972c）

綜合來看，《字書》"鞭"有撾馬杖也、擊也、撻也、捶馬杖，策也、馬策也六個義項。當然，有的義項之間用字雖異，詞義並無區別，如"撾馬杖"和"捶馬杖"之類。又如：

盼：《廣雅》：盼，視也。《字書》：美目也，目白黑分也。《説文》：䁋，内視也。玄應《音義》（C056/0971c、T54/0647b①）

盼：攀慢反。《字書》云：盼，美目兒也。（慧琳《音義》，T54/0806b）

盼：攀慢又（反）。《字書》：盼，邪視也。《説文》云：《詩》曰：美目盼兮。從目分聲。（慧琳《音義》，T54/0926c）

盼：攀慢反。《字書》云：盼，動目貌也。（慧琳《音義》，T54/

---

① 《大正藏》本玄應《音義》卷第五十一《發菩提心論》卷上（T54/0647b）作"《字書》：美目也，有白黑分也。"《説文·目部》："盼，白黑分也。《詩》曰：美目盼兮。從目分聲。"大徐本無"白黑分也"，此依段注本。段注："玄應書引如此。……《韓詩》云：黑色也。馬融曰：動目兒。"

0723c)

如果把"美目"和"美目兒"視爲相同義項,《字書》"盼"亦有"美目"、"白黑分"、"動目兒"和"邪視"四個義項。

如果《音義》引《字書》佚文 A 爲多義詞,其義項分佈特點可用甲、乙二式表述如下:

甲式:

《字書》:A,B 也。

《字書》:A,C 也。

《字書》:A,D 也。

……

乙式:

《字書》:A,B 也。

《字書》:A,B 也,C 也。

《字書》:A,B 也,C 也,D 也,……。

……

一般而言,甲式中 B、C、D 可視爲《字書》佚文 A 的義項,但乙式中 C、D 等義項是否屬《字書》,有時不易確定。所以,佛經《音義》所引《字書》佚文中雖有不少是多義詞,但有些佚文後的多個義項很難判斷是否屬《字書》。我們的處理辦法仍然是把《字書》所處語境的文字引述得更完整一些,以便讀者判斷。

5.《字書》中的"一曰"

《説文》、《玉篇》用"一曰"標示別義,佛經《音義》引《字書》也有類似情況。如:

璣,居衣反。《説文》:珠不圓者也。《字書》云:一曰小珠也。(玄應《音義》,C056/0854c)

但是,別處引《字書》又不用"一曰":

璣:《字書》:小珠也。《説文》:不圓珠也。(慧琳《音義》,T54/0406a)

這有兩種可能:或《字書》有"珠不圓者"和"小珠也"兩個義項,其中之一與《説文》相同,所以先引《説文》,再引《字書》

就只引其中一個義項，並用"一曰"以示區別；或"一曰"二字本非《字書》所有，而是《音義》撰者所增，用以區別《説文》義項。當然還有《字書》後列多個義項而不用"一曰"的情況。

佛經《音義》是保存《字書》佚文最多的文獻，其佚文異體字豐富，訓釋内容有形訓，義訓，也有音訓，從這一點來看，《字書》當如《説文》屬形系字書。《字書》收釋多義詞，這與《玉篇》本義、引申義並重的體例相同。《字書》佚文後所列多個義項是否均屬《字書》，有時不易確定，這影響我們對《字書》内容、體例等問題的準確判斷。另外，《音義》中還有一些看似矛盾的現象，可能緣於古人引書的隨意性。這些都是我們所遇《字書》研究的難題，也是利用《字書》時需要特別留意的問題。

（五）《文選注》中的《字書》

唐代《文選》注有多家，影響較大的是李善注和五臣注。我們輯佚所據，有通行本（胡刻本）《文選注》和藏於日本、近年搜集歸國後整理出版的《文選注》，後者包括《文選集注》和《漢籍選刊》中的《文選注》，這裏統稱《文選注》。

周勛初在《文選集注·前言》中説："《文選集注》一書，……當定爲唐代某一《文選》學者參照經史著述中的合本子注體例匯編而成。按此書徵引的各家《選》注，五臣、陸善經本殿後，時當開元時，故可推斷此書定當編成於玄宗之後。""此書每用唐代俗體書寫，……此亦可証《文選集注》當爲唐人鈔本。""從避諱的角度看，……可証此書所據之本出於唐代，爲唐中期之後的某一唐代《文選》專家所編。""此書原爲我國唐人所編，唐末宋初即已傳入日本。"日藏《文選》有贛州本和明州本兩種，本書輯佚所據爲贛州本。日藏《文選》中的《字書》佚文有一部分不見於通行本《文選注》，資料極其珍貴，因其歸國較晚，龍璋等前賢《字書》輯佚者無緣及見。

1. 《字書》爲特指的依據

《文選注》中，《説文》、《爾雅》、《廣雅》、《字林》、《切韻》等字書、韻書均具體稱書名。如：

宋玉《神女賦》："頩薄怒以自持兮，曾不可乎犯干。"注曰："《廣雅》曰：'頩，色也。'匹零切。《方言》曰：'頩，怒色青貌。'《切韻》：'匹迥切。斂容也。'《蒼頡篇》曰：'薄，微也。'"（《文選》第268頁）

《文選注》中字書、韻書均具體稱書名，那麼，其稱"字書"也應爲具體書名：

張衡《南都賦》："蘇籔紫薑。"注曰："《爾雅》曰：'蘇，桂荏。'《字書》曰：'籔，茱萸也。'"（《文選》第71頁）

曹子建《贈丁儀》"凝霜依玉除"李注："《字書》曰：凝，水之堅也。玉除，玉階也。《説文》曰：除，殿階。"①（《文選集注》第一册，第234頁）

根據這種現象，我們確定《文選注》中的《字書》爲特指。

2. 《字書》的訓釋內容

龍璋從通行本《文選注》輯《字書》58條。我們對《文選注》各本進行檢索，結果顯示：通行本《文選注》引《字書》77次，除去重複，得《字書》佚文共61條。② 從《文選集注》中輯《字書》13條（李善注引9條，《鈔》引3條，陸善經引1條），6條不見於通行本。日藏《文選注》引《字書》66次，大多與通行本相同，不同的有"倡"、"咉"、"穚"三條。除去重複，《文選注》引《字書》佚文共70條。

《文選注》引《字書》主要是釋義。如《閒居賦注》："《字書》曰：凛，寒也。"有4例交待古今字或異體字，如《蕪城賦注》"疏，

---

① 通行本《文選》（第339頁）李注引《字書》作"凝，冰堅也"，《阮籍·詠懷詩注》（第323頁）同，而《七命注》（第495頁）引《字書》曰："凝，冰之絜也。"

② 龍璋輯"嚶嚶，鳥聲。《文選·嵇康·琴賦注》"一條，考嵇康《琴賦》"譻若離鶤鳴清池"，李注："《蒼頡篇》曰：譻譻，鳥聲也。"（《文選》第258頁）《六臣注文選》（四部叢刊本）"譻"作"嚶"（第318頁），注中均未見引《字書》，未知龍璋所據。

《字書》古文暴字"。釋義後有時有音注材料，如"佛，《字書》曰：佛，違也。佛，扶勿切"（《非有先生論注》），但這類音注材料是否屬《字書》，需要旁證材料佐證。所以，"扶勿切"這類音注材料不歸諸《字書》。

以日藏《文選注》和通行本《文選注》對比，有一種情況值得特別注意：在對應的語料中，或稱《字書》，或稱《字林》。如：

《長笛賦》注（日藏《文選》155/223）："《字書》曰：鄂，直言也。"通行本《長笛賦》"不占成節鄂"善注："愕，直也。……《字林》曰：'鄂，直言也。'謂節操塞鄂而不怯懦也。"又如：

《長門賦》注（日藏《文選》155/32）："《字書》：擠，排也。"通行本《長門賦》"擠玉戶以撼金鋪兮"注："《字林》曰：擠，排也。"①

是傳鈔者將《字書》誤作《字林》，還是《字林》誤作《字書》？有待考證。

（六）《説文繫傳》中的《字書》

徐鍇《説文繫傳》四十卷，成書於南唐（937—975）。周祖謨《徐鍇的説文學》："徐鍇，字楚金，先世會稽人，後遷居廣陵，所以通稱爲廣陵人。生於後梁貞明六年（九二〇），仕南唐，起家祕書郎，後主時遷集賢殿學士，終内史舍人，國亡前一年（即宋開寶七年，九七四）卒。"②

《説文繫傳》第二十五卷亡佚，今本卷首雙行小字説："宋王伯厚《玉海》云：《繫傳》舊缺二十五卷，今宋鈔本以大徐所校定本補之。"可見其亡佚之早。《玉海》卷四十四："今亡第二十五卷。《崇文目》：鍇以許氏學廢，推源析流，演究其文，作四十篇，近世言小

---

① 慧琳《音義》（T54/0906b）："擠：齊係反。《字書》云：擠，墜也。《方言》：滅也。《廣疋》：推也。《説文》：排也，從手齊聲。"

② 周祖謨：《問學集》，中華書局1966年版，第843頁。

學，惟鍇名家。"而《説文·糸部》"繢"字説解"一曰畫也"下段注："四字依《韻會》補。今所傳小徐《繫傳》本，此卷全闕，黃氏作《韻會》時所見尚完，知小徐本有此四字也。"據段君説，元人黃公紹見過完整的《説文繫傳》。

1.《字書》爲特指的依據

《繫傳》中"字書"爲特指的依據有二：（1）對前代字書或韻書稱具體書名。如《繫傳》卷三十六《祛妄》："《説文》之學久矣。……自《切韻》、《玉篇》之興，《説文》之學湮廢泯沒。"《食部》"餁"下徐鍇曰："忎，心所齎卑下也。而沈反。《説文》如甚切。又按李舟《切韻》不收此亦古文餁字。"表明徐鍇於前代字書韻書都具體稱名，不泛稱"字書"。（2）相關旁證。《説文·衣部》"袥，衣袥"下："鍇按：《字書》：袥，張衣令大也。"《玉篇·衣部》："袥，他各切，廣大也，袥也。"唐寫本《唐韻》入聲卅鐸："袥，他各反，開衣令大。"[1] 説明《繫傳》所引《字書》非《玉篇》，亦非《切韻》系某一韻書。慧琳《音義》（T54/0899a）"落拓"條："《考聲》云：落袥，失節貌也，亦開也。《字書》從衣作袥。"又《説文·橐部》"橐"下鍇曰："按《字書》：有底曰囊，無底曰橐。"此條《字書》內容又見慧琳《音義》（T54/0929a）引《字書》。綜合上述情況，《説文繫傳》所稱《字書》爲特指。[2]

2.《字書》的訓釋內容和特點

《説文繫傳》引《字書》68次，《字書》佚文77條。《説文·糸部》篆文248條，是篇幅較大的部，如果《説文係傳·糸部》原本完整，或可輯到更多《字書》佚文。

《繫傳》引《字書》主要註音、釋義。如"鐗，《字書》曰：鐵好也，一曰白鐵也"。註音例子不多，有直音、擬音和反切。如"《字

---

[1] 《韻書集存》第724頁。《廣韻》入聲鐸韻："袥，他各切，開衣領也。""開衣領"疑"開衣令大"之誤。

[2] 《説文·氏部》"氐"、《广部》"廊"、"廁"下《繫傳》説解中的"今字書"、"今俗字書"之"字書"可能另有所指，不在輯佚之列。

書》瓛又音鑲"、"《字書》（梲）音與拙同"、"疙，鍇按《字書》尤舊反"。涉及字形的主要説明異體，如"賑，《字書》云：古貨字"，"垩：鍇曰：《字書》云：此即今瓷字"。

從釋義特點來看，與《説文》相比，《繋傳》所引《字書》有了明顯變化：

（1）訓釋更通俗。《説文》表示山、河、草、木等名物之字，其説解往往連篆讀。錢大昕《十駕齋養新録》卷四"説文連上篆字爲句"條："許君因文解義，或當疊正文者即承上篆連讀。"① 如《艸部》："堇，草也。"當讀作"堇，堇草也"，"菩，草也。"當讀作"菩，菩草也。"而《字書》的訓釋方式發生了變化："堇"下徐鍇引《字書》："朔藋草，一名堇也。""菩"下引《字書》："黃菩草。""萋，草也。"鍇按："《字書》：狗尾草也。"可見《字書》的訓釋比《説文》通俗。

通俗化的常用方法是用通俗詞語解釋生僻詞語。以今釋古是傳統語文學的基本原則，也是辭書釋義的基本原則。《説文·竹部》："篊，桻雙也。"徐鍇："《字書》：篊簑，帆也。"《説文·木部》："桻，桻雙也。""桻雙"一詞到《字書》問世時可能已較生僻，徐鍇按："《字書》：桻雙，帆上木也。"《字書》的解釋就很通俗。又如《説文·衣部》："祐，衣衻。"徐鍇按："《字書》：祐，張衣令大也。"

（2）用"之言"作聲訓。《説文·木部》："柷，樂木空也，所以止音爲節。"徐鍇按："《字書》：柷之言始也。""之言"爲常用訓詁術語，使用這一術語的訓詁方法叫"聲訓"。《説文·示部》："祼，灌祭也。"段注："《周禮注》曰：祼之言灌，灌以鬱鬯，謂始獻尸求神時。……凡云'之言'者，皆通其音義以爲詁訓。"《繋傳》引《字書》用聲訓僅此一例，但它透露出特定信息：徐鍇所見《字書》使用了包括"聲訓"在內的不同訓釋方式。

---

① 《錢大昕全集》（七），江蘇古籍出版社 1997 年版，第 80 頁。

（七）《切韻》系韻書中的《字書》

所謂《切韻》系韻書，指《切韻》（殘卷）和以《切韻》爲基礎增修而成的系列韻書，具體指周祖謨所編《唐五代韻書集存》所收諸韻書和宋初陳彭年、丘雍等人所撰《廣韻》。

《廣韻》成書於宋真宗大中祥符（1008—1016）元年。王應麟《玉海》卷四十五："景德四年（公元1007年）十一月戊寅，崇文院校定《切韻》五卷，依《九經》例頒行。祥符元年（公元1008年）六月五日改爲《大宋重修廣韻》。"① 《廣韻》是"綜輯唐人諸作，讎校而增損"② 的結果，趙誠説："《廣韻》是《切韻》系韻書集大成的著作，是《切韻》、《唐韻》的繼承。"③ 在古籍輯佚方面，羅偉豪説，"廣韻是校勘輯佚古書的寶庫"，"《廣韻》對於古籍整理的另一個重要價值就是輯佚方面，《廣韻》所引用的許多古書在唐宋以後已經佚失，而《廣韻》能保存其中的不少材料。"④ 《韻書集存》收多種韻書，有的雖已殘缺，但保存了多條《字書》佚文，是彌足珍貴的輯佚文獻。

《切韻》系韻書前後相繼，内容相承，其成書時間跨數百年，是一個互有聯繫的特殊文獻系統，觀察《字書》在這個系統中被引用的情況，有助於瞭解《字書》的内容和存佚，亦有助於認識《字書》在《切韻》系韻書中的文獻價值。

---

① 濮之珍：《中國語言學史》，上海古籍出版社1987年版，第246頁。趙振鐸先生説："宋真宗景德四年（1007）下詔陳彭年等人刊定陸法言《切韻》。第二年，也就是大中祥符元年，又下詔重新編纂一部韻書，四年後成書稱爲《大宋重修廣韻》，這是保存到今天最完整的韻書。"趙振鐸：《中國語言學史》，河北教育出版社2000年版，第241頁。據趙先生，《廣韻》的成書當在公元1012年。

② 周祖謨：《問學集》（《廣韻跋尾二種》），中華書局1966年版，第925頁。

③ 趙誠：《中國古代韻書》，中華書局1991年版，第44頁。趙誠注曰："也有人認爲《廣韻》不是由唐代韻書來，趙少咸就主此説。"

④ 羅偉豪：《〈廣韻〉在訓詁中的作用》，《中山大學學報》（哲學社會科學版）1985年第2期。

1. 《字書》爲特指的依據

《切韻》系韻書中“字書”爲特指的依據：（1）引用小學類著作均稱具體書名。如平聲支韻“陂”小韻十一字注釋中有《爾雅》、《釋名》、《玉篇》等，平聲魚韻“臚”小韻十七字注釋中有《爾雅》、《說文》、《釋名》、《博雅》、《字林》、《玉篇》等。有學者指出，《廣韻》中，《字書》是以“小學類”文獻與《爾雅》、《說文》、《廣雅》、《玉篇》、《聲類》、《集韻》等並列出現的。① 因此，所稱“字書”也應是具體書名，是特指。（2）直接交待某字某義出某書或《字書》。如平聲山韻：“黰，黑色，出《字林》。”《唐寫本唐韻》入聲五質：“狤，狂，出《字書》。”依據這些情況，我們判斷其中的“字書”爲特指。

2. 《字書》的訓釋內容

龍璋從《廣韻》輯《字書》29 條。重新檢索顯示：《廣韻》引《字書》32 次，佚文 37 條。《韻書集存》引《字書》13 條（3 條見於《廣韻》）、佚文 16 條。所以，《切韻》系韻書引《字書》共 42 條、佚文 50 條。

《切韻》系韻書引《字書》主要釋義，個別指出通假字，如“均，《字書》作袀”、“蓋，《字書》作蔀”等，未見註音材料。

3. 《字書》與《切韻》系韻書之關係

《字書》與《切韻》系韻書有著密切的關係。我們以《廣韻》爲參照，對《字書》佚文在《切韻》系韻書中的情況進行了考察。有這樣幾種情況：有的佚文既見於唐代韻書，也見於《廣韻》，有的佚文見於唐代韻書而不見於《廣韻》，有的佚文見於非《切韻》系文獻和《廣韻》，而《廣韻》未註明出自《字書》。

（1）《字書》見於《廣韻》和唐代韻書

此類情況說明，《字書》在《切韻》係韻書中的作用和《廣韻》對《切韻》系韻書內容的繼承。如：

蓋：姓，漢有蓋寬饒。《字書》作蔀。（《廣韻》入聲盍韻）此條

---

① 古德夫：《廣韻訓釋的研究》，《中州大學學報》（綜合版）1991 年第 2、3 期。

《字書》佚文亦見於《箋注本切韻》（斯二〇七一）廿一盍、《正字本刊謬補缺切韻》廿六蹋、《唐寫本唐韻》廿三哈、《王仁昫刊謬補缺切韻》（伯二〇一一）廿一盍。

龖：《字書》云：黿名也。（《廣韻》平聲東韻①）《正字本刊謬補缺切韻》二冬：“龖，黿，見《字書》。”

輆：《字書》云：車藉交革。（《廣韻》二十四職韻）此條亦見於《唐寫本唐韻》卅一職引《字書》。

（2）《字書》不見於唐代韻書而見於《廣韻》

劉葉秋説：“凡見於《説文解字》、《字林》、《玉篇》等字書中的文字，《廣韻》皆備載無遺，並又有所增加，可據以瞭解文字的形音義。”②《字書》不見於唐代韻書而見於《廣韻》，説明《字書》是《廣韻》修訂所據文獻。如：

禠：同魖，出《字書》。（《廣韻》平聲魚韻）

薂：《字書》：薂，遠。（《廣韻》上聲小韻）

卟：《字書》云：問卜也。（《廣韻》平聲齊韻）

唐代韻書裏未見到這些“字書”信息。

（3）《字書》見於唐代韻書而不見於《廣韻》

《廣韻》是在《切韻》系韻書基礎上修訂而成的，按理，其中的一些關鍵材料如被釋字的義項、書証等應該在《廣韻》中得到保存。但實際情況是，一部分見於唐代韻書的《字書》，在《廣韻》裏只存內容而不見“字書”之名了。此類有9例，現悉數列出：

《正字本刊謬補缺切韻》平聲七眞：“詖：險也，倭也，詔也。《字書》：辨慧也。”③《廣韻》去聲眞韻：“詖：譣詖，又慧也，佞也。”

《唐寫本唐韻》去聲廿八翰：“彰，粲彰，文彰皃。出《字書》。”④《廣韻》去聲翰韻：“彰，粲彰，文章皃。”

---

① 《廣韻》平聲冬韻亦收“禘”：黿名，又音終。

② 劉葉秋：《中國字典史略》，中華書局1992年版，第207—208頁。

③ 《説文·言部》無“詖”，《玉篇·言部》：“詖，彼寄切，佞詔也，辯論也，慧也。”參考《廣韻》，“倭”當爲“佞”之誤，《玉篇》“佞詔也”當作“佞也，詔也”。

④ “廿八”下韻目字漫減缺失，據《廣韻》作“翰”。

《唐寫本唐韻》入聲一屋："獨：獨俅，短醜皃。出《字書》。"《廣韻》入聲屋韻："獨，獨悚，短醜皃。"①

《唐寫本唐韻》去聲十遇："駙：駙著衣也。出《字書》。"又曰："軥，駙軥。"《廣韻》去聲遇韻："駙，駙軥，著衣也。"據《唐寫本唐韻》"軥，駙軥"及《廣韻》，《唐寫本唐韻》引《字書》疑當作"駙，駙軥，著衣也"。

《唐寫本唐韻》去聲十二泰："伂：郡名，又姓，出顛△△何氏《姓苑》也，《字書》。"《廣韻》去聲泰韻："沛，郡名，又姓，出《姓苑》。"

《唐寫本唐韻》入聲五質："狤：狂，出《字書》。"《廣韻》入聲質韻："狤，狂也。"

《正字本刊謬補缺切韻》平聲七支："烗：又作煍，《字書》：熑烗，火不絶。熑音廉。"《廣韻》平聲支韻："烗，熑烗，火不絶皃。"

《唐寫本唐韻》去聲卅六效："縐，《字書》云：惡絹。又初爪、側殺二反。"《廣韻》去聲效韻："縐，惡絹也，又初爪切，又側救切。"

《箋注本切韻》（斯二〇七一）平聲廿二魂："尊，《字書》作尊，即昆反。"《廣韻》平聲魂韻："尊，尊卑，又重也，……本又作尊。"

這説明，《廣韻》在修訂過程中略去了部分文獻出處信息。我們估計，《廣韻》中類似例子不止上述9例。

另外，還有《廣韻》所釋與非《切韻》系韻書引《字書》相同或相近而缺失"字書"的情況。如：

（1）《廣韻》平聲寒韻："簞，笥，小筺。"而蕭該《漢書敘傳音義》曰："《字書》曰：簞，笥也，一曰小筐，丁安反。"②

（2）《廣韻》平聲支韻："觜，鳥喙。"而玄應《月光童子經音義》（T54/0529b）、慧琳《大智度論音義》（T54/0612c）："觜，醉髓反。……《字書》：鳥喙也。"

---

① "獨悚"當爲"獨俅"之誤。《集韻》一屋："俅，獨俅，動也。一曰短皃。"

② 《説文·竹部》："簞，笥也。"

（3）《廣韻》去聲換韻：“叺，叺嗲，失容。”而《論語·先進疏》：“《字書》：叺嗲，失容也。”

（4）《廣韻》平聲桓韻：“攕，迷惑不解理，一曰欠兒。”而《原本玉篇》：“攕，力丸反。《説文》：不皇也。《字書》：一曰不解理也。”

（5）《廣韻》平聲蒸韻：“芿，如乘切，草名，謂陳根草不芟，新草又生相因芿也。”而《説文繫傳》：“芿，鍇按：《字書》：芿，草陳新相積也。”

類似例子未能窮舉。有學者注意到了《廣韻》在古籍輯佚方面的價值，而對《廣韻》略去文獻出處信息的現象注意不夠。《廣韻》略去“字書”，使《字書》“實存名亡”。這種現象可能不限於《廣韻》，這使我們難以輯到本屬《字書》的佚文，甚至引起對《廣韻》和《切韻》之關係産生懷疑這樣的問題。①

4.《字書》見於《廣韻》和非《切韻》系韻書文獻

《字書》同一條材料同時見於《廣韻》和非《切韻》系韻書，從一個側面證明了《廣韻》所引《字書》的可靠性，至於彼此的文字差異，可能是版本不同或引用者所致。如：

（1）砏：姓也。出蜀刀逵之後，避難改爲砏氏也。出《字書》。（《廣韻》平聲脂韻）《佩觿》卷中：“力支翻，人姓，出《字書》。”

（2）橦：木名，花可爲布，出《字書》。（《廣韻》平聲東韻）《通鑑釋文辯誤》卷九引《字書》同。

（3）龥：《字書》云：麻一絜。《説文》云：榦屬。（《廣韻》平聲侯韻）《説文繫傳》：“《字書》：榦屬，一曰麻索。”

這説明，《字書》是《切韻》系韻書——特別是《廣韻》取材的重要來源。瞭解《字書》在《切韻》系韻書中出現的特點，有助於我們瞭解《廣韻》增修方面的情況。許啓峰説：“今天的辭書引用《字書》釋義作爲釋義之依據。”② 實際上，從梁代起，隋、唐、宋諸代，《字書》一直被廣泛引用，成爲多種辭書收字、義訓的來源和依

① 如上舉趙誠《中國古代韻書》注釋所引趙少咸的觀點。
② 許啓峰：《〈字書〉研究》，碩士學位論文，上海師範大學，2008 年。

據，足見《字書》在我國詞典字書史上的重要影響。

幾種主要文獻引《字書》的概況

序號	文獻名稱	成書時間（公元）	卷數	文獻類別	佚文（個）	訓釋内容
1	《原本玉篇》	梁（543）	30	小學類	562	形、義
2	《玉篇》	宋（1013）	30	小學類	29	形、義
3	蕭該《音義》	隋	12	音義類	30	音、義
4	《釋文》	陳（583—589）	30	音義類	82	形、音、義
5	玄應《音義》 慧苑《音義》 慧琳《音義》 希麟《續音義》	唐（661—663）① 唐（712—730）② 唐（808以前）③ 遼（987）④	10 2 100 10	音義類	1043	形、音、義
6	《文選注》	唐（658、713—741）⑤	60	注釋類	70	形、義
7	《説文繫傳》	南唐（974以前）	40	小學類	77	音、義
8	《切韻》系韻書	隋、唐、宋（601—1008）	5	小學類	50	形、義

　　上表顯示，《字書》的訓釋内容有形義、形音和形音義三類，不同的文獻所引《字書》的訓釋内容不同。爲什麽會有這種差異？我們認爲，引用《字書》的文獻雖有文體差異，但訓釋内容的差異不像引用者刻意選擇所致。也就是説，這些差異是《字書》内容的真實反映。我們由此推測：輯自上述文獻的《字書》佚文可能並不屬於同一文獻。⑥如果這一推測成立，那麽，本書將所輯佚文按《説文》“分別部居”體例排列、匯爲一編的做法就不免武斷。但這樣處理，便於

---

　　①　玄應《音義》的成書年代，學界有不同觀點，我們采用的是日本學者神田喜一郎《緇流的兩大小學家》中的説法。參徐時儀《玄應和慧琳〈一切經音義〉研究》，世紀出版集團、上海人民出版社2009年版，第33—35頁。

　　②　苗昱：《〈華嚴音義〉研究》，博士學位論文，蘇州大學，2005年。

　　③　徐時儀：《玄應和慧琳〈一切經音義〉研究》，世紀出版集團、上海人民出版社2009年版，第94頁。

　　④　梁曉虹、徐時儀、陳五雲：《佛經音義與漢語詞彙研究》，商務印書館2005年版，第48頁。

　　⑤　周勛初：《唐鈔文選集注彙存·前言》，上海古籍出版社2000年版，第3頁。

　　⑥　《隋志》著錄的《字書》有兩種，所輯《字書》佚文是否對應《隋志》所載兩種，目前存疑。

資料整理、利用。在討論相關問題時，我們籠統地使用"《字書》"而不加限定，也是不得已之舉。

（八）其他幾種宋元文獻中的《字書》

這裏簡要考察遼行均《龍龕手鏡》、金韓孝彦、韓道昭《四聲篇海》、韓道昭《五音集韻》、邢準《新修玉篇》、元黄公紹《韻會》和元戴侗《六書故》等六種小學類文獻引《字書》的情況。這些文獻，所引《字書》佚文往往與前代文獻所引相同，具有明顯的轉引特徵。判斷這些文獻中的"字書"爲特指的方法與上文所敘相同，這裏不再討論。①

1. 《龍龕手鏡》中的《字書》

行均《龍龕手鏡》成書於 997 年之前。宋沈括《夢溪筆談》第十五卷："幽州僧行均集佛書中字爲切韻訓詁，凡十六萬字，分四卷，號《龍龕手鏡》。燕僧智光爲之序，甚有詞辯，契丹重熙二年集。契丹書禁甚嚴，傳入中國者法皆死。熙寧中有人自虜中得之，入傅欽之家。蒲傳正帥浙西，取以鏤板，其序末舊云'重熙二年五月序'，蒲公削去之。"② 契丹重熙二年爲公元 1033 年。鄭賢章説："行均精通音韻、文字之學，在當時的遼國是很有影響的僧人，於遼聖宗統和十五年（宋太宗至道三年，公元 997 年）前寫成《龍龕》一書。"③ 據此，《龍龕手鏡》成書成書略早於《廣韻》，其傳入中原或南方（浙西）則是北宋熙寧（1068—1077）間。

《龍龕手鏡》引《字書》共 3 條："啟"、"驟"見於慧琳《音

---

① 其他注釋類文獻，如南宋呂祖謙《呂氏家塾讀詩記》、《古易音訓》（《周易會通》）、胡三省《資治通鑒音注》、《通鑑釋文辯誤》、郭知達《九家集注杜詩》、元許謙《詩集傳名物鈔》等文獻，亦參照上述原則斷定其中的"字書"爲特指。

② 沈括：《夢溪筆談》，上海世紀出版股份有限公司、上海書店出版社 2009 年版，第 132 頁。

③ 鄭賢章：《龍龕手鏡研究》，湖南師範大學出版社 2004 年版，第 3 頁。

義》，"齉" 見於《廣韻》。《龍龕手鏡》引用《字書》佚文不多，且均見於其他文獻。行均可能未見到《字書》，①或所見爲殘缺《字書》，當然，也可能如《廣韻》略去 "字書"，真實情況如何，目前只能存疑。

2. 《爾雅翼》中的《字書》

《爾雅翼》成書於南宋前期。《四庫提要》："《爾雅翼》三十二卷，宋羅願撰，元洪焱祖音釋。願字端良，歙縣人，孝宗時爲鄂州守。……是書卷端有願自序，及王應麟序後有方迴及焱祖跋語。應麟序謂 '以淳熙庚午刻之郡齋'，……其書考據精博，在陸佃《埤雅》之上。應麟序稱其 '即物精思，體用相涵，本末靡遺'，非溢美也。" 淳熙（1174—1189）爲孝宗趙眘年號。

《爾雅翼》引《字書》共 6 條，内容包括：（1）説明異體。如 "《字書》粲或作茵。"（2）註明讀音。如 "《字書》：犛，莫支反。"②（3）釋義。如 "蟠"。三十餘卷的《爾雅翼》引《字書》僅寥寥數條，其中或與他書所引相同，或與他書切語一致，説明内容多屬轉引。

3. 《新修玉篇》中的《字書》

《新修玉篇》三十卷，金邢準撰，成書於公元 1184 年，屬南宋（1127—1279）前期文獻。魏現軍説："公元 1130 年左右，金人王太以《玉篇》爲基礎類集八書，'推而廣之' 成《增廣類玉篇海》。其後祕祥等八人於公元 1164 年重修《增廣類玉篇海》。公元 1184 年，邢準又在祕祥等人的基礎上 '纂音引証' 成《新修纂音引証群籍玉篇》。"③可見，《新修玉篇》與《玉篇》存在密切關係。

---

① 契丹嚴禁書籍傳入中國（中原），是否也禁中國書籍傳入遼國？筆者未考。行均與希麟同爲北方僧人，兩人生活時代相近，其著述所見《字書》情況卻頗不相同，其原因何在，不得而知。

② 《玉篇·犛部》："犛，莫交切，獸如牛而尾長名曰犛牛，又力之切。"《廣韻》平聲咍韻："犛，落哀切，關西有長尾牛，又音嫠，音茅。"《廣韻》平聲肴韻："犛，莫交切，牛名，又力之切。"《爾雅翼》引《字書》"莫支反" 疑爲 "莫交反" 之誤。

③ 魏現軍：《〈新修纂音引證群籍玉篇〉之〈玉篇〉藍本考》，《暨南學報》（哲學社會科學版）2011 年第 3 期。

《新修玉篇》中《字書》出現 45 次。① 兩點需要注意：（1）有的字重複出現，如"龕"既見於《瓦部》，也見於《龍部》，可見其編纂之疏。（2）45 例《字書》與《廣韻》所引完全一致，有的同時見於其他文獻：20 例與《玉篇》所引相同，25 例與《五音集韻》所引相同。如"䴤"字說解所引《字書》，同時見於《廣韻》、《五音集韻》、《通鑑釋文辯誤》、《韻會》等文獻，邢準可能未見《字書》。

4.《五音集韻》中的《字書》

韓道昭《五音集韻》，成書於金章宗泰和八年，即公元 1208 年（南宋甯宗嘉定元年），② 屬南宋中期。《四庫提要》："《五音集韻》十五卷，金韓道昭撰，道昭字伯暉，真定松水人。……所收之字，大抵以《廣韻》爲藍本，而增入之字則以《集韻》爲藍本。"

《五音集韻》有《字書》32 條，均見於前代文獻：除了"鬤（髿）"字，其餘均與《廣韻》所引《字書》相同（《玉篇》"鬤"下亦引《字書》）。或見於《原本玉篇》如"斟"；或見於《經典釋文》如"袧"；或見於《説文繫傳》如"龕"；或見於唐五代韻書如"轀"；或見於《玉篇》如"楝"；或見於《通鑑釋文辯誤》如"䴤"；或見於《龍龕手鏡》如"龕"。據此推測，南宋中期的金人韓道昭可能也未見到《字書》。

5.《六書故》中的《字書》

《四庫提要》："《六書故》三十三卷，宋戴侗撰。考《姓譜》，侗字仲達，永嘉人，淳祐中登進士第，由國子監簿守台州。德祐初，由秘書郎遷軍器少監，辭疾不起。其所終則莫之詳矣。"淳祐，南宋理宗趙昀年號（1241—1252），德祐，恭帝趙㬎年號（1275—1276）。黨懷興説："宋末元初學者戴侗因爲《六書故》一書，在中國文字學史上成了一個有爭議的人物。有極力詆毀的，……極力推崇的，如今人著名文字學唐蘭先生所説：'由宋以來，文字學上的改革，到他是集大成了，他的解釋有些地方實勝過《説文》。''對於文字的説解，

---

① 《新修玉篇》引《字書》與《廣韻》所引相同，在"匯編"中的相關佚文後，只標注《廣韻》出處。

② 何九盈：《中國語言學史》，廣東教育出版社 2000 年版，第 128 頁。

是許慎以後惟一值得在文字學史推舉的.'"① 吳澤順説:"以文字訓詁而論,宋末元初的戴侗可以説是自許慎、鄭玄至干嘉學派一千多年間承上啓下的一個重要人物."② 戴侗在文字學史上有較高地位。

《六書故》引《説文》3161 條,《類篇》145 條,《集韻》16 條,《字林》3 條,《字書》4 條。《字書》條資料中,捨、衳與《釋文》引《字書》相同,"滿爰"與《繫傳》引《字書》相同,𣂏(權)與《釋名》相同。據此推測,《六書故》中的《字書》主要轉引自前代文獻,元初的戴侗未見《字書》。

6.《韻會》中的《字書》

《韻會》成書在元初。《四庫提要》曰:"《古今韻會舉要》三十卷,元熊忠撰,忠字子忠,昭武人。……惟其援引浩博,足資考證,而一字一句必舉所本,無臆斷偽撰之處。"趙誠説,元人黄公紹於至元二十九年(1292)以前撰《古今韻會》,與黄氏同時的熊忠在其基礎上"删繁舉要,補收闕遺",於大德元年(1297)改編而成《古今韻會舉要》。③

《韻會》"必舉所本",説明其資料的可靠性。段玉裁校注《説文》,多次徵引《韻會》。《説文·雨部》:"霓,屈虹青赤或白色。"段注:"'或'字陸德明作'也一曰'三字,非也。《韻會》'白'下無'色'字是也。"《乙部》:"孔,通也。嘉美之也。"段注:"(嘉美之也)各本無此四字,由淺人謂與下復而删之,今依《韻會》補。"段君信據《韻會》,還與《韻會》跟小徐本《説文》的密切聯繫有關:《説文·女部》:"婢,女之卑者也。從女卑,卑亦聲。""卑亦聲"下段注:"據《韻會》、小徐無此三字。""瀘"下段注:"依《韻會》所據小徐本訂。""續"下段注:"四字依《韻會》補。今所傳小徐《繫傳》本此卷全闕,黄氏作《韻會》時所見尚完,知小徐本有此四字也""縷"下段注:"今依《韻會》正,《韻會》用小徐本

---

① 黨懷興:《論戴侗的説文解字研究》,《陝西師範大學學報》(哲學社會科學版)2001 年第 3 期。

② 吳澤順:《戴侗的充類説》,《語言研究》2004 年第 1 期。

③ 趙誠:《中國古代韻書》,中華書局 1991 年版,第 70 頁。

也”。

《韻會》在34個字的訓釋中引用了《字書》。其中23例與《説文繫傳》引《字書》相同或相近，[①] 其餘則與《一切經音義》、《經典釋文》、《後漢書注》、《史記集解序索隱》、《左傳疏》、《廣韻》、《五音集韻》、《通鑑釋文辯誤》等文獻所引《字書》相同或相近，不見於其他文獻引用的只有“憤”、“灩”兩條。這表明，《韻會》中的《字書》主要屬於轉引。

《韻會》“凡例·義例”説：“今每字必以《説文》定著初義，其一字而數義者，《廣韻》、《玉篇》、《爾雅》、《説文》、《字書》、《釋名》以次增入，其經史訓釋義異者，皆援引出處本文。”似乎説明撰者見過《字書》。但是，如果撰者見過《字書》，爲何其中絶大部分《字書》資料都與他書引用相同？我們認爲，《韻會》撰者沒有見過《字書》，即使見過也不是完整的《字書》。

這6種文獻，時跨宋元，地兼南北，據其所引《字書》來看，編纂者很可能未見到《字書》或未見到完整的《字書》，也就是説，南宋以後出現的小學類文獻雖有《字書》，但主要屬於轉引。[②]

綜上所述，現就《字書》的相關問題歸納如下：

---

① 相近是指：或形近相混，如“枓”，《繫傳》引作“斗有柄”，《韻會》引作“木有柄”；或傳刻奪衍，如“楛”，《繫傳》引作“楛，堅木也”，《韻會》引作“楛，堅木也，一曰械也”。又如吳、羿、竹等字，雖未見《繫傳》引《字書》，但《韻會》所引《字書》内容與徐鍇的按語相近。這説明《繫傳》也有據《字書》而不言《字書》、引《字書》而有奪誤的情況。

② 北宋王觀國《學林》引“字書”數十次，引文獻也往往稱具體書名。如卷五“巫覡”：“《國語》、《説文》、《漢書郊祀志》、鄭康成注《周禮》、注《禮記》、《集韻》、《類篇》皆云：在男曰覡，在女曰巫。《玉篇》、《廣韻》皆云：在男曰巫，在女曰覡。”《學林》引《説文》81條、《玉篇》57條、《廣韻》113條、《廣雅》1條（《博雅》1條）、《集韻》9條、《字林》1條、《字書》82條、《類篇》3條，其中“字書”似屬特稱，但它引“字書”、《説文》、《字林》的比重極不相稱，引《字林》僅引1次。《學林》中的“字書”收字按四聲編排，内容有釋義、注音，釋義有多義項，注音用直音和反切，並出又音，這些都是《廣韻》的特點。我們以《學林》所引“字書”（二十條）與《廣韻》的相應條目進行了比勘，二者往往相同或相近。據此，《學林》所謂“字書”可能指《廣韻》，所以其中“字書”不在輯佚之列。

1. 通過系列個案討論來觀察《字書》的内容、體例，是我們研究《字書》的新視角和突出特點，《字書》的若干問題可以借此看得更加清晰，也有助於對相關問題的進一步討論。

2. 我們輯自不同文獻的佚文可能並不屬於同一字書，但根據所輯佚文還難以明確地將其分屬於不同的字書。討論過程中，我們只得簡單、籠統地稱《字書》，而無法稱 A《字書》或 B《字書》甚至 C《字書》。因此，本書將所輯佚文按《説文》"分別部居"體例排列、匯爲一編的做法或有失武斷。但這樣處理，便於從整體上瞭解和利用《字書》資料。

3. 《字書》佚文的異體非常豐富，包括了古、籀、篆、楷、正、俗諸體，但不同文獻所引《字書》的情況有所不同。《原本玉篇》所據《字書》具有雅俗並重的收字特點，既采録了《説文》失收的古雅之字，也反映了中古時期俗字大量産生的事實，《字書》具有求全求備的特點。誠如劉葉秋所説："晉與南北朝通行的字書，多收後起字和異體，不排斥通俗的用法。"① 前代學者稱《字書》爲 "大抵鈔諸家字學之書以便日用" 之作，其持論或有偏差。

4. 不同文獻中的《字書》，其訓釋内容有所不同：或僅有義訓，或形義兼釋，或形、音、義備舉，爲什麽會有這種差異？我們認爲，一是如前文指出的，不同文獻中的《字書》佚文可能本來就不屬於同一字書；一是不同文獻取資於《字書》的内容可能有側重，比如，《玉篇》是字書，自然形、義並重，《文選注》是訓詁文獻，所以更側重義訓。《字書》釋義表現出通俗化特點。

5. 《字書》收釋了一批雙音詞，個别佚文説解顯示，其對聯緜詞的訓釋方式與《説文》相同。

6. 《字書》收釋大量多義詞，但《字書》佚文後所列多個義項往往難以確定其歸屬，義項是否確屬《字書》，有賴相關文獻佐證，利用時需要注意。

7. 《字書》是《玉篇》、《切韻》（《廣韻》）等小學類字典辭書

---

① 劉葉秋：《中國字典史略》，中華書局 1992 年版，第 69—70 頁。

收字、釋義的重要依據，也是佛經《音義》、《文選注》等古籍注解的重要依據，甚至是《漢語大詞典》等現代重要辭書詞條立項和釋義的唯一書証，《字書》在我國古代辭書史上有著廣泛而深遠的影響，甚至影響到古代日本的辭書編纂。

8.《字書》在多種文獻中存在"實存名亡"的情況。《字書》在《切韻》系文獻中的存佚表明，《字書》不僅在文獻輯佚和古籍整理方面具有非常重要的價值，還可以通過它的存佚、隱現觀察有關古書傳播、修訂的某些特點。

9. 據目前的輯佚成果，我們仍然不能確定《字書》的作者、成書時間、内容、體例等重要信息。許啓峰説："《字書》原書的條目應由字頭、音注、字形分析、釋義四個部分組成。采用直音、反切共存；聲訓、形訓、義訓並用的注釋方法。……全書編排也似以《説文》540 部首的順序編排。"① 果真如此，呈現於我們面前的就是一部内容完整、體例清晰的《字書》。但從我們的系列個案考察來看，可以證實曾經存在這樣一部《字書》的材料還不夠。我們所做的工作，主要是輯到了更多的佚文，利用所輯對相關問題進行了討論。

10.《字書》——無論一種還是兩種，其散佚時間當始於兩宋之際或更早，而最終的亡佚應在宋元之際。

---

① 許啓峰：《〈字書〉研究》，碩士學位論文，上海師範大學，2008 年。

四 《字書》和《字林》

　　《字書》曾被懷疑是《字林》。錢大昕《十駕齋養新錄》卷三"陸氏釋文多俗字"條説："陸氏所稱《字書》，不審何人作，以《爾雅釋文》證之，蓋吕忱《字林》也。"① 馬敘倫《説文解字六書疏證》卷二十五在《説文》"綌，粗葛也。……帤，綌或從巾"下説："按高山寺《玉篇》不引此而有綌字。字書亦綌字也。疑綌爲帤訛，《字書》蓋謂《字林》。"② 就前賢提出的問題，我曾進行過討論，認爲《原本玉篇》、《經典釋文》中的"字書"即吕忱的《字林》，"《字書》與《字林》同實異名"。③ 之後，王華權提出了不同的觀點，他認爲《字書》和《字林》應"視爲兩種不同的字書"。④ 多年來，我一直在檢討自己之前的結論，對相關資料進行了整理，認爲自己的觀點存在問題。現在再來討論這個問題，是想提出我們回答問題的思路，擺出更多的資料，供進一步研究參考：一方面，明確《字書》作爲特指字書的存在，《字書》非《字林》；一方面，指出存在《字書》《字林》相混的情況。

---

① 陳文和主編：《嘉定錢大昕全集》（柒），江蘇古籍出版社 1997 年版，第 77 頁。
② 古文字編纂委員會：《古文字詁林》（第 9 册），上海世紀出版集團、上海教育出版社 2004 年版，第 1249 頁。《玉篇》"綌"下未見或體"帤"。
③ 徐前師：《唐寫本玉篇校段注本説文》，上海古籍出版社 2008 年版，第 263—269 頁；徐前師：《唐寫本〈玉篇〉中的〈字書〉》，《湖南科技大學學報》2007 年第 4 期。
④ 王華權：《〈字書〉非〈字林〉考》，《湖南科技學院學報》2009 年第 5 期。

（一）《字書》非《字林》的證據

1. 史志所載説明《字書》非《字林》

《隋書·經籍志》曰：“《字林》七卷，晋弦令吕忱撰。……《古今字書》十卷，《字書》三卷，《字書》十卷。”① 《舊唐書·經籍》：“《字林》十卷，吕忱撰，……《字書》十卷。”② 《新唐書·藝文志》：“《字書》十卷。”③ 鄭樵《通誌》卷六十四《藝文略》第二：“《字林》七卷，晋弦令吕忱；《字林音義》五卷，宋揚州督護吴恭，《古今字書》十卷，《字書》十卷。”④ 文獻著録的《字書》有兩種，卷數不一，且不見撰人、體例和成書時間等信息，説明有關《字書》的一些重要信息在當時就有缺失，這也是後人質疑的重要原因。但《字書》和《字林》在同一語境出現，則説明《字書》非《字林》。

2. 引用方式説明《字書》非《字林》

如果某種文獻《字書》與《字林》並舉，就説明《字書》非《字林》。我們在《經典釋文》、佛經《音義》裏見過《字書》、《字林》並舉的例子，這裏再舉數例（其中兩例亦見於王華權所舉）：

玄應《大方廣佛華嚴經音義》（C056/0814a）“踰摩”：“《字書》作逾，同庾俱反，《字林》：踰，越也。《廣雅》：度也。”

慧琳《阿毘達磨顯宗論音義》（T54/0773b）：“鷗：齒之反。《字書》云：鷗，鳶屬也。《字林》、《字統》並云：鷗鳥也，鷗謂鶬鷗也。”

慧琳《大般若波羅蜜多經音義》（T54/0337b）：“模：莫胡反。《字林》云：模，法也。字從木莫聲。《考聲》云：摸形也，規模也。《字書》云：模，樣也。”

---

① 魏征、令狐德棻：《隋書》，中華書局1973年版，第943頁。
② 劉昫等：《舊唐書》，中華書局1975年版，第1984—1985頁。
③ 歐陽修、宋祁：《新唐書》，中華書局1975年版，第1449頁。
④ 鄭樵：《通誌》，中華書局1987年版，第768頁。

慧琳《妙法蓮花經序品音義》第一（T54/0487a）："揳，充世反。《字林》：拽也。《字書》：牽也。"

希麟《根本説一切有部毘奈耶破僧事續音義》（T54/0972a）："黕，都感反。《字書》：滓垢也。《字林》：黑色也。"

同一語境裏《字書》、《字林》並舉，説明《字書》非《字林》。又如：

玄應《大般涅槃經音義》（C056/0838b）："咄，《字林》：丁兀反，《説文》：咄，相謂也。《字書》：咄，叱也。"

玄應《四分律音義》（C056/1023c）："咄：丁兀反，《字林》：咄，相謂也。《字書》：咄，叱也。"

玄應《阿毗達磨俱舍論音義》（C057/0113b）："咄哉，都机反，《字林》：咄，相訶也。《字書》：咄，叱也。"按：慧琳《音義》（T54/0764b）："咄哉，都机反，《字林》：咄，相謂也。《字書》：咄，叱也。"

玄應《阿毗達磨順正理論音義》（T54/0770a）："染污紆鈺：烏故、烏胡二反，《字書》：污，塗也。《字林》：污，穢也。"

玄應《摩訶般若波羅蜜經音義》（T54/0359c）："不汙，烏故、烏莝二反，《字林》：汙，穢也。《字書》：汙，塗也。《釋名》云：汙，洿也，如洿泥也。"

這些例子説明，《字書》與《字林》非同一文獻，證明了中國語言學史上這一特定字書的存在。

《經典釋文》中《字書》、《字林》並舉共 6 例，備舉如下：

黏：女廉反，《字林》云：相着也。《字書》云：糊也。（《釋言釋文》）

麃：《字書》作穮，同方遥反，耘也。《字林》云：耕禾間也。……《説文》云：穮，耨鋤田也。（《釋訓釋文》）

鎛：音博，《字林》云：匹各反，又音薄。《字書》云：大鐘也。（《釋樂釋文》）

康：孫、郭如字。《字書》、《埤蒼》作䢵，音同。李本作光，《字林》作瓿，口光反。（《釋器釋文》）

魚：如字，《字書》作騶。《字林》作睱，音並同。（《詩・駉釋文》）

脆：七歲反，舊作脺，誤。劉清劣反，或倉没反，《字書》無此字，但有膬字，……沈云：《字林》有脺，音卒。（《小宗伯釋文》）

例子雖不多，但説明《釋文》並没有把《字書》混同於《字林》。所以，錢大昕"以《爾雅釋文》証之"而得出《字書》即呂忱《字林》的結論不可靠。《釋文》所引《字書》不是《字林》，而是另一特指的字書。

3. 義訓説明《字書》非《字林》

我們以《字書》、《字林》輯佚成果爲據，從訓釋异同情況來考察二者的關係。

據統計，任大椿所輯《字林》佚文"約一千五百條"，[1] 或1502條，[2] 陶方琦《字林考逸補本》一卷，佚文199條，其中3條與任輯重複，二者相加，《字林》佚文共1701條，另有統計，任、陶二氏所輯《字林》佚文共1681條。[3]《字書》有前賢的輯佚，又有我們的新輯，獲《字書》佚文共1993條。《字書》、《字林》佚文數大致相當。

任輯《字林》佚文有義訓，有音注。簡啓賢經過"甄别、取舍"，確定可"用於考察《字林》音系的有效音注共745個，其中直音116個，反切629個"，[4] "有效"音注材料約占《字林》佚文總數之半，而《字書》近2000條佚文材料中，音注材料所占比重很小，有些文獻中的《字書》還不見注音内容。據此判斷，《字書》和《字林》亦非同一文獻。

《字書》與任輯《字林》共有的佚文字頭201個，其訓釋往往不同。如（a項爲《字書》，b項爲《字林》）：

a：熙：許其反。《字書》云：和也。《切韻》：敬也，養也。（希

---

① 簡啓賢：《〈字林〉音注研究》，巴蜀書社2003年版，第21頁。

② 郎晶晶：《〈字林〉研究》，碩士學位論文，上海師範大學，2007年。

③ 萬久富：《〈字林〉的流傳及其在中國語言學史上的價值》，《古籍整理研究學刊》2001年第5期。

④ 簡啓賢：《〈字林〉音注研究》，巴蜀書社2003年版，第47頁。

麟《續音義》，T54/0950a)

b：熙：歡笑也。(《列子·力命篇注》，(《列子集釋》第 194 頁)

a：蛘：羊掌反。……《字書》云：瘡肉中蟲行也。或從手作撨，發動也。《説文》：搔蛘也。(慧琳《音義》，T54/0662b)

b：蛘：弋丈反，搔蛘也，北燕人謂蚍蜉曰蟻蛘。(《釋蟲釋文》第 1690 頁)

對比顯示：(1)《字林》只有字頭而無訓釋内容 24 例。(2)《字書》只有字頭而無訓釋内容 33 例。(3) 均有訓釋内容的共有字頭 144 個，其中訓釋内容相同 16 個，約占共有字頭總數 11%，訓釋内容不同 128 個 (其中，有同有異 10 例)，約占共有字頭總數 89%。可見，從共有佚文的訓釋异同來看，差异占絶對優勢。據此判斷，《字書》和《字林》非同一文獻。

(二) 令人質疑的幾種文獻

《字書》非《字林》已如前述。但是，我們也注意到讓人懷疑《字書》即《字林》、《字書》和《字林》相混的一些情况。

1. 《原本玉篇》引《字書》而不見引《字林》

馬敍倫懷疑藏於日本高山寺《玉篇》中的 "《字書》蓋謂《字林》"，懷疑的理由是什麽，不得而知。但高山寺《玉篇》(亦即《原本玉篇》) 引《字書》而未引《字林》却是值得注意的事實。

《原本玉篇》雖屬殘卷，内容約爲原書八分之一，但仍有多個部保存完整，如《食部》、《糸部》、《山部》、《石部》等收字較多、引《字書》較多的部都完整無缺。這有助於我們瞭解《玉篇》原貌，也可避免因爲文本殘缺而無法窺其引書規律的遺憾。《原本玉篇》引用《爾雅》、《説文》、《方言》、《廣雅》、《聲類》等小學類文獻都具體稱書名，其所稱 "字書" 也應是具體書名，即所稱 "字書" 爲特指。《原本玉篇》在 361 個字的説解中引用了《字書》，《字書》佚文 562 個，可見《玉篇》原本引用《字書》的比率相當高。這些情況表明，《原本玉篇》引書情況可以反映《玉篇》原本引書的特點。

《字林》是繼《説文》之後頗具影響的字書，任大椿《字林考逸·序》説："今字書傳世者莫古於《説文》、《玉篇》，而《字林》實承《説文》之緒，開《玉篇》之先。《字林》不傳，則自許氏以後、顧氏以前，六書相傳之脈中闕弗續。"在形系字書中，《字林》起著重要的承傳作用。張參《五經文字·序例》："後有呂忱，又集《説文》之所漏略，著《字林》五篇以補之。今制，國子監置書學博士，立《説文》、《石經》、《字林》之學。"據《唐六典》，唐代科舉考試要考《説文》六帖，《字林》四帖，[①] 周祖謨説："呂忱的《字林》是根據《説文》來作的。在唐以前《説文》和《字林》總是相提並論。"[②] 趙振鐸先生也指出："《字林》在六朝隋唐時期很受人們重視，它常與《説文》相提並論，並屢見稱引。"[③] 這説明，六朝至隋唐，《字林》的影響非常大，從成書時間及影響來看，顧野王都應該見過《字林》、引用《字林》。然而，《原本玉篇》却未見《字林》。

檢今本《玉篇》，僅《土部》"垁"和《耳部》"聧"二字説解引用了《字林》。遺憾的是，《原本玉篇》的《土部》和《耳部》缺失，兩處《字林》是顧書原有還是修訂時所增，不得而知。如果是修訂時所增，説明《玉篇》原本根本就没有引"字林"，修訂所增的數量也極有限，這與《字林》在當時的影響極不相稱，野王或修訂者似乎都有排斥或迴避《字林》的傾向。

我們推測，《原本玉篇》不見《字林》有幾種可能：（1）野王引用或參考了《字林》內容，但未標明"字林"。如果這樣，其原因不得而知。（2）野王引用了《字林》，却將其稱爲《字書》。如果是這樣，則與其引用《爾雅》、《説文》、《方言》、《廣雅》、《聲類》等字

---

① 濮之珍：《中國語言學史》，上海古籍出版社 1987 年版，第 175 頁。

② 周祖謨：《問學集》，中華書局 1966 年版，第 718 頁。

③ 趙振鐸：《中國語言學史》，河北教育出版社 2000 年版，第 194 頁。

書而如實稱名的做法相悖。(3) 野王引用了《字林》，也引用了《字書》，① 而修訂者將其統稱爲《字書》，但這於理說不通，爲什麼只改稱《字林》而不改稱《爾雅》、《説文》等書？目前所能明確的是，《原本玉篇》所稱《字書》應爲特指，但是否特指《字林》，則有待進一步考證。如果《原本玉篇》所稱《字書》不是《字林》，那麼它是史志所載十卷本《字書》還是三卷本《字書》，或是兼而有之，也有待考證。

2. 《字書》、《字林》有相同的訓釋

前面我們例舉了《字書》、《字林》共有佚文訓釋以差異爲主的情況，但另一方面，也存在同一佚文在不同語境或同一文獻的不同版本裏，《字書》、《字林》訓釋相同的情況。如：

a：璣：居衣反，《説文》：珠之不圓者也。《字書》：一曰小珠也。”（《禹貢釋文》、《長楊賦注》、玄應《音義》C056/0854c、T54/0357a）

b：璣：居沂、渠氣二反，《説文》：珠之不圓者也。《字林》：小珠也。（慧琳《音義》T54/0614b）

a：《字書》曰：鄂，直言也。（日藏《長笛賦注》）

b：《字林》曰：鄂，直言也。（通行本《長笛賦注》）

a：《字書》：擠，排也。（日藏《長門賦注》）

b：《字林》曰：擠，排也。（通行本《長門賦注》）

這種情況，可能是《字書》據《字林》或《字林》據《字書》、或二者所據爲同一文獻訓釋所致，也可能是傳鈔失誤或引用者的隨意性所致。不論什麼原因，這種情況都會讓人產生對《字書》的懷疑。

3. 同一內容，出處或爲《字書》，或爲他書

同一內容，出處或爲《字書》，或爲他書，那麼，該“字書”就值得懷疑。如：

a：斣，斣斣，兵奪人物。出《字書》。（《廣韻》上聲厚韻）

b：斣，斣斣，兵奪人物。出《新字林》。（《廣韻》上聲厚韻）

---

① 前舉《玉篇·土部》“圬”字說解引《字林》，下一字頭“堵”字說解引《字書》。

《字書》和《新字林》是各自爲書，還是引用或傳鈔有誤，令人質疑。① 又如：

a：詶，居宥反，《字書》或救字也，救，止也，禁也，助也，在《攴部》。（《原本玉篇》）

b：詶，居宥切，《文字音義》云：止也，禁也，助也。（《玉篇·言部》）

《原本玉篇》中爲《字書》，今本《玉篇》中却爲《文字音義》。是本來各自爲書，還是修訂出現的問題，也令人疑惑。許啓峰稱這種現象爲"互現"。他説："《玄應音義》大致分成兩個系統：麗藏系統和磧砂藏系統，各本内容有所不同，《字林》《字書》有時會出現交互的現象，如：《玄應音義》卷十六《薩婆多毗尼毗婆沙》第九卷釋'嚼食'條，麗藏本：'自略反。廣雅：嚼，茹也。字書：咀也。亦即嚼嚼也。' 磧砂藏本：'自略反。廣雅：嚼，茹也。字林：咀也。咀，才與反。亦即嚼嚼也。' 磧砂藏本爲《字林》，麗藏本、大治本爲《字書》，慧琳大正藏本亦爲《字書》。"② 顯然，據我們所舉的例子，《字書》《字林》的互現不限於佛經音義，讓人懷疑所引《字書》即《字林》的文獻也不限於《玉篇》和《釋文》。

4. 附有"字書"的文獻

有的文獻有"字書"字樣，是否與《字書》有聯繫，不敢遽斷：

（1）《字書音義》。慧琳《大般若波羅蜜多經音義》第四百五十九（T54/0339b）："塊，苦悔反，《字書音義》云：土塊也。"

（2）俗字書。宋元照《四分律含注戒本疏行宗記四下之一》（X40/0127a）："沐：如俗字書：濯頭曰沐。"當作"俗《字書》"還是"《俗字書》，存疑。

---

① 明顧起元《説畧》（文淵閣本）卷十五："吕忱《字林》、陸該《字林》、葛洪《字苑》。"按：《廣韻》"《新字林》"出現11次，如：平聲模韻"鄌"、上聲止韻"紕"、上聲蕩韻"䁅"、去聲眞韻"翩"、入聲末韻"跊"、入聲藥韻"䠠"、入聲麥韻"䩉"、入聲麥韻"膌"、入聲怗韻"鮎"等字説解中引《新字林》。又有"陸氏《字林》"，平聲侯韻："摗，摗摗，取也。出陸氏《字林》。"

② 許啓峰：《〈字書〉研究》，碩士學位論文，上海師範大學，2008年。

（3）字書釋名。賓作《四分律疏飾宗義記四分律》（X42/
0263b）："文言'行縢'者，亦名'行纏'也。字書釋名云：言以裹
脚可跳騰，輕便也。"當作"字書《釋名》"還是"《字書》《釋
名》"，存疑。①

（4）字書引《廣雅》。希麟《根本説一切有部毗奈耶破僧事續音
義》卷第十（T54/0973a）："樣：音羊。《廣雅》云：槌也。字書引
《廣雅》作椎字。"當作"字書引《廣雅》"還是"《字書》引《廣
雅》"，亦存疑。② 宋有嚴《止觀輔行傳弘決助覽》卷第十二（X55/
0903c）："《埤蒼》，上音啤③，《字書》云：魏張揖撰，三卷，文曰
"埤蒼"，謂埤於《蒼頡》也。"此"《字書》"晚於《埤蒼》。

總之，《字書》和《字林》非同一文獻，但在大量引用它們的文
獻裏，可能存在名爲《字書》而實爲《字林》，或名爲《字林》而實
爲《字書》的情況，甚至不排除互相混淆或個別屬於泛指的情況。關
於《字書》，疑信共存，真相之明，有待達者董理之。

---

① 慧琳《四分律音義》第四十卷（T54/0703c）"行縢"："徒登反，《禮記》注云：
幅行縢也，江南廝役者有此物，亦謂之行纏。《釋名》云：以裹脚可跳騰輕便也。"
② 《廣韻》平聲陽韻："樣：《廣雅》云：樣，槌也。"
③ 啤，《大正藏》註明作"睥"。

五 《字書》與《説文》"新附"

在從梁代到唐宋的數百年裏，《字書》被多種文獻引用，這是它廣泛傳播的過程。這個過程與《説文》"新附"的出現有很長時間的重合，《説文》"新附"與《字書》是否存在聯繫，我們試加探討。

(一)《説文》"新附"的來源

《説文》"新附"共 402 字。清代以來，研究"新附"者有多家，① 鈕樹玉《説文新附考》六卷、《續考》一卷，我們所據爲南京圖書館藏清嘉慶六年非石居刻本即《續修四庫》（第 213 册）影印所據本，鄭珍《説文新附考》六卷，我們所據爲上海辭書出版社圖書館藏清光緒五年姚氏刻咫進齋叢書本即《續修四庫》（第 223 册）影印所據本，近人黃侃也有"新附"研究成果。② 近年來，猶有不少學者繼續關注《説文》"新附"。③

關於"新附"的來源，學界主要有以下幾種觀點：

（1）唐人所見《説文》有"新附"。嚴可均説："那四百零二字

---

① 何瑞：《宋本〈玉篇〉與〈説文解字〉新附字比較》，《平頂山學院學報》2007 年第 6 期。

② 黃侃箋識、黃焯編次：《説文箋識四種》，上海古籍出版社 1983 年。

③ 如蓋金香：《〈説文〉新附字研究》，碩士學位論文，山東師範大學，2002 年；陳棣方：《〈説文解字〉新附字研究》，碩士學位論文，蘭州大學，2007 年；羅婷婷：《由〈説文〉新附字構成的聯綿詞考察分析》，《語文學刊》2016 年第 10 期；牛紅玲：《鈕樹玉〈説文新附考〉研究》，碩士學位論文，首都師範大學，2003 年；楊瑞芳：《鄭珍〈説文新附考〉研究》，碩士學位論文，首都師範大學，2003 年。

非出大徐。唐以前之《説文》本已有新附，孫愐修《唐韻》取而散附各韻之後。而新附字間亦有爲許君原本所有而轉寫漏落者。"①

（2）《説文》"新附"爲徐鉉所加。徐鉉等人《上表》説："乃詔取許慎《説文解字》精加詳校，垂憲百代。……復有經典相承傳寫及時俗要用而《説文》不載者，承詔皆附益之。"錢大昕《説文新附考序》："予初讀徐氏書，病其附益字多不典，及見其進表之'復有經典相承及時俗要用而《説文》不載者，承詔皆附益'，乃知所附實出太宗之意。"② 殷韻初《説文》"前言"説徐鉉："凡經典相承及時俗要用之字而本書不載者，皆補録於每部之末，別題曰'新附字'。"

（3）《説文》"新附"爲徐鉉所加，但徐鉉有所依據。孫星衍《重刊宋本説文序》説："唐人引《説文》有在'新附'者，豈鉉有所本與？"③

（4）《説文》"新附"爲後人所加，徐鉉進行了整理。胡秉虔："《説文》新附之字多俗儒不知而妄作者。其正文大概許氏已收。其分列各部之後起於徐鉉"，"新附雖非出於徐氏，亦必起於唐以後，故小徐不録。"④

結合上述諸説，《説文》"新附"爲後人所增而非許君原書所有。所謂"《説文》本已有新附"，當指《説文》"新附"字或見於《説文》正文、唐人所稱《説文》或見於"新附"的情況。

我們根據《説文》內容、體例以及相關信息分析，也可確定"新附"非許君原書所有：（1）許君《説文叙》對所收篆文、重文及説解字數都有統計，其中並無"新附"一項，盡管篆文、重文及説解的統計字數與今本實際字數有出入，但出入不至於多達400餘。⑤

---

① 張其昀：《"説文學"源流考略》，貴州人民出版社1998年版，第313頁。

② 鈕樹玉：《説文新附考》，《續修四庫》（213冊），第93—94頁。

③ 許慎：《説文解字》，中華書局1963年版，第1頁。

④ 蓋金香：《〈説文〉新附字研究》，碩士學位論文，山東師範大學，2002年。

⑤ 《説文叙》"九千三百五十三文，重一千一百六十三"下段注："今依大徐本所載字數覈之，正文九千四百卅一，增多者七十八文，重文千二百七十九，增多者百一十六文。此由列代有沾註者，今難盡爲識別。"

（2）"新附"的附益帶有隨意性：有的部有"新附"，多數部没有。①
而且，從漢代到唐末，無論"經典相承"還是"時俗要用"，可附益
者遠不止402個。（3）"新附"説解與《説文》體例不一致。如《説
文·水部》江河之名諸字，説解語用"某，水，……"形式，按
"連篆讀"體例，當讀作"某，某水，……"，而《水部》"新附"中
的瀘、瀟、瀛、滁等江河名，説解用"某，水名，……"。（4）"新
附"説解内容後於許君。《艸部》"新附"："蒇，《左氏傳》'以蒇陳
事'，杜預注云：'蒇，敕也。'從艸，未詳。"説解引杜預注，顯然
非許君所爲。而且，許書凡引《左傳》稱"《春秋傳》"而不稱"《左
氏傳》"②。（5）徐鍇四十卷《繫傳》未及"新附"，表明小徐不以
"新附"屬許書。（6）徐鉉等人按語明確某字爲後人所加。《示部》
"新附""祚"下曰："臣鉉等曰：……此字後人所加。"所謂"後
人"當指許君以後之人。因此，"新附"非許書原有。

下列"新附"字説解及按語值得我們注意：

《艸部》"新附"："藏，匿也。臣鉉等案：《漢書》通用臧字，從
艸，後人所加。"

《艸部》"新附"："蘸，以物没水也。此蓋俗語，從艸，未詳。"

《牛部》"新附"："犝，無角牛也。從牛童聲。古通用僮。"

《口部》"新附"："唤，評也。從口，奂聲。《漢書》通用奂。"

《口部》"新附"："嘲，謔也。從口朝聲。《漢書》通用啁。"

《此部》"新附"："些，語辭也。見《楚辭》，從此從二，其義
未詳。"

《辵部》"新附"："遐，遠也。從辵，叚聲。臣鉉等曰：或通用
假字。"

---

① 陳棣方："402個新附字分别附於82個部首。"陳棣方：《〈説文解字〉新附字研
究》，碩士學位論文，蘭州大學，2007年。

② 《説文·示部》："祳，社肉。盛之以蜃，故謂之祳。……《春秋傳》曰：'石尚來
歸祳。'"段注："《春秋經》定公十四年文。凡《説文》引《春秋經》皆係諸'傳'，謂
《左氏春秋》有此文也。"又參馬宗霍《説文引經考》，臺灣學生書局，中華民國六十年
（1971），第807頁。

《辵部》"新附"："逍，逍遥，猶翱翔也。從辵，肖聲。臣鉉等案：《詩》只用'消摇'。此二字《字林》所加。"

《齒部》"新附"："齡，年也。從齒，令聲。臣鉉等案《禮記》：夢帝與我九齡。疑通用靈。……若當時有此齡字，則武王豈不達也。蓋後人所加。"

《足部》"新附"："磋，蹉跎，失時也。從足差聲。臣鉉等案：經史通'差池'，此亦後人所加。"

《足部》"新附"："蹙，迫也。從足戚聲。臣鉉等案：李善《文選注》通'蹴'字。"

《言部》"新附"："譜，籍録也。從言，普聲。《史記》從並。"

《音部》"新附"："韻，和也。從音員聲。裴光遠云：古與均同。未知其審。"

《目部》"新附"："眸，目童子也。從目牟聲。《説文》直作牟。"

《刀部》"新附"："劇，尤甚也。從刀，未詳。"

《刀部》"新附"："剎，柱也。從刀，未詳。"

《竹部》"新附"："簃，閣邊小屋也。從竹移聲。《説文》通用㢮。"

《竹部》"新附"："笏，公及士所搢也。……此字後人所加。"

《木部》"新附"："櫂，所以進船也。……《史記》通用濯。"

《林部》"新附"："梵，出自西域釋書，未詳意義。"

《貝部》"新附"："貽，贈遺也。從貝台聲。經典通用詒。"

《日部》"新附"："曆，曆象也。從日厤聲，《史記》通用歷。"

《禾部》"新附"："穩，蹂穀聚也。一曰安也。……古通用安隱。"

《网部》"新附"："罹，心憂也。從网，未詳。古多通用離。"

《人部》"新附"："倜，倜儻，不羈也。從人，從周未詳。"

《人部》"新附"："伺，候望也，從人司聲，……自低已下六字從人，皆後人所加。"

《尸部》"新附"："屢，數也。案今之婁字本是屢空字。此字後人所加，從尸未詳。"

《舟部》"新附"："艅，艅艎，舟名。從舟，余聲。經典通用餘皇。"

《欠部》"新附"："歈，歌也。從欠，俞聲。《切韻》云：'巴歈歌也。'案《史記》：'渝水之人善歌舞，漢高祖采其聲。'後人因加此字。"

《頁部》"新附"："預，安也。案經典通用豫，從頁未詳。"

《髟部》"新附"："髻，緫髮也。從髟，吉聲，古通用結。"

《髟部》"新附"："鬟，緫髮也。從髟，睘聲。案古婦人首飾琢玉爲兩環。此二字（髻、鬟）皆後人所加。"

《山部》"新附"："嶠，山鋭而高也。從山，喬聲，古通用喬。"

《山部》"新附"："崐，崐崘，山名，從山，昆聲。《漢書》、楊雄文通用'崑崘'。"

《山部》"新附"："嵇，山名。……奚氏避難，特造此字，非古。"

《广部》"新附"："廊，東西序也。從广郎聲。《漢書》通用郎。"

《广部》"新附"："廖，人姓。從广，未詳。"

《石部》"新附"："礪，磢也。從石，厲聲。經典通用厲。"

《石部》"新附"："碏，《左氏傳》：衞大夫石碏。《唐韻》云：'敬也。'從石未詳。"

《馬部》"新附"："馱，負物也。從馬，大聲。此俗語也。"

《心部》"新附"："悌，善兄弟也。從心弟聲。經典通用弟。"

《心部》"新附"："懌，説也。……經典通用釋。"

《手部》"新附"："掠，奪取也，從手京聲。本音亮，《唐韻》或作擽。"[1]

《土部》"新附"："境，疆也。從土竟聲。經典通用竟。"

《土部》"新附"："墬，隊也。……古通用磁。"

《土部》"新附"："坊，邑里之名。從土方聲。古通用坒。"

---

[1]　此類即嚴可均所謂"唐以前之《説文》本已有新附，孫愐修《唐韻》取而散附各韻之後"的情況。

《力部》"新附"："勢，盛力權也。……經典通用埶。"

《金部》"新附"："釾，鋋屬。……此字後人所加。"

《車部》"新附"："轍，車迹也。……本通用徹，後人所加。"

上述"新附"說解：或指出"後人所加"，或交待"未詳"，或懷疑（"蓋"）爲俗語、方言，或指出《史》《漢》"通用"、或明確"《字林》所加"，或引用李善《文選注》，或據《切韻》、《唐韻》、裴光遠云云，足以説明"新附"非許書原有，徐鉉所見《説文》已有"新附"。如果説徐鉉"承詔"附益，也應是在已有"新附"基礎上的附益。如《彡部》"新附"共四字，髻、鬟相屬，"鬟"下徐鉉案語説"此二字（髻、鬟）皆後人所加"，二字爲後人所加，那麽，另二字則非後人所加。《人部》"新附""伺"字説解也透露出類似信息。此外，"新附"說解"按語"方式也值得注意：或用"案"，如"預"，或用"臣鉉等案"，如"懋"，或不見"案"，如"貽"，此類現象似亦表明按語不僅是徐鉉等人所爲。

《日知録》卷二十一："《説文》原本次第不可見，今以四聲列者，徐鉉等所定也。切字，鉉等所加也。旁引後儒之言，如杜預、裴光遠、李陽冰之類，亦鉉等加也。又云：'諸家不收，今附之字韻末'者，亦鉉等加也。"顧氏"原注"："'眸'字下云：'《説文》直作牟。'趙宧光曰：'詳此則本書雜出眾人之手審矣，安得不蕪穢也。凡參訂經傳，必以本人名冠之，方不混於前人耳。'"① "眸"見於《目部》"新附"，趙氏"雜出眾人之手"説當包括"新附"。

我們推測，"新附"可能爲唐人所加。唐國子監置書學博士，立《説文》、《石經》、《字林》之學，"《説文》學"由此產生而興盛。這種背景下，出現多種《説文》鈔本，不同鈔本被不同層次的讀者附文、補記、箋注等等，都有可能。徐鉉等人《上表》説："凡傳寫《説文》者皆非其人，故錯亂遺脱，不可盡究。今以集書正副本及群臣家藏者，備加詳考。……復有經典相承傳寫及時俗要用而《説文》

---

① 顧炎武著、黃汝成集釋：《日知録集釋》，嶽麓書社，1994年版，第754—755頁。黃汝成説："顧氏所見以四聲列者，特李燾所編《五音韻譜》耳，非徐鉉等所定也。"

不載者，承詔皆附益之，……陽冰之後諸儒箋述，有可取者亦從附益，猶有未盡，則臣等粗爲訓釋，以成一家之書。《説文》之時未有反切，後人附益，互有異同。”可見，徐鉉之前，《説文》鈔本復雜，①“附益”、箋述者非一，“附益”、箋述的内容有義訓，有音切，附益《説文》未收之字，何足爲怪。經唐人傳鈔、附益，②因而出現《説文》正文與新附相混、“唐人引説文不皆可信”③的情況亦何足爲怪。

　　所以，關於“新附”的來源，我推測來自唐人所附，且非附於一時一人，正如前賢所説，徐鉉所見《説文》已有“新附”。在已有“新附”基礎上，徐鉉“承詔”又有增加，並對“新附”進行過整理。

（二）《字書》與《説文》“新附”

　　《字書》佚文有相當一部分不見於《説文》，也不見於《説文》“新附”。如：

　　跧：巨圓反。《切韻》：屈手也，……《字書》云：跧跼，行不進也。（希麟《續音義》，T54/0951a）師按：《説文·足部》及“新

---

① 《説文·示部》“新附”：“禰，親廟也。從示爾聲。一本云：古文禮禩也。”既言“一本”，説明徐鉉所見《説文》版本非一。版本不同，“新附”亦異。

② 《説文·广部》“新附”：“廖，人姓。從广，未詳”，此“未詳”耐人思考，考《玉篇·广部》“廖”（兩個異體下）有“空虚”和“姓也”二義，《原本玉篇·广部》“廖”有“空廬”和“人姓”二義，説明《玉篇》原本有“廖”，據義訓可知從“廣”之意，怎麽説“未詳”？徐鉉等應知“廖”字形義關係。此類“未詳”説明“新附”者可能是“非其人”而非徐氏兄弟這樣的大家。

③ 陳文和主編：《嘉定錢大昕全集》（七），江蘇古籍出版社1997年版，第84頁。希麟《續音義》（T54/0961c）：“珂：苦何反。《説文》：貝屬也，從玉可聲也。《字書》：以白貝飾馬腦也。”而《説文·玉部》“新附”：“珂，玉也，從玉，可聲。”《玉篇·土部》：“塔：他盍切。《字書》：塔，物聲。《説文》云：西域浮屠也。”《説文·土部》“新附”：“塔，西域浮屠也，從土荅聲。”“引説文不皆可信”者不限於唐人。

附”無“踳跼”。

猾：《字書》云：猾，黠也。《説文》從犬骨聲。（慧琳《音義》，
T54/0660b）

師按：《説文·犬部》及“新附”未見“猾”。

夾：《字書》：夾，人多擾擾也。《説文》從市從人也。（慧琳《音
義》，T54/0515c）師按：《説文·人部》、《冂部》及“新附”未見
“夾”。

這類例子還有很多，足以説明《字書》可補《説文》之未備，並
在一定程度上反映了中古時期漢字的使用狀況。

《字書》佚文有一些不見於《説文》而見於“新附”，我們據
《字書》佚文和“新附”之异同來考察它們是否存在聯繫。①

以《説文》“新附”402 字逐一與《字書》佚文對校，彼此共有
的字 69 個（不包括 7 個雙音詞和 11 個異體字），對應《説文》37 個
部。其异同如下：

1. 訓釋相同，10 例：

袏、琛、咍、迸、榻、罷、忖、屢、慵、浹。

2. 訓釋不同，48 例：②

桃（庞）、袄（誅）、璩、珂、（藏）莨、犍、嘲、售、邋、蹉
（跎）、蹬（隥）、詎、韡、瞼、睚、麼、笏、盃（鉢）、贍、映、稑、
寰、幟、幗、伺、袨、毯、甗（甋）、髻、憨、悱、潺（湲）、閥
（閲）、闃、掠、抝、抛（車）、緗、緋、緅、蚱（蚜）蛨、蠑螈、

　　① 《玉篇》的傳播與“新附”的出現，共時也很久，何瑞對《説文》“新附”和《玉
篇》做了比較研究：“以原本《玉篇》與新附字做對比，有 39 字見於原本《玉篇》殘卷
中。因原本不全，以《名義》與新附字對照，共有 269 字可直接對應。再以宋本《玉篇》
與新附字對照，有 365 字可直接對應。”“新附字與宋本《玉篇》的對應重合度約爲
97.8％。”何瑞：《宋本〈玉篇〉與〈説文解字〉新附字比較》，《平頂山學院學報》2007
年第 6 期。

　　② 包括意思相同、相近而用字不同，如“瞼：音檢。《字書》云：目上下皮也”，《説
文·目部》“新附”：“瞼，目上下瞼也。”也包括《字書》佚文爲雙音詞而“新附”爲單
音詞，如《説文繫傳》“莨”字説解引《字書》：“鍇按《字書》：藏莨，草名也。”而《説
文·艸部》“新附”：“藏，匿也。”

塔、鎖、釗、鈿、阡、醍。

3. 有字而無訓釋，11 例：①

嗃、貽、昂、宋、侲、嵩（崧）、嶺（陵）、砧（皷）、硾（倕）、煥（奐）、繢（饎）綣。

綜上所述，我們認爲，《説文》"新附"爲唐人所附益，附益既非一時，亦非一人。徐鉉在唐人基礎上有所增加，並進行過整理。《字書》佚文與《説文》"新附"共有的字只有 69 個，僅占"新附" 14.4%，訓釋不同 48 例，占共有字近 70.%，顯然，兩者以差异爲主，説明《説文》"新附"字的來源不是取資於《字書》，或不是系統的取資於《字書》，《説文》"新附"與《字書》無直接關係。

---

① 如《原本玉篇・言部》"詨"字説解引《字書》有"嗃"而不見釋義（缺失）。

六 《字書》與詞彙研究

《字書》所釋詞語有的見於上古漢語，有的則是中古出現的新詞。我們以《字書》的部分詞語和《漢語大詞典》的相關內容進行對比考察，可以看出，《字書》不僅有《説文》、《廣雅》等字典辭書未收的詞語，而且還及時地記載了一批中古出現的新詞、新義，這是漢語詞彙研究可資利用的珍貴資料。對《漢語大詞典》等重要詞典而言，《字書》佚文及其訓釋可以補充其詞條和義項、修正其釋義、提前其書證，在古籍整理研究方面也有其不應忽視的價值。下面討論 19 個詞語以示例。

（一）桴雙

《説文繫傳》："桴，《字書》：桴雙，帆上木也。"

《説文·木部》："桴，桴雙也。……讀若鴻。"段注："三字句，《竹部》曰：'笇，桴雙也。'《廣韻》曰：'桴䉶，帆未張。'又曰：'䉶，帆也。'"段注所謂"三字句"，指説解語"桴雙也"當連讀，"桴雙"爲詞，不可分釋。據《説文》，"桴雙"是漢代常用詞，許書以常用詞釋"桴"，《字書》以"帆上木"釋"桴雙"，是對《説文》的申釋。"笇"下段注："按以籇席爲帆曰桴雙，故字或皆從竹。今大船之帆多用籇席是也。"《廣雅·釋器》："篊䉶謂之笇。"王念孫《疏証》："篊䉶與桴雙同。"是"桴雙"亦作"桴䉶"、"篊䉶"。"笇"下小徐引《字書》："篊䉶，帆也。"可見，《説文繫傳》所引《字書》對"桴雙"和"篊䉶"的解釋有別。《廣韻》承襲了《字書》訓釋而未標明其書名，《漢語大詞典》未收"桴雙"。

（二）草稕

慧琳《音義》（T54/0552b）"草榔"："傅戀反。謹案，經意：縛草葦爲火炬燎病人，時俗語號爲草篆，非雅言也。《字書》名草榔，音準閏反，俗字作榔。《字統》云：束稕也。《考聲》云：束草以稕窖也。"慧琳《音義》（T54/0721c）："稕：準潤反。《埤蒼》云：稕，緣也。《字書》云：束稕草也。"

"草稕"多次出現於唐代及以後文獻，義淨譯經中有多個用例：

義淨《根本説一切有部毘奈耶卷第二十九・不舉敷具學處第十四》（T23/0785b）："處有設供事，須草稕坐。"

義淨《根本説一切有部尼陀那卷第五》（T24/0435a）："第五子攝頌曰：大會爲草稕，不應雜亂坐。"

義淨《根本説一切有部尼陀那》卷第五（T24/0435b）："佛言：長者，應結草稕隨時坐食，苾芻食已不收而去，以緣白佛。佛言：苾芻食了應收草稕舉置一邊方隨意去。"

義淨《根本薩婆多部律攝卷第五・有長衣不分別學處第一》（T24/0554b）："放身而坐，應作木枯揩磨令淨，或爲草稕以物纏裹，隨意大小用以爲座。"

義淨《根本説一切有部毘奈耶頌卷下》（T24/0648a）："不可遣其立，與物令安坐，應與瓨木枯，及草稕褥子，唯此令尼坐，餘物並不應尼來至寺中，應與其臥具。"

宋施宿等《會稽志》卷一"城郭"條："大城上每三十步置馬面敵樓各一座，女墻相去各十步，凡樓櫓之法：曰垂鐘版、……曰娥眉瓨踏道、曰笆、曰草榔、曰牛革、曰氈、曰大小索、曰鐵鷹鉤，此其名數之大略也。"此處"草榔"當爲築城禦敵設施之一。元代官修《農桑輯要》卷六"枸杞"："《博聞録・種枸杞法》：秋冬間收子，淨洗日干，春耕熟地，作町闊五寸，紐草稕如臂大，置畦中，以泥塗草稭上，然後種子。"

　　可見，"草稕"最初指用草捆扎或編制而成的坐臥之具。所以慧琳《音義卷第六十・根本説一切有部毘奈耶律第二十九卷》（T54/0711b）："草稕，焦閏反，即縛草爲之，或臥或坐，即如此國草薦、團薦之類是也。"後來，"草稕"亦用於喪事等場所。義淨《根本説一切有部毘奈耶雜事卷第十八》（T24/0286c）："夏中地濕多有蟲蟻。佛言：於叢薄深處，令其北首右脇而臥，以草稕支頭。若草若葉覆其身上。"讀體《毗尼止持會集》卷第十五（X39/0482c）："地多蟲蟻，可於叢薄深處，令其北首右脇而臥，以草稕支頭。"

　　《玉篇・禾部》："稕，之閏切，稭，緣也，束稈也。""稕，同上。"《説文・禾部》"新附"："稕，束稈也。"《廣韻》去聲稕韻："稕，束稈也。"《漢語大詞典》（8/104）"稕"：捆成的禾稈。元高文秀《黑旋風》第二折："墙角畔滴溜溜草稕兒挑，茅簷外疎剌剌布簾兒斜。"元無名氏《盆兒鬼》第一折："定下些新鮮的案酒菜兒，挑出這草稕兒去，看有甚的人來。"《漢語大詞典》（9/374）又有"草稕兒"詞條，義爲"鄉村酒店用作酒幌的草簾"，書證與"稕"字條相同。據上述用例，《漢語大詞典》"稕"、"草稕兒"詞條的書證時代偏晚，且宜增補"草稕"詞條。

（三）傝𪛊

　　希麟《續音義》（T54/0950a）："（𪛊澀）色立反。《字書》云：𪛊傝，語不正也。"

　　《説文・言部》："𪛊，疾言也。從三言，讀若沓"段注："《文選・琴賦》：'紛傝𪛊以流漫。'注：'傝𪛊，多聲也。'徒合切。《吳都賦》：'傝𪛊猋駤，交貿相競。'注引《倉頡篇》：'𪛊，言不止也。'"據《文選》和語境，"𪛊傝"當作"傝𪛊"，《類篇・人部》："傝，悉合切，傝𪛊，疾皃。""語不正"當爲"語（言）不止"之誤。《琴賦》、《吳都賦》爲晉人著述，"傝𪛊"亦爲中古詞語。

"嚞" 從三言，已賦 "語多" 之義，"讀若沓"，音義與 "沓" 相通，《説文·曰部》："沓，語多沓沓也。從水從曰。" 徐鉉等曰："語多沓沓，若水之流，故從水會意。" "傛嚞" 形容言語迅急不止，《漢語大詞典》（1/1720）"傛嚞" 條第 1 個義項："急疾貌"，書証舉嵇康《琴賦》，第 2 個義項："紛多貌"，書證舉左思《吳都賦》，釋義有失抽象，《字書》"語不止" 的義訓似應被吸收。

（四）佷戾

慧琳《音義》（T54/0379c）："佷戾，上音恨，下音麗。《字書》：勃惡也。從人，艮聲也。"

《説文·人部》及 "新附" 無 "佷"。《彳部》："很，不聽從也。一曰行難也。一曰盭也。"《玉篇·人部》："佷，戶懇切，戾也，本作很。"《廣韻》上聲很韻："很，胡懇切，很戾也，俗作佷。" 可見，"很" 爲 "不聽從" 義之本字，很、佷爲古今字。

佷（很）、戾同義，《説文·犬部》："戾，曲也。" 段注："了戾、乖戾、很戾皆其義也。" 佷戾、很戾爲同義連文，表示 "違逆"、"不聽從"。《漢語大詞典》（1/1357）"佷" 字條：兇狠。《國語·晉語九》："宣子曰：'宵也佷。' 對曰：'宵之佷在面，瑤之佷在心。'" 韋昭注："佷，很戾，不從人也。" 其 "佷戾" 條：兇狠而乖張。亦舉《國語·晉語九》"宵也佷" 韋昭注，又舉《宋書·晉平剌王傳》"休祐佷戾強梁" 及宋洪邁《夷堅丙志·廣州女》"女佷戾不孝" 等書證。可見，"佷戾" 是中古出現的雙音詞，《字書》及時收載。《字書》"勃惡" 之 "勃" 當爲 "悖" 之假借，其以 "勃惡" 釋 "佷戾"，與佷（很）、戾義訓相符，《國語》所謂 "佷在面"、"佷在心" 分別指 "表面不順從"、"內心不順從"。《漢語大詞典》以 "兇狠" 釋 "佷"，以 "兇狠而乖張" 釋 "佷戾"，值得商討。

（五） 㒼爰

《説文繫傳》"籅"下："鍇按《字書》：'㒼爰，簡牘也。'"

《説文·竹部》："籅，㒼爰也。"段注："《廣雅》曰：簞簽，籅也。曹憲上音滿，下音緩。《廣韻》曰：簞簽，簡也。籅，牘也。《玉篇》曰：籅，竹牘也。按：㒼爰，漢人語，俗字加竹。"可見，《字書》是對《説文》説解語中出現的漢代常用詞進行的通俗解釋。朱駿聲《説文通訓定聲》説："秦漢謂簡冊曰㒼爰也。"

日本人源順《和名類聚抄》卷三《居處部》"蔀"字條："《周禮注》云：'蔀，覆暖，障光也。'"狩谷望之《箋注》曰："音部，字亦作籅。……按《玉篇》：'籅，竹牘也。'蔀，《易》曰：'豐其蔀。'二字音同義異。《廣韻》同，然《説文》：'籅，㒼爰也。'無從草字，蓋借籅字。……按《周易豐卦注》云：'蔀，覆暖，障光之物也。'此作'周禮注'者，恐傳寫之譌，非源君之舊。《説文》云：'籅，㒼爰也。'徐鍇曰：《字書》：簞簽，書牘也。《玉篇》：'籅，竹牘也。'以爲覆暖障光之物者，蓋轉注也。"狩谷望之所據《繫傳》引《字書》與今本文字有異。《漢語大詞典》（1/1032）"㒼爰"條引《説文》及段注、朱駿聲説，未及《字書》，而所見以通俗的"簡牘"釋"㒼爰"的最早文獻是《字書》。

（六） 相撲

慧琳《音義》（T54/0558b）："（相撲）龐邈反。《考聲》云：搏舉投於地也。《廣雅》：撲，擊也。《字書》云：二人相撲也。"慧琳《音義》（T54/0533c）："撲：龐邈反。《字書》云：相撲，手搏也。"慧琳《音義》（T54/0719a）："《字書》云：相撲，手搏也。"

"相撲"是一種歷史悠久的競技運動。關於"相撲"的起源、發展和名稱的出現，不少學者進行過研究。劉萍萍、範娜娜説："從出土的歷史文物和歷史文獻記載中看，中國秦漢時期的角抵同日本現在流行的相撲很相似，至遲在兩晉初年，中國已有了相撲的名稱。"①劉、範二氏引《漢書·金日磾傳》"日磾撮胡投何羅殿下，得擒縛之"孟康注："撮胡，若今相僻臥輪之類也。""孟康是三國時人，所説的相僻即後來相撲一詞。就是説，撮胡和相撲是相類似的摔跤動作。"②

　　中、日文獻中均有關於"相撲"的記載。"'相撲'一詞最早見於王隱《晉書》：'襄城人王弘與穎川功曹劉子竺會於界上。子竺謂弘曰：襄城人不如穎人能撲。弘對曰：相撲下技，不足以明優劣。'……相撲是唐宋時常用的摔跤詞彙，但也有文獻仍寫作角抵。宋人高承在《事物紀原》中説：'角抵者，今相撲也。'"③王隱是東晉史學家，説明"相撲"一詞最晚在晉代既已出現。"相撲"在日本文獻中的記載晚於中國。周穎昕説："相撲最早見於日本文獻記載是《古事記》（該書成書於 710 年—784 年初期）中關於'讓國'的記述，……《日本書紀》（該書成書於 720 年）……中還記載了這樣一段事情，皇極天皇元年（642），爲招待從百濟來的王族客人，讓一些士兵進行了相撲比賽給客人觀看。這被認爲是關於相撲的最早的史實記録。"④據《晉書》及《字書》，説"相撲"是"唐宋時常用的摔跤詞彙"恐怕失於保守，它應是晉代就已出現的常用詞。《漢語大詞典》（6/861）"撲"字第 10 個義項爲"相撲"，書證舉《水滸傳》第七四回"……叫聲：'看撲！'"，時代偏晚。其"相撲"條據《太平御覽》卷七五五引晉王隱《晉書》："襄城太守責功曹劉子篤曰：'卿郡人不如穎川人相撲。'篤曰：'相撲下技，不足以別兩國優劣。'"文字

---

① 劉萍萍、範娜娜：《淺談相撲的來源和發展》，《濰坊學院學報》2005 年第 2 期。

② 同上。

③ 同上。

④ 周穎昕：《相撲中的日本文化》，《日本研究》2005 年第 3 期。

與文淵閣本有出入。[①]

（七）　唤咽

　　日藏《文選・左思・魏都賦》（153/701）注："唤咽，《字書》曰：唤咽，流不通也。"通行本《魏都賦》"泉流迸集而唤咽"，善曰："《字書》曰：迸，散走也。唤咽，流不通也。唤，烏朗反。""唤咽"形容水流不通暢，《漢語大詞典》（3/261）"唤咽"條："水流不通；阻塞。"所舉最早書證即《文選・左思〈魏都賦〉》李注所引《字書》。

　　"唤咽"與"幽咽"、"嗚咽"音義相通。"幽咽"亦指水聲。《漢語大詞典》（4/436）"幽咽"條：謂聲音低沉、輕微。常形容水聲和哭泣聲。北周庾信《秦州天水郡麥積崖佛龕銘》："水聲幽咽，山勢崆峒。"唐杜甫《石壕吏》詩："夜久語聲絕，如聞泣幽咽。"師按：《石壕吏》"幽咽"之"咽"讀入聲，注引古歌曰："嗚聲幽咽。"[②]李吉甫《元和郡縣志》（文淵閣本）卷三十九："每山東人西役昇此瞻望，莫不悲思。隴山有水，東西分流，因號驛爲分水驛。行人歌曰：隴頭流水，嗚聲幽咽，遙見秦川，肝腸斷絕。"李昉等《太平御覽》卷五十"隴山"："辛氏《三秦記》引俗歌云：'隴頭流水，嗚聲幽咽，遙望秦川，肝腸斷絕。'"白居易《琵琶行》："間關鶯語花底滑，幽咽泉流水下灘。水泉冷澀弦凝絕，凝絕不通聲漸歇。"水流不暢或水流不暢的聲音與人的抽泣聲相似，"幽咽"的本義應指人的抽泣聲，經比喻引申而指水流不暢或水流不暢的聲音。

　　"幽咽"又作"嗚咽"，杜甫《北征》："慟哭鬆聲迴，悲泉共幽

---

　　① 《太平御覽》（文淵閣本）卷七五五"角抵"條："王隱《晉書》曰：……襄城人首責功曹劉子篤曰：卿郡人不如潁川人相撲。篤曰：相撲下技，不足以別兩國下劣，請使二郡更論經國大理，人物得失。"

　　② 杜甫著、仇兆鼇注：《杜詩詳注》，中華書局 1979 年版。

咽（入聲）。”“幽”下曰：“一作嗚。”① 孫奕《示兒編》卷九：“樂天《琵琶行》云：‘間關鶯語花底滑，幽咽泉流水下灘。’醉翁《聽箏》云：‘綿蠻巧囀花間舌，嗚咽交流水下泉。’可見，“嗚咽”、“幽咽”義同。隋闍那崛多譯《佛本行集經卷第十五·耶輸陀羅夢品第二十上》（T03／0724c）：“淚下盈目，語聲嗚咽。”隋闍那崛多譯《佛本行集經卷第四十三·優波斯那品下》（T03／0853c）：“彼大臣聞如是語已，悲泣下淚，嗚咽不言。”《舊唐書》卷一百七十五：“凋林兮魂斷，入曠野兮心摧，水助挽而幽咽，云帶翣而徘徊。”智粵等編《呆庵莊禪師語録》卷之二《徑山語録》（X71／0492a）：“風景淒清。泉聲幽咽。”《五燈會元卷第十六·臨安府佛日智才禪師》（X80／0336a）：“師曰：山前雪半消。曰：請師方便。師曰：水聲轉嗚咽。”嗣法、繼祖等編《曇芳和尚語録卷上·建康路蔣山太平興國禪寺語録》（X71／0162a）：“與古人是同是別，一曲兩曲聞不聞，悲風流水多嗚咽。”《續傳燈録》卷八（T51／0513c）：“山前雪半消，曰請師方便，師曰：水聲轉嗚咽。”可見，“幽咽”、“嗚咽”既表語聲，也表水聲。

《漢語大詞典》（3／465）“嗚咽”條：1. 低聲哭泣。亦指悲泣聲。漢蔡琰《悲憤》詩之一：“觀者皆歔欷，行路亦嗚咽。”北齊顏之推《顏氏家訓·後娶》：“基諶每拜見後母，感慕嗚咽，不能自持，家人莫忍仰視。”2. 形容低沉淒切的聲音。漢蔡琰《胡笳十八拍》之六：“夜聞隴水兮聲嗚咽，朝見長城兮路杳漫。”唐溫庭筠《更漏子》詞：“背江樓，臨海月，城上角聲嗚咽。”宋孫艤《菩薩蠻·落梅》詞：“一聲羌管吹嗚咽，玉溪夜半梅翻雪。”可見，“嗚咽”除了表示哭泣聲和水聲，亦表示羌管等樂器聲。《續傳燈録卷第二十三·黃龍死心悟新禪師法嗣》（T51／0624c）：“真風遍寄知音者，鐵笛橫吹作散場，其笛聲嗚咽，頃於蒼茫間，見以笛擲空而沒。”此外，“嗚咽”還形容鳥獸聲，唐玄覺《禪宗永嘉集·大師答朗禪師書》（T48／0394a）：“鳥獸嗚咽，鬆竹森梢。”幽咽、嗚咽所形容的低聲，不論

---

① 杜甫著、仇兆鼇注：《杜詩詳注》，中華書局1979年版。

人聲物聲，均含淒切、悲傷之義。"唉咽"雖訓"水流不通"，實與幽咽、嗚咽所表示的抽泣聲相似，從美學的角度説，這是移情作用的結果。①

根據上述分析，表義方面，唉咽、幽咽或嗚咽指人的悲泣聲，經比喻引申，將人的情緒聲貌移情於物，② 用以形容淒清的水流、鳥鳴、器樂等聲音。語音方面，唉、嗚、幽上古和中古均屬影母，唉咽、幽咽、嗚咽互爲雙聲、疊韻，從音義聯繫來看，唉咽、幽咽、嗚咽三者同源。

（八）　株杌

慧琳《音義》（T54/0381c）"株杌"條："《字書》云：殺樹之餘名爲株杌。"③

《説文·木部》："株，木根也。""根，木株也。"《玉篇·木部》："根，柯恩切，株也。""株，陟俱切，木根也。""株"下段注："《莊》《列》皆有'厥株'，株，今俗語云樁。"《説文·木部》無"杌"，《玉篇·木部》："杌，五骨切，樹無枝也。"《廣韻》入聲沒韻："杌，樹無枝也。"可見，根、株、杌義近。又如：

慧琳《音義卷第六十二·根本説一切有部毘奈耶雜事律第十一卷》（T54/0720a）"杌木"條："吾骨反，《韻略》云：杭，樹無枝也，《字統》云：杌，斷木也。"④

慧琳《音義》（T54/0325b）："杌：五骨反。《韻英》云：樹無枝

<hr>

① 《廣韻》上聲蕩韻："唉，唉唉咽，悲也。"疑衍一"唉"字。

② 朱光潛先生説："語言文字的創造和發展往往與藝術很類似。……引申義大半起源於類似聯想和移情作用。"朱光潛《朱光潛全集》（第一卷），安徽教育出版社1987年版，第240頁。

③ 慧琳《音義卷第六十六·阿毘達磨法藴足論卷第六卷》（T54/0744a）"栽杌"條："鄭注《禮記》云：栽猶植也。……下五骨反，《考聲》云：杌株，髡餘木也。""杌株"是否爲"株杌"之誤倒，待考。

④ "杭"當爲"杌"之形誤。

曰杌。《字書》：株也。"

希麟《續音義》卷第四《守護國界主陀羅尼經》卷第九（T54/0950c）"株杌"："上知虞反，《韻英》：木根也。《考聲》：木本也。下五忽反，《切韻》：樹無枝也。"

所謂"斷木"、"樹無枝"即砍去樹干、樹枝或砍去了枝干的樹木。

根、株、杌雖義近，但各有側重："根"指樹根，在地下；"杌"指伐去幹枝後的木樁，特點是光禿；"株"指連根的木樁，特點是短矮。《韓非子·五蠹》"田中有株，兔走觸株，折頸而死"，兔之所以觸"株"，正因其近地短矮而具隱蔽性使然。

根幹相連，是"株"引申作量詞的詞義基礎，指一棵完整的植物。《齊民要術》裏，"株"作量詞的用法已較普遍，如："一行容五十二株。一畝凡九萬三千五百五十株。"[1]據汪維輝統計，《齊民要術》"株"作量詞 21 例（包括引自他書），所稱對象均爲植物。[2]劉世儒説："（株）始終沒有超出'植物'這個範圍而向外擴展一步。"[3]

表示木樁、植物量詞的"株"或作"橛"或"兜"，[4]"株"作"橛"、"兜"，保存着"株"的上古音（端母侯部）特點。西南官話（常德滄山話）"株"還保留着古代的用法：

（1）把樹砍噠以後，還要把株的挖起來。[5]

---

① 繆啓愉、繆桂龍：《齊民要術譯注》，上海古籍出版社 2006 年版，第 76 頁。

② 汪維輝：《〈齊民要術〉詞彙語法研究》，上海教育出版社 2007 年版，第 127 頁。

③ 劉世儒《魏晋南北朝量詞研究》，中華書局 1965 年版，第 98 頁。轉引自汪維輝《〈齊民要術〉詞彙語法研究》，上海教育出版社 2007 年版，第 127 頁。

④ 河南商城南司方言：橛，音［ɻuɛɻ］，"橛根部:樹~子。┃菜~子。"。楊永龍《河南商城（南司）方言》，《方言》2008 年第 2 期。《蜀方言》："木根入土無枝椏曰橛。"《疏》曰："入土木根曰'橛'爲古今方言，但蜀語不單言'橛'，而謂之"疙橛"（音［kɛ²¹tou⁵⁵]）。且不僅入土之木根曰'疙橛'，……凡植物入土之根大者皆謂之'疙橛'，既不限於木，故多用'兜'代之。"紀國泰《蜀方言疏證補》，巴蜀書社 2007 年版，第 344 頁。

⑤ "株的"即"株（橛、兜）"，音"都"；"秧的"指幼苗。"株的"、"秧的"之"的"讀輕聲，詞尾。

（2）他家門口栽得有兩株桂花樹。

（3）我將才在菜園裏栽了幾株南瓜秧的（“秧的”：幼苗）。

例（1）中的“株”指連矮樁的根，例（2）（3）中的“株”作量詞。

“株”、“杌”或“株杌”表示“木樁”，往往有形象比喻的特點。《漢語大詞典》（4/975）“株拘”條釋“枯樹根”，舉《莊子·達生》：“吾處身也，若厥株拘。”郭慶藩集釋：“徐鉉曰：株枸者，近根盤錯處。”“株拘”下有“吾執臂也，若槁木之枝”一語，顯然，從詞義和語境來看，“株拘”應爲（帶根的）枯樹樁而非“枯樹根”。《漢語大詞典》（4/773）“杌”字第三個義項爲“樹木沒有枝杈”，舉《三國志·魏志·高堂隆傳》“由枝干既杌，本實先拔也”等爲證，又有“樹木斫伐後剩下的樁子”義，舉《五燈會元·道吾智禪師法嗣·石霜慶諸禪師》“師居石霜山二十年間，學衆有長坐不臥，屹若株杌，天下謂之枯木衆也”爲證。“屹若株杌”形象地描述出禪師靜坐如樁的神態。其“杌杌”釋“癡呆貌”，舉《史記·魏其武安侯列傳》“帝寧能爲石人邪”《正義》曰：“按，今俗云人不辨事，罵云杌杌若木人也。”慧琳《音義》（T54/0713b）“如燒杌樹”條亦曰：“杌音兀，《集訓》云：殺樹餘。株杌，夜望似人而不審，生恐怖也。”可見，“杌杌”、“株杌”是中古漢語常用詞，《漢語大詞典》未見“株杌”條，宜據《字書》增補。

（九）呹唅

《論語·先進疏》：“《字書》：呹唅，失容也。”

《論語·先進》“由也唅”，鄭玄曰：“子路之行失於畔唅。”阮元《校勘記》曰：“‘由也唅’，《書·無逸》正義引作諺。案《説文》有諺無唅，唅乃諺之俗。‘失於畔唅’，皇本畔作呹，唅下有也字。《釋文》出呹字，云：本今作畔。案《廣韻》二十九換：呹，呹唅，失容。據此，則字不當作畔。”據《先進》、鄭注及阮元《校勘記》，

"失容"之義,先秦作"唪",漢代作"畔唪",中古作"叭唪",由單音詞演變成雙音詞,並爲《字書》收載。

《集韻》去聲換韻:"叭,博漫切,叭唪,剛强也。""叭,普半切,叭唪,失容也。一曰剛强兒。""詖,博漫切,詖諺,自矜。"《漢語大詞典》(3/435)"唪"字條第1個義項:"魯莽;粗俗。《論語·先進》:'由也唪。'朱熹集注:'唪,粗俗也。'"其"叭唪"條:"失禮貌。一說剛猛貌。《論語·先進》'由也唪'何晏集解鄭曰:子路之行,失於畔唪"宋邢昺疏:"舊注作'叭唪'。《字書》:叭唪,失容也。……。""失容"之訓,目前所見最早出處爲《字書》。《廣韻》承用了《字書》訓釋而未標"字書"。

(十)　慺慺

玄應《音義》(C056/0931c):"慺,力俱反,《字書》:慺慺,謹敬之兒也。"慧琳《音義》(T54/0907c):"慺,漏頭反。《字書》云:慺,謹敬兒也。"曹子建《求通親親表》注:"李善曰:《字書》曰:慺慺,謹敬也。"據玄應《音義》和李善注,慧琳《音義》引《字書》當作"慺慺,謹敬兒也"。

《玉篇·心部》:"慺,洛侯切,謹敬也,不輕也,下情也。"晉法炬共法立譯《法句譬喻經卷第三法句譬喻經塵垢品第二十六》(T04/0596b):"昔有一人無有兄弟。爲小兒時父母憐愛。赤心慺慺欲令成就。將詣師友勸之書學。"《漢語大詞典》(7/706)"慺慺"條:勤懇貌;恭謹貌。《後漢書·楊賜傳》:"老臣過受師傅之任,數蒙寵異之恩,豈敢愛惜垂沒之年,而不盡其慺慺之心哉!"《魏書·禮志三》:"羣官所以慺慺,亦懼機務之不理矣。"蘇軾《與範蜀公書》之四:"伏惟高明,痛以理遣,割難忍之愛,上爲朝廷,下爲子孫親友自重,不勝慺慺。"可見,"慺慺"爲中古、近代常用疊音詞,《字書》及時收載了。

（十一）儱悷

　　湛然《止觀輔行傳弘決》卷第九（T46/0414c）："儱悷：不調之貌。出《字書》。"

　　《玉篇·心部》悷、儱相次："悷：盧帝切，儱悷，多惡，又憻悷，悲吟。""儱，盧董切，儱悷。"《廣韻》上聲懂韻："儱，儱悷，不調。"《廣韻》去聲霽韻："悷，儱悷，多惡，又懍悷，悲吟也。"《龍龕手鏡》卷一："悷，正郎計反，儱悷，拙惡也，又憻悷，悲吟也。"《廣韻》義訓取自《字書》。

　　中古時期，"儱悷"有不少用例。竺佛念《出曜經卷第十九·馬喻品》（T04/0711c）："如彼調馬人，見彼惡馬儱悷不調，著之羈鞿，加復策捶，然後乃調。"竺佛念《最勝問菩薩十住除垢斷結經卷第八·法界品》（T10/1031b）："猶如龍象及諸惡獸儱悷不調，加之捶杖令知苦痛，然後調良，任王所乘。"失譯《大寶積經卷第一百一十二·普明菩薩會》（T11/0636a）："譬如善調馬師，隨馬儱悷，即時能伏。"般若《大方廣佛華嚴經卷第十二·入不思議解脫境界普賢行願品》（T10/0715c）："如是等人，皆不親近，亦不乘御，儱悷不調，諸惡象馬亦不馴養。"慧琳《音義》卷第四十五《文殊悔過經》（T54/0609b）："儱悷，上祿董反，下黎弟反，儱悷者，剛強不伏也。"慧琳《音義卷第六十六·阿毘達磨法蘊足論卷九卷》（T54/0744c）"儱悷"："案籠悷者，是剛強難調伏也。"可見，"儱悷"一詞在中古已常見，形容象、馬等動物不馴服、難調服的特性。段成式《酉陽雜俎續集》（文淵閣本）卷五："啐啄同時，儱悷調伏。"也用於人，晁說之《景迂生集》（文淵閣本）卷十四："夷狄之儱悷而知中國之有人也。"《漢語大詞典》（7/794）"儱悷"條：兇狠難以馴服。唐玄奘《大唐西域記·屈支國》："諸龍易形，交合牝馬，遂生龍駒，儱悷難馭。"《漢語大詞典》以"兇狠難以馴服"，似有增字爲訓之嫌。

郭在貽先生曾研究過“不調”：“不調蓋有二義：一爲不馴順、難調伏；一爲游手好閒、不務正業。第二義實從第一義引申而來。”[①] 後來，郭先生對“不調”再次進行討論，引岑參、孟郊、駱賓王等人詩作中的“不調”用例，他發現駱詩“調字一本作達”，從而指出：“不調乃唐人口語，拙作《太平廣記詞語考釋》一文，曾考證此詞有兩個意義：一是不馴順，難調伏；二是游手好閒，不務正業。但上引詩句中的不調，似以訓爲落拓、潦倒爲允，駱賓王詩之‘不調’，一本調字作達，則不調即不達，不達即落拓、潦倒之意也。而落拓、潦倒之義正是從‘游手好閒、不務正業’之義引申出來的。”[②] 郭在貽先生對“不調”的分析非常深入。但從“以今語釋古語”的釋訓原則來看，《字書》以“不調”釋“儱悷”，竺佛念譯經“儱悷不調”並用，説明“不調”在《字書》時代已是常用詞或今語了。所以，“不調”成爲“口語”當在唐以前，但其詞義到唐代已有變化。

（十二）軫軳

《原本玉篇·車部》：“軳：蒲勞反。《淮南》：須臾而軳人之頸。許叔重曰：軳，戾也。《廣雅》：轉戾也。《埤蒼》：軫軳也。《字書》：軫軳，不正也。”

《淮南子·説林訓》：“須臾之間，俛人之頸。”注曰：“俛，猶戾也。”[③]“俛”疑爲“軳”之誤。據前人考證，《淮南子·説林訓》爲許注，[④] 今本《淮南子》不僅原文與顧書所引不同，注釋亦未標明爲

---

① 郭在貽：《〈太平廣記〉詞語考釋》，《中國語文》1980年第1期，轉引自《郭在貽全集》，中華書局2002年版，第147—148頁。

② 郭在貽：《唐代俗語詞雜釋》“不調”條，《郭在貽全集》，中華書局2002年版，第106頁。

③ 劉文典：《淮南鴻烈集解》，中華書局1989年版，第558頁。

④ 馮逸、喬華《淮南鴻烈集解》“點校説明”，劉文典：《淮南鴻烈集解》，中華書局1989年。

許注,《原本玉篇》此條可供《淮南子》整理參考。[1]

　　《説文・車部》無軫、軳二字,據《原本玉篇》,知漢代有
"軳"。《玉篇・車部》:"軳,步毛切,戾也。"可見《玉篇》在增修
過程中刪略了《字書》資料。據許注,軳、戾同義,"戾"有曲戾、
不直或旋轉義,故《廣雅》曰"轉戾"。"軫"亦有曲戾、旋轉義。
慧琳《音義卷第十八・大乘大集地藏十輪經》(T54/0416a)"發軫"
條:"之忍反,許叔重注《淮南子》云:軫,轉也,義取創轉車輪,
即分轍也。"《漢語大詞典》(9/1238)"軫"字條第6個義項爲"轉
動":《文選・枚乘〈七發〉》:"初發乎或圍之津涯,荄軫谷分。"李
善注:"言涯如轉,而谷似裂也。一曰涯如草轉也。"《魏書・世祖紀
下》:"車駕旋軫,幸洛水。"軫、轉同義,"軫轉"同義連文,揚雄
《太玄・更》:"次二,時七時九,軫轉其道。""軫軳"亦爲同義連
文。《埤蒼》以"軫軳"釋"軳",説明"軫軳"爲雙音詞,義爲曲
戾、旋轉,故《字書》以"不正"釋之。《廣韻》平聲豪韻:"軳,
薄襃切,戾也,又車軫。""車軫"疑爲"轉軫"或"軫軳"之誤。

(十三) 藏茛

　　《説文繫傳》"茛"下:"鍇按《字書》:藏茛,草名也。"

　　《廣韻》平聲唐韻:"茛,草名。"義訓疑亦取自《字書》。《六書
故・艸部》:"茛,別作菮。相如《賦》曰:'藏茛兼葭。'徐廣曰:
'狼尾草也,似茅。'"《漢書・司馬相如列傳》:"其埤溼則生藏茛兼
葭。"郭璞曰:"藏茛草,中牛馬芻。"《漢語大詞典》(9/591)"藏
zāng"字條:1. 草名。《史記・司馬相如列傳》:"其卑溼則生藏茛兼
葭。"裴駰集解引《漢書音義》:"藏,似薍而葉大。"其"茛"字條:
草名。生於低溼地,可作飼料。漢司馬相如《子虛賦》:"其埤濕則生

---

　　[1]　胡適《淮南鴻烈集解序》:"叔雅治此書,……其文異者,或訂其得失,或存而不
論;其可推知爲許慎注者,則明言之。"劉文典《淮南鴻烈集解》,中華書局1989年版,
第3頁。

藏蓲、蒹蓲。"李善注引郭璞曰："藏蓲,草名,中牛馬蒭。""藏蓲"
當爲雙音詞,《漢語大詞典》分立"藏"、"蓲"條,可商,當據《字
書》立"藏蓲"條。

（十四）　嗻嗻

《玉篇·口部》："嗻:達昆切。《字書》云:嗻嗻,不了。"

一般字典辭書不見"嗻嗻"詞條。要瞭解"嗻嗻"之義,可先從
"不了"着眼。"不了"之"了"應爲動詞。中古時期,動詞"了"
有"了結"和"瞭解"兩個常用義。王力先生説:"魏晉以後,'了'
字的另一種新的意義就是'瞭解'(朱駿聲認爲'憭'字的假借)。
郭璞《爾雅序》:'其所易了,闕而不論。'這種意義的'了'在南北
朝最爲常見(如佛家的'了悟'),直到今天,它還作爲'瞭解'的
構詞成分。"[1]我們認爲,《字書》"不了"之"了"應爲"瞭解",
"嗻嗻"即"不了解"、"不明白"。《集韻》平聲魂韻:"嗻,嗻嗻,
言不明也。""沌,水流兒。一曰沌沌,愚也。"《類篇·口部》:"嗻,
徒渾切,嗻嗻,言不明也。""愚"和"不明"、"不了"義近。《集
韻》上聲混韻:"嗻,嗻嗻,言不了。"《集韻》此訓可能來自《字
書》,《字書》"嗻嗻"即"沌沌"之異體。《漢語大詞典》(5/949)
"沌沌"條:"愚昧無知貌。《老子》:'我愚人之心也哉,沌沌兮!俗
人昭昭,我獨若昏。'河上公注:'無所分別。'""愚昧無知"也就是
"不了",《字書》以"不了"釋"嗻嗻(沌沌)",正反映魏晉以降
"了"字用法的實際情況。《爾雅·釋訓》:"夢夢、訰訰,亂也。"郭
注:"皆闇亂。"郝《疏》:"亂者,《釋名》云:'渾也。'按渾謂渾
渾無分別,渾渾猶惛惛,不憭慧之言也。"[2]訰訰、渾渾、惛惛、沌
沌、嗻嗻均有"不了"或"不憭(憭)慧"之義。

---

①　王力:《漢語史稿》,中華書局1980年版,第302—302頁。

②　郝懿行:《爾雅義疏》,上海古籍出版社1983年版,第551頁。

（十五） 踡跼

希麟《續音義》（T54/0951a）：踡，巨圓反。《切韻》：屈手也，……《字書》云：踡跼，行不進也。①

《漢語大詞典》（10/512）"踡跼"條：亦作"踡局"、"蹗局"。第1個義項爲"屈曲不能伸直"，舉《淮南子·精神訓》"踡跼而諦，通夕不寐"和洪邁《夷堅乙志·王先生》"士人遽出，行未五里，雷電雨雹倏起，馬踡局不行"等書証，據語境，"踡跼"依《字書》訓"行不進"爲妥。《漢語大詞典》"踡¹"條第1個義項下引《古文苑·王延壽〈王孫賦〉》"踡兔蹲而狗踞"章樵注："踡，跼不伸也。"第2個義項下引《管子·輕重丁》"是以外内不踡，終身无咎"馬非百《新詮》："《玉篇》：'踡，跼不伸也。'"《玉篇·足部》："踡，踡跼，不伸也。""踡跼"爲雙音詞，《漢語大詞典》引章樵注和《新詮》句讀應作"踡跼，不伸也"。通行本《文選·顔延年〈赭白馬賦〉》"跼鑣彎之牽制，隘通都之圈束"李善注："《字林》曰：'跼踡，行不申也。'"參考《字書》，疑此處文字有奪誤，當作"《字林》曰：'跼，踡跼，行不進也、不申也'"，"行不進"、"不申"爲不同義項，不応混而爲一。

（十六） 抛車

希麟《續音義》（T54/0974b）：抛，疋兒反。《字書》云：抛車，所以飛塼石者也。

《漢語大詞典》（6/395）"抛車"條："古代軍中用以發石擊敵之

---

① 慧琳《音義》（T54/0882a）"踡跼"条："踡，倦員反，《埤蒼》云：踡局，不伸也。《字書》：奇行曲背也。"

車。車以大木爲床，下安四輪，中立獨木，首端以窠盛石，人挽而投之。以其石聲震烈，又稱拋雷、霹靂車。《後漢書·袁紹傳》"操乃發石車擊紹樓，皆破，軍中呼曰'霹靂車'"唐李賢注："以其發石聲震烈，呼爲'霹靂'，即今之拋車也。"《新唐書·東夷傳·高麗》："勴列拋車，飛大石過三百步，所當輒潰。"盧巧琴引北涼曇無讖譯《佛所行贊》卷五（T04/0052c）："弓弩拋（抛）石車，飛炬獨發來。"盧巧琴引高明的考證，"'拋車'最初是在史書中形成的"。① 北涼（397—439）文獻叫"拋石車"而不叫"拋車"，唐代，"拋車"已爲常用詞。李延壽《南史》卷六十六《黃法䫧傳》："黃法䫧，字仲昭，巴山新建人也。……太建五年，大舉北侵，法䫧爲都督，出歷陽，於是爲拋車及步艦，豎拍以逼之。"《字書》收釋"拋車"一詞，説明其成詞時間在唐以前。

（十七）枛

　　《原本玉篇·水部》：沐，莫轂反。……《禮記》：孔子之故人原壤，其母死，夫子助之沐槨。鄭玄曰：沐，治也。《管子》：沐樹之枝，曰中元天陰。野王案：斬樹之枝也。《字書》爲枛字，在《木部》。

　　"沐"作"斬樹之枝"義，屢見於《管子》。《管子·輕重丁》："管子曰：'請以令沐途旁之樹枝，使無尺寸之陰。'桓公曰：諾。……管子對曰：'途旁之樹未沐之時，五衢之民男女相好，往來之市者罷市相睹樹下，談語終日不歸。'"② 《輕重戊》："管子對曰：'沐塗樹之枝也。'桓公曰：'諾。'令謂左右伯沐塗樹之枝。左右伯受沐塗樹之枝闊。……今吾沐塗樹之枝，日中無尺寸之陰，出入者長

---

　　① 盧巧琴指出，"抛"當是"拋"之形訛。盧巧琴《東漢魏晉南北朝譯經語料的鑒別》，浙江大學出版社 2011 年版，第 27 頁。

　　② 馬非百：《管子輕重篇新詮》，中華書局 1979 年版，第 668 頁。

時，行者疾走。"① 《原本玉篇》引《管子》"曰中元"當爲"日中無"之誤。

《説文·木部》無"朳"，《水部》："沐，濯髮也，從水木聲。"與"斬樹之枝"義迥別。《説文》"沐"下段注："引伸爲芟除之義。如《管子》云'沐塗樹之枝'，《釋名》云'沐秃，無上兒之稱'。"《玉篇·木部》："朳，都勞切，木名。"敦煌本《俗務要名林·田農部》："朳，朳（桒）桑也。莫卜反。"木名之"朳"與"斬樹之枝"之"朳"同形，《廣韻》分屬不同的韻。② 《俗務要名林》"校記"："斯二〇七一號《箋注本切韻》入聲屋韻莫卜反：'朳，朳桑。'《集韻》同一小韻：'朳，刀治桑也。'《廣韻》'朳桑'訛作'初桑'，《彙考》及《郝録》從之，非是。"③ 《玉篇》反切和釋義與《原本玉篇》迥異，可見其刪改之甚。《釋名·釋姿容》："沐秃，沐者髮下垂，秃者無髮，皆無上貌之稱也。"王先謙："本書《釋疾病》：'秃，無髮，沐，秃也。'"④ "治桑"、"斬樹之枝"義用"濯髮"之"沐"，後造"朳"字，其音當爲莫縠反或莫卜反，沐、朳當爲古今字。

《漢語大詞典》（5/944）"沐"字條第 2 個義項："芟除。《管子·輕重戊》：'今吾沐塗樹之枝，日中無尺寸之陰，……。'北魏賈思勰《齊民要術·種榆白楊》："初生三年，不用採葉。尤忌抒心，不用剝沐……諺曰：不剝不沐，十年成轂。言易麄也。'"其"沐樹"條："芟除樹枝，使之無蔭。"書証亦爲《管子》。

"朳"應爲中古出現的"斬樹之枝"或"治桑"的本字，《字書》載之，爲《玉篇》、《切韻》等文獻取資。《詩·豳風·七月》："蠶月條桑。"箋曰："條桑，枝落採其葉也。"孔氏《正義》："謂斬條於

---

① 馬非百：《管子輕重篇新詮》，中華書局 1979 年版，第 702、703 頁。

② 《廣韻》入聲屋韻："朳，莫卜切，初（朳）桑。"平聲豪韻："朳，都牢切，木心。"《集韻》入聲屋韻："朳，莫卜切，刀治桑也。"平聲蕭韻："朳，田聊切，枝落也，通作條。"

③ 張涌泉主編：《敦煌經部文獻合集》（第七册），中華書局 2008 年版，第 3621、3654 頁。

④ 劉熙撰、畢沅疏证、王先謙補：《釋名疏證補》，中華書局 2008 年版，第 89 頁。

地，就地採之也。"此"㧓桑"之義。王先謙引《韓詩》"條桑"作
"挑桑"。《玉篇·手部》引《詩》作"挑桑"。馬瑞辰《通釋》："條
乃挑之假借，挑通作攴，《説文》：'攴，一曰取也。'……正訓'條
桑'爲取桑。"俞樾《平議》卷九："條爲木盛貌。…條桑，言桑葉
茂盛也。"① 據《字書》，我們認爲，"斬樹之枝"、"治桑"之本字當
作"㧓"，挑、攴均爲"㧓"之假借，"㧓桑"亦即《詩》"條桑"。

（十八） 屐

慧琳《音義》（T54/0814a）：屐：巨逆反。《字書》云：屐，履
屬也。《説文》：履有木脚也，從履省支聲也。

《説文·履部》："屐，屬也。"與慧琳所引《説文》不同。"屐"
即後世之"木屐"，本人小時候在常德農村見到並試穿過：木底，皮
面，似拖鞋缺後跟，金屬四齒支撐，齒高約一寸，需穿布鞋套著穿，
用於濕滑地行走，與慧琳所引《説文》"屐""有木脚"不同。《漢語
大詞典》（4/49）"屐"字第 1 個義項："木制的鞋，底大多有二齒，
以行泥地。"舉《急就篇》卷二師古注"屐者，以木爲之，而施以兩
齒，所以踐泥"和《晉書·五行志上》"初作屐者，婦人頭圓，男子
頭方"等爲書證。"二齒"之説與本人所見"木屐"四齒又不同。
"屐"下段注："《釋名》云：'屐者，搘也。爲兩足搘以踐泥也。'"
"木屐"高齒懸空，皮硬，不宜長途疾行，故《漢語大詞典》"屐子"
條舉《敦煌曲子詞·内家嬌》説："屐子齒高，慵移步，兩足恐行
難。""屐"作爲"履屬"當屬常用詞而《字書》載之。

（十九） 顗

慧琳《音義》（T54/0929a）：顗，魚豈反。《爾雅》：顗，靜也。

---

① 向熹：《詩經詞典》，四川人民出版社 1997 年版，第 644 頁。

《聲類》：閑習也。《字書》：好皃也。《説文》：謹莊皃也，從頁豈聲。

　　《漢語大詞典》（12/353）"顗"字條：1. 安静。《爾雅·釋詁上》："顗，静也。"2. 作人名用字。北魏有崔顗。見《周書·崔彦穆傳》。師按：一般詞典對不常用而又多用於人名的字只解釋爲"多用於人名"、"作人名用字"等而不具體説明其詞義字義。從詞義的理解來看，這是不完整的解釋。古人的名與字往往有意義聯繫，或相同相類，或相反相對，名義與字義可互相考求，尤其是當名或字義不易明瞭時，可以根據常見義的名或字義來推求不常見義的名或字義，是詞語考證的有效方法，王引之撰《春秋名字解詁》即屬此意。《後漢書》卷三十下《郎顗襄楷列傳》："郎顗字雅光，北海安丘人也。""雅"有"美"義；郝經《續後漢書》（文淵閣）卷七十五下："苟顗，字景倩。""倩"有"美"義；《四庫提要》："《彦周詩話》一卷，宋許顗撰，顗，襄邑人，彦周其字也。""彦"也是"美"義，所以，"顗"應爲"美好"義。據慧琳《音義》引《爾雅》、《聲類》、《字書》等文獻對"顗"字的解釋，"顗"的使用並不限於人名，《漢語大詞典》"顗"下無"好皃"或"美好"義，當據《字書》增補。

　　《字書》在漢語言文字研究領域的價值是多方面的，以上僅是舉例而已。

參考文獻

許慎:《説文解字》,中華書局 1963 年版。

段玉裁:《説文解字注》,上海古籍出版社 1988 年版。

丁福保:《説文解字詁林》,中華書局 1988 年版。

郝懿行:《爾雅義疏》,上海古籍出版社 1983 年版。

王念孫:《廣雅疏證》,江蘇古籍出版社 2000 年版。

錢繹:《方言箋疏》,上海古籍出版社 1984 年版。

華學誠:《揚雄方言校釋匯証》,中華書局 2006 年版。

劉熙撰、畢沅疏證、王先謙補:《釋名疏證補》,中華書局 2008 年版。

魏徵、令狐德棻:《隋書》,中華書局 1973 年版。

後晉劉昫等:《舊唐書》,中華書局 1975 年版。

歐陽修、宋祁:《新唐書》,中華書局 1975 年版。

陳彭年:《鉅宋廣韻》,上海古籍出版社 1983 年

丁度等:《集韻》,上海古籍出版社 1985 年版。

郭慶藩:《莊子集釋》,中華書局 1961 年版。

封演撰、趙貞信校注:《封氏聞見記校注》,中華書局 2005 年版。

胡吉宣:《玉篇校釋》,上海古籍出版社 1989 年版。

王力:《漢語史稿》,中華書局 1980 年版。

向熹:《簡明漢語史》,高等教育出版社 1993 年版。

周祖謨:《問學集》,中華書局 1966 年版。

周祖謨:《周祖謨學術論著自選集》,北京師範學院出版社 1993 年版。

宗福邦、陳世鐃、蕭海波:《故訓匯纂》,商務印書館 2003 年版。

董志翹：《中古文獻語言論集》，巴蜀書社 2000 年版。

董志翹：《漢語史研究叢稿》，上海古籍出版社 2013 年版。

楊永龍：《漢語史論稿》，中國社會科學出版社 2009 年版。

汪維輝：《東漢——隋常用詞演變研究》，南京大學出版社 2000 年版。

汪維輝：《漢語詞彙史新探》，上海人民出版社 2007 年版。

陳文和主編：《嘉定錢大昕全集》，江蘇古籍出版社 1997 年版。

張涌泉主編：《敦煌經部文獻合集》，中華書局 2008 年版。

太田辰夫：《中國語歷史文法》，蔣紹愚、徐昌華譯，北京大學出版社 2003 年版。

濮之珍：《中國語言學史》，上海古籍出版社 1987 年版。

趙振鐸：《中國語言學史》，河北教育出版社 2000 年版。

劉葉秋：《中國字典史略》，中華書局 1992 年版。

郭在貽：《郭在貽文集》，中華書局 2002 年版。

丁賦生：《〈古易音訓〉“宋咸熙刊本”考》，《杭州大學學報》1996 年第 4 期。

李運富：《漢字漢語論稿》，學苑出版社 2008 年版。

簡啓賢：《〈字林〉音注研究》，巴蜀書社 2003 年版。

梁曉虹、徐時儀、陳五雲：《佛經音義與漢語詞彙研究》，商務印書館 2005 年版。

徐時儀：《玄應和慧琳〈一切經音義〉研究》，世紀出版集團、上海人民出版社 2009 年版。

任大椿：《字林考逸》，續修四庫全書編纂委員會《續修四庫全書》（915），上海古籍出版社 2002 年版。

陶方琦：《字林考逸補本》，續修四庫全書編纂委員會《續修四庫全書》（915），上海古籍出版社 2002 年版。

姚振宗：《隋書經籍志考證》，續修四庫全書編纂委員會《續修四庫全書》（915），上海古籍出版社 2002 年版。

漢語大詞典編輯委員會、漢語大詞典編纂處：《漢語大詞典》，漢語大詞典出版社 1995 年版。

李榮主編：《現代漢語方言大詞典》，江蘇教育出版社 2002 年版。

許寶華、宮田一郎主編：《漢語方言大詞典》，中華書局 1999 年版。

鄭賢章：《龍龕手鏡研究》，湖南師範大學出版社 2004 年版。

盧巧琴：《東漢魏晉南北朝譯經語料的鑒別》，浙江大學出版社 2011 年版。

方一新、王雲路：《中古漢語讀本》，上海教育出版社 2006 年版。

許啓峰：《〈字書〉研究》，碩士學位論文，上海師範大學，2008 年。

王燕：《〈字書〉研究》，碩士學位論文，河南大學，2008 年。

許啓峰：《龍璋輯〈字書〉所據〈玄應音義〉版本考》，《西華大學學報》2010 年第 4 期。

許啓峰：《一部失傳的古辭書——〈字書〉考探》，《辭書研究》2011 年第 5 期。

郎晶晶：《〈字林〉研究》，碩士學位論文，上海師範大學，2007 年。

李崇智：《中國歷代年號考》，中華書局 2001 年版。

胡奇光：《中國小學史》，上海人民出版社 1987 年版。

後　記

　　我的《字書》輯佚整理工作是十年前開始的。搜求其佚文，懸想其本真，斷斷續續，或寢或作，本應早就完成的，卻到最近才做歸一。拙著即將出版，欣慰、疲憊、遺憾和慚愧之感，都是有的。

　　輯佚整理工作有兩個主要目標，一是在前賢輯佚基礎上輯到更多《字書》佚文，為漢語言文字研究提供一份成系統的語料，二是根據所輯資料探討《字書》的相關問題，為全面瞭解《字書》提供依據。所以，我首先需要探尋、獲取新的輯佚文獻。比如，得知《日本宮内廳書陵部藏宋元版漢籍選刊》出版，即用“湖南省漢語方言與文化科技融合研究基地”的經費購置該叢書。雖然從中輯到的佚文並不多，卻為前代輯佚者所未見。有時，為了得到某一文獻，我要找朋友幫忙，等上數月甚至更長時間才得以見到所要文獻，拿到文獻後，又用數日甚至數月閱讀搜求，而從中所獲往往亦極其有限。如《箋注倭名類聚抄》十卷千餘頁，通讀一遍，所獲亦僅數條而已。儘管如此，每當獲得新的文獻，輯到新的佚文，心裡都會有一種成就感。能在前賢輯佚基礎上有所增益，我稍感欣慰；如果還有更具輯佚價值的文獻為我所未聞，那是我深感遺憾的事。

　　《字書》從著錄她開始便存諸多疑問。根據目前所輯資料，我未能就《字書》的作者、具體成書時間、内容、體例、傳播過程等基本問題給出完整、明確的結論，有的結論甚至令人沮喪。在如何利用現有《字書》資料的問題上，我採用了個案分析的方法，即對不同時代的若干種文獻引用《字書》的情況進行個別考察，由此得以部分的或間接的揭示《字書》的一些特點、價值和影響。整理研究過程中，我就某些問題提出了不成熟的看法，有的擺出一些資料，希望對《字書》的進一步研究有所助益，也希望專家同仁對其中的錯誤進行批評指正。

　　我的整理研究工作自始至終得到了多位師友的關心，在課題設計，文獻信息，資料複印，文稿修改校勘等方面，他們給了我很多指導和幫助。在此，我要向這些指導和幫助過我的師友表達衷心的謝意，他們是：武漢大學宗福邦教授、北京師範大學李運富教授、南京師範大學董志翹教授、上海師範大學徐時儀教授、河南大學張生漢教授、中國社會科學院語言所楊永龍教授、湖南師範大學蔣冀騁教授、唐賢清教授、蔡夢麟教授和徐朝紅博士、陝西師範大學趙學清教授、中國人民大學朱冠明教授、湖南科技大學尹戴忠教授、湘潭大學唐智燕博士、長沙理工大學馮利華博士，友生尚學玲、趙學衛和女兒徐多懿也為文獻的整理和書稿的校勘等做過不少工作。文稿中不少字是圖片掃描上去的，有的原本就不夠清晰或者錯誤，這些字需要重造。為此，我要感謝中國社會科學出版社責任編輯任明先生和那位為造字辛苦了的編輯先生。如果又想起幫助過我而被我在此一時忽略的師友，我請這位師友原諒。

　　書稿要交了，但心裡仍然未能放下這個未能稱意的工作。我期待着《字書》研究的新進展，也期待着未來的中國語言學史著中有《字書》的專章敘述。

徐前師

于湖南科技大学西苑惜韦居

2017 年 5 月 1 日